견ᄃ ᅢ 고수로 거듭나기

PHP & MySQL

닌자 비법서

PHP & MySQL 닌자 비법서

견고한 웹 애플리케이션을 만들며 초보에서 고수로 거듭나기

초판 1쇄 발행 2019년 2월 1일

지은이 톰 버틀러, 케빈 양크 / **옮긴이** 김재영, 정병열 / **펴낸이** 김태헌
펴낸곳 한빛미디어(주) / **주소** 서울시 서대문구 연희로2길 62 한빛미디어(주) IT출판사업부
전화 02-325-5544 / **팩스** 02-336-7124
등록 1999년 6월 24일 제25100-2017-000058호 / **ISBN** 979-11-6224-145-5 93000

총괄 전태호 / **책임편집** 이상복 / **기획** 최현우 / **교정** 김희성
디자인 표지 신종식 내지 김연정 조판 이경숙
영업 김형진, 김진불, 조유미 / **마케팅** 송경석, 김나예, 이행은 / **제작** 박성우, 김정우

이 책에 대한 의견이나 오탈자 및 잘못된 내용에 대한 수정 정보는 한빛미디어(주)의 홈페이지나 아래 이메일로
알려주십시오. 잘못된 책은 구입하신 서점에서 교환해드립니다. 책값은 뒤표지에 표시되어 있습니다.

한빛미디어 홈페이지 www.hanbit.co.kr / 이메일 ask@hanbit.co.kr

지금 하지 않으면 할 수 없는 일이 있습니다.
책으로 펴내고 싶은 아이디어나 원고를 메일**(writer@hanbit.co.kr)**로 보내주세요.
한빛미디어(주)는 여러분의 소중한 경험과 지식을 기다리고 있습니다.

견고한 웹 애플리케이션을 만들며 초보에서 고수로 거듭나기

PHP & MySQL

닌자 비법서

톰 버틀러, 케빈 양크 지음

김재영, 정병열 옮김

⑪B 한빛미디어
Hanbit Media, Inc.

지은이 · 옮긴이 소개

지은이 **톰 버틀러** Tom Butler

웹 개발자이면서 소프트웨어 모범 사례를 연구하는 박사 과정 학생이다. 영국에서 대학 강사로 활동하고 있다. 주된 관심 분야는 프로그래밍 모범 사례, 객체지향 관심사 분리, 코드로 실현하는 '단순의 미학'이다.

지은이 **케빈 양크** Kevin Yank

2015년부터 컬처앰프Culture Amp에서 일하고 있다. 웹 개발 초창기부터 사이트포인트 서비스를 통해 꾸준히 웹 개발자 교육에 힘써왔다. 2002년부터 2012년까지 사이트포인트에서 99디자인과 플리파 서비스 개발을 지원했고, 최근에는 웹 개발자를 대상으로 HTML, CSS, 자바스크립트 시험을 제공하는 'Sit the Test' 서비스 개발팀을 이끌었다. 세계 각국의 기술 콘퍼런스에서 강연자로 활약하고 있다. 주말에는 즉흥연기를 하는 극단의 공연에 참여해 직접 연기를 펼치기도 한다.

옮긴이 **김재영** wizardbearr@gmail.com

어릴 적 마키태그를 보고 흥미를 느껴서 독학으로 웹 개발에 입문하였다. 대학에서 경영정보학을 전공하고 디지털미디어학을 복수전공하여 다각도로 웹을 이해하고자 하였다. 세상의 여러 가지에 관심이 많고 특정 주제로 글 쓰는 것을 좋아한다. 공공, 물류, 보안 등 다양한 분야에서 웹 개발자로 재직했다. 현재 안랩에서 네트워크 보안 장비의 웹 개발을 담당하고 있다.

옮긴이 **정병열** cloudshadow@gmail.com

연세대학교를 졸업하고 개발자와 번역가로 활동하고 있다. 어린 시절 BASIC 언어를 통해 프로그래밍을 처음 경험했으며 PC통신 시절 나우누리의 프로그래밍 관련 동호회에서 활동했다. 2000년대 초반부터 프로그래머, DBA, 시스템 엔지니어로 일하고 있다. 일단 흥미를 느끼면 분야를 가리지 않고 어떻게든 파고들어 습득하고 마는 성격의 소유자로, 새로운 기술이나 책을 접하는 것을 늘 즐긴다. 역서로는 『Modern PHP』(한빛미디어, 2015), 『Learning PHP』(한빛미디어, 2017)가 있다.

12살이던 1998년, 부모님께서는 처음으로 PC를 사주셨다. 얼마 지나지 않아 좋아하는 1인칭 슈팅 게임의 코드를 고치는 방법을 알아내어 로켓 런처 무기의 초당 발사 횟수를 한 발에서 백 발로 늘릴 수 있었다. 한 방향으로만 나가던 로켓이 사방으로 발사되도록 고치기도 했다. 쏘자마자 게임이 멈추긴 했지만, 이때 나는 처음으로 프로그래밍에 빠져들었고 지금까지도 계속 프로그래밍을 하고 있다.

문제의 그 게임은 멀티플레이어 게임이었다. 다른 사람도 게임 코드를 고칠 수 있어서 이내 경쟁은 치열해졌다. 누군가 나에게 로켓 백 발을 쏘면 나는 미리 준비해둔 스크립트를 즉시 발동시켜 방어벽을 세우는 식이었다.

상대는 나의 발밑에 수많은 지뢰를 깔아놓았다. 나는 중력을 무효화하고 하늘 높이 뛰어올라 폭발을 피했다. 이윽고 모두가 하늘을 날 수 있게 되자 더 이상 재미를 느끼지 못할 지경에 이르렀다. 게임에 들어가자마자 누군가 스크립트를 실행하고 다른 지역에서 내 옆으로 순간이동해 내 캐릭터를 죽였다. 이런 짓을 내가 부활할 때마다 반복했고 내 캐릭터는 1초에 열댓 번 죽음을 맛보곤 했다. 아예 내 조종 능력을 무력화하기도 했다.

상대의 모든 공격을 원천봉쇄하는 방법을 찾아냈지만 쉽지는 않았다. 게임에 들어가자마자 모든 제어권을 온전히 확보하면 어떤 스크립트도 통하지 않도록 막을 수 있었다. 이 방법이 통하는 동안에는 재미있게 게임을 즐길 수 있었다.

이 일을 계기로 나는 코딩의 기본을 배웠고 코딩의 유일한 제약은 자기 자신의 상상력과 창의력뿐이라는 것을 알게 됐다. 당시 나는 독학으로 HTML을 배웠고 해킹 기법과 스크립트를 공유하는 개인 웹사이트를 운영했다. 물론 지금은 볼 수 없다. 흉물스럽고 문법도 엉망이었으며 유치한 애니메이션으로 가득했지만, 장담하는데 당시로써는 최신 기술이었다.

2000년까지 혼자서 PHP와 MySQL의 기초를 습득하고 게임 친구들과 함께 웹사이트를 운영했다. 웹사이트에 뉴스를 올리고 사람들에게 설문을 돌리며 정기 토너먼트 순위를 관리하는 등의 조악한 PHP 스크립트도 만들었다.

이윽고 델파이로 데스크톱 애플리케이션을 만드는 단계로 나아갔고, 게임 확장팩 제작자들을 지원하는 프로그램을 만들었다. 2007년 대학을 졸업하며 소프트웨어 공학 학사 과정을 수료하고 PHP 개발자로 여러 회사에서 근무했다. 최근에는 다시 대학에 들어가 박사 과정을 밟는 한편 강사로 일하며 프로그래밍을 향한 열정을 전파하고 있다.

31년간의 내 인생은 프로그래밍을 빼면 아무것도 아니다. 프로그래밍은 재미있을 뿐만 아니라 철저하게 즐기며 할 수 있는 일이다. 이 책에 그간의 지식을 담아 흔히들 빠지는 함정을 피할 수 있게 했다.

대상 독자

이 책은 이제 막 서버 사이드 프로그래밍의 세계에 발을 들이는 웹 개발자를 대상으로 한다. HTML 문법을 자세히 설명하지 않으므로 기본적인 HTML은 알아야 한다. 종속형 시트cascading style sheet, CSS나 자바스크립트에 대한 지식은 없어도 상관없지만 자바스크립트에 익숙한 사람이라면 PHP 언어도 쉽게 배울 수 있을 것이다. 두 언어는 비슷한 점이 아주 많기 때문이다.

이 책을 읽고 나면 모던 PHP 웹사이트를 구축하는 데 필요한 기술과 PHP의 기본 원리를 비롯해 현업 개발자들에게서 충분히 검증된 여러 기법을 익힐 수 있다.

개발 환경

이 책은 다음과 같은 환경을 기반으로 설명하며, 모든 소스의 구동을 확인했다.

도구	버전
개발 언어	PHP 7.1
MySQL	5.7.22
기타	• 크롬 브라우저 69 이상
	• MySQL 워크벤치 6.3 CE
	• 베이그런트 2.1.2

예제 코드

모든 예제는 이 책의 깃허브와 한빛미디어 홈페이지에서 내려받을 수 있다.

- 깃허브 : https://github.com/wizardbear/hanbit-phpmysql
- 한빛미디어 : http://www.hanbit.co.kr/src/10145

CONTENTS

CHAPTER **1 환경 설정**

CHAPTER **2 PHP 기본**

CONTENTS

CHAPTER **3** MySQL

CHAPTER **4 MySQL 데이터와 웹 출력**

CHAPTER **5 관계형 데이터베이스 디자인**

CONTENTS

CHAPTER **8 객체와 클래스**

CONTENTS

CHAPTER 9 프레임워크 구축

CONTENTS

CHAPTER 14 콘텐츠 서식과 정규표현식

CONTENTS

APPENDIX **부록**

프롤로그

코딩은 즐겁고 보람차다. 자신이 만든 그대로 살아 움직이는 프로그램을 지켜보는 즐거움이 있다. 그러나 코딩은 엄청나게 고된 경험이기도 하다. 누구나 코딩을 하면서 어려움을 겪기 마련이다. 나는 사람들을 코딩을 배우는 순탄한 길로 안내하고자 한다. 내 경험을 이용해 올바른 방향으로 인도할 것이다.

코딩을 시작하기에 앞서 프로그래밍과 코딩에 관한 일반적인 참고 사항을 알아볼 것이다. 다음은 강의할 때마다 공통적으로 주지시키는 내용이다.

프로그래밍의 변화

이제 막 프로그래밍을 시작한 초보 개발자는 2001년에 웹사이트 제작에 입문한 사람보다 훨씬 더 많은 것을 배워야 한다.

예전에는 웹사이트를 만들 때 고려할 사항이 지금보다 훨씬 적었다. 예를 들면 웹사이트의 보안도 주된 고려 대상이 아니었다. 은행 홈페이지나 신용카드 결제 기능이 있는 사이트가 아닌 이상, 공격 대상이 되는 경우는 드물었다. 그러나 요즘은 모든 웹사이트가 끊임없이 공격당한다. 조금이라도 틈이 있으면 자동화된 스크립트나 봇이 취약점을 비집고 들어온다.

PHP 스크립트를 작성하는 방법도 여러 면에서 크게 발전했다. 이제는 남의 코드를 내려받아 내 프로젝트에 사용하기가 훨씬 쉽다. 다만 남의 코드를 활용하려면 몇몇 프로그래밍 개념을 어느 정도 이해해야 한다는 조건도 생겼다.

PHP와 MySQL도 진화했다. 동종 기술 간의 경쟁에서 뒤처지지 않기 위해 노력해야 했으며, PHP와 MySQL을 사용하는 프로젝트가 늘어남에 따라 더 많은 요구 사항을 충족시켜야 했다. 지금의 PHP는 2001년과는 비교할 수 없을 정도로 폭넓고 강력한 언어로 발전했으며, MySQL은 훨씬 광범위하고 다양한 기능을 갖춘 데이터베이스가 되었다. 2001년의 PHP와 MySQL 전문가에게 닫혀 있던 수많은 문이, 이제는 새로운 기회의 문이 되어 개발자들을 기다리고 있다.

여기까지는 좋은 소식이다. 나쁜 소식이 있다면 이런 눈부신 신기능과 개선 사항으로 입문자들이 PHP와 MySQL을 배우기가 더 어려워졌다는 것이다. 스위스 군용 칼이 부상 위험도 적고 기능이 많지만 버터나이프보다 사용법이 어려운 것과 비슷한 이치다.

누구나 10,000시간을 투자하면 전문가가 될 수 있다

이 문장이 과학적으로 검증됐는지는 알 수 없지만, 정서적으로는 납득할 수 있는 명제다. 프로그래밍은 하룻밤에 통달할 수 있는 기술이 아니다. 일정 경지에 오르기까지 엄청나게 수련해야 한다. 이 책을 읽고 나면 PHP를 어느 정도 잘 이해하게 될 것이다. 그러나 모든 분야가 그렇듯이 알면 알수록 더 배워야할 것이 생기는 법이다.

그렇긴 해도 프로그래밍 세계에서는 작은 지식만으로 꽤 멀리까지 갈 수 있다. 한두 도구만으로도 얼마나 많은 일을 할 수 있는지 알게 되면 놀랄 것이다.

곧 알게 되겠지만 아주 기초적인 내용만 배워도 원하는 거의 모든 것을 만들 수 있다. 프로그래밍 개념 중 아주 일부만 이해해도 못할 일이 거의 없다. 고급 프로그래밍의 영역은 코드를 더 쉽고 효율적이며 신속하게 작성하고, 이를 단순하게 적용할 수 있게 한다.

건너뛰기의 유혹 극복하기

이 점은 내가 수업을 빼먹는 학생에게 몇 번이고 강조하는 내용이다. 프로그래밍 개념을 이루는 각 부분은 서로가 서로의 기반이 된다. 다음 단계로 넘어가려면 그 기반 개념을 먼저 배워야 한다. 너무 성급하게 앞서나가면 불필요한 혼란이 생기고 어려움만 가중된다. 프로그래밍에는 단독으로 존재하는 개념이 많지 않기 때문에 진도가 막혔다면 이전 개념을 충분히 이해하지 못했을 가능성이 크다. 앞으로 돌아가 이미 아는 내용을 복습하는 것을 두려워하지 말아야 한다. 막힌 자리에 멈춰 앞으로 나가려고 억지로 애쓰는 것보다 그 방법이 훨씬 빠르다.

콩코드 오류

1970년대 후반 영국과 프랑스 정부는 막대한 금전적 손실에도 불구하고 콩코드 항공기에 자금을 계속 지원하기로 결정했다. 이미 너무 많은 돈을 쏟아부었기 때문에 이제 와서 사업을 포기하면 지금까지 투자한 모든 돈을 잃는다는 이유에서였다. 당연하게도, 추가로 지원한 돈은 모두 어마어마한 손실로 이어졌다. 만약 조금 더 일찍 투자를 멈췄다면 장기적으로 많은 돈을 절약했을 것이다. '콩코드 오류'라는 용어는 이 일에서 유래했다. 실패한 프로젝트를 계속 진행하는 것보다 지금 중단하는 것이 더 큰 손실을 막을 수도 있다는 의미다.

아무리 시간을 들여도 작업에 진전이 없을 때가 있다. 이런 상황이 오면 한 걸음 물러나 다른 방법으로 문제를 해결해야 한다. 선택할 수 있는 다른 대안을 활용하라. 그 대안이 우아하지 않을 수도 있지만 일단 문제를 해결하고 나면 개선할 여지도 생긴다.

모든 것을 버리고 새로 시작하기를 절대 두려워하지 말아야 한다. 일단 시작하면 대부분의 코드를 앞서 작성한 코드에 맞춰 만들 수밖에 없다. 이런 코드가 모여 서서히 괴물처럼 자라고 나중에는 코드가 어떤 역할을 하는지 실제로 이해할 수조차 없게 된다. 이런 코드는 결국 망가지고 개발자에게 좌절감을 안겨준다. 조금만 손을 대도 다른 부분에 문제가 생기기 때문에 고치기도 쉽지 않다.

이런 상황에 처했을 때 처음부터 다시 시작하는 것을 두려워하면 안 된다. 나는 프로젝트 일부를 완료한 상태에서 다시 처음부터 시작했던 적이 수없이 많다. 몇 시간 정도면 막혔던 지점에 도달할 수 있고, 결과적으로 이전보다 훨씬 깔끔하고 스스로도 이해할 수 있는 코드를 작성할 수 있을 것이다.

처음부터 다시 시작할 때, 이전의 코드는 삭제하지 말고 가급적이면 참고용으로 보관해둘 것을 강력히 권장한다.

첫 코드는 누구나 형편없다. 프로그래머에게 본인이 처음 작성했던 코드를 봐달라고 하면 누구라도 굉장히 민망해할 것이다. 시작한 지 몇 달밖에 되지 않은 프로그래머도 마찬가지다.

우리가 배울 것은 PHP가 아니다

이 책은 전적으로 PHP와 MySQL에 중점을 두고 있지만 PHP를 배운다고 생각하는 함정에 빠지지 말아야 한다. 물론 PHP를 배우긴 한다. 하지만 이 책은 코드를 작성하는 법을 가르치는 수단으로 PHP를 이용할 뿐이다.

운전을 배울 때 BMW 차나 혼다 차를 배운다고 표현하지 않는다. 자동차마다 몇몇 조작부의 위치가 다를 수는 있어도 운전 방법 자체는 같으며 모든 차에 활용된다.

여러분이 배우게 될 프로그래밍 개념은 앞으로 여러분이 배울 거의 모든 프로그래밍 언어에 적용할 수 있다. 물론 약간의 차이는 있겠지만 근간을 이루는 개념은 모두 같다.

일단 한 프로그래밍 언어에 능숙해지면 다른 언어도 쉽게 익힐 수 있다. 며칠만 공부하면 일정한 수준에 이른다. 그러니 이 책을 볼 때 'PHP를 배운다'가 아닌 '코딩을 배운다'고 생각하기 바란다. 문법보다 개념을 숙지하는 것이 중요하다. 문법은 언제든 찾아보고 고칠 수 있지만 기본 개념은 하루 아침에 이해할 수 없다. 다음 내용은 그에 관한 주의 사항이다.

구문 규칙은 오히려 쉽다

일단 코딩을 시작하면 괄호, 중괄호, 세미콜론, 마침표 같은 요소의 위치가 항상 문제를 일으킬 것이다. 단 하나의 글자라도 잘못된 위치에 넣거나 빼먹으면 프로그램 전체가 작동하지 않는다.

처음에는 이런 부분 때문에 엄청나게 고생한다. 하지만 일단 한번 극복하면 구문 규칙 맞추기야말로 쉬운 과제라는 점을 깨닫게 된다. 문법이란 엄밀한 규칙을 따르기 때문이다. 맞으면 작동하고 틀리면 작동하지 않는다. 정작 어려운 부분은 로직 작성으로, 해결 과제를 최소 단위로 나눠서 컴퓨터에 설명하고 지시하는 과정이다. 컴퓨터는 문법 오류를 쉽게 찾아내 알려주지만 문제를 올바르게 해결했는지는 말해주지 않는다.

계획만으로는 아무것도 얻지 못한다

계획만으로는 아무것도 얻지 못한다 – 칼 필킹턴

프로그래밍 관련 글을 읽다 보면 설계에 오랜 시간 공을 들여야 한다고 느끼기 쉽다. 코드를 작성하기에 앞서 프로그램이 어떻게 작동할지 신중하게 로직을 설계해야 한다고 말하는 책도 많다. 개발 방법론, 요구공학, 코드 시각화 등을 가르쳐 주는 책이 숱하게 많은데, 이들은 모두 코드를 작성하기 전에 해야 할 일을 다룬다.

다음 문장을 읽으면 대부분의 프로그래머가 당황할 것이다.

지금까지 알던 설계에 관한 내용을 완전히 무시하고 지금 바로 코드를 작성하라.

강의에서 내가 이렇게 말하면 학생들은 안도의 한숨을 내쉰다. 그들은 코드를 배우러 왔다. 코드를 배우는 가장 좋은 방법은 코드를 직접 짜보는 것이다.

설계에 관한 조언에 내재된 근본적인 문제는 몇 가지 명백한 사실을 간과한다는 점이다. 소프트웨어를 만들 때는 문제를 해결하기 적합한 도구가 무엇인지 알아야 한다. 어떤 도구를 사용할지 모른다면 아무리 설계를 그럴싸하게 해도 소용없다. 여러분이 건축에 대해 아무것도 모른다고 가정해보자. 망치나 톱을 어떻게 사용하는지, 지붕을 지탱하는 빔의 강도가 얼마나 세야 하는지, 지반이 얼마나 깊어야 하는지, 화장실 배관은 어떻게 하는지, 집을 이루는 각 부분은 어떤 재료로 이루어지는지 전혀 모른다.

이런 상황이라도 진정 원한다면 오랜 시간을 들여서 신중하게 계획하고 설계할 수 있다. 하지만 도구의 능력과 한계를 알지 못하면 여러분의 설계는 도구를 온전히 활용하지 못하거나 도구의 능력 범위를 벗어날 수밖에 없다. 3층 집의 지반 깊이가 적어도 6미터는 되어야 한다는 사실을 알지 못하면 3층 집을 제대로 설계할 수 없다. 마찬가지로 프로그램을 만드는 법을 모르면 프로그램을 설계할 수도 없다.

이해를 돕기 위해, 어니스토 스롤리Ernesto Strolli의 테드 강연「누군가를 도우려면 일단 먼저 들어야 한다Want to help someone? Shut up and listen」에 나온 이야기를 참고하자.

이탈리아는 잠비아에 곡물 재배 기술을 전수하는 프로젝트를 지원했다. 어니스토와 그 일행은 이탈리아의 곡물 종자를 가지고 잠비아 남부의 거대한 협곡에 도착했고, 그토록 비옥한 계곡에 원주민들이 농사를 짓지 않는다는 사실에 놀랐다. 하지만 그들은 원주민들이 작물을 재배하지 않는 이유를 물어볼 생각은 않고 그저 신께 감사드렸다. '하느님 감사합니다. 잠비아인들이 굶어 죽지 않도록 제때 도착하였나이다.'

아프리카에 가져간 종자는 모두 훌륭히 자랐다. 이탈리아의 토마토 품질은 우수했으며 심지어 잠비아에서는 본토보다 더 크게 자랐다. 그들은 잠비아인들에게 농사가 이렇게 쉽다고 강조했다. 토마토가 빨갛게 잘 익어가던 어느날 밤 200여 마리의 하마가 강에서 달려 나와 토마토를 모두 먹어치웠다. '하느님 맙소사, 하마 떼잖아!' 그들이 놀라자 잠비아인들이 말했다. '이래서 우리가 농사를 안 지어요'

어니스토와 일행들은 그들의 일을 정확히 알았고, 원하는 결과를 얻기 위해 모든 일을 신중하게 계획하고 관리했다. 그러나 그 모든 계획과 설계가 미지의 요소로 인해 모두 물거품으로 돌아갔다.

프로그래밍을 하다가 하마를 마주칠 일은 없겠지만, 하마 외에도 예측할 수 없는 장애물이 너무나 많아서 필연적으로 마주칠 수밖에 없다. 200마리 하마에 비견될 만한 문제가 생겨 코드를 먹어치우면 설계에 들인 시간은 전부 무의미해질 뿐만 아니라 처음부터 다시 시작해야 한다.

이 책에서 여러 종류의 하마에 대해 미리 경고하겠지만 적용과 확인은 스스로 해봐야 한다. 직접 뛰어들어 경험하라. 아무 코드라도 작성하라. 처음에는 되는 일이 거의 없겠지만 그 과정에서 뭔가 얻을 것이다. 시행착오를 겪고 다른 접근 방법을 시도하다 보면 어느 순간 제대로 된 결과를 얻을 수 있다. 자신이 쓸 수 있는 도구의 한계와, 자신이 마주칠 문제를 인지하고 나서야 프로그램을 설계할 수 있는 법이다.

설계가 무조건 나쁜 것은 아니다

다른 프로그래머로부터 항의 메일 세례를 받지 않으려면 이번 절의 결론을 다음과 같이 내려야겠다. 직업 프로그래머에게는 구현에 앞서 설계에 쏟는 시간이 아주 중요하다. 이들은 몇 년 또는 몇 십 년간 문제없이 작동하고 충분한 확장성을 갖췄으며 다른 개발자가 쉽게 이해할 수 있는 코드를 짜야 한다.

이 책은 코드를 작성할 때 구조를 고려하도록 안내할 것이다. 또한 재사용성과 확장성을 갖춘 코드를 작성하는 방법을 알려줄 것이다. 그러나 여기서 작성할 코드는 현업 프로젝트에서 사용하거나 몇 년간 유지해야 할 코드는 아니다. 중요한 점은 모든 하마를 찾아내는 방법이다. 제대로 작동하는 코드보다 실수를 통해 배우는 지식이 더 많을 것이다.

코드 설계에 들이는 시간은 프로그래밍 능력치에 비례해야 한다. 자신이 만들려는 프로그램이 무엇인지 어느 정도 이해하는 순간부터 프로그램이 원하는 대로 작동할 때까지 코드를 작성하면 된다. 막히는 부분이 생기면 원래의 설계에서 벗어난다는 걱정을 버리고 다른 접근 방식을 시도해야 한다. 콩코드 오류의 교훈은 이런 상황에 적용한다.

처음 몇 장은 무작정 덤벼들어 코드를 작성하고 어떻게 작동하는지 지켜보자. 해답을 보기 전에 스스로 문제를 해결해보라. 이 책의 코드를 무작정 따라 하는 것보다 스스로 해답을 찾아낼 때 더 많은 것을 배울 수 있다.

열심히 공부하다 보면 문제 해결에 어떤 도구가 필요하고 어떤 기법을 사용할지 알게 된다. 일단 그 단계에 이르면 여러분도 코드를 작성하기 전에 작업을 자세히 설계할 수 있을 것이다.

## CHAPTER 1

환경 설정

이 책은 정적 웹 페이지의 세계 너머로 첫걸음을 내딛는 탐험가를 위한 안내서다. HTML, CSS, 자바스크립트처럼 순수한 클라이언트 사이드 기술에서 벗어나 동적 처리 도구와 새로운 개념을 배우고 웹사이트 구축의 세계가 열어주는 수많은 가능성을 발견할 것이다. 아찔한 경험이 될 테니 정신을 바짝 차리자.

동적 웹사이트를 만들기에 앞서 작업에 필요한 도구를 준비하자. 요리를 만들려면 먼저 재료를 손질해야 하는 법이다. 이번 장은 필수 소프트웨어를 내려받고 설치하는 방법을 다룬다.

HTML, CSS, 자바스크립트로 웹사이트를 만들어본 사람은 웹사이트 파일을 특정 위치에 업로드하고 확인해본 경험이 있을 것이다. 웹사이트 파일을 업로드하는 공간은 상용 웹호스팅 서비스나 인터넷 서비스 제공 업체ISP에서 확보할 수 있다. IT 전문 부서를 보유한 기업은 내부 업로드 공간을 직원에게 할당하기도 한다. 업로드한 파일은 웹 브라우저로 접근하며 웹 서버라는 소프트웨어가 브라우저의 요청을 받아 웹사이트 파일을 전송한다. 마이크로소프트 엣지, IE, 구글 크롬, 사파리, 파이어폭스 등 다양한 웹 브라우저가 있다. 웹 서버 소프트웨어로는 아파치Apache HTTP 서버, 엔진엑스NGINX, 인터넷 정보 서비스Internet Information Services 등이 주로 쓰인다.

PHP는 서버 사이드 스크립팅 언어로, 쉽게 설명하자면 웹 서버의 플러그인 역할을 한다. 웹 서버는 웹 브라우저가 요청한 파일을 정확히 전달하는 일을 하는데 이 과정에서 PHP 프로그램을 실행해 여러 기능을 수행한다. 예를 들면 데이터베이스 정보를 실시간으로 가져와 웹 페이지에 추가할 수 있다. PHP 프로그램은 PHP 스크립트라고도 부르며 앞으로 나올 내용은 대부분 PHP 스크립트 작성에 중점을 둔다. PHP는 누구나 무료로 내려받아 사용할 수 있다.

데이터베이스의 정보를 가져오는 PHP 스크립트를 작성하려면 먼저 데이터베이스가 있어야 한다. 앞으로 MySQL이라는 관계형 데이터베이스 관리 시스템relational database management system, RDBMS을 사용한다. RDBMS는 개별적인 다양한 정보를 저장하고 정보 사이의 관계를 제어하며 지속적으로 추적하는 소프트웨어다. MySQL은 PHP처럼 무료로 사용할 수 있으며 PHP를 비롯한 여러 서버 사이드 스크립팅 언어와 간편하게 연동한다. MySQL의 구체적인 역할과 사용법은 차차 설명할 것이다.

이번 장의 목표는 PHP와 MySQL이 설치된 웹 서버를 구성하는 것이다. 윈도우, 맥OS, 리눅스 등을 각자의 컴퓨터 환경에 맞게 단계별 설치 과정을 따라 하면 누구나 자신의 웹 서버를 구성할 수 있다.

1.1 웹 서버 설치

웹호스팅 서비스는 대부분 PHP와 MySQL 환경을 제공한다. 이는 PHP와 MySQL이 지금처럼 대중화될 수 있었던 주요한 요인이다. PHP와 MySQL이 탑재된 웹호스팅 서비스를 이용하면 추가적인 기술적 조치 없이 바로 웹사이트를 올릴 수 있다.

정적 웹사이트는 개발하는 도중에 HTML 파일을 브라우저에서 바로 열어볼 수 있다. HTML 파일이 웹 서버가 아니라 하드 디스크에 있어도 브라우저는 HTML 코드를 자체적으로 읽고 이해할 수 있기 때문이다.

그러나 PHP와 MySQL로 구축된 동적 웹사이트는 웹 브라우저만으로 온전히 확인할 수 없다. 웹 브라우저는 PHP 스크립트를 읽을 수 없기에 웹 서버가 PHP를 해석하고 HTML 코드로 변환해 브라우저로 전달하는 과정을 거쳐야 한다. 웹호스팅 서비스의 PHP 지원 여부와 관계없이 개발 과정에서 PHP 스크립트를 직접 실행해보려면 자신만의 웹 서버를 구성해야 한다. '서버'라 하면 으레 수많은 컴퓨터가 들어찬 거대한 방진방습 시설을 떠올리기 쉽지만, 걱정할 필요 없다. 개인용 랩톱이나 데스크톱 컴퓨터만 있어도 충분히 구축할 수 있다.

웹호스팅 서비스로 PHP 스크립트를 실행하고 결과를 확인하는 과정은 보통 다음과 같다. 먼저 편집기로 스크립트를 작성하고 FTP나 SSH 클라이언트를 사용해 서버로 업로드한 다음 해당 URI를 브라우저에 입력한다. 이 과정에서 실수를 하거나 오류가 발생하면 스크립트를 고치고 다시 서버에 업로드한 다음 브라우저를 새로고침해서 확인한다. 지루한 과정일 뿐만 아니라 스크립트 작성에 들여야 할 소중한 시간을 낭비하기 쉬운 방식이다. 자신의 PC에서 직접 서버를 실행하면 편집기로 파일을 수정한 뒤 브라우저에서 바로 확인할 수 있다. 파일을 업로드할 필요도 없다. 웹호스팅 서비스가 있는데 굳이 자신의 PC로 서버를 실행하는 가장 큰 이점 중 하나는 이처럼 시간을 절약할 수 있다는 점이다.

PC에서 웹 서버를 실행하는 방법은 다음과 같이 크게 세 가지가 있으며 각 방법마다 장단점이 있다.

1 개별 소프트웨어 수동 설치
2 통합 설치
3 가상 서버

1.1.1 방법 1 : 개별 소프트웨어 수동 설치

아파치 웹 서버는 대부분의 소프트웨어처럼 인스톨러로 손쉽게 PC에 설치할 수 있다. 큰 수고를 들이지 않아도 간단히 웹 페이지를 띄울 수 있다는 것이 장점이다. 그러나 수많은 설정을 제대로 이해하지 못하면 PHP 웹사이트 개발 시 뜻하지 않게 시간을 소모하거나 난관에 봉착할 수 있다.

PHP 스크립트를 실행하려면 웹 서버뿐만 아니라 PHP도 설치해야 한다. PHP는 인스톨러를 제공하지 않으며 아파치와 마찬가지로 설정 조건이 많다. PHP 설정의 기본값은 대부분 웹사이트 운영 환경에 맞게 지정된다. 운영 환경은 오류가 발생하면 발생 위치나 내용을 직접적으로 출력하지 않으므로 개발 단계에서 사용하기에 적합하지 않다. 괄호쌍이나 세미콜론 누락처럼 아주 사소한 문제가 발생해도 그저 아무 내용이 없는 빈 페이지가 나타날 뿐이다. 개발 환경에서 PHP를 사용하려면 화면에 출력된 오류를 직접 확인하고 각종 개발 도구를 활용하도록 설정을 고치고 다듬어야 한다.

또한 아파치와 PHP 사이에 연동 설정을 수립해야 한다. 그래야만 확장자가 .php인 파일을 아파치에 요청했을 때 PHP 처리 과정을 먼저 거치고 나서 파일 내용을 전송할 수 있다.

앞으로 나오는 내용을 배우려면 MySQL도 필요하다. 아파치나 PHP와 마찬가지로 MySQL도 직접 설치하고 설정해야 한다.

아파치, MySQL, PHP는 저마다 수십 가지가 넘는 설정 조건이 있고 각 역할을 정확히 이해하지 못하면 설치에 어려움을 겪을 수 있다. 모든 면에서 제대로 작동하게끔 설정하려면 전문가라 해도 수 시간이 넘게 걸릴지 모른다.

수동 설치 방식은 막대한 배경지식을 사전에 충분히 습득해야 한다. 이러한 배경지식을 이 책에서 모두 다룰 수는 없다. 서버 설정 기법은 유용한 지식이지만 이 책의 주된 관심사인 PHP 프로그래밍에 직접적인 도움을 주지는 않는다.

노련한 실무자도 가끔 중요한 설정을 간과하곤 한다. 하물며 이제 막 프로그래밍을 시작하려는 초심자에게는 추천하기 힘든 방식이다. 다행스럽게도 소프트웨어를 일일이 설치하는 수고로움을 면하는 방법이 있다.

1.1.2 방법 2 : 통합 설치

많은 개발자가 수동 설치 방식의 불편함을 인식하고 이를 해소하는 방안을 수년간 고민해온 결과, 통합 설치 패키지가 탄생했다. 통합 인스톨러 하나로 PHP, 아파치, MySQL 등의 소프트웨어를 모두 설치하고 적절히 구성할 수 있다. 이러한 통합 설치 패키지로는 XAMPP[X(cross-platform), Apache, MySQL, PHP, Perl], WAMP[Windows, Apache, MySQL, PHP], LAMP[Linux, Apache, MySQL, PHP] 등이 있다.

당연히 통합 설치는 모든 소프트웨어를 수동으로 설치하는 방식보다 훨씬 단순하다. 서버 설정 방법을 일일이 배울 필요도 없다. 다만 통합 설치를 하더라도 몇 가지 주의해야 할 점이 있다.

1 웹호스팅 서비스의 운영체제는 대부분 리눅스인 반면 일반 사용자의 PC는 그렇지 않다. 아파치, MySQL, PHP는 모두 윈도우를 지원하지만 리눅스나 맥OS에서 실행할 때와 비교하면 큰 차이점이 있다. 윈도우는 리눅스와 달리 파일명의 대소문자를 구별하지 않는다. 즉 윈도우에서 FILE.PHP, file.php, fIlE.pHp는 모두 같은 파일이지만 리눅스 웹호스팅 서비스는 각각을 모두 다른 파일로 인식한다. 이 차이점은 윈도우에서 작업하고 완성한 스크립트가 웹호스팅에서 문제를 일으키는 주요한 원인 중 하나다. 참조하려는 파일명의 대소문자를 잘못 표기하더라도 윈도우에서는 정상적으로 작동하기 때문이다.

2 아파치와 MySQL은 백그라운드 프로세스로 실행된다. 소프트웨어를 개발하지 않는 중에도 컴퓨터의 메모리와 연산 능력을 점유한다.

3 통합 설치 소프트웨어에 탑재된 각 소프트웨어 버전은 최신 버전보다 항상 조금씩 뒤쳐진다. 소프트웨어는 보안 픽스가 적용될 때마다 버전이 갱신된다. 개발용 컴퓨터는 보통 타인이 접근할 필요가 없으므로 보안 픽스를 반드시 제때 적용할 필요가 없지만 웹호스팅 서비스는 보안 픽스에 빠르게 대응한다. 통합 설치 소프트웨어에 포함된 프로그램은 버전이 정해져 있어서 웹호스팅 환경의 최신 버전과 완전히 일치시키기 어렵다. 특히 PHP 버전이 다르면 주의해야 할 점이 있다. 개발할 때 사용했던 PHP의 일부 기능이 최신 버전에서 변경되거나 제거되면 웹호스팅에 올린 프로그램이 오작동할 수 있다. 또한 최신 버전에 도입된 신기능을 개발 과정에서 즉시 사용해볼 수 없다는 단점도 있다.

통합 설치 패키지는 수동 설치보다 훨씬 나은 대안이지만 이상적인 해결책은 아니다. 다행히 더 나은 접근법이 있다.

1.1.3 방법 3 : 가상 서버

세 번째 방법은 가상 서버 환경 구축이다. 가상 서버는 마치 별개의 컴퓨터에 설치된 웹 서버처럼 작동한다. 이 컴퓨터는 모든 운영체제를 설치할 수 있으며 자신의 PC에서 외부로 연결하는 것처럼 접근할 수 있다.

대표적인 가상화 소프트웨어로는 브이엠웨어VMWare와 버추얼박스VirtualBox가 있다. 웹 개발자에게 익숙한 마이크로소프트 modern.IE(http://modern.ie)는 엣지 브라우저 공식 사이트의 단축 URL이며 다양한 윈도우 버전과 브라우저로 구성된 가상 머신을 제공한다. 사이트를 방문해 Tools 메뉴에서 Virtual machines에 들어가면 내려받을 수 있다. 가령 윈도우 XP와 IE 8에서 웹사이트가 어떻게 보이는지 확인하려면 각각을 설치할 필요 없이 미리 구성된 가상 머신을 내려받아 실행하면 된다. 가상화 소프트웨어와 가상 머신을 적절히 활용하면 자신의 운영체제에 구애받지 않고 원하는 환경을 구축할 수 있다.

그림 1-1 아크 리눅스에서 윈도우10 가상 머신 실행 화면

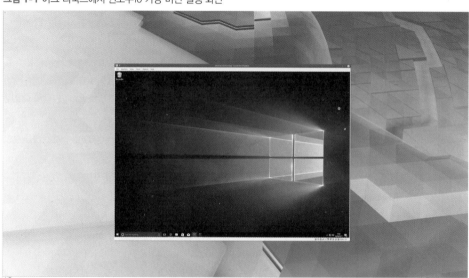

특히 PHP 스크립트 작업에 있어 버추얼박스 같은 가상화 소프트웨어는 매우 유용하다. 윈도우나 맥OS를 쓰는 사용자도 아파치, MySQL이 설치된 리눅스 웹 서버에서 PHP 스크립트를 실행해볼 수 있기 때문이다.

또한 웹호스팅 환경과 정확히 같은 운영체제, PHP, MySQL, 아파치 버전에서 스크립트를 실행해볼 수 있어 각 버전 차이로 생길 수 있는 문제를 사전에 방지할 수 있다.

가상 머신의 각 소프트웨어는 서로 잘 연동되도록 설정된다. 윈도우 XP와 IE 8이 서로 잘 맞물려 작동하듯 PHP, MySQL, 아파치가 설치된 가상 머신도 각 소프트웨어가 서로 잘 맞물려 작동한다. 일일이 설정할 필요가 없다는 점은 통합 설치 패키지와 비슷하지만 실제 웹 서버와 마

찬가지로 리눅스 환경에서 실행할 수 있다는 점이 다르다.

여러 가지 면을 고려할 때 가상 서버는 최고의 대안이며 앞선 두 방법의 장점을 모두 취할 수 있다. 단, 가상 머신 안에 또 다른 가상 서버를 설치할 수는 없다. 2018년 현재 브이엠웨어와 버추얼박스는 중첩가상화를 지원하지 않는다. 이제부터 가상 서버를 설치하고 활용하는 방법을 알아보자.

1.2 OS별 가상 서버 설치

PHP 코드를 작성하고 웹사이트를 개발하기에 앞서 다음 소프트웨어들을 설치한다. 이들은 가상 머신을 구성하고 코드를 관리하는 역할을 한다.

- **깃(Git)** : 다른 사람들의 코드를 간편하게 내려받고 코드 버전을 관리하는 도구
- **버추얼박스** : 가상 머신을 실행하는 소프트웨어
- **베이그런트(Vagrant)** : 가상 머신을 쉽고 빠르게 설정하는 도구. 버추얼박스와 함께 사용해 서버를 생성한다.

1.2.1 윈도우 환경

먼저 다음 소프트웨어들의 최신 버전을 내려받아 설치한다.

1 깃(https://git-scm.com/downloads)
2 버추얼박스(https://www.virtualbox.org/wiki/Downloads)
3 베이그런트(https://www.vagrantup.com/downloads.html)

설치가 끝나면 ① 재부팅을 한다. 재부팅하고 나서 ② 시작 메뉴에서 깃 배시^{Git Bash} 프로그램을 실행한 다음 1.3절 베이그런트 실행으로 넘어가자. 앞으로 나올 명령어는 윈도우 명령 프롬프트^{Windows Command Prompt}가 아니라 깃 배시 프로그램에서 실행한다.

1.2.2 맥OS 환경

먼저 다음 소프트웨어들의 최신 버전을 내려받아 설치한다.

1. 깃(https://git-scm.com/downloads)
2. 버추얼박스(https://www.virtualbox.org/wiki/Downloads)
3. 베이그런트(https://www.vagrantup.com/downloads.html)

설치가 끝나면 응용 프로그램에 Vagrant 항목이 생성된다. 터미널 프로그램을 실행하고, Vagrant 항목 하위의 Getting Started 메뉴를 실행한다.

1.2.3 리눅스 환경

리눅스는 패키지 관리자 권한으로 소프트웨어를 간단히 설치할 수 있다. 대부분의 리눅스 배포판은 패키지 관리자를 제공한다.

데비안/우분투

```
sudo apt-get install git dkms virtualbox virtualbox-dkms vagrant
```

페도라/레드햇

```
sudo dnf install git VirtualBox vagrant vagrant-libvirt
```

아크 리눅스

```
sudo pacman -S git virtualbox vagrant
```

설치가 끝나면 즐겨 쓰는 터미널 프로그램을 열고 다음 과정을 수행한다.

1.3 베이그런트 실행

앞에서 소개한 소프트웨어를 모두 설치하고 나면 가상 서버를 내려받자. 이제부터 OS에 상관없이 모두 같은 절차다. 더 상세한 안내를 보려면 사이트포인트에서 제공하는 'Quick Tip: Get a Homestead Vagrant VM Up and Running'(https://www.sitepoint.com/

quick-tip-get-homestead-vagrant-vm-running)을 참고한다.

홈스테드 임프루브$^{\text{Homestead Improved}}$는 PHP, MySQL, 엔진엑스가 탑재된 가상 머신이다. 이렇듯 사용자에게 필요한 구성 요소를 미리 갖춘 가상 머신을 '박스'라고 한다. 먼저 웹사이트 파일을 저장할 프로젝트 디렉터리를 결정한다. 명령 프롬프트에서 cd 명령으로 프로젝트 디렉터리로 이동하고 다음과 같은 명령어를 실행하면 홈스테드 임프루브 박스를 내려받을 수 있다.

```
git clone https://github.com/swader/homestead_improved my_project
cd my_project; mkdir -p Project/public
bin/folderfix.sh
```

ATTENTION_ 명령 프롬프트에서 디렉터리 이동하기

cd는 명령 프롬프트에서 디렉터리를 탐색하는 명령어로 'change directory'를 의미한다. 깃 배시는 유닉스식 경로를 사용하므로 윈도우의 C:\Users\Tom\Desktop 경로는 /c/Users/Tom/Desktop으로 입력해야한다. 웹사이트 파일을 C:\Users\[사용자계정]\Documents\Website에 저장하려면 cd /c/Users/[사용자계정]/Documents/Website라고 입력하면 된다. 디렉터리명에 공백이 있으면 cd "/c/Users/[사용자 계정]/Documents/My Website"처럼 전체 경로를 큰따옴표로 감싼다.

여기까지 진행하면 프로젝트 디렉터리에 여러 파일이 생성된다. 이 파일들은 가상 서버를 생성하고 설정할 때 필요한 지시 사항을 담고 있다. 마지막으로 다음 명령을 실행하면 가상 머신이 실행된다.

```
vagrant up
```

ATTENTION_ 명령 실행 위치

git clone 명령으로 파일을 내려받은 디렉터리에서 vagrant up 명령을 실행해야 한다. ls 명령을 실행했을 때 Vagrantfile이라는 파일이 보이면 올바른 디렉터리다. 그렇지 않으면 cd 명령으로 디렉터리를 찾아 이동한 다음 실행한다.

서버가 실행되면 다음과 같은 화면을 볼 수 있다.

그림 1-2 vagrant up 실행 화면

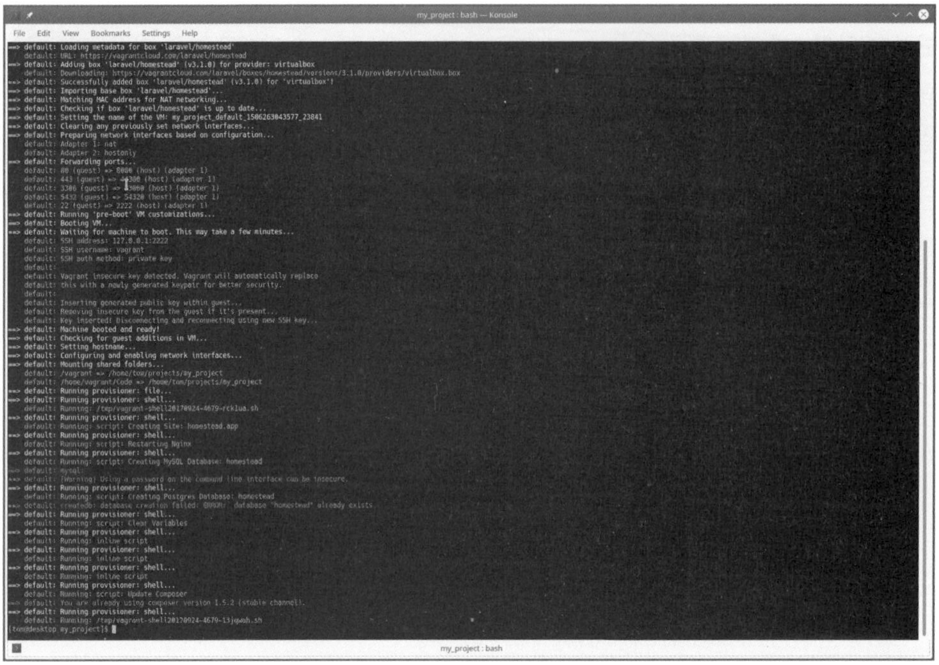

vagrant up 명령이 실행되지 않을 때

vagrant up 명령을 실행하고 몇 분 뒤 "Connection timed out. Retrying…" 메시지가 나타나면 가상 머신 실행 설정이 올바른지 검사해보자. 먼저 PC 부팅 화면에서 BIOS 설정에 들어가 가상화 설정을 확인한다. 인텔 프로세서는 VT-x, AMD 프로세서는 AMT-V 등의 이름으로 불린다. PC BIOS 설정 방법은 PC 설명서나 구글 검색 결과를 참고하자. 이 기능은 가상화 기술(virtualization technology), VT-x, SVM, 하드웨어 가상화(hardware virtualization) 등의 다양한 이름으로 불리며 PC에 따라 다를 수 있다.

처음 베이그런트를 실행하면 대용량 파일을 내려받느라 시간이 다소 걸린다. 한 번 내려받으면 다음에는 다시 받을 필요가 없으니 걱정할 필요 없다. 파일을 전부 내려받으면 잠시 후 초기화 설정이 완료된다.

엔진엑스, PHP, MySQL을 직접 PC에 설치할 때와 달리, 가상 서버는 언제든 vagrant up 명령으로 실행하고 원하는 만큼 사용한 뒤 vagrant halt 명령으로 중단할 수 있다.

vagrant suspend 명령어는 노트북 컴퓨터를 닫을 때와 비슷한 효과를 낸다. 가상 머신을 일시적으로 멈추고 나중에 vagrant up 명령을 실행할 때 재가동한다. 시작 시간이 훨씬 단축되므로 디스크 용량이 충분하면 suspend 명령을 사용하는 편이 좋다.

가상 머신을 실행하면 Project 디렉터리가 생성된다. Project 디렉터리 안에는 public 디렉터리가 있는데 이곳에 PHP 스크립트, HTML 파일, CSS 파일, 이미지 등을 저장한다. public 디렉터리의 모든 파일은 가상 머신 쪽에서 접근할 수 있다.

즐겨 사용하는 텍스트 편집기를 실행하고 다음 내용으로 public 디렉터리에 index.html 파일을 만든다.

```
<!DOCTYPE html>
<html>
    <body>
        <h1>Hello World!</h1>
    </body>
</html>
```

이제 서버를 사용해 웹 페이지를 확인해볼 차례다. 가상 서버는 내부 네트워크 IP 주소인 192.168.10.10을 사용한다. 이 주소는 홈스테드 임프루브 가상 머신의 기본 설정이며 자유롭게 바꿀 수 있다. 앞서 git clone 명령으로 내려받은 my_project 디렉터리에서 Homestead.yaml을 열면 상단에 ip : "192.168.10.10"이 보인다. 기본 주소가 자신의 네트워크 환경과 맞지 않거나 이미 사용 중일 때는 이 부분을 원하는 IP 주소로 고친다. vagrant halt와 up 명령을 실행해 가상 머신을 재시작하면 바뀐 IP 주소가 반영된다. 앞으로 나올 예시는 기본 주소를 사용한다고 가정한다.

브라우저를 열고 http://192.168.10.10/에 접속하면 Hello World 테스트 페이지를 볼 수 있다. 이 페이지가 보이면 서버가 잘 작동하고 웹사이트 파일이 올바른 디렉터리에 있음을 확인할 수 있다.

브라우저 주소창에 IP 주소를 입력하는 일이 낯설게 느껴질 수 있다. 웹사이트에 접속하려면 보통 http://www.sitepoint.com/ 또는 http://www.google.com처럼 도메인을 입력하지만 사실 모든 웹사이트는 내부적으로 IP 주소를 거쳐 연결된다. 브라우저에 http://216.58.201.46/을 입력하면 구글 홈페이지로 연결될 것이다.

모든 웹사이트의 IP 주소를 외워 매번 입력할 수는 없다. 그렇지 않아도 외워야 할 비밀번호가 많은 세상이다. 그래서 우리는 도메인을 구매하고 IP 주소와 연결한 다음 웹 브라우저에 IP 대신 sitepoint.com 같은 도메인을 입력한다. 브라우저는 내부에서 도메인에 연결된 IP를 검색하고 연결한다. 전화번호부를 생각하면 쉽다. 전화번호보다 더 기억하기 쉬운 정보인 이름을 이용해 연락처를 찾는다. 웹사이트를 방문하면 내부적으로 항상 이러한 과정이 진행되며 모든 웹사이트는 192.168.10.10* 같은 IP 주소와 연결되어 있다.

원하는 도메인 주소를 구매해서 192.168.10.10에 연결할 수 있지만, 이 책은 IP 주소를 직접 입력하는 방식을 사용한다. 실제로 IP를 타이핑하는 일은 많지 않을 것이다.

`TIP` **리눅스 환경의 문제 해결**

리눅스에서 vagrant up 명령이 실행되지 않거나 http://192.168.10.10/에 접근할 수 없을 때는 부록 B를 참고하라.

`TIP` **텍스트 편집기**

운영체제에 내장된 메모장(Notepad)이나 텍스트에디트(TextEdit) 같은 텍스트 편집기도 있지만 HTML과 PHP를 다루기에는 불편하다. 풍부한 스크립트 편집 기능을 지닌 무료 프로그램이 많다. 다음은 윈도우, 맥 OS, 리눅스에서 사용하는 무료 텍스트 편집기다.

• 아톰(Atom)
• 서브라임 텍스트(Sublime Text)
• 브라켓(Brackets)

큰 틀에서 모두 유사한 프로그램이며 앞으로 나올 내용을 실습하기에 충분하다. 메모장이나 텍스트에디트보다 훨씬 편리할 것이다. 좋은 편집기는 개발자의 윤택한 일상을 돕는 동반자다.

이번 장에서는 홈스테드 임프루브Homestead Improved 가상 머신으로 웹 서버를 실행하고 HTML 파일을 서버에 올리는 방법을 배웠다. PHP 프로그래밍을 실습하는 최소한의 환경을 갖춘 셈이다. 효율적인 개발 환경은 그 자체로 이미 개발자의 실력이나 다름없다. 홈스테스 임프루브와 PHP 개발 환경을 좀 더 구체적으로 배우고 싶다면 『Jump Start PHP Environment』 (SitePoint, 2015)를 추천한다. 이제 개발 서버가 준비됐으니 다음은 PHP 스크립트를 작성해볼 차례다.

....

* 저자주_ 가까운 시일 내로 2001:0db8:85a3:0000:0000:8a2e:0370:7334 같은 IP 주소를 자주 보게 될 것이다. IPv6 주소로서 기존 IP 주소와 역할은 같다. 0.0.0.0 형태의 기존 IP 주소 체계는 IPv4며 약 4억 개의 주소를 식별할 수 있다. 언뜻 보면 많은 것 같지만 전 세계의 모든 웹사이트, 전화, 컴퓨터가 인터넷에 연결되고 고유한 IP 주소를 부여받는다는 점을 감안하면 그리 많다고 할 수 없다. 실제로 이미 고갈될 조짐을 보이고 있다. IPv6는 기존 체계보다 천문학적으로 큰 주소공간을 보유하고 있어 앞으로도 훨씬 더 오래 유지될 것이다.

## CHAPTER 2

PHP 기본

가상 서버를 준비했으니 이제 PHP 스크립트를 작성할 차례다. PHP는 서버 사이드 언어다. 클라이언트 사이드 언어인 HTML, CSS, 자바스크립트만으로 웹사이트를 설계해본 사람은 이 개념이 선뜻 와 닿지 않을 수도 있다.

서버 사이드 언어와 자바스크립트는 서로 비슷한 면이 있다. 소형 스크립트 프로그램을 만들어 웹 페이지 HTML 코드에 끼워넣을 수 있고, HTML과 달리 브라우저 화면 너머의 영역을 훨씬 자유롭게 제어하는 도구로 사용할 수도 있다. 둘의 결정적인 차이점은 웹 페이지를 불러오는 동안 각 프로그램이 실행되는 시점이다.

자바스크립트 같은 클라이언트 사이드 언어는 웹 페이지와 자바스크립트를 모두 내려받은 후 웹 브라우저에서 실행된다. 반대로 PHP 같은 서버 사이드 언어는 웹 페이지를 브라우저로 전송하기 전에 웹 서버에서 실행된다. 클라이언트 사이드 언어는 일단 브라우저로 출력된 페이지를 제어하는 반면, 서버 사이드 언어는 브라우저로 전송하기 전에 페이지를 원하는 대로 조작할 수 있다.

웹 서버가 웹 페이지에 내장된 PHP 코드를 실행하면 그 결과가 PHP 코드가 있던 자리에 표시된다. 브라우저는 페이지를 수신할 때 모든 내용을 표준 HTML로 받아들인다. 서버 사이드 언어란 이처럼 서버 쪽에서 실행되는 언어다. 예시로 다음과 같은 간단한 PHP 코드를 살펴보자. 1~10까지 무작위 숫자를 생성한 후 화면에 표시하는 예제다.

예제 2-1 PHP-RandomNumber

```
<!DOCTYPE html>
<html lang="ko">
    <head>
        <meta charset="utf-8">
        <title>무작위 숫자</title>
    </head>
    <body>
        <p>1에서 10까지 무작위 숫자 생성하기:
            <?php

            echo rand(1, 10);

            ?>
        </p>
    </body>
</html>
```

이 예제 코드는 대부분 일반적인 HTML이며 〈?php와 ?〉 사이에 있는 부분만 PHP 코드다. 〈?php는 PHP 스크립크가 시작된다는 뜻이고 ?〉 표시는 끝났다는 뜻이다. 웹 서버는 브라우저로 페이지를 전송하기 전에 먼저 두 구분자 사이의 모든 내용을 해석하고 일반 HTML 코드로 변환한다. 브라우저 화면에서 마우스 오른쪽 버튼을 클릭하고 소스 보기 메뉴(브라우저에 따라 다를 수 있다)를 선택하면 다음과 같은 코드를 볼 수 있다.

```
<!DOCTYPE html>
<html lang="ko">
    <head>
        <meta charset="utf-8">
        <title>무작위 숫자</title>
    </head>
    <body>
        <p>1에서 10까지 무작위 숫자 생성하기:
            5
        </p>
    </body>
</html>
```

브라우저로 출력된 페이지는 PHP 코드가 전부 사라졌음을 알 수 있다. 대신 그 자리에 스크립트 출력 결과가 일반 HTML 코드처럼 나타난다. 여기서 서버 사이드 스크립트의 특징을 몇 가지 알 수 있다.

- 브라우저 호환성을 위배하지 않는다. PHP 스크립트는 웹 서버가 단독으로 해석하므로 방문자의 브라우저를 고려할 필요가 없다.

- 서버의 자원을 활용할 수 있다. 앞선 예제는 웹 서버가 무작위 숫자를 생성하고 웹 페이지에 표시하는데, 이 작업을 자바스크립트로 처리하면 잠재적인 위험에 노출된다. 자바스크립트 코드는 브라우저에서 실행되므로 누군가 코드를 변조해 특정 숫자를 삽입할 수 있다. 물론 이보다 더 멋진 예제를 곧 배운다. 웹 페이지에 MySQL 데이터를 넣는 코드처럼 서버 자원을 활용하는 예시는 무궁무진하다.

- 클라이언트의 부담을 줄일 수 있다. 자바스크립트는 브라우저가 웹 페이지를 표시하기 전에 스크립트를 실행하므로 페이지 속도가 상당히 느려질 가능성이 있다. 특히 모바일 기기에서는 더욱 그렇다. 서버 사이드 코드를 사용하면 이 부담을 웹 서버로 전가할 수 있고, 애플리케이션의 사양이나 개발자의 재정적인 사정에 따라 적절히 조율할 수 있다.

- 선택의 폭이 넓어진다. 브라우저에서 실행될 코드는 브라우저가 이해할 수 있도록 작성해야 한다. 브라우저는 모두 HTML, CSS, 자바스크립트를 지원하며 이들 언어로 작성한 코드만 실행할 수 있다. 서버 쪽에서 코드를 실행하고 HTML을 생성하면 언어의 제약을 받지 않는다. 서버 사이드 언어의 종류는 매우 많고, PHP는 그중 하나에 불과하다.

2.1 기초 문법과 구문

PHP 문법은 자바스크립트, C, C++, C#, 오브젝티브-C$^{Objective-C}$, 자바, 펄^{Perl} 등 C에서 파생된 언어와 비슷하다. 이 언어 중 하나라도 익숙한 사람은 PHP 문법에 쉽게 적응할 수 있지만, 프로그래밍 경험이 없어도 크게 걱정할 필요는 없다.

PHP 스크립트는 일련의 명령어나 구문으로 구성된다. 각 구문은 웹 서버가 따라야 할 지시사항이며 다음 구문으로 진행하려면 반드시 준수해야 한다. PHP 구문은 앞서 언급한 언어들처럼 반드시 세미콜론(;)으로 끝나야 한다.

다음은 간단한 PHP 구문이다.

```
echo '이것은 <strong>테스트</strong> 입니다!';
```

echo문은 지정한 내용을 브라우저로 전송하는 구문이며 대개 HTML 코드를 생성할 때 사용한다. echo문은 전달받은 텍스트를 그대로 웹 페이지의 HTML 코드 사이에 삽입하는데, 이때 PHP 스크립트가 있던 자리가 해당 텍스트로 대체된다.

앞선 예제는 echo문에 '이것은 〈strong〉테스트〈/strong〉 입니다!'를 전달하고 출력한다. 문자열에 포함된 HTML 태그 〈strong〉과 〈/strong〉에 주목하자. HTML 태그는 브라우저가 온전히 인식하는 코드다.

이 구문을 넣은 전체 웹 페이지 코드는 다음과 같다.

예제 2-2 PHP-Echo

```
<!DOCTYPE html>
<html lang="ko">
    <head>
        <meta charset="utf-8">
        <title>테스트 페이지</title>
    </head>
    <body>
        <p><?php echo '이것은 <strong>테스트</strong> 입니다!'; ?></p>
    </body>
</html>
```

이 파일을 웹 서버에 올리고 웹 브라우저로 요청하면 브라우저는 다음과 같은 코드를 되돌려 받는다.

```
<!DOCTYPE html>
<html lang="ko">
    <head>
        <meta charset="utf-8">
        <title>테스트 페이지</title>
    </head>
    <body>
        <p>이것은 <strong>테스트</strong> 입니다!</p>
    </body>
</html>
```

다음 echo문은 random.php 예제의 echo문인데, 테스트 페이지의 echo문보다 약간 더 복잡해보인다.

```
echo rand(1, 10);
```

테스트 페이지의 echo문은 텍스트를 전달받고 그대로 출력했지만 random.php의 echo문은 지시문을 전달받았다. PHP는 따옴표 바깥의 모든 내용을 지시문으로 여기고 반드시 수행한다. 반대로 따옴표 안의 모든 내용은 단순한 문자열로 취급하며 더 이상 해석하지 않고 그대로 명령문에 전달한다. 다음 코드는 '이것은 〈strong〉테스트〈/strong〉 입니다!' 문자열을 echo 명령어에 그대로 전달한다.

```
echo '이것은 <strong>테스트</strong> 입니다!';
```

문자열은 시작 따옴표와 끝 따옴표로 표시한다. PHP는 첫 번째 '를 만나면 문자열의 시작으로 인식하고 그 다음 '를 찾으면 문자열이 끝났음을 확인한다.

그에 반해 다음 코드는 숫자를 무작위로 생성하는 내장 함수인 rand()를 먼저 실행하고 그 결과를 echo 명령에 전달한다.

```
echo rand(1, 10);
```

내장 함수란 자세한 내용을 일일이 설명하지 않아도 이미 PHP가 처리 방법을 다 알고 준비해 둔 기능이다. 이메일 전송부터 데이터베이스 정보 처리까지, PHP의 수많은 내장 함수로 모두 처리할 수 있다.

PHP는 문자열에 포함된 내용을 실행하지 않는다. 다음 코드의 실행 결과는 예상과 다를 것이다.

```php
echo 'rand(1, 10)';
```

이 코드에서 PHP는 rand()를 내장 함수가 아닌 문자열로 인식하기 때문에, 무작위 숫자를 출력하지 않고 rand(1, 10) 문자열이 그대로 브라우저에 출력된다. 문자열과 코드의 차이는 중요한 개념이니 잘 이해해야 한다. PHP는 따옴표 바깥의 모든 텍스트를 일련의 명령어로 인식한다. 따옴표 안의 내용은 문자열이며 PHP는 문자열을 데이터로 취급한다.

PHP는 문자열을 해석하지 않는다. 문자열은 임의의 글자를 임의의 순서로 나열해도 상관없는 데이터다. 그러나 코드는 지시사항을 나열한 목록이며 컴퓨터가 이해하는 구조를 엄격하게 준수해야 한다.

`TIP` 구문 강조

에디터에서 구문 강조 기능을 사용하면 코드와 문자열이 서로 다른 색으로 표시되어 한눈에 구별할 수 있다.

`TIP` 따옴표

PHP는 문자열을 표시할 때 작은따옴표와 큰따옴표를 모두 지원한다. 대부분의 상황에서 둘을 혼용할 수 있지만 PHP 개발자는 작은따옴표를 선호하는 경향이 있다. HTML 코드에 큰따옴표가 많이 쓰이기 때문이다. 예를 들면 다음과 같다.

```php
echo '<a href="http://www.hanbit.co.kr">여기를 클릭하세요</a>';
```

여기서 큰따옴표를 사용하려면 href= 다음의 따옴표 앞에 이스케이프 문자 \를 추가해 아직 문자열이 끝나지 않았음을 알려야 한다. 브라우저로 보낼 HTML 코드에 큰따옴표가 포함되면 모두 같은 방식으로 처리한다.

```php
echo "<a href=\"http://www.hanbit.co.kr\">여기를 클릭하세요</a>";
```

이런 이유로 PHP 개발자는 작은따옴표를 주로 사용한다. 큰따옴표와 작은따옴표 사이에 기능적인 차이가 약간 있지만 목적에 따라 번갈아 쓸 수 있다.

PHP에서 함수를 부를 때, 즉 함수가 작업을 수행하도록 요청할 때 '함수를 호출한다'고 한다. 함수를 호출하면 대부분 값을 반환하는데 PHP는 함수 호출 코드를 반환값으로 대체한다. echo rand(1, 10); 예시에서 echo문 뒤의 구문은 rand() 함수 호출 구문이다. rand() 함수는 무작위 숫자를 문자열로 반환하며 echo문은 rand() 함수가 반환한 값을 출력한다.

함수는 인수를 하나 이상 전달받을 수 있고, 인수에 따라 조금씩 다르게 작동한다. rand() 함수는 최솟값과 최댓값 인수를 받는다. 인숫값을 바꾸면 함수의 작동 결과도 바뀐다. 예를 들어 1과 50 사이의 무작위 숫자를 구하려면 다음과 같은 코드를 사용한다.

```
echo rand(1, 50);
```

왜 (1, 50)처럼 인수를 괄호로 감싸야 하는지 궁금할 것이다. 괄호는 두 가지 역할을 한다. 먼저 rand라는 함수를 호출할 것임을 알린다. 둘째, 인수 목록의 시작과 끝을 표시한다. 인수는 함수를 원하는 대로 실행하기 위해 전달하는 값이며, rand() 함수는 최솟값과 최댓값을 전달해야 한다. 인숫값은 쉼표로 구분한다.

인수의 종류가 서로 다르거나 아예 인수가 없는 함수도 있다. 인수가 없는 함수도 호출할 때 반드시 여닫는 괄호를 붙여야 한다.

2.2 변수, 연산자, 주석

2.2.1 변수

PHP에서 변수의 역할은 다른 프로그래밍의 변수와 똑같다. 쉽게 말해 변수란 이름표가 붙어 있는 가상 상자다. 이 상자에 아무 값이나 넣을 수 있다. 다음 구문은 $testVariable이라는 변수를 생성하고 3을 할당한다. 참고로 PHP의 모든 변수는 $로 시작한다.

```
$testVariable = 3;
```

PHP는 타입을 느슨하게 관리하는 언어다. 타입은 숫자, 문자열 등 값의 종류를 나타낸다.

PHP는 타입에 상관없이 변수에 값을 할당할 수 있고 이미 할당한 값과 타입이 다른 값을 다시 할당할 수 있다. 다음 코드를 이어서 실행하면 $testVariable 변수에 다시 값을 할당한다. 기존에 숫자가 할당되었지만 이젠 문자열이 할당된다.

```
$testVariable = '셋';
```

2.2.2 주석

2.2.3절 '연산자'의 예시는 매 줄마다 계산식 끝에 주석이 있다. 주석은 코드가 무슨 일을 하는지 설명하는 도구다. 코드 중간에 설명 문구가 나와도 PHP 인터프리터는 이를 무시한다. 주석은 //로 시작하고 해당 줄 맨 마지막에서 끝난다. 여러 줄에 걸쳐서 작성하는 주석은 /*로 시작하고 */로 끝나며, PHP 인터프리터는 그 사이에 있는 모든 내용을 무시한다. 앞으로 일부 코드는 주석을 사용해 설명할 것이다.

2.2.3 연산자

앞선 두 구문에서 변수에 값을 할당할 때 사용한 등호를 할당 연산자^{assignment operator}라 부른다. 다음 예제에서 볼 수 있듯 다양한 연산자가 있으며 각기 다른 수학적 연산을 수행한다.

```
$testVariable = 1 + 1; // 2 할당
$testVariable = 1 - 1; // 0 할당
$testVariable = 2 * 2; // 4 할당
$testVariable = 2 / 2; // 1 할당
```

+는 덧셈 연산자, −는 뺄셈 연산자, *는 곱셈 연산자, /는 나눗셈 연산자다. 이들은 수학적 연산을 수행하기 때문에 모두 산술 연산자^{arithmetic operator}라 부른다.

문자열을 연결하는 연산자를 결합 연산자라고 한다.

```
$testVariable = '여어 ' . '안녕!'; // '여어 안녕!'을 할당
```

PHP에서 값을 다룰 때 거의 항상 변수를 활용한다. 다음 구문들을 살펴보자.

```
$var1 = 'PHP';              // $var1에 'PHP' 할당
$var2 = 5;                  // $var2에 5 할당
$var3 = $var2 + 1;          // $var3에 6 할당
$var2 = $var1;              // $var2에 'PHP' 할당
$var4 = rand(1, 12);        // $var4에 rand() 함수의 반환값 할당
echo $var1;                 // 'PHP' 출력
echo $var2;                 // 'PHP' 출력
echo $var3;                 // '6' 출력
echo $var4;                 // 무작위 숫자 출력
echo $var1 . ' 규칙!';      // 'PHP 규칙!' 출력
echo '$var1 규칙!';         // '$var1 규칙!' 출력
echo "$var1 규칙!";         // 'PHP 규칙!' 출력
```

특히 마지막 두 줄에 주목하자. 변수를 작은따옴표로 감싸면 변수의 내용이 아니라 변수의 이름이 그대로 출력된다. 반대로 큰따옴표를 사용하면 변수명 부분이 변수에 할당된 값으로 대체된다.

쌍따옴표 안에 변수를 넣으면 변숫값을 간단히 출력할 수 있지만 이런 방식은 별로 쓰지 않을 것이다. 앞으로 실습할 예시 코드가 그 정도로 간단하지 않기 때문이다. 마지막에서 세 번째 echo문처럼 문자열을 연결하는 방식을 잘 익혀두자.

2.3 제어문

지금까지 본 PHP 코드는 한 줄짜리 구문 또는 한 줄씩 순차적으로 실행되도록 나열된 구문들이었다. 코드 내용도 웹 페이지 문자열 출력, 변수 할당처럼 간단했다. 자바스크립트, 오브젝티브-C, 루비, 파이썬 등 다른 언어로 프로그램을 작성해본 사람은 실제 프로그램이 그 정도로 간단하지 않다는 사실을 이미 알고 있을 것이다.

PHP는 다른 프로그래밍 언어와 마찬가지로 코드의 흐름을 제어하는 기능을 제공한다. 즉 지금까지 예시에서 보았던 순차적인 실행 순서를 벗어날 수 있는 특수한 구문이 있는데, 이러한 구문을 제어 구조라 부른다. 설명만 듣고 이해하기 어려워도 걱정할 필요 없다. 한두 예제만 보면 완벽히 파악할 수 있다.

2.3.1 if문

가장 기본적이며 자주 쓰이는 제어문은 if문이다. if문의 프로그램적 흐름은 다음과 같이 시각적으로 표현할 수 있다.

그림 2-1 if문의 논리적인 흐름

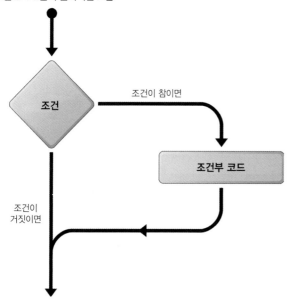

if문은 PHP 코드로 이렇게 표현한다.

```
if (조건) {
    // 조건이 참일 때 실행하는 조건부 코드
}
```

이 제어 구조는 특정 조건이 충족됐을 때만 조건부 코드를 실행한다.

연습 삼아 간단한 게임을 만들어보자. 주사위를 굴려서 6이 나오면 이기는 게임이다. 주사위 굴리기는 이전에 사용했던 rand() 함수로 구현하며 최솟값과 최댓값을 1과 6으로 설정한다.

```
$roll = rand(1, 6);

echo '주사위를 굴려서 나온 숫자 : ' . $roll;
```

주사위를 굴려서 6이 나왔는지 if문으로 확인하고 승리 메시지를 출력한다.

예제 2-3 PHP-DiceRoll

```php
$roll = rand(1, 6);
echo '주사위를 굴려서 나온 숫자 : ' . $roll;

if ($roll == 6) {
    echo '이겼다!';
}
```

연산자 ==는 동등 연산자며 두 값이 같은지 비교할 때 사용한다. 단일 등호 =는 비교가 아니라 할당할 때 사용한다.

if문은 실행 코드를 {와 }로 감싸고 조건이 만족됐을 때만 실행한다. 중괄호 사이의 코드는 자유롭게 작성할 수 있고, 중괄호가 닫힌 다음에 나오는 코드는 조건과 관계없이 항상 실행된다.

```php
$roll = rand(1, 6);
echo '주사위를 굴려서 나온 숫자 : ' . $roll;

if ($roll == 6) {
    echo '이겼다!'; // 6이 나왔을 때만 출력되는 줄
}

echo '게임에 참여해 주셔서 감사합니다'; // 항상 출력되는 줄
```

> **WARNING_ 이중 등호**
>
> 이중 등호 ==는 주의해서 써야 한다. 다음 조건문은 초급 PHP 프로그래머가 저지르기 쉬운 실수를 보여준다.
>
> **if ($roll = 6) // 등호 실수!**
>
> 이 코드는 동등 연산자 == 대신 할당 연산자 =를 잘못 사용했다. $roll 변숫값과 숫자 6을 비교하는 대신 $roll에 6을 할당한다. 설상가상으로, if문 조건에서 할당 연산은 항상 참으로 판정된다. 따라서 $roll 변수에 원래 할당됐던 값과 상관없이 if문의 조건부 코드가 항상 실행된다.

diceroll.php를 실행하면 무작위 숫자를 생성한다. 이길 때까지 실행하면 다음과 같은 화면을 볼 수 있다.

출력 문자열이 모두 붙어 나오기 때문에 별로 보기 좋지 않다. 출력 결과가 HTML이므로 단락 태그 〈p〉를 추가하면 모양새를 다듬을 수 있다.

예제 2-4 PHP-DiceRoll-Formatted

```php
$roll = rand(1, 6);
echo '<p>주사위를 굴려서 나온 숫자 : ' . $roll . '</p>';

if ($roll == 6) {
    echo '<p>이겼다!</p>';
}

echo '<p>게임에 참여해 주셔서 감사합니다</p>';
```

변경된 diceroll-html.php 페이지를 브라우저로 열면 다음과 같이 출력된다.

주사위를 굴려서 나온 숫자 : 6

이겼다!

게임에 참여해 주셔서 감사합니다

훨씬 더 읽기 쉽다. 이제 주사위를 굴려서 6이 나오지 않은 사람도 적절한 화면을 볼 수 있도록 메시지를 보여주자. 6이 나오지 않은 경우는 else문으로 처리할 수 있다. else문은 반드시 if와 함께 사용하며 조건을 만족하지 않을 때 실행된다.

예제 2-5 PHP-DiceRoll-Else

```php
$roll = rand(1, 6);
echo '<p>주사위를 굴려서 나온 숫자 : ' . $roll . '</p>';

if ($roll == 6) {
    echo '<p>이겼다!</p>';
}
else {
    echo '<p>아쉽지만 \'꽝\'이네요. 다음 기회를 노려보세요!</p>';
}
```

```
echo '<p>게임에 참여해 주셔서 감사합니다</p>';
```

if문과 else문이 있을 때 두 코드 영역 중 한쪽은 반드시 실행된다. 조건이 참이면 if 영역의 코
드가 실행되고 그렇지 않으면 else 영역의 코드가 실행된다.

단순 비교보다 더 복잡한 조건도 있다. if문은 조건이 하나 이상이어도 판단할 수 있다. 예를 들
어 5와 6이 모두 당첨 번호라면 if문 조건을 다음과 같이 바꿀 수 있다.

예제 2-6 PHP-DiceRoll-Or

```
if ($roll == 6 || $roll == 5) {
    echo '<p>이겼다!</p>';
}
else {
    echo '<p>아쉽지만 \'꽝\'이네요. 다음 기회를 노려보세요!</p>';
}
```

이중 파이프 연산자 ||는 '또는'을 의미하며 두 표현식 중 하나라도 참이면 전체 조건이 참이라
고 판단한다. 풀어서 읽으면 다음과 같다. '주사위를 굴려서 5 또는 6이 나오면'.

이 조건은 더 간단히 표현할 수 있다. if문은 동등 연산자 == 외에 산술 연산자 〉와 〈도 인식
한다. 〉는 '오른쪽보다 큰'을 나타내며 〈는 '오른쪽보다 작은'을 나타낸다. 앞선 조건문은 다음
과 같이 하나의 조건으로 표현할 수 있다.

예제 2-7 PHP-DiceRoll-Greater

```
if ($roll > 4) {
    echo '<p>이겼다!</p>';
}
else {
    echo '<p>아쉽지만 \'꽝\'이네요. 다음 기회를 노려보세요!</p>';
}
```

$roll 〉 4 조건은 $roll 변수에 저장된 값이 4보다 크면 참이며, 조건식 하나로 5와 6을 모두 당첨 번호로 지정한다. 4, 5, 6을 당첨 번호로 지정하려면 조건을 $roll 〉 3으로 변경하면 된다.

'또는'을 뜻하는 ||와 비슷하게, 두 조건이 모두 참이어야 조건을 만족시키는 표현이 있다. 주사위 두 개를 굴려서 모두 6이 나와야 이기는 조건으로 게임을 확장해보자.

예제 2-8 PHP-DiceRoll-TwoDice

```
$roll1 = rand(1, 6);
$roll2 = rand(1, 6);
echo '<p>주사위를 굴려서 나온 숫자 : ' . $roll1 . ' 그리고 ' . $roll2 . '</p>';

if ($roll1 == 6 && $roll2 == 6) {
    echo '<p>이겼다!</p>';
}
else {
    echo '<p>아쉽지만 \'꽝\'이네요. 다음 기회를 노려보세요!</p>';
}

echo '<p>게임에 참여해 주셔서 감사합니다</p>';
```

if ($roll1 == 6 && $roll2 == 6) 표현식은 $roll1 == 6과 $roll2 == 6이 모두 참이어야 전체를 참으로 판단하므로 주사위 두 개를 굴려서 모두 6이 나와야 게임에서 이긴다. 만약 &&를 ||로 바꿔 if ($roll1 == 6 || $roll2 == 6)으로 고치면 두 주사위 중 하나만 6이 나와도 이긴다.

앞으로 더 복잡한 조건이 많이 나올 테니 그 전에 if...else문을 충분히 익혀두자.

NOTE_ or와 and

PHP는 || 대신 or를, && 대신 and를 쓸 수 있다. 다음 코드도 정상적으로 작동한다.

```
if ($roll == 6 or $roll == 5) { ... }
```

or와 ||의 작동 방식은 미묘하게 다른데 이 때문에 예상치 못한 결과가 나올 수 있다. 일반적으로, or나 and 연산자보다 ||와 &&를 사용해야 버그 발생 가능성을 줄일 수 있다.

2.4 반복문

또 다른 유용한 제어 구조는 반복문이다. 반복문은 같은 줄의 코드를 몇 번이고 다시 실행한다. 대표적인 반복문은 for문과 while문이다. 이 두 반복문이 어떻게 작동하는지 살펴보자.

2.4.1 for문

for문은 같은 코드를 몇 번 반복할지 알 때 사용한다. 아래 그림은 for문의 흐름을 보여준다.

그림 2-2 for문의 논리적 흐름

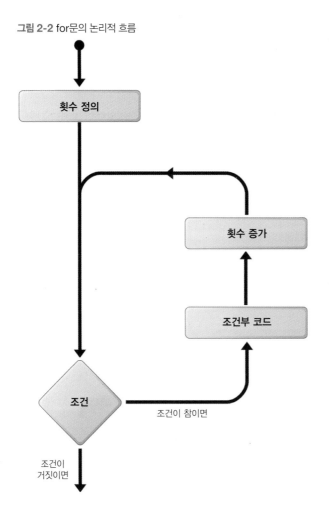

그림을 코드로 표현하면 다음과 같다.

```
for (횟수 정의; 조건; 횟수 증가) {
    // 조건이 참일 경우 반복적으로 실행할 구문
}
```

횟수 정의는 반복문을 시작할 때 한 번 실행한다. 조건 구문은 본문의 구문을 실행하기 전에 매번 검사하고, 횟수 증가 구문은 본문의 구문을 실행한 다음 매번 실행한다.

다음은 for문으로 1부터 10까지 출력하는 코드다.

```
for ($count = 1; $count <= 10; $count++) {
    echo $count . ' ';
}
```

전체적인 코드가 한눈에 잘 들어오지 않겠지만, 각 부분을 차근차근 설명할테니 너무 겁먹을 필요는 없다.

- **$count = 1;** : 초깃값을 1로 설정한다.
- **$count <= 10;** : 반복 여부를 판단하는 조건이다. '10보다 작거나 같으면 계속 반복한다'로 해석한다.
- **$count++** : '반복할 때마다 1씩 더한다'는 뜻이다. $count = $count + 1 구문과 같다.
- **echo $count . ' ';** : 횟수를 출력하고 공백을 붙인다.

이 예시의 조건은 <= 연산자를 사용한다. 미만을 나타내는 < 연산자와 비슷하지만 왼쪽과 오른쪽이 같을 때도 참으로 판단한다. 이외에도, 크거나 같은지 비교하는 >=와 불일치할 때 참인 !=도 자주 쓰인다.

$count 변수를 초기화하고 증가시키는 구문은 for문 첫 번째 줄에 조건 구문과 함께 배치한다. 처음에는 어려워 보이지만 반복문을 제어하는 코드가 모두 한곳에 모여 있으면 오히려 전체적인 과정을 이해하기 쉽다. 앞으로 많은 예제에서 반복문을 사용하므로 제어 코드를 읽고 연습할 기회는 많다.

for문의 각 제어 코드를 바꾸면 그에 따라 결과도 바뀐다. 예를 들어 for문을 다음과 같이 고치면 반복할 때마다 $count에 3을 더한다.

예제 2-9 PHP-For

```php
for ($count = 1; $count <= 10; $count = $count + 3) {
    echo $count . ' ';
}
```

실행 결과는 다음과 같다.

```
1 4 7 10
```

for문에 if문을 결합하면 반복문 안에서 특정 기능을 수행할 수 있다. 예를 들면 주사위 게임을 할 때마다 페이지를 새로 고치는 대신 한 번에 주사위를 10번 굴리고 결과를 출력할 수 있다

예제 2-10 PHP-DiceRoll-ManyDice

```php
for ($count = 1; $count <= 10; $count++) {
    $roll = rand(1, 6);
    echo '<p>주사위를 굴려서 나온 숫자 : ' . $roll . '</p>';
    if ($roll == 6) {
        echo '<p>이겼다!</p>';
    }
    else {
        echo '<p>아쉽지만 \'꽝\'이네요. 다음 기회를 노려보세요!</p>';
    }
}

echo '<p>게임에 참여해 주셔서 감사합니다</p>';
```

이 예시는 매번 페이지를 새로 고칠 필요 없이 한 번에 주사위를 10번 굴린다. 반복문으로 감싼 코드는 같은 코드를 10번 복사하고 붙여넣은 코드와 기능적으로 같다. 다음 코드는 앞의 반복문과 완전히 같은 결과를 낸다.

```php
$roll = rand(1, 6);
echo '<p>주사위를 굴려서 나온 숫자 : ' . $roll . '</p>';

if ($roll == 6) {
    echo '<p>이겼다!</p>';
}
```

```php
else {
    echo '<p>아쉽지만 \'꽝\'이네요. 다음 기회를 노려보세요!</p>';
}

$roll = rand(1, 6);
echo '<p>주사위를 굴려서 나온 숫자 : ' . $roll . '</p>';

if ($roll == 6) {
    echo '<p>이겼다!</p>';
}
else {
    echo '<p>아쉽지만 \'꽝\'이네요. 다음 기회를 노려보세요!</p>';
}

$roll = rand(1, 6);
echo '<p>주사위를 굴려서 나온 숫자 : ' . $roll . '</p>';

if ($roll == 6) {
    echo '<p>이겼다!</p>';
}
else {
    echo '<p>아쉽지만 \'꽝\'이네요. 다음 기회를 노려보세요!</p>';
}

// 위 코드를 총 10번 반복 작성...
```

컴퓨터는 개발자가 반복문을 사용하든 코드를 복사해서 붙여넣든 상관하지 않는다. 그저 작성된 코드를 실행할 뿐이다. 그러나 개발자의 입장에서 반복문이 더 나은 코드라는 사실은 금새 알 수 있다. 가령 앞의 예시에서 당첨 번호에 5를 추가하려면 조건을 열 군데나 고쳐야 되지만, 반복문은 초기 조건만 고치면 10번 모두 반영된다. 코드를 복사하고 붙여넣을 때마다 한 번 더 생각해보자. 분명 더 나은 방법이 있을 것이다.

2.4.2 while문

while 반복문도 PHP에서 자주 사용되는 제어 구조다. if...else문이 조건에 따라 구문의 실행 여부를 결정하듯, while문은 조건에 따라 구문의 반복 횟수를 결정한다.

다음 그림은 while문의 수행 과정을 보여준다.

그림 2-3 while문의 논리적 흐름

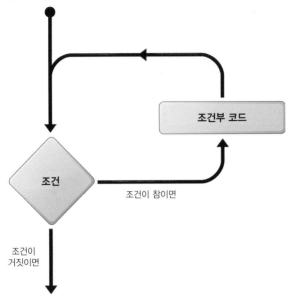

다음은 while문의 구조다.

```
while (조건) {
    // 조건이 참인 동안 구문을 반복 실행
}
```

while문은 if문과 아주 비슷하게 동작하지만 구문이 실행되고 난 다음 과정은 다르다. if문은 구문을 실행한 다음 중괄호 밖으로 진행하지만 while문은 다시 조건을 확인하고 참이면 구문을 또 한 번 실행한다. 조건이 참인 동안 이 과정이 계속 반복되며 횟수와 상관없이 조건이 거짓으로 판정되는 순간 중괄호를 건너 뛰고 다음 코드로 진행한다.

이러한 반복문은 주로 배열의 항목이 많을 때 유용하게 쓰는데, 지금은 간단하게 1부터 10까지 출력하는 예시를 소개한다.

예제 2-11 PHP-WhileCount

```
while ($count <= 10) {
    echo $count . ' ';
    ++$count;
}
```

이 예제는 앞서 보았던 for문과 정확히 똑같은 방식으로 작동한다. for문에 쓰였던 구문이 위치만 바뀐 채 while문에 들어가 있음을 볼 수 있다. 처음보는 코드가 나오지만 지레 겁먹지 말자. 다음과 같이 한 줄씩 풀어서 쓰면 이해할 수 있다.

- **$count = 1;** : $count 변수를 생성하고 1을 할당한다.
- **while ($count <= 10)** : while문을 시작한다. $count 값이 10보다 작거나 같은지 검사한다.
- **{** : While문의 조건부 코드가 시작됨을 나타내는 중괄호. 조건부 코드는 보통 반복문의 본문이라 부르며 조건이 참인 동안 반복적으로 실행된다.
- **echo $count . ' ';** : $count 값을 출력하고 공백을 붙인다.
- **++$count;** : $count 값에 1을 더한다. ++$count를 풀어쓰면 $count = $count + 1이다. $count++로 써도 결과는 같다. ++의 위치는 중요하지만 이번 예시는 어느 쪽에 써도 상관없다. ++가 변수명 앞에 있으면 변수를 읽기 전에 값을 증가시킨다. $count가 0일 때 echo ++$count; 코드의 출력 결과는 1이고 echo $count++;의 결과는 0이다. ++의 위치를 잘못 지정하면 버그로 이어질 수 있으므로 주의해야 한다.
- **}** : 닫는 대괄호는 while 반복문 본문이 끝났다는 표시다.

이제 본문 코드를 실행할 때 무슨 일이 일어나는지 살펴보자. 처음 조건을 확인했을 때 $count 값은 1이므로 조건 판단 결과는 확실히 참이다. $count값인 1이 출력되고 $count에 새로 2가 할당된다. 두 번째로 조건을 확인해도 참이며 2를 출력하고 3을 할당한다. 이 과정을 반복하면 3, 4, 5, 6, 7, 8, 9, 10이 차례로 출력된다. $count에 11이 할당되면 조건이 거짓으로 판정되므로 반복문이 끝난다.

코드를 실행하면 다음과 같은 내용이 화면에 출력된다.

그림 2-4 while문 실행 결과

1 2 3 4 5 6 7 8 9 10

단순한 증감 작업은 일반적으로 while문이 아닌 for문으로 구현한다. while문은 특정한 상황이 되기 전까지 지속적으로 코드를 수행해야 할 곳에 주로 사용한다. 예를 들어 6이 나올 때까지 주사위를 계속 굴려야 한다면 주사위를 몇 번 굴려야 할지 미리 알 수 없다. 한 번에 6이 나올 수도, 100번 만에 나올 수도 있다. 이럴 때 while문을 사용한다.

```php
$roll = 0;
while ($roll != 6) {
    $roll = rand(1, 6);
    echo '<p>주사위를 굴려서 나온 숫자 : ' . $roll . '</p>';

    if ($roll == 6) {
        echo '<p>이겼다!</p>';
    }
    else {
        echo '<p>아쉽지만 \'꽝\'이네요. 다음 기회를 노려보세요!</p>';
    }
}
```

이 예제는 6이 나올 때까지 계속 주사위를 굴린다. 6이 나오기까지 주사위를 굴린 횟수는 코드를 실행할 때마다 다를 것이다.

while문의 조건은 $roll != 6이다. while문을 실행하고 최초로 조건을 판단할 때를 대비해 $roll 변수에 값을 설정해야 한다. while문 위의 $roll = 0; 코드가 이러한 역할을 한다. 처음 while문을 실행할 때 값을 0으로 설정하면 while ($roll != 6)이 참이므로 즉시 반복문을 시작한다. $roll 변수를 사용하기 전에 미리 초깃값을 설정하지 않으면 오류나 경고가 발생할 수 있다.

while문을 변형한 do...while 구문을 쓰면 변수를 미리 설정할 필요가 없다. do...while 구문은 먼저 코드를 실행하고 조건을 판단한 다음 그 결과에 따라 코드를 다시 실행한다. do...while문의 구조는 다음과 같다.

```php
do {
    // 먼저 구문을 실행하고 조건이 참이면 반복한다.
}
while (조건);
```

do...while문을 사용하면 앞선 예시에서 첫 번째 줄을 생략할 수 있다.

```php
do {
    $roll = rand(1, 6);
    echo '<p>주사위를 굴려서 나온 숫자 : ' . $roll . '</p>';

    if ($roll == 6) {
        echo '<p>이겼다!</p>';
    }
    else {
        echo '<p>아쉽지만 \'꽝\'이네요. 다음 기회를 노려보세요!</p>';
    }
}
while ($roll != 6);
```

이번에는 조건문이 본문 코드 아래에 있기 때문에 while문을 실행하기 전에 이미 $roll 변수에 값이 할당된다. 따라서 일부러 변수를 0으로 초기화시킬 필요가 없다.

NOTE_ PSR-2

PHP는 일정한 형식으로 코드를 작성하도록 강요하지 않으며 공백을 무시한다. 다음과 같이 코드를 써도 잘 작동한다.

```php
do {
    $roll = rand(
    1,
    6);

    echo '
주사위를 굴려서 나온 숫자 : ' .
    $roll . '
';

    if (
    $roll == 6
    )
    {
        echo '
이겼다!
';
    }
    else
```

```
        {
            echo '
아쉽지만 \'꽝\'이네요. 다음 기회를 노려보세요!
';
        }
    }
    while ($roll != 6);
```

이 스크립트는 앞선 예제와 정확히 같은 방식으로 실행된다. 개발자들은 저마다 다른 스타일로 코드를 작성한다. 들여쓰기 방식은 사람에 따라 탭과 공백으로 나뉜다. 중괄호를 열 때 if 구문과 같은 줄에서 여는 사람도 있고 다음 줄에서 여는 사람도 있다. 정답은 없으니 자신이 가장 편하다고 느끼는 방식으로 코드를 작성하면 된다. 다만 타인과 코드를 공유할 때 일관성을 유지하려면 가급적 표준을 따르는 편이 좋다. 이 책의 예제 코드는 PSR-2 (https://github.com/php-fig/fig-standards/blob/master/accepted/PSR-2-coding-style-guide.md)로 알려진 표준 코딩 규약을 따른다.

2.5 배열

배열은 여러 값을 담는 특수한 변수다. 변수를 값을 담는 상자에 비유한다면, 배열은 안이 칸막이로 나뉘어 있어 각 칸마다 값을 담을 수 있는 상자다.

PHP에서 배열을 생성하려면 대괄호 [와] 사이에 저장할 값을 넣고 쉼표로 구분한다.

```
$myArray = ['하나', 2, '3'];
```

NOTE_ array 키워드

PHP에서 배열은 array 키워드로 정의하기도 한다. 다음 코드에서 정의한 배열은 앞선 예시에서 대괄호로 정의한 배열과 같다.

```
$myArray = array('하나', 2, 3);
```

대괄호 선언 방식은 PHP 5.4 버전에 도입됐다. if, while 등의 제어 구조에 쓰이는 소괄호와 구별하기 쉽고 타자 수도 줄일 수 있어 PHP 개발자들이 선호하는 문법이다.

이 코드는 'one', 2, '3'이 할당된 $myArray 배열 변수를 생성한다. 배열의 각 공간은 일반적인 변수와 마찬가지로 타입에 관계없이 값을 담을 수 있다. $myArray의 첫 번째, 세 번째 공간에 문자열을, 두 번째 공간에 숫자를 할당했다.

배열에 저장된 값에 접근하려면 인덱스를 알아야 한다. 인덱스란 배열에 저장된 값을 가리키는 숫자며 일반적으로 0부터 시작한다. 배열의 첫 번째 값 또는 원소의 인덱스는 0이며 두 번째는 1, 세 번째는 2다. 즉 배열의 n 번째 원소의 인덱스는 n-1이다. 원하는 값의 인덱스를 알면 다음과 같이 배열 변수명 뒤에 해당 인덱스를 대괄호로 묶어 값을 찾을 수 있다.

```
echo $myArray[0]; // '하나' 출력
echo $myArray[1]; // '2' 출력
echo $myArray[2]; // '3' 출력
```

배열에 저장된 각 값을 원소라 부른다. 대괄호 안에 인덱스를 지정하면 원소를 새로 추가하거나 기존 배열 원소의 값을 교체할 수 있다.

```
$myArray[1] = '둘'; // 값을 다시 할당
$myArray[3] = '넷'; // 원소를 새로 추가
```

또한 일반적인 할당 연산자로 배열의 끝에 원소를 추가할 수도 있다. 단, 이때 변수명 뒤의 대괄호는 비운다.

```
$myArray[] = '다섯';
echo $myArray[4]; // '다섯' 출력
```

배열 원소는 일반 변수처럼 사용할 수 있다. 프로그래머의 선호도에 따라 배열 대신 변수를 여러 개 쓰기도 하는데, 꼭 배열을 써야 해결되는 문제도 있다.

앞서 만들었던 주사위 게임의 결과를 좀 더 보기 쉽게 숫자가 아닌 한글로 출력하자. 예를 들면 '주사위를 굴려서 나온 숫자 : 3', '주사위를 굴려서 나온 숫자 : 6' 대신 '주사위를 굴려서 나온 숫자 : 셋', '주사위를 굴려서 나온 숫자 : 여섯'으로 표현한다.

이렇게 하려면 숫자를 그에 맞는 단어로 변환해야 한다. 다음과 같이 if문을 나열하면 간단히 해결된다.

```php
$roll = rand(1, 6);
if ($roll == 1) {
    $korean = '하나';
}
else if ($roll == 2) {
    $korean = '둘';
}
else if ($roll == 3) {
    $korean = '셋';
}
else if ($roll == 4) {
    $korean = '넷';
}
else if ($roll == 5) {
    $korean = '다섯';
}
else if ($roll == 6) {
    $korean = '여섯';
}

echo '<p>주사위를 굴려서 나온 숫자 : ' . $korean . '</p>';

if ($roll == 6) {
    echo '<p>이겼다!</p>';
}
else {
    echo '<p>아쉽지만 \'꽝\'이네요. 다음 기회를 노려보세요!</p>';
}
```

원하는 대로 작동하지만 굉장히 비효율적인 코드다. 주사위를 굴렸을 때 나올 모든 경우마다 if 문을 작성해야 한다. 대신 다음과 같이 각 경우를 배열로 작성하자.

```php
$korean = [
    1 => '하나',
    2 => '둘',
    3 => '셋',
    4 => '넷',
    5 => '다섯',
    6 => '여섯'
];
```

=〉는 배열을 생성할 때 인덱스와 값을 정의하는 표시다. 이 배열은 다음 코드로 정의한 배열과 똑같다.

```
$korean = [];
$korean[1] = '하나';
$korean[2] = '둘';
$korean[3] = '셋';
$korean[4] = '넷';
$korean[5] = '다섯';
$korean[6] = '여섯';
```

두 코드의 실행 결과는 같지만 이전 코드의 타자 수가 적고 가독성도 높다. 이제 이 배열을 이용해 숫자 단어를 출력할 수 있다.

```
echo $korean[3]; //"셋" 출력
echo $korean[5]; //"다섯" 출력
```

대괄호 안의 숫자 3, 5 대신 해당 값이 할당된 변수를 쓸 수 있다. 다음은 배열 키 대신 변수를 쓴 코드다.

```
$var1 = 3;
$var2 = 5;

echo $korean[$var1]; //"셋" 출력
echo $korean[$var2]; //"다섯" 출력
```

이제 주사위 굴리기 프로그램에서 배열 인덱스에 $roll 변수를 넣어 한글 단어를 출력해보자.

예제 2-15 PHP-DiceRoll-Korean-Array

```
$korean = [
1 => '하나',
2 => '둘',
3 => '셋',
4 => '넷',
5 => '다섯',
6 => '여섯'
];
```

```
$roll = rand(1, 6);
echo '<p>주사위를 굴려서 나온 숫자 : ' . $korean[$roll] . '</p>';

if ($roll == 6) {
    echo '<p>이겼다!</p>';
}
else {
    echo '<p>아쉽지만 \'꽝\'이네요. 다음 기회를 노려보세요!</p>';
}
```

if문을 썼던 장문의 코드보다 훨씬 더 깔끔하고 정돈된 코드임을 한눈에 알 수 있다. 또한 배열을 사용하면 두 가지 큰 이점이 있다.

1 만약 주사위를 십면체로 바꾸면 4가지 경우가 추가된다. 각 경우마다 if문을 추가할 필요 없이 배열의 원소를 늘리면 해결된다.

2 배열을 재사용할 수 있다. 주사위를 두 개 동시에 굴리는 게임을 만들 때, if문을 나열한 코드는 다음과 같다.

예제 2-16 PHP-DiceRoll-Korean-If-TwoDice

```
$roll1 = rand(1, 6);
$roll2 = rand(1, 6);
if ($roll1 == 1) {
    $korean = '하나';
}
else if ($roll1 == 2) {
    $korean = '둘';
}
else if ($roll1 == 3) {
    $korean = '셋';
}
else if ($roll1 == 4) {
    $korean = '넷';
}
else if ($roll1 == 5) {
    $korean = '다섯';
}
else if ($roll1 == 6) {
    $korean = '여섯';
}

if ($roll2 == 1) {
```

```
        $koreanRoll2 = '하나';
    }
    else if ($roll2 == 2) {
        $koreanRoll2 = '둘';
    }
    else if ($roll2 == 3) {
        $koreanRoll2 = '셋';
    }
    else if ($roll2 == 4) {
        $koreanRoll2 = '넷';
    }
    else if ($roll2 == 5) {
        $koreanRoll2 = '다섯';
    }
    else if ($roll2 == 6) {
        $koreanRoll2 = '여섯';
    }

    echo '<p>주사위를 굴려서 나온 숫자 : ' . $korean . ' 그리고 ' . $koreanRoll2 . '</
    p>';
```

다음은 if문을 사용하는 대신 $korean 배열을 주사위 두 개에 모두 사용한다.

예제 2-17 PHP-DiceRoll-Korean-Array-TwoDice

```
$korean = [
    1 => '하나',
    2 => '둘',
    3 => '셋',
    4 => '넷',
    5 => '다섯',
    6 => '여섯'
];

$roll1 = rand(1, 6);
$roll2 = rand(1, 6);

echo '<p>주사위를 굴려서 나온 숫자 : ' . $korean[$roll1] . ' 그리고 ' .
$korean[$roll2] . '</p>';
```

배열 원소를 가리킬 때 일반적으로 숫자를 부여하지만 문자열을 부여하는 배열도 있다. 의미 있는 단어를 인덱스로 사용하기 때문에 연관 배열associative array이라 부른다. 다음 코드는 세 명의 이름과 날짜를 각각 짝짓는다.

```php
$birthdays['Kevin'] = '1978-04-12';
$birthdays['Stephanie'] = '1980-05-16';
$birthdays['David'] = '1983-09-09';
```

숫자 인덱스 배열처럼 연관 배열도 단축 구문으로 선언할 수 있다.

```php
$birthdays = [
    'Kevin' => '1978-04-12',
    'Stephanie' => '1980-05-16',
    'David' => '1983-09-09'
];
```

다음은 이름을 인덱스로 사용해 Kevin의 생일을 알아내는 코드다.

```php
echo '\'Kevin\'의 생일 : ' . $birthdays['Kevin'];
```

이름과 생일 배열의 형태를 잘 기억해두자. 다음 절에서 사용자 상호작용을 구현할 때 중요하게 사용된다. 이외에도 다양한 배열 활용 예제를 다룰 것이다.

> **NOTE_ 따옴표 이스케이핑**
>
> Kevin을 둘러싼 따옴표를 그냥 쓰면 PHP는 따옴표가 문자열의 끝이라 판단한다. 따옴표 바로 앞에 \를 붙여 이스케이프하면 따옴표를 일반적인 문자로 취급한다.

2.6 사용자 상호작용과 폼

요즘 웹사이트는 대부분 데이터베이스를 주요하게 활용한다. 저장된 데이터를 활용해 동적 페이지를 생성하고 더 나아가 사용자와 정보를 주고받는 상호작용을 구현한다. 간단한 검색 기능도 일종의 상호작용이다.

자바스크립트 전문가는 상호작용이라는 용어를 듣고 이벤트 리스너를 떠올리기 쉽다. 이벤트 리스너는 사용자의 행동에 즉각적으로 반응한다. 예를 들면 사용자가 페이지 링크에 마우스 커서를 올리는 순간 이벤트 리스너가 이를 감지할 수 있다. PHP와 같은 서버 사이드 언어는 더 제한적인 영역에서 사용자와 상호작용한다. PHP 코드는 서버로 페이지를 요청할 때만 실행되므로 상호작용도 사용자와 서버 사이를 오가며 발생한다. 사용자가 서버에 요구 사항을 전달하면 서버는 그에 따라 동적으로 페이지를 생성하고 되돌려주는 방식이다*****.

PHP로 상호작용을 구현하려면 정보를 전송하는 기법을 이해해야 한다. 정보는 웹 페이지를 요청할 때 함께 실어 보낸다. 생각보다 굉장히 쉽다.

2.6.1 링크를 이용한 변수 전달

페이지를 요청할 때 정보를 함께 전달하는 가장 간단한 방법은 URL 쿼리 문자열 전송이다. 파일명 뒤에 물음표가 들어간 URL은 이 기법을 적용한 URL이다. 예를 들어 구글에서 'Hanbit'을 검색하면 다음 URL로 이동한다.

```
http://www.google.com/search?source=hp&q=Hanbit
```

URL에서 물음표 뒤 문자열에 검색어인 Hanbit이 있다. 브라우저나 PC 환경에 따라 전체 URL은 달라도 &q=Hanbit 부분은 모두 같을 것이다. 이 URL은 http://www.google.com/search 페이지를 요청하는 동시에 사용자가 입력한 정보를 함께 전송한다.

간단한 예시 코드를 직접 작성해보자. name.html 파일을 만들고 다음 HTML 코드를 넣는다. 참고로, PHP 코드가 없는 파일은 확장자를 php로 지정할 필요가 없다.

```
<a href="name.php?name=Kevin">안녕, 난 Kevin이야!</a>
```

이 태그는 name.php 파일로 이동하는 링크다. 링크를 클릭하면 name.php 페이지를 요청하며 물음표 뒤로 이어진 쿼리 문자열에 변수를 전달한다. 이 변수의 이름은 name이며 값은

---

* 저자주_ 에이잭스(AJAX, Asynchronous JavaScript and XML) 기법이 보편화되면서 정보 전달 기법은 많은 변화를 겪었다. 에이잭스는 브라우저가 아니라 자바스크립트 코드로 웹 페이지를 요청하는 기법이다. 사용자가 웹 페이지를 직접 요청하지 않아도 마우스 움직임 같은 사용자 행동을 감지해 웹 서버의 PHP 스크립트를 호출할 수 있다. 에이잭스는 이 책의 내용과 범주가 다르므로 사용하지 않는다. 『모던 웹을 위한 JavaScript + jQuery 입문』(한빛미디어, 2017)에서 더 자세히 배울 수 있다.

Kevin이다. name.php의 PHP 코드는 name 변숫값이 Kevin이라는 정보를 전달받는다.

링크가 어떻게 작동하는지 실제로 이해하려면 name.php를 만들어야 한다. 확장자가 php인 파일은 웹 서버가 PHP 파일로 인식하고 파일에 담긴 PHP 코드를 실행한다. 다음과 같은 코드를 name.php에 넣는다.

예제 2-18 PHP–GET

```php
<?php
$name = $_GET['name'];
echo $name . '님, 홈페이지 방문을 환영합니다!';
?>
```

이제 Project 폴더에 name.html과 name.php 파일을 두고 브라우저에서 name.html 파일을 호출한다. 웹 서버가 가상머신 환경에 있으면 http://192.168.10.10/name.html로 접근할 수 있다. '안녕! 난 Kevin이야'라는 링크를 클릭하면 name.php 스크립트가 호출된다. 페이지가 바뀌고 다음 그림처럼 화면에 'Kevin님, 홈페이지 방문을 환영합니다!'라는 문구가 나타날 것이다.

그림 2-5 환영 메시지

이제 코드를 자세히 살펴보자. 가장 중요한 부분은 다음 코드다.

```php
$name = $_GET['name'];
```

2.4절을 참고하면 이 코드가 무슨 역할을 하는지 이해할 수 있다. 이 코드는 $_GET 배열의 'name' 원소에 저장된 값을 $name 변수에 할당한다. 그렇다면 $_GET 배열은 갑자기 어디에서 나타났을까?

$_GET은 브라우저의 요청을 받았을 때 PHP가 자동으로 생성하는 변수 중 하나다. PHP는 URL 쿼리가 전달하는 모든 값을 배열 변수 $_GET에 담는다. $_GET은 연관 배열이며 쿼리로 전달된 name 변수는 $_GET['name']으로 접근한다. name.php 스크립트는 쿼리로 전달된 name의 값을 일반 변수인 $name에 할당하고 echo문으로 출력한다.

```
echo $name . '님, 홈페이지 방문을 환영합니다!';
```

이 코드는 $name 변숫값과 나머지 문자열을 결합 연산자로 연결해 출력한다. 결합 연산자는 2.2절에서 배운다.

이때 주의할 점이 있다. 이 echo문은 보안 취약점을 노출시킨다. PHP는 배우기 쉬운 프로그래밍 언어지만 그만큼 보안에 취약한 코드를 작성할 위험도 크다. 웹사이트를 개발할 때 미리 적절한 예방 조치를 취하지 않으면 보안 사고로 이어질 위험이 있다. 보안은 최근 웹 생태계에서 가장 중요한 분야다. 더 진행하기에 앞서 PHP 코드의 잠재적 위험성을 파악하고 해결하는 방법을 알아보자.

name.php 스크립트의 보안 취약점은 페이지 본문에 포함된 $name 변수를 사용자가 통제할 수 있다는 사실에 기인한다. $name 변수는 name.html 페이지의 링크에서 URL 쿼리 문자열로 전달받지만, 사용자가 악의적으로 URL을 고쳐 name 변숫값을 조작할 수 있다.

조작 방법을 보려면 먼저 name.html의 링크를 다시 클릭해보자. 'Kevin님, 홈페이지 방문을 환영합니다!' 메시지가 나온다. 브라우저의 주소표시줄에 나타난 URL은 다음과 같다.

```
http://192.168.10.10/name.php?name=Kevin
```

주소표시줄의 URL을 고쳐 Kevin이라는 단어 앞뒤에 〈b〉와 〈/b〉를 각각 추가한다.

```
http://192.168.10.10/name.php?name=<b>Kevin</b>
```

URL을 고친 후 엔터를 치면 다음 그림처럼 이름이 굵은 글씨로 표시된다*.

---

* 저자주_ 일부 브라우저는 URL에 〈 〉 문자를 넣으면 자동으로 %3C, %3E로 변환하는데 이런 문자열을 URL 이스케이프 시퀀스라 한다. 어떤 경우든 PHP는 모두 〈 〉 문자로 인식한다.

그림 2-6 굵게 표시된 이름

무슨 일이 벌어진 것일까? 사용자는 URL에 HTML 코드를 마음대로 넣을 수 있고 PHP 스크립트는 이를 아무런 제한 없이 페이지에 그대로 출력한다. 그나마 〈b〉 태그는 자바스크립트에 비하면 무해한 편이다. 정교하게 작성된 자바스크립트를 악용하면 타인의 비밀번호를 탈취하는 통로를 열 수 있다. 공격자는 변조된 링크를 사이트에 공개하거나 이메일에 실어보내 다른 사용자가 클릭하도록 유도한다. 누군가 그 링크를 클릭하는 순간 웹사이트 페이지가 열리고 공격자가 작성한 코드가 그대로 실행된다. 함정에 발동이 걸리는 순간이다.

공격이니 해커니 하는 과격한 이야기가 불편한 사람도 있을 것이다. 이제 막 프로그래밍 언어를 배우려는 사람에게 당신의 코드가 악용될 수 있다고 겁을 주고 싶지 않다. 그러나 PHP의 가장 큰 언어적 약점은 보안에 취약한 코드다. 현업에서 PHP로 개발할 때 가장 많은 시간을 들이는 부분이 바로 보안 조치라고 말하는 사람도 있다. 위험에 노출되어본 경험이 빠를수록, 위험을 대비하는 방법을 빨리 배울수록 앞으로 닥칠 장애물은 줄어든다.

그렇다면 어떻게 해커의 공격을 막으면서 사용자의 이름을 페이지에 넣을 수 있을까? 비결은 $name 변숫값을 취급하는 방법에 있다. $name 변숫값에 포함된 모든 문자열을 HTML 코드가 아니라 일반적인 텍스트로 취급한다. 두 방법의 미묘한 차이를 실습으로 확인해보자.

다시 name.php 파일을 열고 다음과 같이 PHP 코드를 수정한다.

예제 2-19 PHP-GET-Sanitized

```php
<?php
$name = $_GET['name'];
echo htmlspecialchars($name, ENT_QUOTES, 'UTF-8')
    . '님, 홈페이지 방문을 환영합니다!';
?>
```

코드에서 벌어지는 많은 일을 하나씩 뜯어보자. 첫 번째 줄은 이전과 같고 $_GET 배열의 'name' 원솟값을 $name 변수에 할당한다. 다음 echo문은 완전히 다르다. 결정적인 차이는 $name 변수를 출력하기 전에 변환하는 부분이다. 이전 코드에서 echo문으로 $name 변수를 그대로 출력하는 반면, 이번 코드는 PHP 내장 함수인 htmlspecialchars()를 거친다.

name.php의 보안 취약점이 발생한 원인을 떠올려보자. $name 변수에 담긴 HTML 코드가 페이지에 그대로 출력되기 때문에 이를 악용해 페이지를 마음대로 제어할 수 있었다. htmlspecialchars() 함수는 '특별한 HTML 문자'를 HTML 문자 엔티티로 변환한다. 예를 들면 〈, 〉 문자가 <, >로 바뀌므로 브라우저가 HTML 코드로 해석하지 않는다. 곧 예시로 확인할 수 있다.

먼저 코드를 자세히 살펴보자. htmlspecialchars() 함수를 호출할 때 세 개의 인수를 사용한다. 처음 보는 PHP 함수 사용 방식일 텐데, 함수 호출 부분만 떼면 다음과 같다.

```
htmlspecialchars($name, ENT_QUOTES, 'UTF-8')
```

첫 번째 인수는 텍스트 변환 대상인 $name 변수며, 두 번째 인수인 ENT_QUOTES는 PHP 가 기본적으로 제공하는 상수*다.

> **NOTE_ 텍스트 인코딩**
>
> 이 책의 모든 HTML 예제는 상단에 다음과 같은 메타 태그가 있다.
>
> ```
> <meta charset="utf-8">
> ```
>
> 이 태그는 브라우저가 수신한 HTML 코드의 텍스트 인코딩이 UTF-8이라는 뜻이다.
>
> UTF-8은 대표적인 문자 인코딩 표준이다. 컴퓨터는 텍스트를 0과 1로 구성된 이진수로 인식하는데, 이 때 텍스트를 이진수로 나타내는 규칙을 문자 인코딩이라 한다. 문자 인코딩은 다양하며 https://www.sitepoint.com/guide-web-character-encoding에서 자세히 배울 수 있다.
>
> 다음 절에서 폼을 사용해 변수를 전달하는 방법을 배울텐데, 페이지 인코딩을 UTF-8로 지정하면 세계 각국 의 수많은 문자를 텍스트로 전송할 수 있다.

---

* 저자주_ PHP 상수는 마치 사용자가 값을 변경할 수 없는 변수와 같다. 상수명은 변수와 달리 $로 시작하지 않는다. htmlspecialchars()에 사용한 ENT_QUOTES 외에 PHP는 많은 상수를 지원한다. htmlspecialchars()는 특수 문자를 HTML 엔 티티로 변환하는데 ENT_QUOTES를 두 번째 인수로 지정하면 작은따옴표와 큰따옴표도 함께 변환한다. 세 번째 인수인 'UTF-8'은 변 환할 텍스트의 문자 인코딩을 지정한다.

htmlspecialchars()를 비롯해 많은 PHP 내장 함수는 비교적 단순한 ISO–8859–1 또는 Latin–1 인코딩을 기본적으로 사용한다. UTF–8 인코딩을 사용하려면 별도로 지정해야 한다.

텍스트 에디터로 HTML과 PHP 파일을 편집할 때 인코딩 기본 설정을 되도록이면 UTF–8로 지정해야 한다. 그래야만 큰따옴표, 하이픈 같은 특수 문자나 é 같은 외래 문자를 HTML이나 PHP 코드로 잘 표기할 수 있다. 이러한 문자는 HTML 엔티티로 표기하는데, 예를 들어 오른쪽 따옴표는 ’로 나타낸다. HTML 엔티티는 인코딩 설정과 관계없이 안전하게 출력된다.

name.php 파일을 고친 다음 브라우저에서 name.html 파일을 열고 링크를 클릭해보자. 'Kevin님, 홈페이지 방문을 환영합니다!' 문구가 나타난다. 이번에도 URL을 고쳐 이름 양 옆에 ⟨b⟩와 ⟨/b⟩ 태그를 추가한다.

```
http://192.168.10.10/name.php?name=<b>Kevin</b>
```

엔터를 치면 이름이 굵은 글씨로 바뀌지 않고 다음 그림처럼 입력한 태그가 그대로 보인다.

그림 2-7 안전하게 처리된 태그

페이지의 소스 코드를 보면 htmlspecialchars() 함수가 엔티티 변환을 제대로 수행했으며 ⟨ 와 ⟩가 <와 >로 바뀌었음을 알 수 있다. 이 함수는 사용자가 임의의 코드를 사이트에 주입하지 못하도록 막는 방어 장치다. 코드를 주입하더라도 페이지에 해를 끼치지 못하도록 일반 텍스트로 변환된다.

안전한 코드를 작성하기 위해 앞으로 htmlspecialchars() 함수를 광범위하게 사용할 것이다. 단시간에 자세한 사용법을 파악하지 못해도 너무 걱정할 필요는 없다. 머지않아 자신도 모르게 보안을 고려하며 코드를 작성하게 될 것이다. 이제 페이지 요청과 값 전달 방법을 확장시켜보자.

URL 쿼리는 하나 이상의 변수를 전달할 수 있다. 앞선 예제를 약간 발전시켜보자. name.html 파일을 다시 열고 name.php 호출 링크를 다음과 같이 고친다.

```
<a href="name.php?firstname=Kevin&amp;lastname=Yank">안녕, 나는 Kevin Yank!</a>
```

이 링크는 두 변수 firstname과 lastname을 전달한다. 쿼리에서 각 변수는 앰퍼샌드 문자 &로 구분한다. URL 링크와 HTML에 & 문자를 쓸 때 &를 HTML 엔티티로 변환해서 넣어야 하지만, 그대로 사용해도 알아서 고치는 브라우저가 많다. &의 HTML 엔티티는 &다. 더 많은 변수를 전달하려면 변수명=변숫값 쌍을 앰퍼샌드로 연결해서 붙인다.

이렇게 전송한 두 변수는 모두 name.php 파일에서 사용할 수 있다.

예제 2-20 PHP–GET–TwoVars

```php
<?php
$firstName = $_GET['firstname'];
$lastName = $_GET['lastname'];
echo htmlspecialchars($firstName, ENT_QUOTES, 'UTF-8') . ' ' .
htmlspecialchars($lastName, ENT_QUOTES, 'UTF-8') . '님, 홈페이지 방문을 환영합니다!';
?>
```

echo문이 상당히 길어졌지만 작동 방식은 변함없다. htmlspecialchars()로 안전하게 처리한 $firstName 변수, 공백, htmlspecialchars() 함수로 처리한 $lastName 변수, '님, 홈페이지 방문을 환영합니다' 텍스트를 차례로 결합해 출력한다.

출력 결과는 다음과 같다.

그림 2-8 환영 문구 출력

이 정도면 훌륭한 코드다. 다만 아직 사용자와 제대로 상호작용한다고 보기 어렵다. 진정한 상호작용이 이루어지려면 사용자가 입력한 임의의 정보를 PHP에서 처리해야 한다. 환영 페이지 예제를 발전시켜 사용자의 참여를 이끌어내자. 사용자가 HTML 폼으로 자신의 이름을 입력하면 이를 결과 페이지에 표시할 수 있다.

2.7 폼 변수 전달

name.html 페이지에서 〈body〉 안의 기존 내용을 모두 지우고 다음 HTML 코드를 넣어 폼을 만든다.

예제 2-21 PHP-GET-Form

```
<form action="name.php" method="get">
    <label for="firstname">이름:</label>
    <input type="text" name="firstname" id="firstname">
    <label for="lastname">성:</label>
    <input type="text" name="lastname" id="lastname">
    <input type="submit" value="제출">
</form>
```

이 페이지를 브라우저에서 열면 다음과 같이 보인다.

그림 2-9 브라우저 출력 폼

이 폼은 2.6.1절에서 배운 다중 변수 전달 쿼리(firstname=Kevin&lastname=Ya
nk)와 정확히 같은 역할을 하지만, 변숫값을 사용자가 직접 입력할 수 있다. '제출' 버튼을 클
릭하면 name.php로 이동하고 변수와 값을 쿼리에 자동으로 추가한다. type="text" 속성이
지정된 input 태그가 변수의 역할을 맡는다. input 태그의 name 속성값이 변수명으로, 사용
자가 입력한 텍스트는 해당 변수명의 값으로 전달된다.

form 태그의 method 속성은 브라우저가 변수와 값을 전송하는 방식을 결정한다. method에
get을 지정하면 firstname과 lastname의 값을 쿼리로 전달하고 PHP가 $_GET 배열에 자동
으로 할당한다. 그러나 비밀번호처럼 민감한 정보는 쿼리로 노출되면 곤란하다. 기술적인 이유
로 쿼리를 제대로 전송할 수 없는 상황도 가끔 발생한다. textarea 입력란에 사용자가 입력한
내용이 너무 많으면 어떤 일이 벌어질까? 쿼리를 포함한 전체 URL 길이가 브라우저에서 허용
하는 범위를 넘어서면 입력값을 온전히 전달할 수 없다. 이러한 문제에 대처하는 방안이 있다.
브라우저는 사용자가 입력한 정보를 눈에 보이지 않는 경로로 전달할 수 있다.

한 번 더 name.html 파일을 고쳐 다음과 같이 method 속성값을 post로 지정한다.

```
<form action="name.php" method="post">
    <label for="firstname">이름:</label>
    <input type="text" name="firstname" id="firstname">
    <label for="lastname">성:</label>
    <input type="text" name="lastname" id="lastname">
    <input type="submit" value="제출">
</form>
```

method 속성에 post를 지정하면 URL 쿼리 문자열에 변수와 값을 나열하지 않고, 브라우저
가 페이지를 요청할 때 보이지 않는 경로로 실어 보낸다.

이제 더 이상 쿼리로 변수를 보내지 않기 때문에 PHP의 $_GET 배열로 폼 변수에 접근할 수 없다. post 방식으로 전달된 폼 변수는 $_POST 배열에 할당된다. 따라서 다음과 같이 name.php의 $_GET을 $_POST로 고친다.

예제 2-22 PHP-POST-Form

```php
<?php
$firstName = $_POST['firstname'];
$lastName = $_POST['lastname'];
echo htmlspecialchars($firstName, ENT_QUOTES, 'UTF-8') . ' ' .
    htmlspecialchars($lastName, ENT_QUOTES, 'UTF-8')
    . '님, 홈페이지 방문을 환영합니다!';
?>
```

이제 다시 폼에 Tom과 Butler를 입력하고 전송하면 다음과 같은 페이지를 볼 수 있다.

그림 2-10 폼 전송 결과 페이지

이전의 get 폼과 결과 페이지는 같지만, 사용자가 제출 버튼을 누르고 이동한 페이지 URL은 다르다. post 폼 전송 결과 페이지 URL은 쿼리 문자열이 없다. post 방식은 URL의 제약을 받지 않고 매우 긴 값을 전송할 수 있으며 값을 URL에 노출하지 않으므로 비밀번호, 신용카드 정보 등 민감한 정보를 은폐할 수 있다. 그러나 페이지를 출력할 때 필요한 정보가 URL에 없기 때문에 결과 페이지를 즐겨찾기에 추가하고 다시 접속해도 같은 화면을 볼 수 없다. 검색 엔진이 검색어를 전송할 때 쿼리를 사용하는 이유가 여기에 있다. 검색어가 URL에 포함되어야 즐겨찾기를 사용해 검색 결과를 다시 볼 수 있기 때문이다.

2.7.1 GET vs POST

GET과 POST를 선택하는 통상적인 기준은 다음과 같다. GET은 폼을 전송해도 서버 자원이 변경되지 않을 때 사용한다. 검색 결과 페이지가 이 경우에 해당한다. 검색어가 URL에 포함되면 사용자는 검색 결과 페이지를 즐겨찾기에 추가할 수 있으며, 검색어를 다시 입력하지 않아도 즐겨찾기를 사용해 결과를 볼 수 있다. 그러나 폼을 전송한 다음 파일이 삭제되거나 데이터가 추가, 변경되면 POST를 써야 한다. 그렇지 않으면 사용자가 뒤로가기 버튼이나 즐겨찾기로 해당 페이지에 다시 접근했을 때 폼이 다시 제출되어 서버쪽 처리 과정이 중복 수행되기 때문이다.

이번 절에서는 기본적인 폼 사용법을 배우고 기초적인 사용자 상호작용을 구현했다. 다음에는 더 확장된 기능을 구현하고 이를 뒷받침하는 프로그래밍 기법을 배운다.

2.8 구조화

지금까지 PHP 프로그래밍 언어의 기본 문법과 활용법을 배웠다. HTML 웹 페이지의 확장자를 .php로 바꾸고 PHP 코드를 넣어 페이지 내용을 제어하는 방법도 배웠다. 단시간에 얻은 성과치고 나쁘지 않다.

더 진행하기 전에 잠시 숨을 고르고 지금까지 배운 내용을 비판적인 시선으로 되돌아보자. 이제껏 실습한 예제는 데이터베이스 기반 PHP 웹사이트를 향한 첫걸음에 불과하다. 전문가적 기준에 비추어보면 아직 개선하고 정돈할 여지가 많다.

이번 절은 전문가의 품격을 엿볼 수 있는 고급 프로그래밍 기법을 다룬다. 이 기법을 숙지하면 자신의 실력을 초급 이상으로 끌어 올리고 결과물의 품질에 대한 자신감을 얻을 수 있다. 앞으로는 아무리 간단한 예제라도 이러한 수준에 맞추어 작성할 것이다.

2.8.1 PHP 템플릿

앞서 배운 간단한 예제 코드는 HTML 페이지에 직접 넣어도 크게 불편하지 않았다. 새로운 페이지가 계속 늘어나면 페이지마다 분산된 PHP 코드도 늘어난다. PHP와 HTML이 복합된 페이지가 많아지면 어느 순간부터 더 이상 관리하기 힘들 정도로 유지보수 효율성이 떨어진다.

특히 숙련된 PHP 개발자와 요령 없는 웹 퍼블리셔가 한 팀에서 일할 때, HTML에 섞인 난해한 PHP 코드 뭉치는 재앙을 불러일으키는 주문으로 돌변한다. 얼마 못 가 퍼블리셔가 PHP 코드를 건드릴테고 이로 인해 오류가 발생할 것이다. 물론 뒷수습은 개발자의 몫이다.

이러한 불상사를 방지하려면 훨씬 더 견고한 방식으로 코드를 배치해야 한다. PHP 코드를 모아 전용 파일로 분리하면 PHP의 영향 범위 밖으로 HTML을 분리할 수 있다.

이 분리 구조의 핵심은 include문이다. include문은 include문이 실행된 위치에 다른 파일의 내용을 끼워넣는다. 이전에 살펴보았던 '열까지 세기' 예제를 활용해 include문을 실습해보자.

count.php 파일을 새로 만들고 다음과 같이 코드를 작성한다.

```php
<?php
$output = '';
for ($count = 1; $count <= 10; $count++) {
    $output .= $count . ' ';
}

include 'count.html.php';
```

count.php 파일에 넣을 내용은 이 코드가 전부다. HTML 코드는 단 한 줄도 없다. 지금쯤이면 for문이 익숙할 테니 이 코드의 흥미로운 부분만 짚어보자.

- 1부터 10까지 숫자를 매번 출력하는 대신 $output 변수에 값을 이어 붙인다. $output 변수는 스크립트를 시작할 때 빈 값으로 초기화시킨다.
- $output .= $count . ' '; 구문은 $output 변숫값 끝에 숫자와 공백을 추가한다. .=는 결합 연산자와 할당 연산자를 연결한 단축 연산자로, 기존 문자열 끝에 문자열을 덧붙인다. $output = $output . $count . ' '; 로 풀어 써도 되지만 .=를 사용하면 타자 수를 줄일 수 있다.
- include 'count.html.php'; 구문은 해당 위치에서 PHP가 count.html.php 파일의 내용을 실행하도록 지시한다*. include문을 쉽게 말하자면 '복사해서 붙여넣기'다. count.html.php 파일을 열어서 내용을 복사하고 count.php 파일의 include 자리에 붙여넣으면 똑같이 작동한다.
- 시작 부분에 <?php가 있지만 그에 대응하는 PHP 종료 태그 ?>는 없다. 굳이 넣고 싶으면 넣어도 되지만 불

---

* 저자주_ 다른 책이나 코드를 보면 종종 include문에 괄호를 쓴다. include문에서 파일명을 괄호로 감싸면 마치 date()나 htmlspecialchars() 같은 함수와 비슷해보인다. 사실 include와 함수는 전혀 다르며 괄호를 쓰면 파일명을 표현하는 부분이 복잡해질 뿐이다. 이 책의 코드는 include문에 괄호를 쓰지 않는다. 빈번하게 사용되는 echo문도 같은 원칙을 적용한다.

필요한 코드에 지나지 않는다. PHP 파일 내용이 PHP 코드로 끝나면 PHP 종료 태그를 넣을 필요가 없으며 파일의 끝을 ?)로 인식한다. 일반적으로 파일 내용이 전부 PHP 코드일 때 ?)를 생략한다. PHP 대가들이 선호하는 방식이다.

마지막 줄의 include문이 불러올 count.html.php 파일을 만들고 다음 내용을 넣는다.

예제 2-23 PHP-Count-Template

```
<!DOCTYPE html>
<html lang="ko">
    <head>
        <meta charset="utf-8">
        <title>10까지 숫자 세기</title>
    </head>
    <body>
        <p>
            <?php echo $output; ?>
        </p>
    </body>
</html>
```

count.html.php 파일 내용은 $output 변수를 출력하는 줄을 제외하면 모두 평범한 HTML 이다. $output 변수는 count.php 파일에서 생성된다.

count.html.php 같은 파일을 PHP 템플릿이라 한다. PHP 템플릿의 내용은 거의 대부분 정적 HTML이며 중간에 들어간 작은 PHP 코드 조각들이 동적인 내용을 담당한다. 복잡한 PHP 코드는 별도의 스크립트 파일로 두고 변수를 생성한 다음 PHP 템플릿에서 변숫값을 출력한다. count.html.php에서 출력하는 $output 변수는 count.php에서 생성된다.

PHP 템플릿은 HTML에 익숙한 웹 퍼블리셔에게 안심하고 맡길 수 있다. 주요 PHP 코드는 별도 파일에 있으니 퍼블리셔가 실수로 PHP 코드를 건드릴 위험이 없다. 또한 주의를 분산시키던 HTML이 PHP 템플릿으로 분리되어 PHP 코드에 온전히 집중할 수 있다.

예제 PHP 템플릿은 파일명 마지막에 .html.php를 붙인다. 웹 서버 입장에서 이 파일은 그저 .php 파일이지만, 사람이 볼 때는 다르다. 이름이 .html.php로 끝나는 파일은 HTML과 PHP 코드가 모두 포함된 파일임을 쉽게 인지할 수 있다.

2.8.2 보안 고려 사항

HTML과 PHP 코드를 분리하면 한 가지 문제가 생기는데, .html.php 파일을 다른 파일에서 부르지 않아도 직접 접근해 코드를 실행할 수 있다. 누구나 웹 브라우저에 http://192.168.10.10/count.html.php를 입력하면 count.html.php 파일의 코드를 직접 실행할 수 있다. 이렇게 접근한 페이지는 1부터 10까지 숫자를 출력하는 대신 다음과 비슷한 오류 메시지를 보인다.

사이트 방문자가 비정상적인 경로로 코드를 실행하면 위험한 상황이 발생할 수 있다. 보안 절차를 건너뛰고 직접 코드를 실행하면 페이지에 포함된 민감한 내용이 그대로 노출된다. 다음 코드를 살펴보자.

```php
if ($_POST['password'] == 'secret') {
    include 'protected.html.php';
}
```

이 코드는 password 입력란에 secret을 입력하고 폼을 제출해야만 protected.html.php 파일의 내용을 볼 수 있도록 보호한다. 하지만 protected.html.php 파일에 직접 접근하면 비밀번호 검사 절차를 건너뛸 수 있다. URL을 사용해 모든 파일에 접근하는 웹사이트는 여러 보안 취약점에 노출된다. 예방 조치 방법은 간단하다. include로 가져올 파일을 public 이외의 디렉터리에 두면 된다.

왜 Project 디렉터리 안에 다시 public 디렉터리를 만들고 그 안에 모든 파일을 저장했는지 궁금했던 사람은 이제 그 이유가 보안 조치 때문이었음을 깨달았을 것이다. public 디렉터리 밖에 있는 파일은 웹 브라우저에 URL을 직접 입력하는 방식으로 접근할 수 없다.

include 명령을 적절히 고치면 다른 디렉터리의 파일을 불러올 수 있다. 지금까지 실습을 진행했던 Project 디렉터리의 하위 파일을 불러오도록 include 코드를 고쳐야 한다.

그렇다면 다른 디렉터리에 있는 파일을 가리키려면 어떻게 해야 할까? 가장 명시적으로 파일의 위치를 지정하는 방식은 절대 경로다. 다음은 include문에 윈도우 파일의 절대 경로를 적용한 코드다. 전체 경로는 개발 환경에 따라 다를 수 있다.

```php
<?php include 'C:/Program Files/Apache Software Foundation/Apache2.2/protected.html.php'; ?>
```

홈스테드 임프루브 환경에서 절대 경로를 적용한 코드는 다음과 같다.

```php
<?php include '/home/vagrant/Code/Project/protected.html.php'; ?>
```

절대 경로를 써서 잘 작동하더라도 꼭 바람직한 코드라고 할 수는 없다. 파일의 절대 경로는 웹 서버의 설정에 따라 다르기 때문이다. 이상적인 PHP 웹사이트는 원본 그대로 모든 PHP 웹 서버에서 잘 작동해야 한다. 많은 개발자가 한 서버에서 사이트를 개발할 때, 코드에서 해당 서버의 절대 경로를 참조하면 이러한 원칙을 위배하기 쉽다. 설령 단일 서버에서 작업하더라도 웹사이트를 다른 드라이브나 디렉터리로 옮기면 매번 골치 아픈 일이 생길 것이다.

절대 경로보다 나은 대안은 상대 경로다. 상대 경로는 말 그대로 현재 파일을 기준으로 지정한 경로다. include 'count.html.php'는 알고 보면 상대 경로를 사용한 구문이다. include를 실행한 파일과 같은 디렉터리에서 count.html.php 파일을 찾는다.

count.html.php 파일이 상위 디렉터리에 있을 때는 다음과 같이 코드를 작성한다.

```php
include '../count.html.php';
```

../는 현재 스크립트 파일이 있는 디렉터리의 부모 디렉터리를 의미하며, public 디렉터리의 부모 디렉터리인 Project에서 count.html.php 파일을 찾는다.

count.html.php 파일을 Project 디렉터리로 옮기고 count.php에서 참조하는 경로를 그에 맞게 수정한다.

예제 2-24 PHP-Count-Template-Secured

```php
<?php
$output = '';
for ($count = 1; $count <= 10; $count++) {
    $output .= $count . ' ';
}
include '../count.html.php';
```

이 코드는 잘 작동하지만 문제가 발생할 소지가 있다. 상대 경로의 기준은 호출하는 파일의 위치가 아니라 실행하는 스크립트 파일의 위치다. 스크립트 실행 디렉터리를 작업 디렉터리라고 부른다.

Project/count.html.php 파일에 include 'count2.html.php'; 구문을 추가하면 Project 디렉터리의 count2.html.php를 불러온다고 예상하기 쉽다. 그러나 상대 경로는 작업 디렉터리를 기준으로 위치를 판단한다. PHP 스크립트를 실행하면 기본적으로 스크립트 파일의 디렉터리가 작업 디렉터리로 설정된다. 따라서 count.html.php에 include 'count2.html.php';를 추가하고 count.php를 실행하면 결국 public 디렉터리의 count2.html.php 파일을 찾는다.

작업 디렉터리는 스크립트가 시작될 때 설정되며 이후 모든 include 구문에 영향을 미친다. 다른 경로에 있는 파일을 include로 불러왔을 때 해당 파일에 include 구문이 있으면 마찬가지로 같은 작업 디렉터리를 따른다. 심지어 작업 디렉터리는 코드로 임의 변경할 수 있다. chdir() 함수는 작업 디렉터리를 지정하는 함수며 이 함수를 쓰면 상황은 더 복잡해진다.

이러한 이유로 다음과 같이 상대 경로를 사용한 코드는 신뢰할 수 없다.

```
include '../count.html.php';
```

이대로 잘 작동하더라도, count.php 파일의 디렉터리가 바뀌거나 다른 파일에서 count.php 파일을 include로 불러오면 정상적으로 작동하지 않을 가능성이 크다.

이러한 문제를 해결하려면 명확한 기준으로 상대 경로를 보완해야 한다. 다행히 PHP는 현재 파일의 절대 경로를 파악하는 __DIR__ 상수를 제공한다. DIR 앞뒤로 언더스코어를 두 개씩 붙인다.

시험삼아 public 디렉터리에 dir.php 파일을 만들고 다음과 같은 내용을 넣는다.

```
echo __DIR__;
```

이 파일을 실행하면 /home/vagrant/Code/Project/public처럼 절대 경로가 출력되는데 이 경로는 dir.php 파일이 있는 디렉터리다. __DIR__과 /../를 결합하면 public의 상위 디렉터리를 항상 정확하게 가리킬 수 있다.

```
include __DIR__ . '/../count.html.php';
```

이 코드에서 include에 지정된 파일의 경로는 /home/vagrant/Code/Project/public/../count.html.php다. PHP는 public 디렉터리에서 한 단계 상위 디렉터리, 즉 Project에서 count.html.php 파일을 찾는다.

이 코드는 모든 서버에서 잘 작동한다. __DIR__은 파일이 저장된 위치에 따라 달라지며 작업 디렉터리의 영향을 받지 않기 때문이다. 앞으로 예제 코드에서 파일 경로를 쓸 때 항상 이와 같은 방식을 따른다.

이제 사용자가 웹 브라우저로 직접 접근할 파일만 public 디렉터리에 둔다. 또한 브라우저가 요청하는 그림 파일, 자바스크립트, CSS 파일도 public 디렉터리에 둔다. include문으로 참조하는 모든 파일은 사용자가 직접 접근할 수 없도록 public 디렉터리 외부에 배치한다.

앞으로 include로 불러올 파일 종류가 늘어날 텐데, 파일을 조직적으로 관리하려면 종류에 따라 서로 다른 디렉터리에 저장하는 편이 합리적이다. 확장자가 .html.php인 템플릿 파일은 Project 디렉터리에 template 디렉터리를 만들어 저장하고 include __DIR__ . '../templates/file.html.php';처럼 불러온다.

2.8.3 다중 템플릿, 단일 컨트롤러

include문으로 PHP 템플릿을 불러오는 방식의 장점은 단일 PHP 스크립트에서 여러 include문을 사용하고 상황에 따라 다른 템플릿을 표시할 수 있다는 점이다.

브라우저의 요청에 따라 PHP 템플릿 중 하나를 선택하고 응답하는 PHP 스크립트를 일반적으로 컨트롤러라 한다. 컨트롤러는 브라우저로 보낼 템플릿을 제어하는 로직을 담는다.

이전 예제 중에서 방문자의 성과 이름을 출력하는 환영 폼 예제를 다시 살펴보자.

먼저 폼을 PHP 템플릿 형태로 전환한다. 이전에 만들었던 name.html 파일을 그대로 사용할 수 있다. Project 디렉터리에 templates 디렉터리를 만들고 name.html을 복사해 form.html.php로 저장한다. 원래 파일 내용 중 action 속성만 바꾸면 끝이다.

```html
<html>
    <head>
        <title>이름을 입력하세요</title>
        <link rel="stylesheet" href="form.css" />
        <meta charset="utf-8">
    </head>
    <body>
        <form action="" method="post">
            <label for="firstname">이름:</label>
            <input type="text" name="firstname" id="firstname">

            <label for="lastname">성:</label>
            <input type="text" name="lastname" id="lastname">

            <input type="submit" value="제출">
        </form>
    </body>
</html>
```

보다시피 action 속성값을 비워두었다. action이 빈 값이면 브라우저는 현재 URL로 폼을 전송한다. 예제의 URL은 템플릿 파일을 불러오는 컨트롤러의 URL이다.

이제 컨트롤러를 살펴보자. public 디렉터리에 index.php 파일을 만들고 다음 코드를 넣는다.

```php
<?php
if (!isset($_POST['firstname'])) {
    include __DIR__ . '/../templates/form.html.php';
} else {
    $firstName = $_POST['firstname'];
    $lastName = $_POST['lastname'];
    if ($firstName == 'Kevin' && $lastName == 'Yank') {
        $output = '환영합니다, 관리자시군요!';
    } else {
        $output = htmlspecialchars($firstName, ENT_QUOTES, 'UTF-8') . ' ' .
        htmlspecialchars($lastName, ENT_QUOTES, 'UTF-8')
        . '님, 홈페이지 방문을 환영합니다!';
    }

    include __DIR__ . '/../templates/welcome.html.php';
}
```

한 눈에 봐도 굉장히 낯익은 코드다. 이전에 작성한 name.php 스크립트와 많은 부분이 비슷한데, 차이점은 다음과 같다.

- 컨트롤러에서 제일 먼저 하는 일은 현재 요청이 form.html.php의 폼에서 제출됐는지 판단하는 것이다. post 폼을 사용해 firstname 변수가 전달되므로 $_POST['firstname']에 저장된 값을 확인하면 폼 제출 여부를 알 수 있다.
- PHP 내장 함수인 isset()은 특정 변수나 배열에 값이 할당됐는지 알려준다. $_POST['firstname']에 값이 할당됐을 때 isset($_POST['firstname']) 구문은 참을 반환하며 그렇지 않으면 거짓을 반환한다.
- 컨트롤러 처음 부분에 폼을 출력하는 코드를 작성하면 가독성이 향상된다. 첫 if문은 부정 연산자(!)를 사용해 $_POST['firstname']이 설정되지 않았는지 검사한다. 부정 연산자를 함수 이름 앞에 쓰면 함수의 반환값을 참에서 거짓으로, 거짓에서 참으로 뒤집는다.
- firstname 변수가 요청에 포함되지 않았다면 !isset($_POST['firstname'])은 참을 반환하고 if문의 본문이 실행된다.
- 폼 제출 요청이 아니면 컨트롤러는 폼을 출력하는 form.html.php 파일을 불러온다.
- 폼 제출 요청이면 else문의 본문이 실행된다. $_POST 배열에서 firstname과 lastname 변수를 가져와 적절하게 처리한 다음 전체 이름이 담긴 환영 메시지를 생성한다.
- 환영 메시지를 생성하면 컨트롤러에서 바로 출력하지 않고 $output 변수에 저장한다.
- include문으로 welcome.html.php 템플릿을 불러온다. welcome.html.php 템플릿은 환영 메시지를 출력하는 HTML이 담긴 파일이다.

마지막으로 templates 디렉터리에 다음과 같은 코드가 담긴 welcome.html.php 파일을 작성한다.

```
<!DOCTYPE html>
<html lang="ko">
    <head>
        <meta charset="utf-8">
        <title>폼 예제</title>
    </head>
    <body>
        <p>
            <?php echo $output; ?>
        </p>
    </body>
</html>
```

완성됐다! 브라우저를 열고 http://192.168.10.10/index.php에 접속한다. 이름을 입력하고 폼을 전송하면 그에 따른 환영 메시지를 볼 수 있다. 이 과정이 진행되는 동안 URL은 그대로 유지된다.

name.php가 아니라 index.php라고 파일명을 정한 이유가 있다. index.php는 디렉터리 인덱스라 불리며 특별한 의미를 지닌 파일명이다. 브라우저로 URL에 방문할 때 파일명을 지정하지 않고 디렉터리까지만 입력하면 서버는 기본적으로 해당 디렉터리의 index.php 파일을 찾아서 출력한다. 브라우저에 http://192.169.10.10까지 입력하면 인덱스 페이지가 나타난다.

사용자 이름을 입력받고 환영 메시지를 출력하는 동안 계속 같은 URL을 유지하면 좋은 점이 있다. 즐겨찾기를 하면 항상 같은 URL로 저장되고 다시 접속했을 때 적절한 화면을 볼 수 있다. 폼 화면, 환영 메시지 화면 중 어느 페이지를 즐겨찾기에 추가하든 사용자가 다시 접속하면 폼이 표시된다. PHP 템플릿을 쓰지 않은 예시에서 환영 메시지 URL에 직접 접근하면 '님, 홈페이지 방문을 환영합니다!' 처럼 온전하지 않은 환영 메시지가 출력된다. 홈스테드 임프루브처럼 오류 보고 기능이 활성화된 서버는 PHP 오류 메시지를 출력하기도 한다.

2.9 마치며

이번 장에서는 PHP 서버 사이드 스크립트 언어를 직접 체험하고 구문, 변수, 연산자, 주석, 제어문 등 기본적인 PHP의 기능을 모두 배웠다. 간단하게나마 직접 애플리케이션을 만들어 URL을 보기 좋게 다듬고 PHP 코드가 HTML 템플릿을 제어할 수 있도록 깔끔하게 정리했다.

PHP의 진정한 능력은 수백 수천 개에 달하는 내장 함수에 있다. MySQL 데이터 접근, 이메일 발송, 동적 이미지 생성, PDF 파일 생성 등 모든 작업 내장 함수로 처리할 수 있다.

3장은 내장 MySQL 함수를 배우고 이를 이용해 유머 글 데이터베이스를 구축한다. 데이터 베이스에 저장된 유머 글을 웹으로 게시하는 방법은 4장에서 배운다. 궁극적인 목표는 PHP, MySQL 기반 웹사이트 콘텐츠 관리 시스템 구축이다. 3장과 4장의 내용은 이러한 목표를 달 성하기 위한 배경지식에 해당한다.

## CHAPTER 3

MySQL

1장에서 설치한 홈스테드 임프루브 가상머신은 실습에 필요한 모든 소프트웨어를 기본적으로 제공하는데, 그중에는 MySQL 서버도 있다.

PHP는 서버 사이드 스크립트 언어다. 웹 서버는 PHP로 작성된 특정 지시문을 읽고 실행한다. 사용자가 브라우저로 웹 페이지를 요청하면 웹 서버는 요청 결과를 전송하기 전에 PHP 지시문을 먼저 실행한다.

PHP 스크립트에 데이터베이스를 접목하면 본격적으로 흥미로운 대목이 시작된다. 이번 장을 통해 데이터베이스가 어떤 역할을 하는지 이해하고 MySQL 데이터베이스의 사용 방법과 구조화된 쿼리 언어(SQL)를 배운다.

3.1 데이터베이스

데이터베이스 서버는 대량의 정보를 조직된 형태로 저장하는 프로그램이다. PHP 같은 프로그래밍 언어를 사용하면 데이터베이스의 정보에 쉽게 접근할 수 있다. 실습 삼아 이제부터 데이터베이스와 PHP를 이용해 자신의 웹사이트에 유머 글 목록을 출력해보자.

유머 글을 모두 데이터베이스에 저장하면 두 가지 이점이 있다. 우선 각 유머 글을 개별적인 HTML 페이지로 작성할 필요가 없다. 유머 글을 데이터베이스에서 가져와 HTML 페이지로 출력하는 PHP 스크립트만 하나 만들면 된다. 둘째, 새로운 유머 글을 추가하기도 쉽다. 데이터베이스에 유머 글을 저장하면 나머지는 PHP 코드가 모두 처리한다. 새 글은 자동으로 목록에 추가되고 다른 글과 똑같이 열람할 수 있다.

실제 예제를 사용해 데이터베이스에 유머 글을 저장해보자. 데이터베이스는 하나 이상의 테이블로 구성되며 각 테이블은 데이터를 저장한다. 가령 유머 글 데이터베이스는 글 목록을 담을 joke라는 테이블을 필요로 한다. 테이블은 하나 이상의 칼럼을 지니며 각 칼럼은 테이블에 저장될 데이터의 일부분을 담는다. 칼럼은 필드로 불리기도 한다. 예시로 든 joke 테이블은 유머 글 본문 칼럼과 등록일자 칼럼으로 구성되고 각 칼럼이 모여 하나의 유머 글 데이터를 이룬다. 테이블은 각 칼럼의 데이터를 묶어 로우(row) 또는 엔트리(entry) 형태로 저장한다. 다음은 테이블의 로우와 칼럼을 나타낸 표다.

그림 3-1 유머 글 목록 테이블

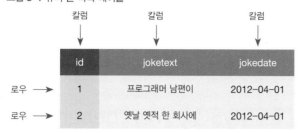

joke 테이블을 보면 유머 글 본문 칼럼인 joketext와 등록일자 칼럼 jokedate가 있고 추가로 id라는 칼럼이 있다. 모범적인 설계 원칙에 따르면 데이터베이스 테이블은 각 로우를 고유하게 식별하는 기준을 지녀야 한다. 만약 같은 날짜에 같은 유머 글이 중복으로 등록되면 joketext 와 jokedate 칼럼만으로 유머 글을 식별할 수 없다. id 칼럼을 이용해 유머 글에 고유한 번호 를 부여하면 각 유머 글을 참조하고 추적할 수 있다. 데이터베이스 디자인은 5장에서 더 자세 히 다룬다.

[그림 3-1]의 테이블에 로우가 두 개 있다. 각 로우는 유머 글의 ID, 본문, 등록일자를 나타내 는 필드로 구성된다. 이 정도의 기본 용어만 알아들을 수 있으면 MySQL의 세계로 뛰어들 준 비는 끝마친 셈이다.

3.2 MySQL 워크벤치를 이용한 SQL 쿼리 실행

웹 서버가 웹브라우저 같은 클라이언트의 요청에 응답하듯 MySQL 데이터베이스도 클라이언 트 프로그램의 요청에 응답한다. 이번 장에서 사용하는 데이터베이스 클라이언트는 MySQL 워크벤치라는 프로그램이며 나중에는 PHP 스크립트로 직접 MySQL 클라이언트 프로그램을 만들어 사용할 것이다. MySQL 워크벤치는 MySQL 제작진이 직접 제작한 클라이언트로 누구 나 무료로 내려받아 사용할 수 있다.

MySQL 클라이언트의 종류는 매우 다양하다. 예전에는 phpMyAdmin이라는 웹 기반 클라이 언트를 실습에 쓰기도 했는데 MySQL 워크벤치에 비해 속도가 느리다는 단점이 있어 현재는 사용하지 않는다.

MySQL 워크벤치를 설치하고 처음 실행하면 다음과 같은 화면을 볼 수 있다.

그림 3-2 MySQL 워크벤치 실행 화면

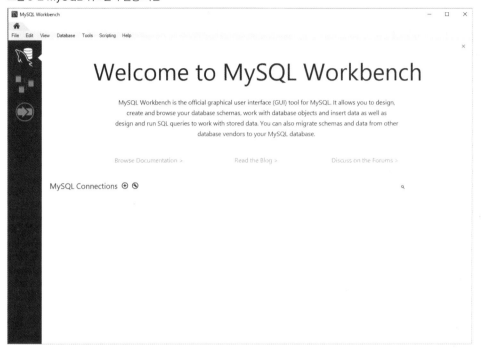

데이터를 저장하는 첫 번째 단계는 데이터베이스 접속이다. MySQL 워크벤치를 사용해 MySQL 서버에 접속할 수 있으며 접속 대상은 1장에서 내려받은 베이그런트 박스 내부의 MySQL 서버다.

데이터베이스에 접속하려면 다음 세 가지 정보를 알아야 한다.

- 서버 주소
- 사용자명
- 비밀번호

홈스테드 임프루브 베이그런트 박스의 MySQL 서버에 접속하려면 다음 정보를 사용한다.

- 서버 주소 : 192.168.10.10
- 사용자명 : homestead
- 비밀번호 : secret

서버 주소를 눈여겨 보면 브라우저에서 PHP 스크립트를 확인할 때 입력했던 URL과 IP 주소가 같다는 사실을 알 수 있다. 웹 서버와 데이터베이스 서버가 하나의 가상 머신 안에서 실행되기 때문에 두 서버의 IP 주소도 같다.

데이터베이스 접속을 구성하는 정보들을 묶어 커넥션이라 부른다. 프로그램 안에서 데이터베이스 접속을 담당하는 자원 또는 객체를 커넥션이라 부르기도 한다. MySQL 워크벤치에서 데이터베이스에 접속하려면 먼저 해당 데이터베이스의 커넥션을 새로 만들어야 한다. 프로그램의 중앙 영역에서 'MySQL Connections' 오른쪽의 더하기 모양 버튼을 누른다. 보기만 해서는 무슨 역할을 하는 버튼인지 명확히 알기 힘들 테니 일단 따라해보자.

그림 3-3 커넥션 추가

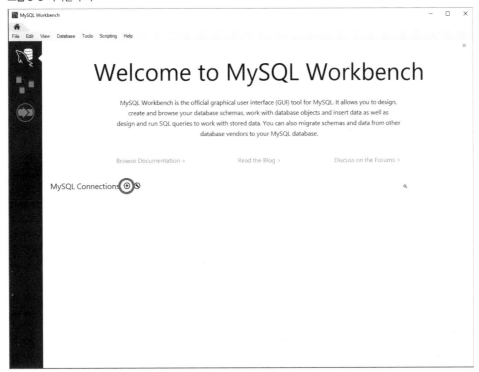

더하기 버튼을 누르면 다음과 같은 창이 열린다.

그림 3-4 커넥션 정보 입력

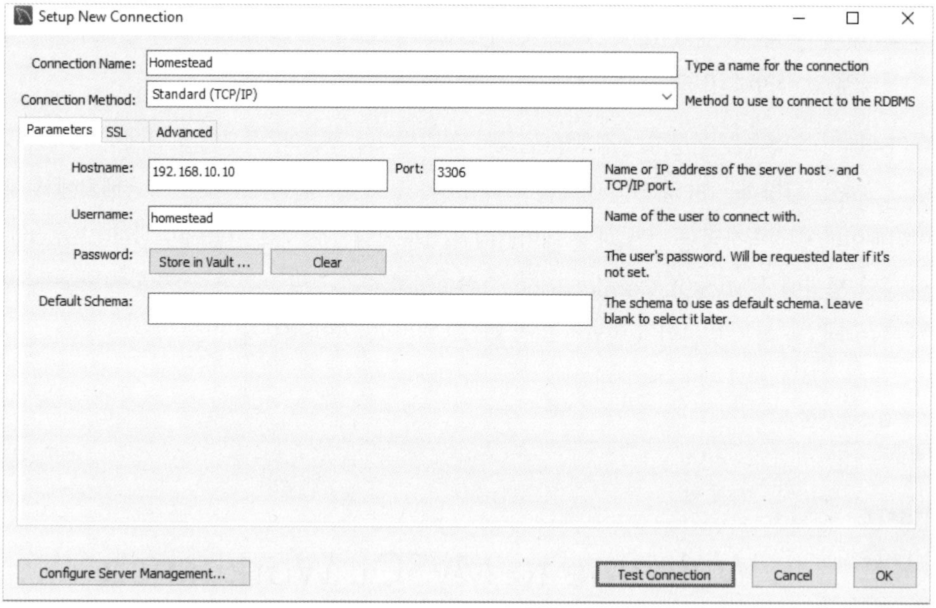

커넥션명을 지정하고 서버 주소와 사용자명을 입력한다. 예시로 커넥션명을 'Homestead'라고 했지만 원하는 대로 자유롭게 정할 수 있다. 커넥션명은 MySQL 워크벤치에서 커넥션 목록에 표시되는 명칭일 뿐이다.

사용자명과 서버 주소를 입력하면 해당 정보로 접속이 잘 되는지 확인해볼 수 있다. 창 하단의 'Test Connection' 버튼을 누른다.

다음과 같은 비밀번호 입력창이 나타난다.

그림 3-5 비밀번호 입력

접속이 되지 않을 때는 다음 사항들을 확인해야 한다.

1 베이그런트 박스가 정상적으로 실행되고 있는지 확인한다. PC를 새로 부팅하면 베이그런트가 자동으로 실행되지 않을 수 있다. 그럴 때는 프로젝트 폴더에서 vagrant up을 다시 실행해야 한다.

2 사용자명과 서버 주소가 정확한지 확인한다.

> **NOTE_ 대소문자 구별**
>
> 사용자명과 비밀번호 문자열은 대소문자를 구별하므로 homestead와 secret은 모두 소문자로 정확히 입력해야 한다.

앞서 지정했던 비밀번호인 secret을 입력한다. 'Save password' 항목을 선택하면 다음에 접속할 때 비밀번호를 다시 묻지 않는다. OK 버튼을 눌러 비밀번호 입력을 완료한다.

비밀번호를 올바르게 입력하면 성공적으로 접속됐다는 메시지를 볼 수 있다. 'Set up new connection' 창 하단의 OK를 누르면 MySQL 워크벤치 화면에 다음과 같이 새로운 커넥션이 나타난다.

그림 3-6 새로운 커넥션이 추가된 메인 창

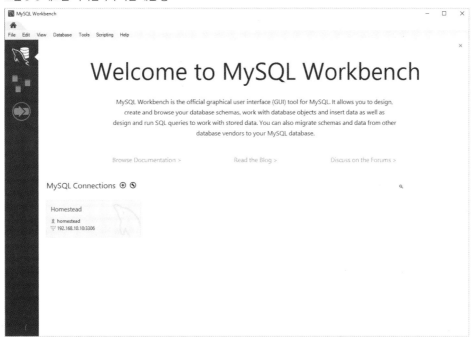

한번 등록한 커넥션은 MySQL 워크벤치를 다시 실행해도 그대로 남아 있어서 다시 등록하지 않아도 된다.

이제 데이터베이스에 접속할 준비가 모두 끝났다. 새로 등록된 커넥션을 더블클릭하면 다음과 같은 새로운 화면이 나타날 것이다.

그림 3-7 시작 화면

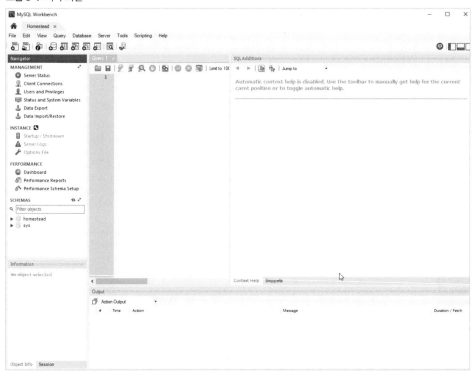

처음 이 화면을 보면 막막한 기분이 들 것이다. 갖가지 버튼과 패널이 있지만 일단 신경쓰지 말고 왼쪽 영역 아랫부분의 'Schemas' 항목에 주목하자.

스키마(Schema)는 '데이터베이스'를 지칭하는 또 다른 표현이다. MySQL은 데이터베이스 서버다. 하나의 웹 서버로 여러 웹사이트를 구동할 수 있듯이 데이터베이스 서버도 여러 개의 데이터베이스를 구동할 수 있다.

3.3 데이터베이스 생성

데이터베이스에 정보를 저장하려면 먼저 데이터베이스를 만들어야 한다. 스키마 패널을 보면 이미 homestead와 sys라는 데이터베이스가 있다. 이들은 홈스테드가 기본적으로 제공하는 데이터베이스며 실제로 사용할 수 있다. 실습 차원에서 새로 데이터베이스를 생성해보자.

데이터베이스를 생성하려면 스키마 패널에서 마우스 오른쪽 버튼을 클릭하고 'Create schema' 메뉴를 선택한다. 새로 창이 열리면 일단 다른 설정은 신경쓰지 말고 스키마명을 입력한다.

그림 3-8 스키마 생성

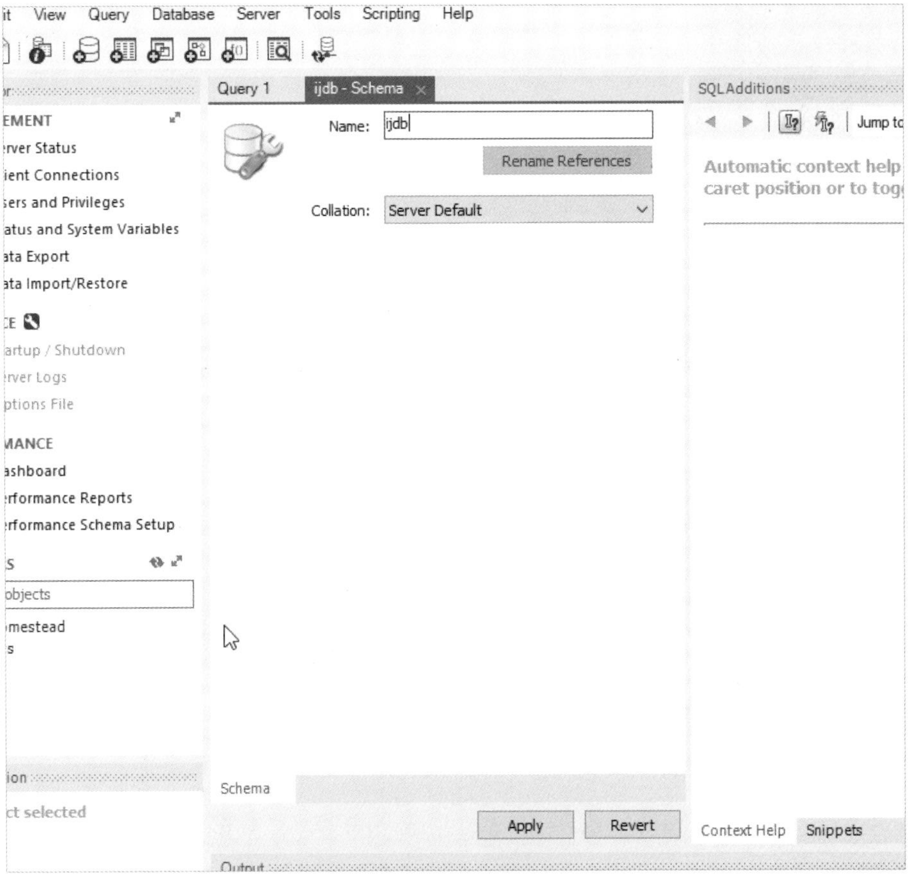

Internet Joke Database의 머리글자를 모은 ijdb를 데이터베이스명으로 지정했다. 유머 글

을 모아서 보여주는 웹사이트에 어울리는 이름이다. 데이터베이스명은 자유롭게 정할 수 있지만 앞으로 빈번하게 입력할테니 너무 복잡한 단어는 피하는 편이 좋다.

데이터베이스명을 입력하고 나머지 항목은 기본값으로 둔 채 Apply를 누른다. 입력한 정보를 확인하는 대화창이 나타날 것이다. 앞으로 이렇게 생긴 대화창이 자주 나오므로 익숙해지도록 하자. 다음 화면에서 Apply를 다시 한 번 누른다.

그림 3-9 스키마 생성 확인

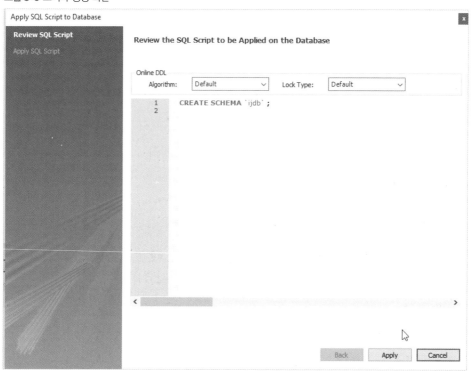

Apply 버튼을 누르고 다음 화면에서 Finish를 눌러야 모든 절차를 완료할 수 있다. 이런 방식은 MySQL 워크벤치를 사용할 때 불편한 점 중 하나인데, 모든 기능은 마지막 단계에서 Finish를 눌러야 완료된다. 물론 더 간단하게 작업을 수행하는 방법도 있다.

입력란에 CREATE SCHEMA ijdb 라는 구문이 있다. 이런 구문을 SQL 쿼리라 하며 앞으로 자주 보게 될 것이다. MySQL 워크벤치 대화창으로 명령을 실행하면 일일이 확인 버튼을 눌러야 하는 반면, 쿼리로 직접 명령을 입력하고 실행하면 즉시 작업을 완료할 수 있다. CREATE

SCHEMA ijdb라는 간단한 명령을 실행하면서 굳이 번거롭게 확인창까지 거칠 필요는 없다. 그러나 모든 쿼리가 이처럼 단순하지는 않다. 복잡한 쿼리는 직접 실행하기보다 MySQL 워크 벤치 대화창의 안내에 따라 실행하는 편이 더 쉽다.

앞으로 실습을 진행하다가 데이터베이스를 지워야 할 때가 있다. 이때도 MySQL 워크벤치를 이용하면 쉽다. 스키마 패널에서 지우고자 하는 스키마를 선택해 마우스 오른쪽 버튼을 클릭하고 DROP Schema 메뉴를 선택한다. DROP 지시어는 일반적으로 MySQL의 구성 요소를 지울 때 사용하며 가끔 예외적으로 Delete를 사용하는 경우도 있다.

3.4 구조화된 쿼리 언어(SQL)

CREATE SCHEMA 명령처럼 MySQL에 직접 전달하고 실행하는 명령 구문을 구조화된 쿼리 언어Structured Query Language라 한다. 보통 SQL이라는 약어로 통칭하며 시퀄 또는 에스큐엘이라고 발음한다. 또한 SQL로 작성한 명령을 쿼리라고 부르기도 하는데 앞으로 이 두 용어를 병용할 것이다.

SQL은 거의 모든 데이터베이스에 통용되는 표준 언어다. MySQL 이외의 데이터베이스도 SQL을 사용해 명령을 수행한다. 예를 들면 마이크로소프트 SQL 서버도 SQL로 명령을 내릴 수 있으며 명령문의 주요 골자는 MySQL에 쓰는 SQL과 같다. SQL과 MySQL의 차이를 이해하고 구별할 수 있어야 한다. MySQL은 데이터베이스 소프트웨어, SQL은 데이터베이스와 소통할 때 사용하는 언어다.

데이터베이스의 초기 구조를 만들 때 사용하는 SQL 명령어는 MySQL 워크벤치가 거의 모두 자체적으로 만들어낸다. 그러나 SQL 명령어를 미리 배워두면 나중에 PHP 스크립트를 사용해 SQL을 실행할 때 많은 도움이 될 것이다.

TIP 고급 SQL

이 책에서는 모든 PHP 개발자가 필수적으로 알아야 할 핵심적인 SQL을 배울 수 있다. 데이터베이스 기반 웹 사이트 개발 경력을 쌓으려면 SQL의 더 심도 깊은 기능을 배워야 한다. 특히 사이트의 속도와 성능을 높이려면 SQL을 자유자재로 다룰 수 있는 능력이 꼭 필요하다. 고급 SQL을 배우고자 하는 사람은 『SQL 레벨업』(한빛미디어, 2016)을 읽으면 도움이 될 것이다.

NOTE_ 대소문자 구별과 명명규칙

MySQL 명령어는 대부분 대소문자를 구별하지 않는다. CREATE DATABASE, create database, CrEaTe DaTaBaSe 등의 명령어가 모두 똑같이 잘 작동한다. 반면 데이터베이스명과 테이블명은 운영체제에 따라 대소문자를 구별한다. 리눅스나 맥OS처럼 대소문자를 구별하는 운영체제의 MySQL 서버는 데이터베이스와 테이블명도 대소문자를 구별한다. 또한 테이블명과 칼럼명 등을 쿼리에 한 번 이상 사용할 때, 처음 사용했던 이름에서 대소문자를 바꾸지 않고 그대로 써야 한다.

일관성을 지키기 위해 앞으로 데이터베이스 명령어는 모두 대문자로 쓰며 데이터베이스, 테이블, 칼럼명 등의 엔티티는 모두 소문자로 표기한다.

이 방식은 가독성이 좋다는 장점이 있다. MySQL 서버 쪽에서 보면 별로 상관 없겠지만 사람이 볼 때는 명령어와 엔티티를 쉽게 구분할 수 있다.

새로 생성한 데이터베이스는 왼쪽 영역의 Schemas list에 나타난다.

그림 3-10 ijdb 스키마가 추가된 SCHEMAS 목록

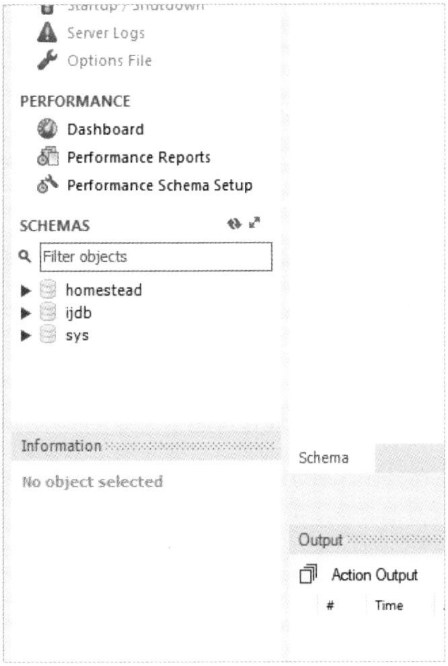

새로 생성된 스키마를 더블클릭하면 스키마명이 굵은 글씨로 바뀐다. 이 행동은 이제부터 해당 스키마를 사용할 것임을 MySQL 워크벤치에 알려주는 역할을 한다. 스키마는 한 번에 하나씩

만 관리할 수 있으며 명확하게 MySQL 워크벤치에 알려주어야 한다.

그림 3-11 ijdb 스키마 선택

이제 데이터베이스를 사용할 준비가 끝났다. 첫 번째로 할 일은 유머 글을 담을 테이블을 만드는 것이다. 괜찮은 유머를 미리 한두 개쯤 떠올려두자.

3.5 테이블 생성

ijdb 스키마 이름 옆의 화살표를 누르면 스키마에 담긴 내용물을 펼쳐볼 수 있다.

그림 3-12 ijdb 스키마 펼침 목록

ijdb 스키마 하위의 Tables 항목을 선택한다. 이제 막 생성한 스키마라서 아직 아무 테이블도 없다.

테이블은 데이터의 구조를 묘사한다. 테이블을 만들려면 저장하려는 데이터의 구조를 정확히 파악해야 한다. 예를 들어 유머 글 데이터의 구조는 다음과 같이 두 개의 정보로 구성된다.

- 유머 글 본문
- 등록일자

본문과 등록일자 외에도 각 글을 고유하게 식별하는 기준이 필요하다. 이를 위해 유머 글에 고유 ID를 부여한다.

유머 글을 이루는 각각의 정보는 테이블의 필드에 해당한다. 필드에 저장될 값의 형태에 따라 필드 타입을 지정해야 한다. 타입에는 숫자, 텍스트, 날짜 등이 있다.

앞으로 다음 세 가지 형태의 타입을 주로 사용한다.

- **숫자** : 수치 값을 저장한다.
- **텍스트** : 문자열 값을 저장한다.
- **날짜/시간** : 타임스탬프 값을 저장한다.

이 외에도 MySQL은 다양한 칼럼 타입을 지원하지만 이 세 가지 타입만 이해하면 앞으로 나올 내용을 진행하기에 충분하다.

MySQL 워크벤치로 테이블을 생성하려면 스키마 목록에서 ijdb를 펼치고 Tables 항목에서 마우스 오른쪽 버튼을 클릭한 다음 Create Table 메뉴를 선택한다.

화면 중앙 패널이 다음과 같이 바뀔 것이다.

그림 3-13 신규 테이블 추가 화면

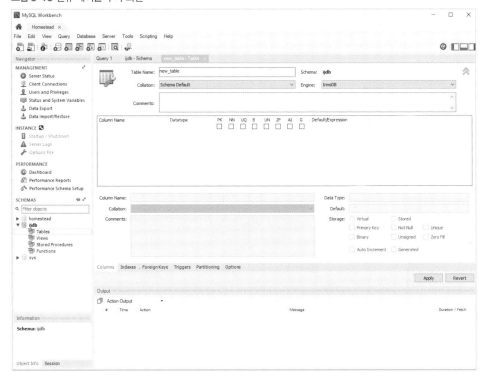

테이블의 고유한 이름과 칼럼을 지정해야 한다. 먼저 Table Name 항목에 'joke'를 입력하고
이어서 다음과 같은 칼럼들을 추가한다.

- **id** : 유머 글의 고유한 값. 각 유머 글을 식별하는 용도로 사용한다.
- **joketext** : 유머 글 본문을 저장한다.
- **jokedate** : 유머 글이 등록된 날짜를 저장한다.

그림 3-14 joke 테이블 생성

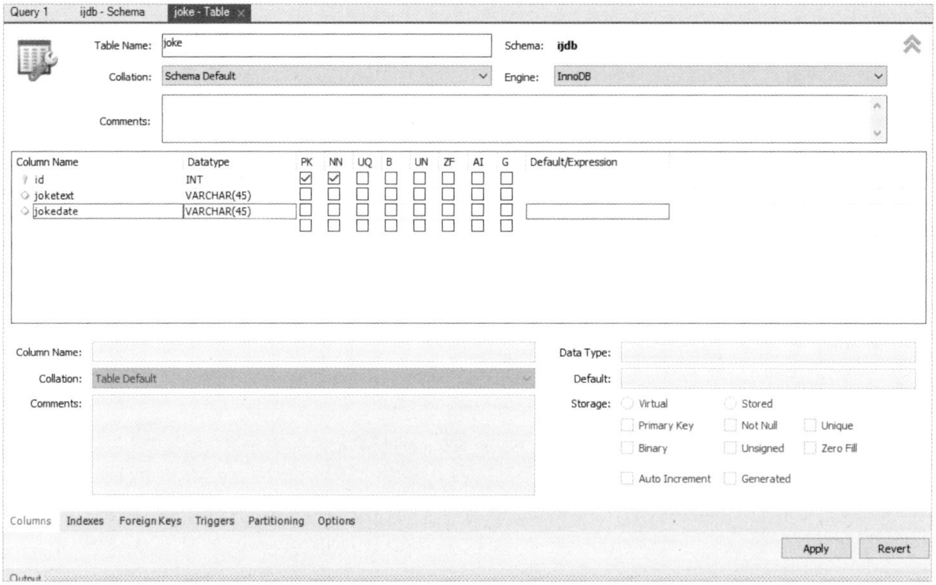

칼럼 입력 표의 두 번째 열은 Datatype이다. 테이블의 칼럼은 반드시 타입이 지정돼야 한다. joke 테이블은 다음 세 가지 타입을 사용한다.

- **INT** : 정수(Integer)를 의미한다. jokeid 번호에 사용한다.
- **TEXT** : 유머 글 본문에 사용한다.
- **DATE** : 유머 글이 등록된 날짜에 사용한다.

이렇듯 데이터를 조직적으로 관리하면 데이터의 값을 비교하고 다양하게 활용할 수 있다. 앞으로 실습하면서 직접 깨닫게 될 것이다.

이 상태에서 설정을 마치고 바로 테이블을 생성할 수 있다. 단 이렇게 생성한 테이블에 레코드를 추가하려면 ID, 본문, 날짜를 모두 입력해야 한다. 다른 두 정보와 달리 ID는 각 레코드의 고유한 값이다. 새로운 ID를 결정하려면 그간 입력된 레코드의 개수나 최대 ID를 매번 확인해야 한다.

테이블 설정을 적절히 활용하면 이러한 번거로운 과정을 생략할 수 있다. 테이블 칼럼 정보를 입력할 때 DataType 오른쪽의 체크박스들에 주목하자.

id 필드의 체크박스 중에서 다음 세 가지를 설정한다.

- **PK** : 'Primary Key'의 약자로 기본 키를 의미한다. PK로 설정된 칼럼은 테이블 엔트리의 고유한 식별자로 인식된다. 모든 ID는 고유한 엔트리 식별자로 인식되며 각 유머 글이 동일한 ID를 공유할 수 없다.

- **NN** : 'Not Null'의 약자다. NN으로 설정된 칼럼은 반드시 값이 존재해야 한다. id 칼럼에 NN을 설정하면 유머 글의 ID를 빈 값으로 둘 수 없다.

- **AI** : 'Auto Increment'의 약자로 자동 증가를 의미한다. id 필드를 AI로 설정하면 레코드를 추가할 때 값을 직접 입력하지 않아도 자동으로 입력되며 매번 자동으로 값을 증가시킨다. 빈번하고 번거로운 작업을 대신 수행해줄 똑똑한 설정이므로 꼭 기억해두자.

여기까지 설정을 마치면 다음과 같은 화면을 볼 수 있다.

그림 3-15 joke 테이블 생성 완료

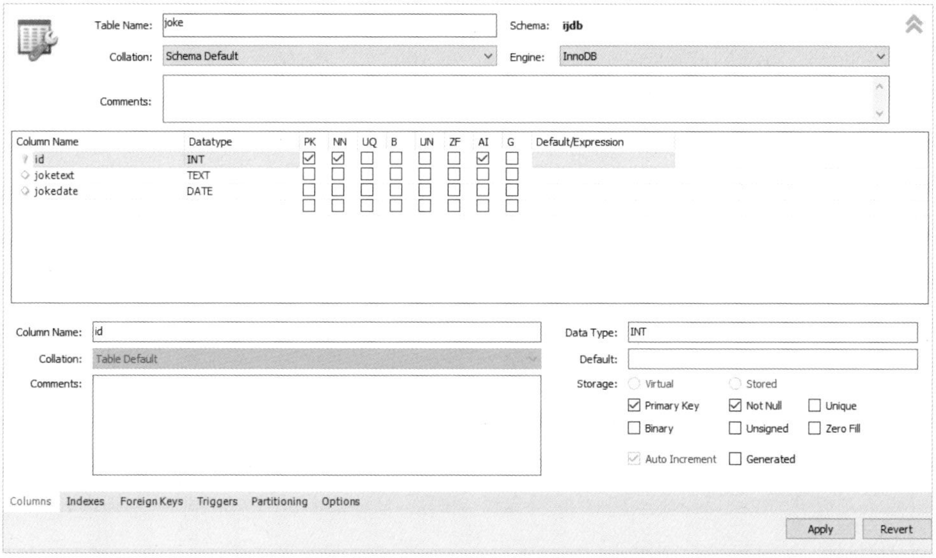

Apply 버튼을 누르면 joke 테이블이 만들어진다. 화면에 다음과 같은 쿼리가 나타날 것이다.

```
CREATE TABLE `ijdb`.`joke` (
`id` INT NOT NULL AUTO_INCREMENT,
`joketext` TEXT NULL,
`jokedate` DATE NULL,
PRIMARY KEY (`id`));
```

GUI 화면에 입력했던 항목들이 쿼리로 고스란히 표현되었음을 알 수 있다. 이처럼 프로그램이 자동으로 쿼리문을 만들어주면 훨씬 간편하게 테이블을 만들 수 있다. 쿼리문을 직접 작성하거나 구문을 모두 외울 필요도 없다.

개발자가 테이블을 직접 생성하는 경우는 드물다. 테이블에 레코드를 추가하거나 저장된 데이터를 가져오고 삭제하는 등의 상호작용을 다루는 일이 더 많다. 테이블 생성 작업은 굳이 쿼리를 배우고 직접 작성해서 실행하기보다 MySQL 워크벤치 같은 프로그램을 사용하는 편이 훨씬 간단하고 시간도 절약할 수 있다. 더우기 테이블은 한 번 만들어두면 다시 새로 만들 필요가 없다.

테이블을 삭제하는 기능도 있다. 굉장히 쉽게 실행할 수 있으므로 항상 조심스럽게 다뤄야 할 기능이다. 일단 실행하면 되돌릴 수 없을 가능성이 크다.

테이블 목록에서 지우고자 하는 테이블을 선택하고 마우스 오른쪽 버튼을 클릭한다. Drop Table 메뉴를 선택하면 테이블을 즉시 삭제할 수 있다. joke 테이블을 삭제해버리면 앞선 과정을 다시 수행해 테이블을 새로 만들어야 한다는 점을 염두에 두자. 테이블을 삭제하면 테이블 데이터도 함께 삭제된다. 한 번 삭제된 데이터는 영영 복구할 수 없으니 매우 조심해야 한다.

3.6 데이터 추가

이제 테이블에 데이터를 추가해보자. MySQL 워크벤치 GUI를 이용하지 않고 직접 작성한 쿼리를 실행할 것이다. 나중에는 PHP를 사용해 쿼리를 실행해야 하기 때문에 연습 차원에서 미리 실습해볼 수 있는 좋은 기회다.

MySQL 워크벤치에서 쿼리를 직접 실행하려면 쿼리 패널을 열어야 한다. 쿼리 패널을 여는 가장 간단한 방법은 다음과 같다. Schemas 목록에서 ijdb 데이터베이스를 선택하고 Tables 항목을 펼치면 방금 생성한 joke 테이블이 있다. 테이블 이름에서 마우스 오른쪽 버튼을 클릭하고 Select Rows – limit 1000 메뉴를 선택한다.

새로운 패널이 생기면서 화면이 두 영역으로 나뉜다.

그림 3-16 쿼리 패널

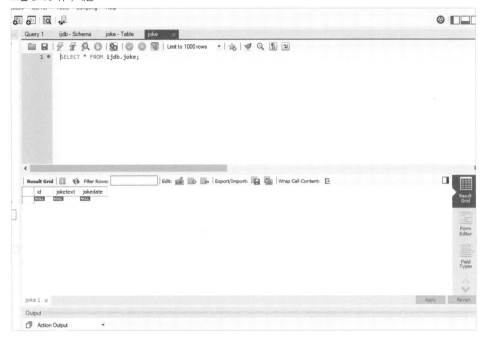

두 영역 중 위쪽은 문자열을 입력하는 공간이다. 데이터베이스 서버에 질의를 보내고 작업을
수행할 명령어를 작성할 수 있다. 아래쪽 영역은 명령 실행 결과를 표시한다. 화면 위쪽을 보면
다음과 같은 명령문이 있다.

```
SELECT * FROM `ijdb`.`joke`;
```

이 구문의 자세한 의미는 곧 배울 것이다. 지금 당장은 위쪽에 명령문을 입력하고 실행하면 아
래쪽에 결과 로우가 출력된다는 사실만 알아두면 된다. joke 테이블은 방금 만들었기 때문에
아직 저장된 데이터가 없다. 테이블 내용을 보려면 먼저 레코드를 추가해야 한다.

이제 데이터베이스에 유머 글을 추가할 일만 남았다. 데이터를 추가할 때 쓰는 명령은 INSERT
라는 직관적인 단어로 시작한다. 추가 명령어는 다음과 같이 두 가지 방식으로 작성할 수 있다.

```
INSERT INTO 테이블명 SET
칼럼명1 = 칼럼값1,
칼럼명2 = 칼럼값2,
…
```

```
INSERT INTO 테이블명
(칼럼명1, 칼럼명2, …)
VALUES (칼럼값1, 칼럼값2, …)
```

joke 테이블에 적용한 결과는 다음과 같다.

```
INSERT INTO joke SET
joketext = "프로그래머 남편이 우유를 10개 사왔다. 우유 사면서 계란 있으면 10개 사오라고
했을 뿐인데.",
jokedate = "2017-06-01"
```

```
INSERT INTO joke
(joketext, jokedate) VALUES (
"프로그래머 남편이 우유를 10개 사왔다. 우유 사면서 계란 있으면 10개 사오라고 했을 뿐인데.",
"2017-06-01")
```

이 쿼리에서 중요한 부분은 칼럼/값 쌍이다. 각 쌍이 나열된 순서는 뒤바뀌어도 상관없지만 칼럼과 값은 올바르게 연결해야 한다. 앞서 나오는 괄호에 joketext 칼럼을 먼저 쓰면 VALUES 괄호 안에서도 joketext에 해당하는 유머 글 본문을 먼저 써야 한다. 두 번째 칼럼인 jokedate 역시 VALUES의 두 번째 값과 연결된다. 반면 칼럼을 나열하는 순서는 중요치 않다. 칼럼의 순서와 값의 순서를 서로 바꿔서 실행해도 결과는 같다.

유머 글 본문은 시작과 끝을 큰따옴표로 감싼다. 따옴표로 감싼 텍스트는 텍스트 문자열이라 부르며 SQL에서 대부분의 데이터는 텍스트 문자열로 나타낸다. 날짜 또한 "YYYY-MM-DD" 형식으로 따옴표를 붙여 표현한다.

큰따옴표 대신 다음과 같이 작은따옴표를 사용해도 좋다. 다만 이 둘을 혼용할 수 없는 데이터베이스도 있다는 사실을 기억해두자.

```
INSERT INTO joke SET
joketext = '',
jokedate = '2017-06-01'
```

그렇다면 저장하려는 데이터 문자열 안에 따옴표가 있을 때는 어떻게 해야 할까? 간단하다. 작은 따옴표를 포함한 문자열은 큰따옴표로, 큰따옴표를 포함한 문자열은 작은 따옴표로 감싸면 된다.

큰따옴표와 작은따옴표가 모두 포함된 문자열은 둘 중 어느 한 따옴표로 감쌀 수 없으니 이스케이핑이라는 기법을 활용해야 한다. 역슬래시(\)를 문자 바로 앞에 붙이면 해당 문자를 이스케이핑할 수 있다. MySQL은 역슬래시 뒤에 나오는 문자가 지닌 특수한 의미를 무시한다. 따옴표는 텍스트 문자열의 시작과 끝을 나타내는 역할을 하지만 바로 앞에 역슬래시를 붙이면 원래의 기능을 무시하고 단순히 문자열에 포함된 따옴표로 인식한다.

좀 더 명확하게 이해할 수 있도록 예제를 준비했다. 다음 쿼리는 본문에 작은따옴표가 포함된 유머 글을 테이블에 추가한다.

```
INSERT INTO joke
(joketext, jokedate) VALUES (
'!false는 \'앗! 거짓\'이라는 뜻이 아냐. 그냥 \'참\'이라고!',
"2017-06-01")
```

유머 글의 시작과 끝을 작은 따옴표로 감쌌으나 본문에 이미 작은따옴표가 있다. 이럴 때 본문의 작은따옴표 앞에 역슬래시를 붙여 이스케이핑한다. MySQL은 역슬래시 바로 다음에 나온 따옴표를 문자열의 끝을 나타내는 문자가 아닌 평범한 따옴표로 인식한다.

이쯤 되면 영리한 사람은 역슬래시 문자가 포함된 문자열에 대해 궁금증이 생길 것이다. 이 또한 간단하다. 역슬래시를 두 번 연이어 쓰면 된다. 따옴표 이스케이핑과 같은 원리로 MySQL은 역슬래시 바로 뒤의 역슬래시를 단순한 문자로 인식한다.

데이터 추가 쿼리를 MySQL 워크벤치 상단에 입력하고 노란색 번개 아이콘을 클릭하면 쿼리가 실행된다.

그림 3-17 MySQL 워크벤치로 쿼리 실행하기

쿼리가 실행되면 프로그램 화면 맨 밑에 실행 결과가 출력된다.

그림 3-18 쿼리 실행 결과 메시지

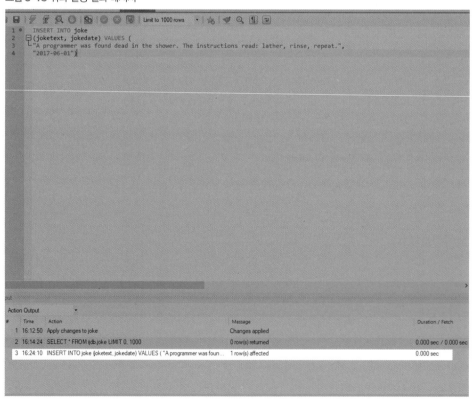

쿼리가 정상적으로 실행되지 않으면 실행 실패 정보를 담은 오류 메시지가 나타난다. 쿼리를 실행하기 전에 항상 구문을 확인하고 따옴표나 괄호 등의 요소가 제 위치에 잘 있는지 확인하자.

> **TIP** **저해상도 화면 대응**
>
> 화면 해상도가 낮으면 MySQL 워크벤치 창의 하단 패널이 보이지 않을 수 있다. 마우스 포인터를 창 맨 밑으로 가져가면 크기 조절 커서가 나타날 것이다. 클릭 후 드래그해서 하단 패널을 적절한 크기로 늘린다.

INSERT 쿼리를 이용해 두 가지 유머를 추가해보았다. 이외에도 생각나는 대로 유머 글을 추가해보자. 테이블에 엔트리가 생겼으니 이제 쿼리 패널을 열어 테이블 내용을 열람할 수 있다.

3.7 예약어

MySQL 워크벤치가 자동으로 생성한 쿼리를 보면 특이한 문자가 있다. 다음 쿼리는 일반적인 쿼리다.

```
SELECT * FROM joke
```

그러나 MySQL 워크벤치가 만들어낸 쿼리는 다음과 같다.

```
SELECT * FROM `joke`
```

특이한 따옴표가 joke를 감싸고 있다. 이 문자는 사실 따옴표가 아니라 백틱(`)이라 불리는 특수한 문자다.

백틱은 일종의 예방조치 역할을 한다. SQL에 쓰이는 수많은 단어는 SQL이 부여한 언어적 의미를 지닌다. 앞서 보았던 SELECT, FROM, INSERT 외에 수백 가지 단어가 있고 각각의 의미가 미리 정의된다. 만약 SELECT라는 테이블이 있고 SELECT 테이블의 내용을 가져오려면 다음과 같은 쿼리를 써야 한다.

```
SELECT * FROM SELECT
```

이 쿼리는 MySQL에 혼란을 불러일으킨다. SELECT를 테이블명이 아닌 SQL 명령어로 이해하기 때문이다. date라는 단어는 더 큰 문제를 야기한다. 날짜를 저장하는 칼럼명을 정할 때 흔히 떠올리기 쉬운 단어가 date다. date라는 칼럼이 있는 테이블에 데이터를 추가하기 위해 다음과 같은 쿼리를 실행하면 어떤 일이 벌어질까?

```
INSERT INTO joke
(joketext, date) VALUES (
'!false는 \'앗! 거짓\'이라는 뜻이 아냐. 그냥 \'참\'이라고!',
"2012-04-01")
```

date는 MySQL이 이미 SQL로 선점한 단어다. MySQL은 date를 칼럼명으로 인식하지 않고 VALUES나 INTO 같은 쿼리 언어의 일부분으로 해석한다.

MySQL은 자체적인 추론 능력이 있어 쿼리에 사용된 단어가 테이블이나 칼럼의 이름인지 명령어로 쓰인 단어인지 구별할 수 있다. 그러나 SELECT나 date를 테이블이나 칼럼명으로 사용하면 MySQL도 둘을 구별할 수 없다. 이때 백틱을 활용하면 이러한 문제를 해결할 수 있다. MySQL은 백틱으로 감싼 단어를 무조건 이름으로 취급한다. SQL 지시어로 지정된 단어도 백틱으로 감싸면 테이블이나 칼럼명으로 사용할 수 있다. 처음 배울 때부터 백틱을 사용하는 습관을 들이면 차후에 생길지 모를 문제를 사전에 방지할 수 있다.

이제부터 모든 테이블, 스키마, 칼럼의 이름에 백틱을 사용한다. 프로그래머 입장에서 보면 명령어와 칼럼명을 구분하는 가독성을 높일 수 있다. 앞서 나왔던 INSERT 쿼리에 백틱을 적용하면 다음과 같다.

```
INSERT INTO `joke`
(`joketext`, `date`) VALUES (
'!false는 \'앗! 거짓\'이라는 뜻이 아냐. 그냥 \'참\'이라고!',
"2012-04-01")
```

TIP 백틱 키의 위치

영문 키보드에서 백틱 키는 보통 숫자 1키 왼쪽, esc키 바로 아래에 있으며, 맥 키보드의 백틱 키는 가끔 Z 키 왼쪽에 있다. 영문 배열이 아닌 키보드는 제조사나 장치 종류에 따라 백틱 키의 위치가 다를 수 있다.

3.8 데이터 조회

다음 명령은 joke 테이블에 저장된 모든 데이터를 가져온다.

```
SELECT * FROM `joke`
```

이 명령을 풀어서 쓰면 'joke에 있는 모든 내용을 선택하라'는 뜻이며 이때 * 문자는 '모든 칼럼'을 의미한다. 특별한 조건이 없으면 SELECT 쿼리는 테이블의 모든 레코드를 반환한다. 실행 결과 화면은 다음과 비슷할 것이다.

그림 3-19 SELECT 명령 실행 결과

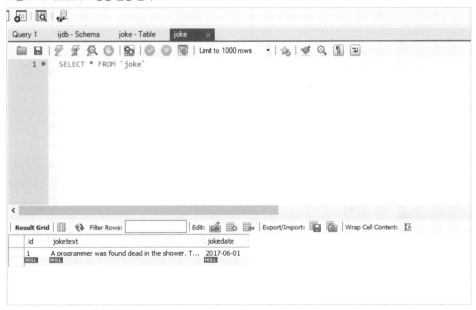

INSERT 쿼리를 실행할 때 id 값을 지정하지 않았지만, 테이블 데이터를 조회하면 id 칼럼에 값이 있다는 사실을 알 수 있다. 테이블을 생성할 때 id 칼럼에 'AI(Auto Increment)' 조건을 지정하면 MySQL이 자동으로 값을 부여하고 증가시킨다. 그렇지 않으면 데이터를 추가할 때마다 일일이 id 값을 지정해야 한다.

중요한 데이터베이스 작업을 하다가 자신도 모르게 유머 글을 읽느라 넋을 놓으면 곤란하다. 이런 불상사를 방지하고 작업자의 집중력을 높이기 위해 SELECT 결과에서 joketext 칼럼을 제외하자. 다음은 id와 jokedate 칼럼만 가져오는 쿼리다.

```
SELECT `id`, `jokedate` FROM joke
```

'모든 칼럼'을 의미하는 * 문자 대신 원하는 칼럼을 직접 나열했다. 실행 결과는 다음과 같다.

그림 3-20 지정한 칼럼만 가져오기

유머 글 본문 중 일부만 보려면 어떻게 해야 할까? SELECT 명령은 칼럼을 지정해서 가져올 수
있을 뿐만 아니라 각 칼럼에 함수를 적용해 값을 변형시킬 수 있다. MySQL에 내장된 LEFT( )
함수는 칼럼의 내용을 일정한 길이만큼 남기고 잘라낸다. 예를 들어 joketext 칼럼의 본문을
앞에서 20글자만 가져오려면 다음과 같은 명령을 실행한다.

```
SELECT `id`, LEFT(`joketext`, 20), `jokedate` FROM `joke`
```

그림 3-21 LEFT 함수로 텍스트 자르기

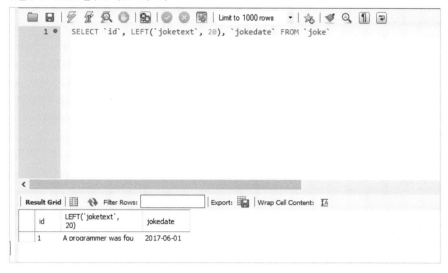

반환 결과의 개수를 세는 COUNT( )라는 함수도 유용하다. 예를 들어 joke 테이블에 저장된
유머 글이 전부 몇 개인지 확인하려면 다음과 같은 명령을 실행한다.

```
SELECT COUNT(`id`) FROM `joke`
```

그림에서 볼 수 있듯이 현재 유머 글 한개가 테이블에 있다.

그림 3-22 로우의 개수를 세는 COUNT 함수

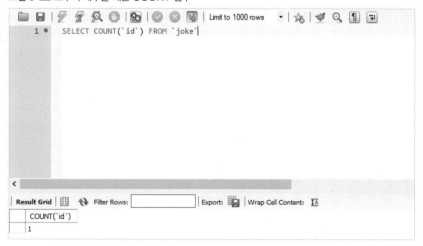

지금까지 배운 SELECT 예제는 테이블의 전체 엔트리를 가져온다. 특정 속성을 지닌 엔트리만 제한적으로 가져오려면 다음 예제처럼 WHERE 절을 SELECT 명령에 덧붙인다.

```
SELECT COUNT(*) FROM `joke` WHERE `jokedate` >= "2017-01-01"
```

이 쿼리는 2017년 1월 1일부터 등록된 유머 글의 개수를 구한다. '크거나 같은 날짜'라는 조건은 '당일 혹은 그 이후의 날짜'를 의미한다. 텍스트에 특정 단어가 포함됐는지 검사하는 조건도 있다. 다음 쿼리를 실행해보자.

```
SELECT `joketext` FROM `joke` WHERE `joketext` LIKE "%프로그래머%"
```

이 쿼리는 '프로그래머'라는 단어가 본문에 포함된 유머 글의 전체 내용을 가져온다. MySQL은 LIKE 키워드 뒤에 묘사된 형식*에 맞춰 내용을 검색한다. '%프로그래머%'라는 형식에서 % 문자는 와일드카드라 불리며 '프로그래머'라는 단어 앞이나 뒤에 나오는 모든 텍스트를 의미한다.

WHERE 절로 결과를 제한할 때 여러 조건을 조합할 수 있다. 예를 들어 2017년 4월에 등록된 유머 글 중 '프로그래머'가 포함된 글만 가져오는 쿼리는 다음과 같다.

```
SELECT `joketext` FROM `joke` WHERE
`joketext` LIKE "%프로그래머%" AND
`jokedate` >= "2017-04-01" AND
`jokedate` < "2017-05-01"
```

유머 글을 더 등록한 다음 SELECT 쿼리를 다양한 방법으로 연습해보자. 4장을 보면 쓸만한 유머 글이 몇 개 나온다.

---

* 저자주_ LIKE 뒤에 나오는 표현식은 대소문자를 구별하지 않는다. 예를 들어 '%programmer%'는 'Programmer'와 'FuNkYProGRammeRs'에 모두 일치한다.

SELECT 명령은 매우 여러 방면에 활용되므로 미리 숙지해두면 좋다. 차차 더 고도화된 활용 방법을 배울 것이다.

3.9 데이터 수정

데이터베이스 테이블에 데이터가 쌓이면 저장된 내용을 변경해야 할 때가 오기 마련이다. 오탈자를 고치거나 날짜를 변경하는 등의 갱신 작업은 UPDATE 명령이 담당한다. UPDATE 명령은 SELECT나 INSERT 명령처럼 칼럼명과 그에 상응하는 값을 포함한다. 일반적인 UPDATE 명령 형식은 다음과 같다.

```
UPDATE `테이블명` SET
    `칼럼명` = 값, …
WHERE 조건
```

예를 들어 유머 글의 등록일자를 변경하려면 다음과 같은 쿼리를 실행한다.

```
UPDATE `joke` SET `jokedate` = "2018-04-01" WHERE id = "1"
```

이 예제를 보면 id 칼럼이 왜 유용한지 알 수 있다. 변경할 유머 글 하나를 id 칼럼을 이용해 간단히 지목한다. UPDATE 명령에서 WHERE 절은 SELECT 명령의 WHERE 절과 똑같은 역할을 한다. 다음 예제는 '프로그래머'라는 단어가 포함된 모든 엔트리의 등록일자를 바꾼다.

```
UPDATE `joke` SET `jokedate` = "2018-04-01"
WHERE `joketext` LIKE "%프로그래머%"
```

WARNING_ WHERE 생략

UPDATE 명령에서 WHERE 절을 생략할 수 있다. 다만 WHERE 절을 빼면 테이블의 모든 엔트리가 UPDATE 명령의 영향을 받으므로 매우 주의해야 한다.

다음 명령은 테이블의 모든 레코드 등록일자를 일괄적으로 변경한다.

```
UPDATE `joke` SET `jokedate` = "2018-04-01"
```

3.10 데이터 삭제

엔트리를 삭제하는 SQL은 무서우리만치 쉽다. 다음 문법을 보면 느낄 수 있을 것이다.

```
DELETE FROM `테이블명` WHERE 조건
```

다음과 같은 쿼리를 실행하면 본문에 '프로그래머'가 포함된 유머 글이 모두 삭제된다.

```
DELETE FROM `joke` WHERE `joketext` LIKE "%프로그래머%"
```

> **WARNING_ WHERE 생략**
>
> UPDATE처럼 DELETE 명령도 WHERE 절을 생략할 수 있다. WHERE 절을 빼고 DELETE 명령을 실행하면 테이블의 모든 엔트리에 적용되므로 매우 주의해야 한다.
>
> 다음 명령 한 줄이면 joke 테이블을 깨끗이 비울 수 있다.
>
> ```
> DELETE FROM `joke`
> ```
>
> 실로 무시무시한 쿼리다.

3.11 PHP를 통한 쿼리 실행

지금까지 배운 내용은 MySQL 데이터베이스 소프트웨어와 SQL의 기본적인 사용 방법이며 여기서 다룬 내용 외에도 무궁무진한 활용법과 기능이 있다. 그러나 가장 자주 사용되고 유용한 부분은 모두 배웠다고 단언할 수 있다.

아직까지는 데이터베이스가 다루기 힘든 거대한 존재처럼 느껴질 것이다. SQL 언어는 다른 컴퓨터 언어에 비해 장황하고 작성하기도 쉽지 않아 보인다. 유머 글 모음집을 만들기 위해 INSERT 명령을 일일이 다 쓸 생각을 하니 벌써 덜컥 겁이 나는 사람도 있을 것이다.

긴장할 필요 없다. 나중에 가면 SQL을 실제로 직접 작성할 일이 별로 없다는 사실에 놀라게 될 것이다. 그 대신 PHP 스크립트가 SQL을 작성한다. 예를 들어 여러 개의 유머 글을 데이터베이스에 등록하는 경우 INSERT 쿼리를 각각 작성하지 않는다. 대신 PHP 스크립트를 하나 만들고 그 안에 INSERT 쿼리를 작성한 다음, 쿼리에서 유머 글 본문이 들어갈 부분을 비워 둔다. PHP 스크립트를 실행한 뒤 유머 글 본문을 입력하면 스크립트가 적절한 INSERT 쿼리를 완성해 MySQL 서버로 전송한다.

당장은 거부감 없이 SQL을 직접 작성할 수 있도록 SQL과 친해져야 한다. SQL 작성 경험을 사용해 MySQL 데이터베이스의 내부 처리 과정을 이해하고 PHP의 편의성을 체감하는 토대를 마련할 수 있다.

지금까지 예시는 하나의 테이블만 다뤘지만 관계형 데이터베이스의 진정한 힘을 실감하려면 다중 테이블을 활용해야 한다. 데이터베이스에 저장된 자료 사이의 복잡한 관계를 다중 테이블로 표현하는 방법은 5장에서 배운다. 아울러 데이터베이스 디자인 원리를 설명하고 더 진화된 예제를 소개할 것이다.

MySQL 워크벤치로 편안하게 MySQL과 소통하는 동안 어느덧 이번 장의 목표를 달성했다. 이어지는 4장은 PHP로 동적 웹 페이지를 생성하는 흥미로운 내용을 다룬다.

그 전에 MySQL 실습도 할 겸 joke 테이블에 적당한 양의 데이터를 추가해보자. 다음 과정으로 진행하는 데 5개 정도면 충분하다. 어느 정도 데이터가 쌓이면 앞으로 쓸모가 많을 것이다.

## CHAPTER 4

MySQL 데이터와 웹 출력

이제부터 슬슬 본론으로 들어가자. 이번 장에서는 MySQL 데이터베이스에 저장된 정보를 모두가 볼 수 있도록 웹 페이지에 출력하는 방법을 배운다.

앞 장에서 PHP 코드 작성법과 기초적인 MySQL 사용법을 간략히 배웠다. PHP는 서버 사이드 스크립트 언어이며 MySQL은 관계형 데이터베이스 엔진이다. 이번 장은 이 둘을 조합해서 사용자가 데이터를 조회하고 등록하는 웹사이트를 구축한다.

4.1 개요

본격적으로 들어가기에 앞서 잠시 한걸음 물러나 이번 장의 궁극적인 목표를 머릿속에 명확히 새기자. PHP라는 프로그래밍 언어와 MySQL이라는 데이터베이스 엔진은 둘 다 강력한 기능을 보유한 도구다. 무엇보다 먼저, 이들이 서로 어떻게 맞물려 작동하는지 이해해야 한다.

웹사이트를 구축할 때 MySQL을 도입하는 이유는 데이터베이스의 콘텐츠를 동적으로 가져와 웹 페이지를 생성하고 웹 브라우저에 출력하기 위해서다. 이 과정의 한쪽 끝에 사용자가 있다. 사용자는 웹 브라우저로 사이트에 방문해 페이지를 요청하고, 브라우저는 웹 서버로부터 표준 HTML 문서를 수신해 출력한다. 반대쪽 끝에는 콘텐츠가 있다. 콘텐츠는 하나 이상의 MySQL 데이터베이스 테이블에 저장되고 데이터베이스는 오직 SQL 쿼리 명령을 사용해 콘텐츠를 주고받는다.

그림 4-1 웹 서버, 브라우저, PHP, MySQL 관계도

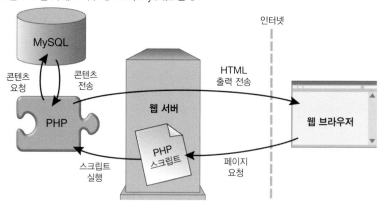

이 그림에서 PHP 스크립트는 두 가지 언어를 양방향으로 구사한다. MySQL 데이터베이스에서 데이터를 가져오는 SQL 쿼리와 브라우저가 요청한 페이지를 처리하는 HTML이다. 3장에서 배운 SQL 쿼리는 테이블을 생성하고 데이터를 추출할 때 사용한다. HTML은 웹 페이지를 꾸밀 수 있는 마크업 언어다.

여기까지 확실히 숙지하면 [그림 4-1]을 이해하기 쉽다. 다음은 [그림 4-1]에서 사용자가 웹사이트에 방문하고 페이지를 요청했을 때 벌어지는 일을 순서대로 나열한 목록이다.

1 사용자가 웹 브라우저로 페이지를 요청하고, 웹 서버로 요청이 전달된다.

2 아파치나 엔진엑스 등의 웹 서버 소프트웨어는 요청받은 파일이 PHP 스크립트인지 확인한 다음, 파일에 포함된 PHP 코드를 PHP 인터프리터로 실행한다.

3 PHP는 MySQL 데이터베이스에 접속하고 웹 페이지에 출력할 데이터를 요청한다. 구체적인 명령 구문은 곧 배운다.

4 MySQL 데이터베이스는 요청받은 데이터를 PHP 스크립트에 전달한다.

5 PHP 스크립트는 전달받은 데이터를 PHP 변수에 적절히 나누어 담고, echo 구문을 실행해 웹 페이지의 일부분으로 출력한다.

6 PHP 인터프리터는 웹 페이지의 HTML을 웹 서버로 전달하고 작업을 마친다.

7 웹 서버는 웹 브라우저로 HTML을 전달한다. HTML 파일을 직접 요청할 때와 마찬가지로 평범한 HTML이 전달되며 브라우저는 두 경우를 구별할 수 없다. 브라우저 입장에서 보면 둘 다 일반적인 웹 페이지 요청과 응답이다.

4.2 MySQL 사용자 계정 생성

PHP로 MySQL 데이터베이스 서버에 접속하려면 사용자명과 비밀번호가 필요하다. 아직까지 joke 데이터베이스는 유머 글만 저장하지만 오래지 않아 사용자의 이메일 주소처럼 민감한 개인정보가 추가될 것이다. MySQL은 높은 보안 수준을 유지할 수 있도록 설계됐으며 접속하는 사용자와 각 사용자의 실행 권한을 세밀하게 제어할 수 있다.

홈스테드 임프루브 박스에 포함된 MySQL은 기본 사용자 계정을 제공하는데, 3장에서 MySQL 서버에 로그인할 때 사용했던 homestead 계정이다.

PHP 스크립트로 데이터베이스에 접속할 때 homestead 계정을 사용해도 되지만 가급적이면 새로운 계정을 생성하는 편이 좋다. 하나의 웹 서버로 여러 웹사이트를 운영할 때, 웹사이트마다 따로 사용자 계정을 생성하면 각각의 권한을 관리하기 쉽다. 다른 개발자와 같은 데이터베이스를 쓰더라도 각 개발자는 자신의 계정의 권한이 허용하는 데이터만 다룰 수 있을 뿐 다른 사이트의 데이터에 접근할 수 없다.

이제부터 안내하는 과정에 따라 새로운 사용자 계정을 만들고 ijdb 데이터베이스만 접근할 수 있도록 제한적인 권한을 부여해보자.

1. MySQL 워크벤치를 열고 서버에 접속한다.

왼쪽 영역의 Users and Privileges를 선택한다.

그림 4-2 사용자 관리

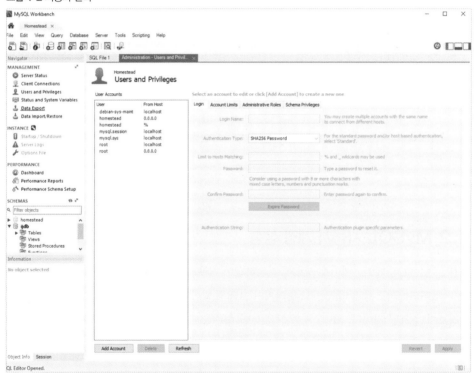

새로운 사용자를 추가하는 화면이 나타난다. homestead를 포함해 이미 존재하는 사용자명이 보일 것이다.

사용자를 추가하려면 창 하단의 Add Account 버튼을 클릭한다. 오른쪽 영역의 입력 항목들이 활성화되고 네 개의 탭이 나타난다. 다행히 대부분의 항목에 기본값이 있다.

가장 주요한 항목은 로그인할 때 사용할 정보인 username과 password다. 원하는 값을 입력하고 나머지는 기본값으로 둔다.

Login name ¦ ijdbuser

사용자명은 ijdb로 지정해도 무방하다. 통상적으로 단일 데이터베이스만 접속할 수 있도록 제한된 계정의 사용자명은 해당 데이터베이스의 이름과 일치시킨다. 다만 예시의 사용자명은 데이터베이스와 명확히 구별하기 위해 ijdbuser로 지정한다.

Limit to Hosts Matching ¦ localhost

이 항목은 추가적인 보안 설정이다. 임의의 사용자가 아무 위치에서나 데이터베이스에 접속할 수 없도록 막고, 제한적 위치에서 특정 사용자만 접속할 수 있도록 허용할 수 있다. 이 항목에 localhost를 입력하면 해당 사용자는 오직 MySQL 서버가 실행되는 컴퓨터를 사용해 데이터베이스에 접속할 수 있다. 누군가 데이터베이스의 사용자명과 비밀번호를 알아내더라도 해당 서버가 아닌 외부에서 로그인할 수 없다.

Password ¦ mypassword

---

mypassword는 예시일 뿐이다. 자신만의 비밀번호를 자유롭게 정하고 기억해두었다가 나중에 PHP 스크립트에서 그대로 사용하면 된다.

Confirm Password ¦ mypassword

처음 입력했던 비밀번호를 다시 한 번 입력하고 서로 일치하는지 검사한다.

Apply 버튼을 누르면 중앙의 User Accounts 목록에 신규 사용자가 추가된다. 목록에서 해당 사용자를 클릭한 다음 Schema privileges 탭을 클릭한다. 기본적으로 사용자는 아무 스키마도 읽거나 쓸 수 없으며 로그인 권한만 가진다. Add Entry 버튼을 클릭해서 신규 사용자에게 ijdb 데이터베이스 접근 권한을 부여한다. 새로운 창이 열리고 선택 조건이 몇 가지 나오는

데 그중 Selected Schema 항목에서 ijdb 스키마를 고른다. 이제 ijdbuser 계정은 오직 ijdb 데이터베이스만 접근할 수 있다. 누군가 ijdbuser 계정의 정보를 알아내 데이터베이스에 접근하더라도 다른 웹사이트에서 사용하는 스키마 내용은 볼 수 없다.

OK 버튼을 클릭하면 Schema Privileges 하단 영역에 체크박스가 무더기로 나온다. 각 체크박스는 SQL 명령을 실행하는 권한을 나타내며 그중 몇 개는 이전 장에서 배웠던 명령이다. 신규 사용자 계정이 모든 명령을 실행할 수 있게 하려면 체크박스를 모두 클릭하고 마지막으로 Apply 버튼을 클릭한다.

사용자 계정 생성이 끝나고 다음과 같은 화면을 볼 수 있다.

그림 4-3 Users and privileges 화면

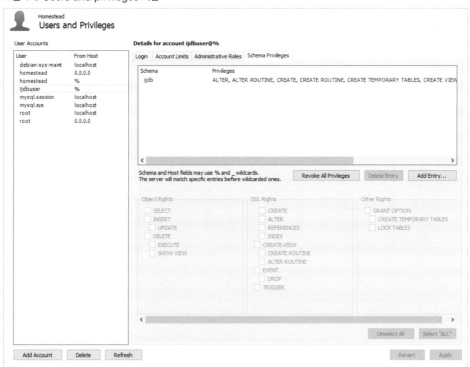

이제 ijdbuser 계정으로 데이터베이스에 접속할 수 있다. 이 계정은 Mysql 워크벤치에서 커넥션을 만들 때도 쓸 수 있지만 일부 권한이 제한되므로 homestead 계정을 사용하는 편이 낫다. ijdbuser 계정은 PHP 스크립트에서 데이터베이스 서버로 접속할 때 사용한다.

4.3 PHP를 이용한 MySQL 접속

MySQL 데이터베이스에서 자료를 가져와 웹 페이지에 넣으려면 일단 PHP 스크립트 내부에서 MySQL 커넥션을 수립하는 방법을 배워야 한다. 지금까지는 MySQL 워크벤치라는 애플리케이션으로 MySQL 데이터베이스에 직접 접속했다. PHP 스크립트도 MySQL 워크벤치와 똑같은 일을 할 수 있다.

다음은 PHP에서 MySQL 서버로 접속할 때 사용하는 세 가지 도구다.

- MySQL 라이브러리
- MySQLi(MySQL Improved) 라이브러리
- PDO(PHP Data Object) 라이브러리

셋 모두 데이터베이스에 접속하고 쿼리를 보내는 기본적인 기능은 같지만 구현하는 코드는 다르다.

MySQL 라이브러리는 가장 오래된 데이터베이스 라이브러리로 PHP 2.0에 처음 도입됐다. 간단한 기능만 갖췄으며 2004년 공개된 PHP 5.0에서 MySQLi로 대체됐다.

MySQL 라이브러리로 데이터베이스에 접속하고 쿼리를 실행할 때는 mysql_connect(), mysql_query() 등의 함수를 사용한다. 이들 함수는 PHP 5.5 버전부터 제거 예정 목록에 올랐으며 PHP 7.0에 이르러 완전히 폐기됐다.

PHP 5.0이 발표될 때 대부분의 개발자는 MySQL 라이브러리가 폐기될 예정이라는 사실을 알았을 것이다. 그러나 아직 인터넷을 검색하면 mysql_로 시작하는 함수를 사용한 코드 예제가 넘쳐난다. 더 효율적인 MySQLi 라이브러리를 사용하도록 권장한 지 벌써 10년이 지났다. mysql_connect() 함수를 사용한 코드 예제를 발견하면 해당 코드나 게시물이 작성된 날짜를 확인하기 바란다. 아마 2000년대 초반에 작성된 코드일 가능성이 크다. 프로그래밍의 세계에서 낡은 것은 신뢰할 수 없는 대상이다. 변화는 항상 진행 중이며 이 책 역시 개정을 거듭해 왔다.

'개선된 MySQL 라이브러리'를 의미하는 MySQLi 라이브러리는 PHP 5.0에 도입됐으며 기존 MySQL 라이브러리의 기능적인 단점을 개선했다. MySQLi 라이브러리는 mysqli_connect()나 mysqli_query()처럼 mysqli_로 시작하므로 쉽게 구별할 수 있다.

PHP 5.0에 MySQLi 라이브러리가 도입되고 얼마 지나지 않아 PHP 5.1이 발표됐다. PHP 5.1은 오늘날 대부분의 개발자들이 PHP 코드를 작성할 때 사용하는 객체 지향 프로그래밍에 관련된 방대한 개선 사항을 반영했다. 이 책의 예제도 객체 지향 개념을 적용한 코드가 많다. 또한 앞서 설명한 MySQL 데이터베이스 접속 도구 중 세 번째인 PDO^{PHP Data Objects} 라이브러리도 PHP 5.1에 처음 도입됐으며 객체 지향 기법으로 데이터베이스와 통신한다.

PDO와 MySQLi의 가장 주된 차이점은 PDO가 오라클 서버, 마이크로소프트 SQL 서버를 비롯한 거의 모든 데이터베이스 서버에 접속할 수 있다는 점이다. 개발자에게 이 차이는 매우 큰 장점으로 작용한다. 일단 PDO를 사용해 MySQL 데이터베이스와 상호작용하는 방법을 배우면 다른 데이터베이스 서버도 같은 방식으로 아주 쉽게 다룰 수 있기 때문이다.

일반적으로 PDO를 사용한 코드가 다른 라이브러리를 쓴 코드보다 작성하기 쉽고 더 잘 읽힌다. 준비된 구문과 명명 매개변수 기능도 PDO의 중요한 장점으로 꼽힌다. 아직 무슨 말인지 이해할 수 없겠지만 차차 설명할테니 걱정할 필요 없다.

이런 이유로 대부분의 최신 PHP 프로젝트는 PDO 라이브러리를 사용하며 이 책의 예시 코드도 마찬가지다. PDO를 더 자세히 알고 싶다면 사이트포인트의 'Re-introducing PDO − the Right Way to access Databases in PHP'를 참고한다.

PDO가 등장하게 된 역사적인 배경을 살펴봤으니 이제 코드를 작성하고 싶은 의욕이 충만해졌을 것이다. 다음은 PDO를 이용해 MySQL 서버에 접속하는 코드다.

```
new PDO('mysql:host=호스트명;dbname=데이터베이스명', '사용자명', '비밀번호')
```

일단 'new PDO' 구문은 2장에서 배운 rand()와 같이 PHP에 내장된 함수라고 생각하기 바란다. '함수명에 공백이 들어갈수 없지 않은가?'라고 생각하는 똑똑한 사람도 잠시 궁금증을 내려놓자. 차차 이해할 수 있도록 설명할 계획이다. new PDO 구문은 다음에서 설명하는 인수 세 개를 받는다.

1 데이터베이스 정보를 나타내는 문자열. 이 문자열은 데이터베이스의 종류(mysql:), 서버의 호스트명 (host=hostname;), 데이터베이스명(dbname=database) 등으로 구성된다.

2 PHP에서 사용할 MySQL 사용자명

3 사용자명에 해당하는 MySQL 비밀번호

2장에서 PHP 함수를 호출했을 때 값을 반환하던 것처럼 new PDO '함수'도 PDO 객체를 반환한다. PDO 객체는 커넥션을 식별하는 정보를 담는다. PDO 객체를 활용해서 데이터베이스와 통신하고 데이터를 처리해야 하므로 이 객체를 변수에 담는다. 다음은 PDO 객체를 변수에 담는 코드다.

```
$pdo = new PDO('mysql:host=localhost;dbname=ijdb',
    'ijdbuser',
    'mypassword');
```

new PDO 구문의 세 가지 인수는 MySQL 서버에 따라 다를 수 있다. 예시로 들었던 mypassword가 아닌 자신만의 비밀번호를 지정했다면 비밀번호 부분을 자신이 지정한 비밀번호로 교체해야 한다. 이 코드에서 중요하게 봐야 할 부분은 new PDO가 반환한 객체를 담는 $pdo라는 변수다.

MySQL 서버와 웹 서버는 완전히 별개의 영역에 있으므로 MySQL 서버가 정상적으로 작동하지 않을 경우를 항상 고려해야 한다. 네트워크 단절, 사용자명/비밀번호 불일치 등의 사고는 물론, 그저 MySQL 서버가 꺼져 있을 때도 new PDO 구문은 정상적으로 실행되지 않고 예외를 발생시킨다.

이제부터 '예외가 발생한다'는 의미를 설명할테니 마음의 준비를 단단히 해두자. PHP 언어의 또 다른 강력한 기능을 배우게 될 것이다.

PHP의 예외는 PHP가 지시받은 작업을 수행하지 못했을 때 발생한다. 이때 PHP는 예외를 사용해 문제 상황에 대한 정보를 전달한다. 예외는 PHP가 특정 상황에서 보고하는 오류 메시지와 약간 다르다. 예외가 발생하면 PHP는 작동을 멈추고 이후의 코드를 실행하지 않는다.

모름지기 견실한 개발자는 예외가 발생했을 때 프로그램이 중단되지 않고 계속 실행되도록 적절한 조치를 취하는 법이다.

WARNING_ 예외 처리

예외가 발생했을 때 적절히 처리하지 않으면 PHP는 실행을 중단하고 노골적인 오류 메시지를 표시한다. 심지어 오류가 발생한 코드가 오류 메시지를 사용해 노출된다. 데이터베이스 접속 코드에서 예외가 발생하면 오류 메시지에 MySQL 사용자명과 비밀번호가 노출될 수도 있으니 방문자에게 오류 메시지가 노출되지 않도록 각별히 주의해야 한다.

예외를 처리하려면 예외가 발생할 가능성이 있는 코드를 try... 으로 감싸야 한다.

```
try {
    // 예외가 발생하는 작업
}
catch (ExceptionType $e) {
    // 예외 처리
}
```

try...catch문은 if...else문과 비슷한 면이 있지만 catch 블록의 코드는 try 블록의 코드가 실패했을 때만 실행된다.

갑자기 새로운 개념이 연달아 등장해서 혼란스럽겠지만 지금까지 설명한 내용을 종합적으로 구현한 다음 예제를 보면 어느 정도 감이 잡힐 것이다.

```
try {
    $pdo = new PDO('mysql:host=localhost;dbname=ijdb',
        'idjbuser', 'mypassword');
    $output = '데이터베이스 접속 성공.';
}
catch (PDOException $e) {
    $output = '데이터베이스 서버에 접속할 수 없습니다.';
}

include __DIR__ . '/../templates/output.html.php';
```

보다시피 이 코드는 try...catch문이다. try 블록의 코드는 new PDO문으로 데이터베이스에 접속하고 PDO 객체를 $pdo 변수에 담는다. $pdo 변수에 담긴 객체는 나중에 데이터베이스를 조작할 때 사용한다. 데이터베이스에 성공적으로 접속하면 $output 변수에 출력 메시지를 할당한다.

try...catch 구문에서 예외가 발생한 지점 이후의 코드는 실행되지 않는다. 데이터베이스에 접속할 때 비밀번호가 틀리거나 서버가 응답하지 않으면 예외가 발생하며 $output 변수에 '데이터베이스 접속 성공.'이라는 메시지가 할당되지 않는다.

new PDO 구문이 데이터베이스에 성공적으로 접속하지 못하면 PHP는 PDOException 예외를 발생시킨다. 이때 발생한 PDOException 객체가 $e 변수에 담겨 catch문으로 전달되고 $output 변수에 오류 메시지가 할당된다.

그러나 이 오류 메시지는 PDO가 데이터베이스 서버에 접속하지 못했음을 알릴 뿐, 별로 유용하지 않다. 예를 들면 사용자명과 비밀번호가 불일치한다는 내용처럼 자세한 정보를 볼 수 있으면 문제를 해결할 때 도움이 된다.

$e 변수는 자세한 오류 메시지를 비롯해 예외에 대한 여러 정보를 제공한다. 이 정보를 $output 변수에 추가할 수 있다.

```
try {
    $pdo = new PDO('mysql:host=localhost;dbname=ijdb',
        'idjbuser', 'mypassword');
    $output = '데이터베이스 접속 성공.';
}
catch (PDOException $e) {
    $output = '데이터베이스 서버에 접속할 수 없습니다: ' . $e;
}

include __DIR__ . '/../templates/output.html.php';
```

NOTE_ $e 변수

$e 변수를 그대로 문자열에 결합했지만 $e는 사실 문자열이 아니라 객체다. 이 설명의 의미는 곧 이해하게 될 것이다. 지금은 일단 $e 변수를 문자열로 취급하고 자세한 오류 메시지를 출력하는 용도로 사용한다.

if...else문처럼 try...catch문도 두 블록 중 최소한 한 곳의 코드는 반드시 실행된다. try 블록의 코드가 정상 실행되거나 catch 블록의 코드가 실행되는데, 두 경우 모두 $output 변수에 메시지가 할당된다. $output에 할당되는 메시지는 데이터베이스 접속의 실행 결과에 따라 성공 또는 실패를 나타낸다.

마지막으로 try 블록이든 catch 블록이든 코드가 모두 실행된 다음 output.html.php 템플릿을 불러온다. 이 템플릿은 다음과 같이 간단한 텍스트를 출력하는 평범한 템플릿이다.

```
<!doctype html>
<html>
    <head>
```

```
        <meta charset="utf-8">
        <title>출력 내용</title>
    </head>
    <body>
        <?php echo $output; ?>
    </body>
</html>
```

전체 코드는 예제 코드 저장소의 MySQL-Connect 브랜치에서 확인할 수 있다.

템플릿이 출력되면 오류 메시지 또는 '데이터베이스 접속 성공' 메시지가 나타난다.

전체적인 코드를 이제 어느 정도 이해할 수 있을 것이다. 중간에 놓친 부분이 있으면 이 절을 처음부터 다시 읽고 와도 좋다. 하지만 아직도 이해할 수 없는 부분이 있다. new PDO의 정확한 정체는? PDO 객체를 반환한다는 말의 의미는? 대관절 객체란 무엇인가?

NOTE_ 스키마 예제 코드 저장소의 모든 코드는 실행 환경의 데이터베이스 스키마에 관계없이 ijdb_sample이라는 스키마와 사용자명을 사용한다. 저장소에 포함된 database.sql 파일을 실행하면 ijdb_sample 스키마와 사용자가 데이터베이스 서버에 자동으로 생성된다.

예제 코드 저장소의 public/sample/index.php 파일은 소스 코드를 웹으로 보여주는 열람 페이지다. 브라우저에서 이 파일에 접근하면 자동으로 ijdb_sample 데이터베이스가 생성되고 예시 데이터가 입력된다. 다른 예제의 열람 페이지를 실행하면 해당 예제에 맞는 데이터가 입력되며 기존 데이터는 초기화된다. 실습 중 문제가 생겼을 때 열람 페이지를 활용하면 모든 데이터베이스 상태를 초기화시킬 수 있다. 스키마의 변경 사항을 계속 유지하려면 자신이 직접 생성한 스키마로 예제 실습을 진행해야 한다.

MySQL 워크벤치로 예제 데이터를 입력하려면 Data Import/Restore 기능을 이용한다. 프로그램 화면 좌측 영역의 MANAGEMENT 메뉴 중 Data Import/Restore를 클릭해 실행하면 Data Import 화면이 나온다. 여기서 Import from Self-Contained File을 선택하고 database.sql 파일의 경로를 입력한다. Default Target Schema 입력란에는 ijdb 등 자신이 사용하는 스키마명을 입력한다. 만일 이전에 database.sql 파일로 생성한 기존 테이블이 있다면 해당 테이블의 내용이 모두 삭제되므로 주의해야 한다.

4.4 객체 지향 프로그래밍 훈련

이번 장에서 '객체'라는 단어가 유독 눈에 띌 것이다. PDO는 PHP Data Objects 확장 기능이 제공하는 클래스이며, new PDO 구문은 PDO 객체를 반환한다. 이번 절은 객체가 무엇인지 전반적으로 설명한다.

PHP뿐만 아니라 일반적인 프로그래밍 이론을 배우다 보면 누구나 한 번쯤 객체 지향 프로그래밍object-oriented programming, OOP이라는 용어와 맞닥뜨리게 된다. OOP는 여러 부분으로 나뉜 복잡한 프로그램을 구축할 때 주로 사용하는 고급 프로그래밍 기법이다. 오늘날 현업에 사용하는 프로그래밍 언어는 대부분 OOP를 지원하며 일부 언어는 아예 처음부터 OOP 기법으로 코드를 작성하도록 요구한다. PHP는 이런 문제에 관대한 편이며 OOP 사용 여부도 개발자의 선택에 맡긴다.

지금까지 작성한 PHP 코드는 절차적 프로그래밍이라는 비교적 단순한 스타일을 따랐다. 당분간 이런 방식을 계속 고수하며 지금은 먼저 객체를 자세히 살펴본다. 절차적 스타일은 초심자가 적응하기 쉽고 상대적으로 단순한 프로젝트에 더 적합하다. 그에 비해 대형 프로젝트는 거의 모두 OOP 방식으로 개발된다. OOP 개발 방법론은 나중에 더 자세히 배운다.

앞으로 예제에서 MySQL 데이터베이스에 접속하고 각종 작업을 수행할 때 PDO 확장 기능을 사용한다. PDO 확장 기능은 객체 지향 프로그래밍 스타일로 설계됐다. 즉 MySQL에 접속하거나 데이터를 처리할 때마다 각기 다른 함수를 매번 호출하는 방식으로 사용하지 않는다. 먼저 MySQL 커넥션을 담은 PDO 객체를 만들고 그 객체의 기능을 사용해 데이터베이스 작업을 처리한다.

객체를 생성하는 코드는 함수 호출 코드와 비슷하다. 사실 앞선 예시에 이미 나온 적이 있다.

```
$pdo = new PDO('mysql:host=localhost;dbname=ijdb',
    'ijdbuser', 'mypassword');
```

new는 PHP에서 객체를 새로 생성할 때 사용하는 키워드다. new 다음에 공백을 넣고 클래스 명을 쓰면 PHP는 해당 클래스의 객체를 생성한다. 클래스는 객체를 생성할 때 지켜야 할 지시 사항의 모음이다. 클래스가 케이크 조리법이라면 객체는 조리법을 따라 만든 실제 케이크에 비유할 수 있다. 조리법의 종류에 따라 완성된 요리가 다르듯 클래스의 종류에 따라 생성된 객체도 다르다.

PHP의 내장 함수가 수없이 많은 것처럼 PHP의 내장 클래스도 많으며 각각을 이용해 객체를 생성할 수 있다. new PDO 구문을 실행하면 PHP는 PDO라는 내장 클래스를 찾아 객체를 생성한다.

PHP의 객체는 문자열, 숫자, 배열처럼 값으로 취급되며 변수에 담거나 함수의 인수로 전달할 수 있다. 다른 종류의 값과 똑같이 사용할 수 있을 뿐만 아니라 객체만의 기능을 추가적으로 활용할 수 있다.

무엇보다 객체는 2장에서 배운 배열과 많은 면이 비슷하다. 배열은 다른 값들을 담는 저장소 역할을 하며 특정한 키나 인덱스를 이용해 각 값에 접근한다. 객체의 개념도 이와 비슷하지만 구현 코드는 약간 다르다. 배열의 저장된 원소에 접근하는 방법은 객체의 프로퍼티에 접근하는 방법과 비교할 수 있다. 배열의 원소에 접근할 때 변수명 다음에 접근할 원소의 인덱스나 키를 쓰고 대괄호로 감싼다. 객체의 프로퍼티에 접근할 때는 화살표처럼 ->를 이용해서 접근한다. 예를 들면 $myObject->someProperty처럼 쓴다.

```
$myObject = new SomeClass();      // 객체 생성
$myObject->someProperty = 123;    // 속성값 할당
echo $myObject->someProperty;     // 속성값 사용
```

통상적으로 배열이 형태가 비슷한 값들을 저장하는데 비해 객체는 서로 관련된 값들을 저장한다. 예를 들면 배열은 생일 목록을 저장할 때 사용하고 객체는 데이터베이스 접속과 관련된 속성들을 저장한다. 객체의 능력이 이 정도에 불과하다면 굳이 객체를 쓸 이유가 없다. 배열도 그러한 값들을 모두 담을 수 있기 때문이다. 물론 객체는 그 이상의 능력을 발휘한다.

객체는 프로퍼티에 값을 저장할 뿐만 아니라 함수들을 활용하기 편하게 묶어서 담을 수 있다. 객체에 내장된 함수를 메서드라 부른다. 이제부터 나올 설명이 다소 혼란스러울 텐데, 메서드는 클래스 안에 있는 함수다. 심지어 클래스 안에서 function 키워드를 이용해 정의한다. 노련한 개발자조차 함수와 메서드라는 용어를 혼용한다. 객체의 메서드를 호출할 때는 화살표 표시를 이용한다. 예를 들면 $myObject->someMethod()처럼 쓴다.

```
$myObject = new SomeClass();      // 객체 생성
$myObject->someMethod();          // 메서드 호출
```

개별 함수처럼 메서드도 인수를 받고 값을 반환한다.

지금 단계에서 객체에 대한 설명은 그저 복잡하고 무의미해 보이지만 실은 절대 그렇지 않다. 서로 관련된 프로퍼티와 메서드를 객체라는 작은 꾸러미에 모으면 코드를 훨씬 깔끔하고 읽기 쉽게 유지할 수 있다. 데이터베이스 작업에 관련된 코드는 특히 더 그렇다. 언젠가는 자신이 고안한 방식으로 객체를 사용하기 위해 자신만의 클래스를 만들어야 할 순간이 올 것이다.

하지만 지금은 PHP에 내장된 클래스에 집중할 때다. PDO 객체를 만들고 어떤 메서드가 어떤 역할을 하는지 살펴보자.

4.4.1 커넥션 설정

지금까지 실습한 예제는 PDO 객체로 MySQL 데이터베이스 커넥션을 수립하고, 문제가 발생했을 때 의미 있는 오류 메시지를 출력한다.

```php
<?php
try {
    $pdo = new PDO('mysql:host=localhost;dbname=ijdb',
        'ijdbuser', 'mypassword');
    $output = '데이터베이스 접속 성공.';
} catch (PDOException $e) {
    $output = '데이터베이스 서버에 접속할 수 없습니다: ' . $e;
}

include __DIR__ . '/../templates/output.html.php';
```

데이터베이스에 성공적으로 접속하면 다음 단계로 넘어가기 전에 먼저 PDO 객체의 일부 메서드를 호출해 적절한 설정을 추가해야 한다.

먼저 PDO 객체가 오류를 처리하는 방식을 설정한다. PHP가 데이터베이스에 접속할 수 없을 때 발생하는 문제는 try...catch 구문으로 처리한다. 그러나 접속한 이후에 문제가 발생하면 PDO는 기본적으로 '오류 숨김^{silent failure}' 상태로 오류를 처리한다*.

'오류 숨김' 상태에서 문제가 생기면 원인을 찾아내기 어렵다. 원래 나와야 할 내용도 나오지 않

---

* 저자주_ PDO의 오류 처리 방식은 http://php.net/manual/en/pdo.error-handling.php에서 자세히 확인할 수 있다.

고 오류에 대한 내용도 나오지 않는 빈 페이지만 보이기 때문이다.

문제가 생겼을 때 PDO 객체가 PDOException을 발생시키도록 설정하면 오류의 내용을 확인할 수 있다.

다음과 같이 PDO 객체의 setAttribute() 메서드를 호출해 오류 처리 방식을 지정한다.

```
$pdo->setAttribute(PDO::ATTR_ERRMODE, PDO::ERRMODE_EXCEPTION);
```

메서드에 인수로 전달한 두 값은 상수다. 2장에서 htmlspecialchars() 함수에 전달했던 ENT_QUOTES 상수를 떠올리면 이해하기 쉬울 것이다. 앞에 붙은 PDO::는 크게 신경쓸 필요 없다. PHP 언어가 자체적으로 제공하는 상수가 아니라 PDO 클래스에 속한 상수임을 나타내는 부분일 뿐이다. 이 코드가 PDO 객체의 오류 처리 방식(PDO::ATTR_ERRMODE)을 예외 발생(PDO::ERRMODE_EXCEPTION)으로 설정한다는 핵심적인 의미에 주목해야 한다.

다음으로 데이터베이스에 접속할 때 적용할 문자 인코딩을 설정한다. 2장에서 간단히 언급했듯이 웹사이트의 문자 인코딩으로 UTF-8을 사용해야 최대한 많은 종류의 문자를 폼으로 입력받을 수 있다. PHP는 MySQL에 접속할 때 기본적으로 ISO-8859-1 또는 Latin-1 문자 인코딩을 적용한다. 이 상태로 접속하면 중국어나 아랍어 같은 비영어권 문자들을 데이터베이스에 입력하기 까다롭다.

방문자가 100% 영어권 사용자라 해도 문자셋으로 인해 문제가 발생할 여지가 있다. UTF-8로 설정되지 않은 웹 페이지에서 따옴표 문자 "처럼 특수한 문자를 텍스트 상자에 입력하면 데이터베이스에 엉뚱한 문자가 저장되기도 한다.

따라서 PDO 객체도 UTF-8 인코딩으로 생성해야 안전하다.

PHP가 데이터베이스에 쿼리를 전송할 때 UTF-8을 사용하게끔 지시하려면 접속 문자열에 ;charset=utf8을 추가한다. 또한 이 설정에 맞추어 PHP 스크립트 파일도 utf8로 작성해야 안전하다. 최신 PHP 버전은 기본적으로 utf8을 사용한다.

```
$pdo = new PDO('mysql:host=localhost;dbname=ijdb;charset=utf8',
    'ijdbuser',
    'mypassword');
```

MySQL에 접속하고 속성을 설정하는 전체 코드는 다음과 같다.

예제 4-1 MySQL–Connect–Complete

```php
<?php
try {
    $pdo = new PDO('mysql:host=localhost;dbname=ijdb;charset=utf8',
        'ijdbuser', 'mypassword');
    $pdo->setAttribute(PDO::ATTR_ERRMODE,
    PDO::ERRMODE_EXCEPTION);
    $output = '데이터베이스 접속 성공.';
} catch (PDOException $e) {
    $output = '데이터베이스 서버에 접속할 수 없습니다: ' . $e;
}

include __DIR__ . '/../templates/output.html.php';
```

이 페이지를 브라우저에서 확인한다. 코드가 public/index.php 파일에 있고 output.html. php 파일이 templates 디렉터리에 있을 때 URL은 http://192.168.10.10/이다.

모든 서버와 환경이 정상적으로 작동하면 다음과 같이 화면에 성공 메시지가 출력된다.

그림 4-4 접속 성공

PHP가 MySQL 서버에 접속할 수 없거나 사용자명과 비밀번호가 일치하지 않으면 다음과 비슷한 화면이 나타난다. 시험삼아 일부러 틀린 비밀번호를 써서 페이지를 실행하면 예외가 적절히 처리되고 있는지 확인할 수 있다.

그림 4-5 접속 실패

예외가 발생하면 catch 블록이 실행되며 MySQL의 오류 메시지를 받아 출력한다.

```
catch (PDOException $e) {
    $output = '데이터베이스 서버에 접속할 수 없습니다: ' . $e;
}
```

$e가 사실은 객체라고 설명했던 대목을 떠올려보자. 어떤 객체는 문자열로 전환된다. 다시 말해 그 객체를 echo문에 쓰면 객체가 문자열처럼 작동한다. 실은 이런 기능을 제공하는 객체는 일부에 불과하다. 또한 PDOException 클래스는 getMessage() 메서드를 사용해 오류 메시지를 제공한다. 더 명확한 메시지를 출력하려면 catch 블록의 코드를 다음과 같이 고친다.

```
catch (PDOException $e) {
    $output = '데이터베이스 서버에 접속할 수 없습니다: ' .
        $e->getMessage();
}
```

getFile()과 getLine() 메서드는 예외가 발생한 파일명과 발생 위치를 반환한다. 이들을 호출해 다음과 같이 아주 자세한 오류 메시지를 출력할 수 있다.

```
catch (PDOException $e) {
    $output = '데이터베이스 서버에 접속할 수 없습니다: ' .
        $e->getMessage() . ', 위치: ' .
        $e->getFile() . ':' . $e->getLine();
}
```

이 코드는 수십 개의 파일을 include하는 대형 웹사이트에서 특히 유용하다. 오류 메시지를 사용해 정확히 어느 파일의 어느 부분에서 문제가 발생했는지 알 수 있다.

오류 메시지가 어떻게 나올지 궁금할 때는 일부러 잘못된 접속 정보를 넣고 페이지에 접속하면 결과를 확인할 수 있다. 데이터베이스에 문제없이 접속되면 다시 간단한 오류 메시지로 되돌려 놓는다. 평소에는 방문자에게 복잡한 오류 메시지를 노출하지 않다가 문제 상황이 닥쳤을 때만 확인 용도로 사용하면 좋다.

데이터베이스 서버에 성공적으로 접속하면 객체가 사용할 데이터베이스가 선택되며 저장된 데이터를 가져올 준비가 끝난다.

NOTE_ 스크립트 종료 과정

스크립트가 실행되는 도중에 굳이 MySQL 서버 커넥션을 끊으려면, 서버에 접속된 PDO 객체를 폐기한다. 다음과 같이 객체가 담긴 배열에 null을 넣으면 객체를 폐기할 수 있다.

```
$pdo = null; // 데이터베이스 접속 단절
```

사실 PHP는 스크립트를 끝까지 실행하고 나서 모든 데이터베이스 접속을 자동으로 끊는다. 직접 접속을 끊을 필요 없이 모두 PHP에 맡겨도 괜찮다.

4.5 PHP를 이용한 SQL 쿼리 전송

3장에서 MySQL 워크벤치로 MySQL 데이터베이스에 접속하면 SQL 쿼리를 실행하고 결과를 즉시 볼 수 있었다. PDO 객체의 exec() 메서드도 똑같은 일을 한다.

```
$pdo->exec($query);
```

$query 변수는 실행하고자 하는 SQL 쿼리 문자열을 담는다.

잘못된 쿼리, 예를 들면 오타가 들어간 쿼리는 정상적으로 실행되지 않는다. exec() 메서드가 쿼리를 실행하다가 문제가 생기면 PDOException 예외가 발생하며 catch 블록에서 예외를 처리할 수 있다.

다음 코드는 3장에서 생성했던 joke 테이블을 PHP 스크립트로 생성한다.

예제 4-2 MySQL-Create

```
try {
    $pdo = new PDO('mysql:host=localhost;dbname=ijdb;charset=utf8',
        'ijdbuser', 'mypassword');
    $pdo->setAttribute(PDO::ATTR_ERRMODE, PDO::ERRMODE_EXCEPTION);

    $sql = 'CREATE TABLE joke (
        id INT NOT NULL AUTO_INCREMENT PRIMARY KEY,
        joketext TEXT,
        jokedate DATE NOT NULL
    ) DEFAULT CHARACTER SET utf8 ENGINE=InnoDB';

    $pdo->exec($sql);

    $output = 'joke 테이블 생성 완료.';
}
catch (PDOException $e) {
    $output = '데이터베이스 오류:' . $e->getMessage() . ', 위치: ' .
        $e->getFile() . ':' . $e->getLine();
}

include __DIR__ . '/../templates/output.html.php';
```

앞선 예제에서 데이터베이스 접속 오류를 처리했던 방법 그대로 쿼리 오류도 try...catch 기법으로 처리한다. try...catch 블록을 여러 번 사용하면 오류 종류에 따라 각기 다른 오류 메시지를 보여줄 수 있다. 다만 이럴 경우 코드양이 상당히 늘어난다.

예제 코드는 하나의 try 구문에서 데이터베이스 접속과 쿼리 실행을 모두 처리한다. try...catch 블록은 오류가 발생하면 코드 실행을 중단하므로 데이터베이스 접속에 오류가 발생하면 $pdo->exec($run) 구문은 실행되지 않는다. 즉 데이터베이스에 쿼리를 전송할 때 이미 정상적으로 서버에 접속됐음이 보장된다.

하나의 try 블록에서 두 가지 데이터베이스 작업을 모두 처리하면, 오류 메시지를 정교하게 제어하지 못하는 대신 try...catch 구문을 따로 작성하는 수고를 덜 수 있다. 나중에 각 블록을 따로 떼어낼 테니 지금은 모든 데이터베이스 작업을 하나의 try 블록에 둔다.

이 예제는 MySQL 서버가 제공하는 자세한 오류 메시지를 getMessage() 메서드로 가져온다. 다음 그림은 생성하려는 joke 테이블이 이미 있을 때 오류 메시지가 어떻게 출력되는지 보여준다.

그림 4-6 테이블이 이미 존재할 때 CREATE TABLE 쿼리 실패

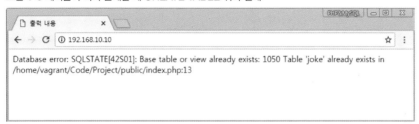

DELETE, INSERT, UPDATE 쿼리는 저장된 데이터를 변경하는 쿼리다. exec() 메서드는 쿼리로 인해 변경 사항이 반영된 로우 개수를 반환한다. 다음 SQL 명령은 3장에서 예로 들었던 쿼리며, '프로그래머'라는 단어가 포함된 모든 유머 글의 등록일자를 바꾸는 쿼리다.

예제 4-3 MySQL–Update

```
try {
    $pdo = new PDO('mysql:host=localhost;dbname=ijdb;charset=utf8',
        'ijdbuser', 'mypassword');
    $pdo->setAttribute(PDO::ATTR_ERRMODE,
     PDO::ERRMODE_EXCEPTION);

    $sql = 'UPDATE joke SET jokedate="2012-04-01"
        WHERE joketext LIKE "%프로그래머%"';

    $affectedRows = $pdo->exec($sql);

    $output = '갱신된 row: ' . $affectedRows .' 개.';
}
catch (PDOException $e) {
    $output = '데이터베이스 오류: ' . $e->getMessage() . ', 위치: ' .
    $e->getFile() . ':' . $e->getLine();
}

include __DIR__ . '/../templates/output.html.php';
```

exec() 메서드가 반환한 결과를 $affectedRows 변수에 저장하고, 템플릿에서 출력할 $output 변수에 넣어 메시지를 만든다.

다음 그림은 테이터베이스에 '프로그래머'가 포함된 유머 글이 하나일 때 스크립트를 실행한 결과 화면이다.

그림 4-7 갱신된 데이터베이스 로우 개수 출력

페이지를 새로고침하면 같은 쿼리가 다시 실행되고 다음 그림처럼 결과 메시지가 바뀐다. 갱신하려는 등록일자가 기존 등록일자와 모두 같아서 쿼리의 영향을 받은 로우가 하나도 없다.

그림 4-8 반영된 로우가 하나도 없는 쿼리 결과

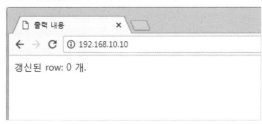

SELECT 쿼리는 결과 데이터를 받아오기 때문에 약간 다르게 취급한다. PHP는 SELECT로 가져온 데이터를 처리하는 도구를 제공한다.

4.6 SELECT 결과 처리

대부분의 SQL 쿼리는 exec() 메서드로 처리할 수 있다. 쿼리 수행으로 데이터베이스 내용이 변경되면 exec() 메서드는 변경된 로우 개수를 반환한다. 그러나 SELECT 쿼리는 저장된 데이터를 열람할 때 사용하므로 exec() 메서드가 아니라 데이터를 반환하는 메서드를 써야 한다.

query() 메서드는 exec()처럼 SQL 쿼리를 전달받아 데이터베이스 서버로 전송하지만 exec()와 달리 PDOStatement 객체를 반환한다. 쿼리 실행 결과로 반환된 모든 로우의 목록이 이 객체에 담긴다.

```php
<?php
try {
    $pdo = new PDO('mysql:host=localhost;dbname=ijdb;charset=utf8',
        'ijdbuser', 'mypassword');
    $pdo->setAttribute(PDO::ATTR_ERRMODE, PDO::ERRMODE_EXCEPTION);

    $sql = 'SELECT `joketext` FROM `joke`';
    $result = $pdo->query($sql);
} catch (PDOException $e) {
    $output = '데이터베이스 서버에 접속할 수 없습니다: '
        . $e->getMessage() . ', 위치: '
        . $e->getFile() . ':' . $e->getLine();

}
```

이 코드로 정상적인 쿼리를 실행하면 결과 집합이 담긴 PDOStatement 객체를 반환하며 $result에 저장한다. PDOStatement에 담긴 결과 집합은 joke 테이블에 저장된 모든 유머 글을 나타낸다. 가져올 유머 글 개수에 제한을 두지 않았기 때문에, 상황에 따라 아주 많은 데이터가 반환될 때도 있다.

2장에서 설명했던 while 반복문은 매우 유용하지만 반복 횟수를 알려주지 않는다. for 반복문은 반환된 레코드 개수를 모르면 쓸 수 없으므로, while 반복문을 이용해 다음과 같이 한 번에 하나씩 로우를 처리한다.

```php
while ($row = $result->fetch()) {
    // 로우 처리
}
```

이 코드에 쓰인 반복 조건은 이전에 봤던 while문의 반복 조건과 조금 다르다. 다음 구문이 스스로 조건 표현식의 역할을 한다.

```
$row = $result->fetch();
```

PDOStatement 객체의 fetch() 메서드는 결과 집합의 로우를 하나씩 배열로 반환하다가 더는 반환할 로우가 없으면 false를 반환한다**.

$row = $result->fetch() 구문은 $row 변수에 값을 할당하는 동시에 구문 자체가 값을 나타낸다. 이런 특성 덕에 while 반복문의 조건식이 들어갈 부분에 구문을 넣을 수 있다. while 반복문은 조건을 거짓으로 판단할 때까지 반복적으로 구문을 실행하는데, 결과 집합에 들어 있는 로우 개수만큼 반복하고 매번 다음 로우를 $row 변수에 할당한다.

fetch()는 연관 배열 형태로 결과 로우를 반환하는데, 이 배열의 각 키는 테이블의 칼럼명과 같다. 결과 로우가 $row에 저장되면 joketext 칼럼에 저장된 값은 $row['joketext']로 가져온다.

모든 유머 글의 본문을 가져와 PHP 템플릿으로 출력하는 코드를 작성할 때, 각 유머 글을 $jokes라는 별도의 배열에 저장하면 가장 효과적으로 활용할 수 있다.

```
while ($row = $result->fetch()) {
    $jokes[] = $row['joketext'];
}
```

데이터베이스에서 유머 글을 가져오면 $jokes 변수를 사용해 jokes.html.php 템플릿으로 전달할 수 있다.

다음은 현재까지 설명한 내용을 정리한 코드다.

```php
<?php

try {
    $pdo = new PDO('mysql:host=localhost;dbname=ijdb;charset=utf8',
        'ijdbuser', 'mypassword');
    $pdo->setAttribute(PDO::ATTR_ERRMODE,
     PDO::ERRMODE_EXCEPTION);
```

....

* 저자주_ 이 경우에 PDO 객체는 지정한 명령을 수행하지 못해도 PDOException을 발생시키지 않는다. 더는 남은 로우가 없어서 fetch()가 다음 로우를 가져오지 못하면 false를 반환한다. 만약 이때 예외가 발생하면 실행이 멈추기 때문에 반복문의 조건으로 사용할 수 없다.

```
        $sql = 'SELECT `joketext` FROM `joke`';
        $result = $pdo->query($sql);

        while ($row = $result->fetch()) {
            $jokes[] = $row['joketext'];
        }
    } catch (PDOException $e) {
        $output = '데이터베이스 서버에 접속할 수 없습니다: ' .
        $e->getMessage() . ', 위치: ' .
        $e->getFile() . ':' . $e->getLine();
    }

    include __DIR__ . '/../templates/jokes.html.php';
```

$jokes 변수는 모든 유머 글 목록이 저장된 배열이다. PHP에서 배열에 값을 할당하는 코드를
직접 작성하려면 다음과 같이 일일이 내용을 입력해야 한다.

```
$jokes = [];
$jokes[0] = '프로그래머가 샤워를 하다가 사망했다. 그가 쓰던 샴푸에는 이런 사용법이 적혀
있었다. 감고, 씻어내고, 반복하세요.';
$jokes[1] = '!false는 \'앗! 거짓\'이라는 뜻이 아냐. 그냥 \'참\'이라고!';
$jokes[2] = '프로그래머 남편이 우유를 10개 사왔다. 우유 사면서 계란 있으면 10개 사오라고
했을 뿐인데.';
```

그러나 데이터베이스에 저장된 정보를 가져오면 이와 같이 코드를 일일이 입력하지 않아도
된다.

앞선 코드를 잘 보면 try 블록의 성공 여부에 따라 $jokes 또는 $error 변수가 생성됨을 알 수
있다.

jokees.html.php 템플릿은 상황에 따라 $jokes 배열의 데이터 또는 $error 변수의 오류 메
시지를 출력해야 한다.

$error 변수에 값이 할당됐는지 확인하는 데 폼 제출 여부를 확인할 때 썼던 isset() 함수를 다
시 사용한다. if문과 isset() 함수를 함께 사용하면 유머 글 목록을 출력할지 오류 메시지를 출
력할지 판단할 수 있다.

```php
if (isset($error)) {
    ?>
    <p>
    <?php
    echo $error;
    ?>
    </p>
}
else {
    // 유머 글 출력
}
```

이 코드는 지금까지 보았던 코드와 크게 다르지 않다. 하지만 유머 글 목록을 출력하려면 $jokes 배열의 내용을 활용해야 한다. $jokes 배열은 단일값이 할당된 변수가 아니므로 즉시 출력할 수 없고 반복문을 사용해 배열의 각 항목을 출력해야 한다.

반복문은 PHP에서 배열을 다룰 때 가장 많이 쓰는 도구다. 배열을 다룰 때는 while, for 반복문보다 foreach 반복문이 특히 유용하다.

```php
foreach (array as $item) {
    // $item 순회 처리
}
```

foreach 반복문은 괄호 안에 조건이 들어가지 않고 배열, as, 변수명이 차례로 들어간다. 반복할 때마다 배열의 각 항목을 차례로 변수에 할당하고 본문의 코드를 실행한다. 변수에 할당된 값은 본문의 코드에서 직접 사용할 수 있다.

PHP 템플릿에서 배열의 각 항목을 차례로 출력할 때 통상적으로 foreach 반복문을 사용한다. $jokes 배열을 출력하는 foreach문은 다음 코드와 비슷하다.

```php
<?php
foreach ($jokes as $joke) {
    ?>
    <!-- $joke를 출력할 HTML 코드 -->
<?php
}
?>
```

이 코드는 PHP의 반복 처리 코드와 HTML의 출력 코드가 섞여 다소 복잡해 보인다. 템플릿에서 foreach 반복문을 쓸 때 좀 더 가독성을 높이기 위해 다음과 같은 형식으로 코드를 작성한다.

```php
foreach (array as $item):
    // $item 순회 처리
endforeach;
```

앞선 두 코드는 똑같은 기능을 수행하지만 HTML과 섞였을 때 후자가 더 읽기 쉽다. 후자를 HTML과 조합한 코드는 다음과 같다.

```php
<?php foreach ($jokes as $joke): ?>
    <!-- $joke를 출력할 HTML 코드 -->
<?php endforeach; ?>
```

if문도 같은 형식을 적용하면 HTML 템플릿에서 불필요한 괄호를 제거하고 더 보기 좋게 다듬을 수 있다.

```php
<?php if (isset($error)): ?>
    <p>
    <?php echo $error; ?>
    </p>
<?php else: ?>
    <!-- 유머 글 출력 -->
<?php endif; ?>
```

새로운 방식을 적용한 유머 글 목록 출력 템플릿은 다음과 같다.

예제 4-4 MySQL-ListJokes

```html
<!doctype html>
<html>
    <head>
        <meta charset="utf-8">
        <title>유머 글 목록</title>
    </head>
    <body>
```

```php
<?php if (isset($error)): ?>
<p>
    <?php echo $error; ?>
</p>
<?php else: ?>
<?php foreach ($jokes as $joke): ?>
<blockquote>
    <p>
    <?php echo htmlspecialchars($joke, ENT_QUOTES, 'UTF-8') ?>
    </p>
</blockquote>
<?php endforeach; ?>
<?php endif; ?>
    </body>
</html>
```

이 페이지는 $error 변수에 값이 있으면 출력하고 그렇지 않으면 각 유머 글을 〈p〉 태그와 〈blockquote〉 태그로 감싸 출력한다. 유머 글 본문은 htmlspecialchars() 함수를 거치며 특수문자와 따옴표가 안전하게 HTML 엔티티로 변환된다.

유머 글 본문에 HTML 코드로 해석될 만한 문자가 있을 경우를 대비해 htmlspecialchars() 함수로 본문을 처리한다. 예를 들면 〈, 〉, & 등의 문자는 각각에 해당하는 HTML 문자 엔티티인 <, >, &로 변환되어 일반적인 문자로 출력된다.

다음 그림은 유머 글 목록 페이지가 출력된 모습이다.

그림 4-9 데이터베이스에 저장된 유머 글 목록

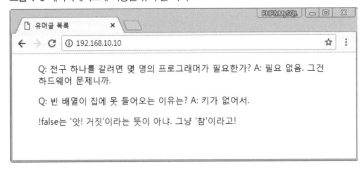

PHP는 echo 명령을 단축하는 편리한 도구를 제공한다. 지금까지 예시에서 echo 명령은 다음과 같은 방식으로 자주 사용했다.

```
<?php echo $variable; ?>
```

이 코드는 다음과 같이 줄여서 쓸 수 있다.

```
<?=$variable?>
```

두 코드는 완전히 똑같이 작동한다. 〈?=는 echo를 의미하며 echo문보다 약간 더 짧다. 다만 〈?=는 오로지 출력만 할 수 있다. 〈?= 뒤에서 문자열을 결합하고 함수를 호출할 수 있지만 if, for 등의 구문은 쓸 수 없다.

다음은 템플릿에서 echo문을 단축시킨 코드다.

예제 4-5 MySQL-ListJokes-Shorthand

```
<!doctype html>
<html>
    <head>
        <meta charset="utf-8">
```

```
        <title>유머 글 목록</title>
    </head>
    <body>
        <?php if (isset($error)): ?>
        <p>
            <?=$error?>
        </p>
        <?php else: ?>
        <?php foreach ($jokes as $joke): ?>
        <blockquote>
            <p>
            <?=htmlspecialchars($joke, ENT_QUOTES, 'UTF-8')?>
            </p>
        </blockquote>
        <?php endforeach; ?>
        <?php endif; ?>
    </body>
</html>
```

가능하면 앞으로 echo문은 단축해서 사용한다.

> **NOTE_ 단축 표기**
>
> PHP 5.4 이전 버전은 단축 표기 가능 여부가 PHP 설정에 의해 결정됐다. 과거에는 단축 표기를 지원하지 않
> 는 서버는 단축 표기를 오류로 판단했다. 그래서 서버 간 호환성을 유지하기 위해 단축 표기 방식을 지양했다.
>
> PHP 5.4버전부터 설정과 무관하게 단축 표기 방식을 항상 지원한다. 요즘 실제로 사용되는 PHP 버전은 대
> 부분 5.4보다 높기 때문에 최근에는 호환성에 대한 걱정없이 자유롭게 사용하는 편이다.

4.7 확장성 예측

지금까지 실습한 예제는 페이지의 모든 HTML을 jokes.html.php 템플릿에 넣었다. 그러나
웹사이트의 규모가 커짐에 따라 페이지는 계속 늘어난다. 방문자가 직접 유머 글을 등록하는
페이지, 관리자의 연락처와 자세한 정보를 안내할 페이지도 필요하다. 방문자가 늘어나면 로그
인 페이지도 만들어야 한다.

상당히 앞서 나간 감이 있지만, 프로젝트가 얼마나 성장할지 예측하는 일은 항상 중요한 가치

를 지닌다. jokes.html.php를 만든 방식으로 addjoke, home, contact, login 등의 나머지 템플릿을 만들면 같은 코드가 여러 번 중복될 것이다.

모든 템플릿이 전체적으로 다음과 같은 구조로 작성된다.

```
<!doctype html>
<html>
    <head>
        <meta charset="utf-8">
        <title>IJDB - 인터넷 유머 세상</title>
    </head>
    <body>
        <?php if (isset($error)): ?>
        <p>
            <?=$error?>
        </p>
        <?php else: ?>
            : 텍스트 출력, 폼 출력, 데이터베이스 출력 등
            : 원하는 내용을 보여주는 부분
        <?php endif; ?>
    </body>
</html>
```

프로그래머에게 중복 코드는 가장 기피해야 할 대상이다. DRY 원칙, 즉 '반복하지 말 것^{Don't} ^{repeat yourself}'이라는 프로그래머의 격언이 있다. 중복되는 부분은 늘 더 나은 구조로 개선할 수 있다.

최고의 프로그래머는 게으른 법이다. 중복된 코드는 반복적인 작업으로 이어진다. 복사/붙여넣기 식으로 템플릿을 제작하면 웹사이트를 관리하기 까다롭다. 매 페이지에 하단 영역과 탐색 영역이 똑같이 나오는 다음과 같은 템플릿을 살펴보자.

```
<!doctype html>
<html>
    <head>
        <meta charset="utf-8">
        <title>IJDB - 인터넷 유머 세상</title>
    </head>
    <body>
        <nav>
            <ul>
```

```
                <li><a href="index.php">Home</a></li>
                <li><a href="jokes.php">유머 글 목록</a></li>
            </ul>
        </nav>

        <main>
            <?php if (isset($error)): ?>
            <p>
                <?=$error?>
            </p>
            <?php else: ?>
                : 텍스트 출력, 폼 출력, 데이터베이스 출력 등
                : 원하는 내용을 보여주는 부분
            <?php endif; ?>
        </main>

        <footer>
            (c) IJDB 2017
        </footer>
    </body>
</html>
```

하단 영역의 연도가 고정적으로 2017을 출력한다. 웹사이트의 모든 페이지가 이런 템플릿을 쓴다면 2018년이 됐을 때 모든 템플릿의 2017을 일일이 2018로 바꿔야 한다.

조금 머리를 쓰면 연도 정보는 서버를 사용해 얻을 수 있다. echo date('Y'); 구문을 실행하면 서버에서 현재 시간을 받아 연도 정보를 추출한다. 하지만 만약 〈script〉 태그를 모든 페이지에 넣거나 새로운 링크를 메뉴에 추가하려면 별 수 없이 템플릿을 일일이 고쳐야 한다.

수정할 템플릿이 대여섯 개 정도면 약간 번거롭긴 해도 못할 일은 아니다. 그러나 웹사이트의 페이지가 수십 수백 개로 늘어나면 얘기가 다르다. 메뉴에 링크를 추가할 때마다 수백 개의 템플릿 파일을 모두 열어 일일이 고쳐야 한다.

다음과 같이 include문을 연이어 사용하면 이런 문제를 어느 정도 해결할 수 있다.

```
<!doctype html>
<html>
    <head>
        <meta charset="utf-8">
        <title>IJDB - 인터넷 유머 세상</title>
    </head>
```

```
<body>
    <nav>
        <?php include 'nav.html.php'; ?>
    </nav>

    <main>
        <?php if (isset($error)): ?>
        <p>
            <?=$error?>
        </p>
        <?php else: ?>
            : 텍스트 출력, 폼 출력, 데이터베이스 출력 등
            : 원하는 내용을 보여주는 부분
        <?php endif; ?>
    </main>

    <footer>
        <?php include 'footer.html.php'; ?>
    </footer>
</body>
</html>
```

하지만 이렇게 템플릿을 부분적으로 나누려면 예측 능력을 발휘해야 한다. 장래에 변화가 생길 부분을 미리 예상해야만 그 부분을 적절하게 include문으로 분리할 수 있다.

앞의 예제는 nav.html.php에 새로운 메뉴를 추가하면 모든 페이지에 반영된다. 그러나 모든 페이지에 〈script〉 태그를 추가하거나 nav 태그에 CSS를 추가하려면 역시 모든 템플릿 파일을 일일이 고쳐야 한다.

앞으로 웹사이트가 어떻게 바뀔지 완벽히 예측할 수 없기에, 이번 장 초반에 $output 변수를 출력했던 템플릿처럼 전체 페이지에서 본문 내용을 변수로 처리하는 방식을 쓴다.

```
<!doctype html>
<html>
    <head>
        <meta charset="utf-8">
        <link rel="stylesheet" href="jokes.css">
        <title><?=$title?></title>
    </head>
    <body>
```

```
        <header>
            <h1>인터넷 유머 세상</h1>
        </header>
        <nav>
            <ul>
            <li><a href="index.php">Home</a></li>
            <li><a href="jokes.php">유머 글 목록</a></li>
            </ul>
        </nav>

        <main>
            <?=$output?>
        </main>

        <footer>
            &copy; IJDB 2017
        </footer>
    </body>
</html>
```

이 템플릿은 layout.html.php다. $output 변수에 HTML 코드를 넣고 이 템플릿을 include
로 불러오면 탐색 영역과 하단 영역이 포함된 페이지가 출력된다.

또한 각 컨트롤러에 $title 변수를 끼워넣어 〈title〉과 〈/title〉 태그 사이에 출력하며, CSS 파
일을 추가해 페이지를 더 보기 좋게 꾸몄다. jokes.css 파일은 예제 코드 저장소에서 확인할
수 있다.

그림 4-10 CSS 스타일 적용

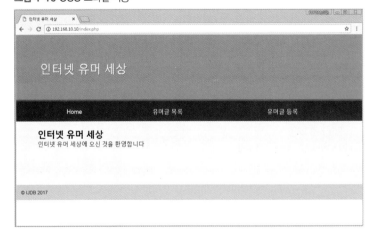

이제 모든 컨트롤러에 include __DIR__ . '/../templates/layout.html.php';를 넣으면 $output과 $title 변수가 포함된 전체 페이지가 출력된다.

jokes.php에 layout.html.php를 적용한 코드는 다음과 같다.

예제 4-6 MySQL–ListJokes–Layout–1

```php
<?php

try {
    $pdo = new PDO('mysql:host=localhost;dbname=ijdb;charset=utf8',
        'ijdbuser', 'mypassword');
    $pdo->setAttribute(PDO::ATTR_ERRMODE,
        PDO::ERRMODE_EXCEPTION);

    $sql = 'SELECT `joketext` FROM `joke`';
    $result = $pdo->query($sql);

    while ($row = $result->fetch()) {
        $jokes[] = $row['joketext'];
    }

    $title = '유머 글 목록';

    $output = '';

    foreach ($jokes as $joke) {
        $output .= '<blockquote>';
        $output .= '<p>';
        $output .= $joke;
        $output .= '</p>';
        $output .= '</blockquote>';
    }
} catch (PDOException $e) {
    $title = '오류가 발생했습니다';

    $output = '데이터베이스 오류: ' . $e->getMessage() . ', 위치: ' .
    $e->getFile() . ':' . $e->getLine();
}

include __DIR__ . '/../templates/layout.html.php';
```

아직 할 일이 더 남았다. try 블록의 foreach 반복문은 유머 글 본문 HTML을 $output 변수에 담는다.

$output 변수에 담긴 HTML은 layout.html.php에서 탐색 영역과 하단 영역 사이에 출력된다. 결과만 보면 원하는 구조에 따라 잘 작동한다. 그러나 컨트롤러의 코드는 꽤 복잡하고 보기에 좋지 않다.

include문을 이용해 HTML과 PHP 코드를 분리하는 방법을 배웠으니 유머 글을 출력하는 HTML도 따로 분리할 수 있다. 하지만 이번에 분리할 HTML은 페이지 전체가 아니라 일부분이라는 점이 다르다.

templates 디렉터리에 jokes.html.php 파일을 만들고 다음 코드를 넣는다.

```php
<?php foreach ($jokes as $joke): ?>
<blockquote>
    <p>
    <?=htmlspecialchars($joke, ENT_QUOTES, 'UTF-8')?>
    </p>
</blockquote>
<?php endforeach; ?>
```

이 코드는 유머 글만 출력하는 코드다. 탐색 영역, 하단 영역, 〈head〉 태그 등 모든 페이지에 공통적으로 출력되어야 할 다른 요소는 없다. 오직 유머 목록 페이지를 출력하는 HTML 코드일 뿐이다.

이 템플릿을 사용하려면 원래 파일에서 foreach 반복문이 있던 부분을 다음과 같이 include 문으로 바꿔야 한다.

```php
...
    while ($row = $result->fetch()) {
        $jokes[] = $row['joketext'];
    }

    $title = '유머 글 목록';

    include 'jokes.html.php';
}
```

영리한 사람은 벌써 다음과 같이 include문을 $output 변수에 할당하려 할 것이다.

```
...
    while ($row = $result->fetch()) {
        $jokes[] = $row['joketext'];
    }

    $title = '유머 글 목록';

    $output = include 'jokes.html.php';
}
```

이제 전체적인 로직이 아주 깔끔해졌지만 한 가지 문제가 남아 있다. include문으로 불러온 파일은 include문이 실행되는 지점에서 출력된다. 결과적으로 전체 페이지는 다음과 같이 출력된다.

```
<blockquote>
    <p>
    프로그래머 남편이 우유를 10개 사왔다. 우유 사면서 계란 있으면 10개 사오라고 했을 뿐인데.
    </p>
</blockquote>
<blockquote>
    <p>
    !false는 '앗! 거짓'이라는 뜻이 아냐. 그냥 '참'이라고!
    </p>
</blockquote>
<!doctype html>
<html>
    <head>
        <meta charset="utf-8">
        <title>유머 글 목록</title>
    </head>
    <body>
        ...
```

layout.html.php보다 jokes.html.php 파일을 먼저 불러오는 탓에, 브라우저에서 전체 레이아웃보다 유머 글 본문이 앞서 나왔다. 이 문제를 해결하려면 jokes.html.php 파일을 불러오되 출력 결과를 즉시 브라우저로 보내지 않고 $output 변수에 저장했다가 나중에 layout.html.php에서 사용해야 한다.

$output = include 'jokes.html.php'; 구문을 떠올린 사람은 이런 문제를 미리 예상했겠지만, 아쉽게도 include문은 결과를 반환하지 않으므로 뜻대로 작동하지 않는다. 이런 기능을 하는 구문은 없지만 대신 다른 해결책이 있다.

PHP는 출력 버퍼링^{output buffering} 기능을 제공한다. 이름만 봐서는 쉽게 알기 힘든데 실제 개념은 단순하다. echo문을 쓰거나 include문을 실행하면 출력 내용이 그 즉시 브라우저로 전달된다. 그러나 출력 버퍼링을 이용하면 출력 내용을 브라우저로 보내는 대신 현재까지 출력된 모든 문자열을 서버의 '버퍼' 공간에 저장한다.

또한 버퍼에 담긴 내용은 아무 때나 원하는 순간에 열람할 수 있다.

출력 버퍼링 기능을 구현하는 함수는 다음과 같다.

- **ob_start()** : 출력 버퍼링을 시작하는 함수다. 이 함수를 실행한 다음 echo문이나 include문으로 출력하는 내용은 브라우저로 전송되지 않고 모두 버퍼에 저장된다.
- **ob_get_clean()** : 버퍼의 내용을 반환하고 기존 버퍼를 비운다.

함수명의 접두어 'ob'는 'output buffer'의 약자다.

ob_start()와 ob_get_clean() 함수를 활용하면 include로 불러온 파일의 내용을 출력하지 않고 담아둘 수 있다.

```
...
    while ($row = $result->fetch()) {
        $jokes[] = $row['joketext'];
    }

    $title = '유머 글 목록';

    // 버퍼 저장 시작

    ob_start();

    // 템플릿을 include한다. PHP 코드가 실행되지만
    // 결과 HTML은 브라우저로 전송되지 않고
    // 버퍼에 저장된다.

    include __DIR__ . '/../templates/jokes.html.php';

    // 출력 버퍼의 내용을 읽고 $output 변수에 저장한다.
```

```
    // $output은 layout.html.php에서 사용된다.

    $output = ob_get_clean();
}
```

이 코드를 실행하면 jokes.html.php 템플릿이 생성한 HTML이 $output 변수에 저장된다.

앞으로 모든 페이지는 이와 같이 두 템플릿으로 구성한다.

- **layout.html.php** : 모든 페이지에 들어갈 공통적인 HTML을 담은 파일
- 특정 페이지에 출력될 고유한 HTML을 담은 개별 템플릿

완성된 jokes.php 파일의 전체 내용은 다음과 같다

```php
try {
    $pdo = new PDO('mysql:host=localhost;dbname=ijdb;charset=utf8',
        'ijdbuser', 'mypassword');
    $pdo->setAttribute(PDO::ATTR_ERRMODE,
        PDO::ERRMODE_EXCEPTION);

    $sql = 'SELECT `joketext` FROM `joke`';
    $result = $pdo->query($sql);

    while ($row = $result->fetch()) {
        $jokes[] = $row['joketext'];
    }

    $title = '유머 글 목록';

    ob_start();

    include __DIR__ . '/../templates/jokes.html.php';

    $output = ob_get_clean();
}
catch (PDOException $e) {
    $title = '오류가 발생했습니다';

    $output = '데이터베이스 오류: ' . $e->getMessage() . ', 위치: ' .
    $e->getFile() . ':' . $e->getLine();
}

include __DIR__ . '/../templates/layout.html.php';
```

이제 'Home' 링크 역할을 맡을 index.php 파일을 추가하자. 이 페이지에 넣을 수 있는 내용
은 최근 유머 글, 이 달의 베스트 유머 글 등 무궁무진하다. 지금은 먼저 '인터넷 유머 세상에
오신 것을 환영합니다'라는 간단한 메시지부터 출력해보자.

templates 디렉터리에 home.html.php 파일을 만들고 다음 내용을 넣는다.

```
<h2>인터넷 유머 세상</h2>

<p>인터넷 유머 세상에 오신 것을 환영합니다</p>
```

---

index.php는 jokes.html.php에 비하면 엄청나게 단순하다. 데이터베이스에서 가져오는 정
보가 없어서 데이터베이스 접속 코드도 없고 try...catch문도 쓰지 않는다. 그저 두 템플릿을
불러오고 $title과 $output 변수를 출력할 뿐이다.

예제 4-7 MySQL-ListJokes-Layout-3

```
<?php

$title = '인터넷 유머 세상';

ob_start();

include __DIR__ . '/../templates/home.html.php';

$output = ob_get_clean();

include __DIR__ . '/../templates/layout.html.php';
```

> **ATTENTION_ 데이터베이스는 필요할 때만 접속한다.**
>
> 데이터베이스는 필요할 때만 접속해야 한다. 웹사이트에 병목현상이 생기고 속도가 느려지는 가장 주된 요인
> 은 데이터베이스의 과부하다. 가능하면 데이터베이스에 접속하는 건수를 줄여야 한다.

브라우저로 지금까지 만든 두 페이지를 확인해보자. 유머 글 목록은 http://192.168.10.10/
jokes.php, 환영 페이지는 http://192.168.10.10이다. 두 페이지 모두 탐색 영역과 하단 영
역이 잘 나올 것이다.

layout.html.php의 내용을 고치면 두 페이지에 모두 적용될 것이다. 마찬가지로 사이트에 아무리 많은 페이지가 있어도 똑같이 적용된다.

4.8 데이터 추가 폼

방문자가 직접 유머 글을 등록하는 기능을 이번 절에서 구현한다.

방문자가 신규 유머 글을 올리려면 당연히 폼이 필요하다. 다음은 이러한 목적에 딱 들어맞는 폼 템플릿이다.

```
<form action="" method="post">
    <label for="joketext">유머 글을 입력해주세요:</label>
    <textarea id="joketext" name="joketext" rows="3" cols="40"></textarea>
    <input type="submit" name="submit" value="등록">
</form>
```

이 내용을 templates 디렉터리에 addjoke.html.php 파일로 저장한다.

〈form〉 태그에서 가장 중요한 부분은 action 속성이다. action 속성은 폼을 전송했을 때 브라우저가 데이터를 어디로 보낼지 결정한다. 예시의 action은 'addjoke.php'며, 이처럼 파일을 직접 지정할 수 있다.

그러나 이 속성의 값을 비워두면 폼은 현재 페이지로 데이터를 다시 전송한다. 브라우저의 URL이 현재 addjoke.php라면 폼 전송 버튼을 눌렀을 때 데이터를 전송하는 페이지도 addjoke.php다.

데이터베이스에 저장된 유머 글 목록을 출력하는 예제와 이 폼을 엮어보자. layout.html.php 파일을 열고 '유머 글 등록' 링크를 추가한 다음 링크 주소를 addjoke.php 파일로 지정한다.

```
<!doctype html>
<html>
    <head>
        <meta charset="utf-8">
        <link rel="stylesheet" href="jokes.css">
        <title><?=$title?></title>
```

```
    </head>
    <body>
        <nav>
            <header>
                <h1>인터넷 유머 세상</h1>
            </header>
            <ul>
                <li><a href="index.php">Home</a></li>
                <li><a href="jokes.php">유머 글 목록</a></li>
                <li><a href="addjoke.php">유머 글 등록</a></li>
            </ul>
        </nav>

        <main>
            <?=$output?>
        </main>

        <footer>
            (c) IJDB 2017
        </footer>
    </body>
</html>
```

2장에서 언급했던 form.css 스타일시트를 layout.html.php 파일에 추가하면 해당 레이아웃 안에서 출력되는 폼은 모두 form.css의 영향을 받는다.

폼을 제출하면 joketext 변수가 포함된 요청이 전송되며 textarea에 입력한 유머 글의 텍스트는 PHP가 생성한 $_POST 변수에 담긴다.

public 디렉터리에 addjoke.php 컨트롤러 파일을 만든다. 컨트롤러 코드의 기본적인 실행 과정은 다음과 같다.

- POST로 joketext 변수가 넘어오지 않으면 폼을 출력한다.
- joketext 변수가 넘어오면 데이터베이스에 신규 유머 글을 추가한다.

addjoke.php의 뼈대는 다음과 같다.

```php
<?php
if (isset($_POST['joketext'])) {
    try {
        $pdo = new PDO('mysql:host=localhost;dbname=ijdb;charset=utf8',
```

```
                'ijdbuser', 'mypassword');
        $pdo->setAttribute(PDO::ATTR_ERRMODE,
            PDO::ERRMODE_EXCEPTION);
    } catch (PDOException $e) {
        $title = '오류가 발생했습니다';

        $output = '데이터베이스 오류: ' . $e->getMessage() . ', 위치: ' .
            $e->getFile() . ':' . $e->getLine();
    }
} else {
    $title = '유머 글 등록';

    ob_start();

    include __DIR__ . '/../templates/addjoke.html.php';

    $output = ob_get_clean();
}
include __DIR__ . '/../templates/layout.html.php';
```

처음 나오는 if문은 $_POST 배열에 joketext라는 변수가 있는지 검사한다. joketext 변수
가 있다면 폼이 제출됐다는 뜻이며 데이터베이스 작업을 처리한다. 그렇지 않으면 addjoke.
html.php 파일 내용을 $output 배열에 담아 브라우저로 전송한다.

addjoke.php 파일을 브라우저로 열면 폼이 나오지만 유머 글을 입력하고 전송 버튼을 클릭
하면 아직 아무 일도 생기지 않는다. $_POST['joketext']에 담긴 데이터를 처리하는 코드를
아직 작성하지 않았기 때문이다.

제출된 유머 글을 데이터베이스에 입력하려면 $_POST['joketext']에 저장된 값을 INSERT 쿼
리에 joketext 칼럼의 값으로 지정해야 한다. 언뜻 생각하면 다음과 같은 코드가 나오기 쉽다.

```
$sql = 'INSERT INTO `joke` SET
    `joketext` ="' . $_POST['joketext'] . '",
    `jokedate` ="2017-02-04"';

$pdo->exec($sql);
```

이 코드는 사용자가 제출한 $_POST['joketext'] 변수를 있는 그대로 쿼리에 넣는다. 이러한
쿼리는 심각하게 위험한 결과를 초래하는데, 누군가 악의적으로 SQL을 교묘하게 조작해 폼에

입력하면 그 부분이 쿼리에 포함되어 아무 제약없이 MySQL 서버로 전달된다. 이러한 행위를 SQL 주입 공격SQL injection attack이라 한다. 인터넷 초창기에 해커들이 PHP 기반 웹사이트를 공격할 때 가장 흔하게 사용한 공격 방식이다.

사용자가 입력한 유머 글이 'Q: 전구 하나를 갈려면 몇 명의 프로그래머가 필요한가? A: 필요 없음. 그건 하드웨어 문제니까.'일 때, 데이터베이스에 전송되는 쿼리는 다음과 같다.

```
INSERT INTO `joke` SET
    `joketext` = "Q: 전구 하나를 갈려면 몇 명의 프로그래머가 필요한가?
    A: 필요 없음. 그건 하드웨어 문제니까.",
    `jokedate` = "2017-02-04"
```

사용자가 다음과 같은 유머 글을 입력하면 쿼리는 어떻게 될까? '프로그래머 남편이 우유를 10개 사왔다. "우유 사면서 계란 있으면 10개 사와"라고 했을 뿐인데.'

이 경우 데이터베이스에 전송되는 쿼리는 다음과 같다.

```
INSERT INTO `joke` SET
    `joketext` = "프로그래머 남편이 우유를 10개 사왔다.
    "우유 사면서 계란 있으면 10개 사와"라고 했을 뿐인데.",
    `jokedate` = "2017-02-04"
```

유머 글 본문에 따옴표가 있으므로 MySQL은 이를 문자열의 끝으로 판단하고 오류를 반환한다.

쿼리가 잘 작동하려면 다음과 같이 텍스트에 포함된 모든 따옴표를 이스케이핑한 뒤 데이터베이스로 전송해야 한다.

```
INSERT INTO `joke` SET
    `joketext` = "프로그래머 남편이 우유를 10개 사왔다.
    \"우유 사면서 계란 있으면 10개 사와\"라고 했을 뿐인데.",
    `jokedate` = "2017-02-04"
```

사용자가 입력한 데이터에 따옴표가 있으면 따옴표 이후 내용이 모두 유실된다. 이런 허점을 악용하는 사용자도 있다. 버전이 낮은 PHP에서 세미콜론 문자 ;로 쿼리를 연결하면 한 번에 여러 쿼리를 실행할 수 있었다. 이 기능과 따옴표 입력 문제를 교묘히 조합하면 데이터를 임의로 조작할 수 있다.

유머 글 입력 상자에 다음과 같은 내용을 넣었다고 상상해보자.

```
"; DELETE FROM `joke`; --
```

이 내용이 쿼리에 포함되면 최종적으로 다음과 같은 쿼리가 데이터베이스로 전송된다.

```
INSERT INTO `joke` SET
        `joketext` = "";

DELETE FROM `joke`;

--`jokedate` = "2017-02-04"
```

--는 MySQL에서 한 줄 주석을 시작하는 문자열이다. MySQL 서버는 INSERT 쿼리를 실행하고 뒤이어 DELETE 쿼리를 실행한 다음 마지막 줄은 주석으로 인식해 무시한다. 이런 방식으로 아무 쿼리나 마음대로 데이터베이스에 전송할 수 있다.

이러한 공격이 가능했던 PHP 초창기, 겁에 질린 PHP 개발진은 SQL 주입에 대비한 자체적인 보호 장치를 추가했다. 먼저 다중 쿼리를 한 번에 실행할 수 없도록 막은 다음, '따옴표 자동 처리magic quotes'라는 항목을 PHP 설정에 추가했다. 이 항목을 On으로 설정하면 PHP는 브라우저로부터 제출된 값을 분석하고 잠재적으로 위험한 요소를 발견했을 때 자동으로 그 앞에 역슬래시를 붙인다. 쿼리에 따옴표가 들어가도 안전하게 이스케이핑되므로 SQL 주입 공격이 효과적으로 차단된다.

따옴표 자동 처리는 그 효능만큼 문제도 많은 기능이다. 첫째, 검출하는 특수 문자와 그 문자를 처리하는 방법이 범용적이지 않고 아주 제한된 상황에서 올바르게 작동한다. 사이트와 데이터베이스 서버의 문자 인코딩에 따라 효율성이 매우 떨어진다.

둘째, 폼에서 제출된 값이 SQL 쿼리 외에 다른 용도로 쓰일 때 역슬래시가 문제를 일으킨다. 따옴표 자동 처리가 활성화된 환경에서 2장의 환영 메시지 예제를 실행하면 따옴표 앞에 역슬래시가 하나 더 붙는다. 역슬래시를 두 번 연이어 쓰면 역슬래시 문자 하나로 인식되며 결과적으로 불필요한 역슬래시 문자가 화면에 출력된다.

간단히 말해 따옴표 자동 처리 설정은 썩 좋은 효능을 보여주지 못했고 결국 PHP 5.4에서 폐기됐다. 그러나 PHP가 나온 지 오래된 언어인 만큼 따옴표 자동 처리 기능을 감안하고 작성된 기존 코드도 많으므로, 이 설정이 나오게 된 배경을 기본적으로 이해해두는 편이 좋다.

따옴표 자동 처리 설정의 비효율성을 인식하자 PHP 개발진은 해당 설정을 끄도록 권장했다. 하지만 웹 서버마다 이 설정의 적용 여부가 달라서 개발자들은 골머리를 앓았다. 서버 환경에 맞게 코드가 잘 작동하려면 사용자 쪽에서 설정을 맞추도록 강요하거나, 설정과 관계없이 항상 잘 작동하도록 코드를 추가로 작성하는 수밖에 없다. 설상가상으로 공용 서버를 쓰는 사람은 서버 설정을 마음대로 바꾸지 못한다.

결국 대부분의 개발자는 후자를 선택해 다음과 같은 코드를 작성했다.

```
if (get_magic_quotes_gpc()) {
    // 코드 작성
}
```

오래된 코드를 보다가 이런 if문이 나오면 아무 고민하지 말고 지워버리자. 최신 PHP 버전에서 이 if문의 코드는 절대 실행되지 않는다.

이 코드를 작성한 개발자는 따옴표 자동 처리 설정의 문제를 이해하고 이를 방지하기 위해 최대한 노력한 셈이다. PHP 5.4부터 따옴표 자동 처리 설정을 더는 지원하지 않으므로 get_magic_quotes_gpc() 함수는 항상 false를 반환하며 if문의 코드도 절대 실행되지 않는다.

따옴표 자동 처리 설정은 금새 골칫거리로 전락할 수밖에 없는 미봉책이다. 물론 대안은 있다. 다행히 PDO 클래스의 준비된 구문prepared statement이라는 기능으로 이 어려운 문제를 해결할 수 있다.

준비된 구문은 데이터베이스 서버가 미리 안전성을 점검한 SQL 쿼리다. 스크립트 파일에 코드가 있지만 브라우저로 접속하기 전에는 실행되지 않듯이, 준비된 구문은 쿼리를 실제로 실행하기 전에 미리 검증한다. 준비된 구문 기능으로 검증한 SQL 코드는 쿼리에 들어갈 내용 중 일부분을 비워두고 나중에 실제로 쿼리가 실행될 때 채워넣는다. PDO는 쿼리의 빈자리에 들어갈 내용을 검사하고 위험한 요소를 찾아 적절히 처리한다.

다음은 $_POST['joketext']로 넘겨 받은 텍스트를 안전하게 INSERT 쿼리에 넣는 코드다.

```
$sql = 'INSERT INTO `joke` SET
    `joketext` = :joketext,
    `jokedate` = "오늘의 날짜"';
```

```
$stmt = $pdo->prepare($sql);

$stmt->bindValue(':joketext', $_POST['joketext']);
$stmt->execute();
```

이 코드를 한 줄씩 분석해보자. 먼저 평소처럼 SQL 쿼리를 PHP 문자열로 작성하고 $sql 변수에 담는다. 하지만 INSERT 쿼리에서 joketext의 값이 들어갈 자리에 실제 값 대신 :joketext라는 자리표시자를 넣는다. jokedate 필드 부분은 잠시 후에 설명한다.

다음으로 PDO 객체의 prepare() 메서드를 호출하고 SQL 쿼리를 인수로 전달한다. MySQL 서버는 prepare()로 전달될 쿼리를 미리 검사하고, joketext 칼럼의 값이 없으므로 아직 쿼리를 실행하지 않는다. prepare() 메서드는 SELECT 쿼리가 결과를 반환할 때처럼 PDOStatement 객체를 반환하며 $stmt 변수에 담는다.

쿼리에 빠진 값을 PDOStatement 객체의 bindValue() 메서드로 채워 넣으면 준비된 구문을 실행할 수 있다. bindValue() 메서드에 전달하는 인수는 자리표시자와 그에 해당하는 값이다. PDOStatement 객체가 저장된 $stmt 변수로 bindValue() 메서드를 호출하고 ':joketext'라는 문자열과 유머 글 본문 내용인 $_POST['joketext']를 전달한다. MySQL은 SQL 코드 전체를 한 번에 받는 대신 각 값을 따로 받을 준비를 이미 마쳤기 때문에 값에 포함된 문자열이 SQL 코드와 결합해 문제를 일으킬 위험이 없다. 이렇게 준비된 구문을 사용해 SQL 주입 공격을 간단히 방어할 수 있다.

마지막으로 PDOStatement 객체의 excute() 메서드를 실행하면 MySQL은 제공받은 값을 이용해 쿼리를 실행한다*.

쿼리를 잘 보면 흥미로운 부분이 눈에 띈다. 유머 글 본문이 들어갈 부분에 쓰인 :joketext를 따옴표로 감싸지 않는데, $_POST 배열에 담긴 유머 글 본문도 따옴표로 감싸지 않고 bindValue() 메서드에 그대로 전달한다. 준비된 구문은 쿼리를 쓸 때 텍스트를 따옴표로 감쌀 필요가 없다. 텍스트가 들어가는 부분을 데이터베이스가 알아서 판단하고 일반 텍스트로 취급한다.

---

* 저자주_ PDO 객체는 exec()를 호출하지만 PDOStatement 메서드는 excute()를 호출한다. PHP는 장점이 많지만 일관성이 떨어진다는 단점도 있다.

마지막 남은 궁금증은 jokedate 필드에 어떻게 현재 날짜를 넣는가다. PHP 코드를 요리조리 잘 구사하면 현재 날짜를 YYYY-MM-DD 형식 문자열로 구할 수 있지만, MySQL은 현재 날짜를 구하는 CURDATE() 함수를 자체 제공한다.

```php
$sql = 'INSERT INTO `joke` SET
    `joketext` = :joketext,
    `jokedate` = CURDATE()';

$stmt = $pdo->prepare($sql);
$stmt->bindValue(':joketext', $_POST['joketext']);
$stmt->execute();
```

이 코드에서 CURDATE() 함수는 jokedate 칼럼에 들어갈 현재 날짜를 할당하는 용도로 쓰였다. MySQL이 제공하는 함수는 상당히 많으며 예제에서 사용하는 함수는 그중 일부에 불과하다. 이제 쿼리가 준비됐으니 앞서 만들던 유머 글 등록 예제의 if문을 완성시킬 수 있다.

```php
if (isset($_POST['joketext'])) {
    try {
        $pdo = new PDO('mysql:host=localhost;dbname=ijdb;charset=utf8',
            'ijdbuser', 'mypassword');
        $pdo->setAttribute(PDO::ATTR_ERRMODE,
            PDO::ERRMODE_EXCEPTION);

        $sql = 'INSERT INTO `joke` SET
        `joketext` = :joketext,
        `jokedate` = CURDATE()';

        $stmt = $pdo->prepare($sql);

        $stmt->bindValue(':joketext', $_POST['joketext']);

        $stmt->execute();
    }
    catch (PDOException $e) {
        $title = '오류가 발생했습니다';

        $output = '데이터베이스 오류: ' . $e->getMessage() . ' , 위치: ' .
        $e->getFile() . ':' . $e->getLine();
    }
}
```

if문에서 할 일이 하나 더 있다. 새로운 유머를 데이터베이스에 추가한 다음 브라우저에 유머 글 목록을 보여줘야 한다. 이전 예시는 데이터베이스 작업을 처리하고 템플릿을 출력했지만 이번에는 목록 페이지로 리다이렉트해야 한다. 사용자는 목록을 보고 자신이 입력한 글이 잘 등록됐는지 확인할 수 있다.

쉽게 생각하면 컨트롤러에서 신규 유머 글을 추가한 다음 데이터베이스의 유머 글 목록을 jokes.html.php 템플릿으로 출력하면 된다. 그러나 이렇게 출력된 유머 글 목록은 브라우저 입장에서 보면 '유머 글 등록' 폼의 제출 결과 페이지에 있다. 사용자가 이 페이지를 새로고치면 폼이 다시 제출되고 같은 유머 글이 중복으로 데이터베이스에 등록된다.

새로고쳐도 폼이 제출되지 않게 하려면 일반적인 웹 페이지로 유머 글 목록을 출력해야 한다. 그러려면 폼을 처리한 뒤 특별한 응답을 브라우저로 보내야 한다. 웹 서버가 보내는 응답 형식 중 HTTP* 리다이렉트라는 응답을 받으면 브라우저는 지정된 위치로 페이지로 이동시킨다.

PHP의 header() 함수는 리다이렉션 같은 특별한 응답을 헤더에 삽입하고 브라우저로 전송한다. 리다이렉션 응답을 보내려면 다음과 같이 Location 헤더 뒤에 브라우저가 이동할 페이지의 URL을 지정한다.

```
header('Location: 이동할 URL');
```

예시에서 브라우저는 폼 처리를 완료하고 jokes.php 페이지로 이동해야 한다. 데이터베이스에 새 유머 글을 추가하고 다음 구문을 실행하면 브라우저가 jokes.php로 페이지를 이동시키게 된다.

```
header('Location: jokes.php');
```

다음은 addjoke.php 컨트롤러의 전체 코드다.

예제 4-8 MySQL-AddJoke

```php
<?php
if (isset($_POST['joketext'])) {
```

---

* 저자주_ HTTP는 Hyper Text Transfer Protocol의 약자로, 웹 브라우저와 웹 서버 사이에 오가는 요청과 응답 규칙을 정의한다.

```php
    try {
        $pdo = new PDO('mysql:host=localhost;dbname=ijdb;charset=utf8',
            'ijdbuser', 'mypassword');
        $pdo->setAttribute(PDO::ATTR_ERRMODE,
            PDO::ERRMODE_EXCEPTION);

        $sql = 'INSERT INTO `joke` SET
        `joketext` = :joketext,
        `jokedate` = CURDATE()';

        $stmt = $pdo->prepare($sql);

        $stmt->bindValue(':joketext', $_POST['joketext']);

        $stmt->execute();

        header('location: jokes.php');
    } catch (PDOException $e) {
        $title = '오류가 발생했습니다';

        $output = '데이터베이스 오류: ' . $e->getMessage() . ' , 위치: ' .
            $e->getFile() . ':' . $e->getLine();
    }
} else {
    $title = '유머 글 등록';

    ob_start();

    include __DIR__ . '/../templates/addjoke.html.php';

    $output = ob_get_clean();
}
include __DIR__ . '/../templates/layout.html.php';
```

코드를 전체적으로 살펴보고 각 부분의 의미를 되새기자. 특히 데이터베이스로 쿼리를 전송하려면 항상 먼저 데이터베이스에 접속하고 PDO 객체를 생성해야 한다. 그러나 '유머 글 등록' 폼을 출력할 때는 데이터베이스에 접속할 필요가 없다. 오직 폼을 처리할 때만 데이터베이스에 접속한다.

브라우저에서 addjoke.php에 접속해 유머 글을 한두 개 입력해보자.

이제 유머 글 목록 페이지에 이어 유머 글을 MySQL 데이터베이스에 추가하는 동적인 웹 페이지가 완성됐다.

4.9 데이터 삭제

이번 절에서 유머 세상 사이트의 마지막 기능을 구현한다. jokes.php 페이지의 각 유머 글 옆에 '삭제' 버튼을 만들고 이 버튼을 클릭했을 때 해당 유머 글을 데이터베이스에서 삭제하고 글 목록을 갱신한다.

도전 정신이 투철한 사람은 구체적인 설명을 보기 전에 스스로 기능을 구현해보고 싶을 것이다. 새로운 기능이지만 주요한 요소는 이전 예제와 대부분 같다. 삭제 기능을 구현하는 핵심적인 과정은 다음과 같다.

- 신규 컨트롤러 deletejoke.php 추가
- DELETE 명령을 수행할 SQL
- 컨트롤러에서 특정 유머 글을 지우려면 지울 대상을 고유하게 식별해야 한다. 이 대목에서 joke 테이블의 id 칼럼이 진가를 발휘한다. id 칼럼의 값은 각 유머 글마다 고유한 ID를 부여하므로, 삭제 요청을 전달할 때 유머 글의 ID를 전송하면 정확히 하나의 유머 글을 식별할 수 있다. 가장 간편하게 ID를 전달하려면 숨겨진 폼 요소를 활용한다.

잠시 시간을 내어 스스로 구현 방법을 구상하고, 준비가 되면 다음으로 진행하자.

우선 유머 글 목록 페이지에서 유머 글 목록 조회 쿼리를 고쳐야 한다. 유머 글을 고유하게 식별하려면 다음과 같이 데이터베이스에서 SELECT로 유머 글을 가져올 때 joketext 칼럼과 더불어 id 칼럼의 값도 가져와야 한다.

```
try {
    $pdo = new PDO('mysql:host=localhost;dbname=ijdb;charset=utf8',
        'ijdbuser', 'mypassword');
    $pdo->setAttribute(PDO::ATTR_ERRMODE,
        PDO::ERRMODE_EXCEPTION);

    $sql = 'SELECT `id`, `joketext` FROM `joke`';
    $result = $pdo->query($sql);
    // ...
```

또한 데이터베이스 조회 결과를 $jokes 배열에 저장하는 while 반복문을 고쳐야 한다. 각 유머 글의 본문 뿐만 아니라 ID도 같이 배열에 저장한다. 다음과 같이 ID와 본문을 배열로 구성해 $jokes에 저장하면 두 값을 동시에 저장할 수 있다.

```php
while ($row = $result->fetch()) {
    $jokes[] = ['id' => $row['id'], 'joketext' => $row['joketext']];
}
```

ATTENTION_ foreach 반복문

데이터베이스 결과 로우를 foreach 반복문으로 처리하는 방법을 익힌 사람은 다음 코드도 이해할 수 있을 것이다.

```php
foreach ($result as $row) {
    $jokes[] = array('id' => $row['id'], 'joketext' => $row['joketext']);
}
```

반복문이 완료되면 $jokes 배열의 각 항목에 배열이 저장된다. 이 배열은 유머 글의 ID와 본문을 원소로 지닌 연관 배열이며 키는 id와 joketext다. $jokes 배열의 각 원소는 유머 글 각각을 나타내며 $jokes[인덱스]로 접근하고, 각 유머 글의 ID와 본문은 $jokes[인덱스]['id'], $jokes[인덱스]['joketext']로 접근한다.

유머 글 배열의 구조가 바뀌었으므로 다음과 같이 jokes.html.php 템플릿에서 유머 글을 출력하는 부분도 그에 맞게 적절히 고치고, 삭제 버튼도 넣는다.

```php
<?php foreach ($jokes as $joke): ?>
<blockquote>
    <p>
    <?=htmlspecialchars($joke['joketext'],
        ENT_QUOTES, 'UTF-8')?>
    <form action="deletejoke.php" method="post">
    <input type="hidden" name="id" value="<?=$joke['id']?>">
    <input type="submit" value="삭제">
    </form>
    </p>
</blockquote>
<?php endforeach; ?>
```

이 코드에서 새로 바뀐 부분을 정리하면 다음과 같다.

- 각 유머 글마다 폼이 들어가고, 폼을 제출하면 유머 글이 삭제된다. 폼의 action 속성에 지정된 deletejoke. php 컨트롤러에서 삭제 작업을 수행한다.
- $jokes 배열의 각 유머 글이 단순한 문자열이 아니라 배열이므로 유머 글 본문을 가져오는 부분을 그에 맞게 고친다. $joke를 $joke['joketext']로 고치면 새로운 배열에 맞게 작동한다.
- 유머 글 삭제 폼을 제출하려면 그에 따라 해당 유머 글의 ID를 전송해야 하는데, ID를 전송할 폼 요소는 사용자가 볼 수 없도록 감춰야 한다. ID를 담은 input 태그를 만들고 name을 id로, value를 $joke['id']로 지정한 다음 type을 hidden으로 설정하면 페이지에 노출되지 않는다. 유머 글 본문과 달리 ID는 사용자가 제출한 값이 아니므로, HTML 특수 문자를 처리하는 htmlspecialchars 함수를 쓸 필요가 없다. id 칼럼의 값은 데이터베이스에 유머 글을 추가할 때 MySQL이 자동으로 부여한 값이며 값의 형태는 반드시 숫자다.
- 기존 〈input type="submit" value="제출"〉 태그에서 value 속성의 '제출' 값을 '삭제'로 바꾼다.
- 폼 태그를 닫는다.

> **NOTE_ form 태그와 input 태그를 blockquote 태그 밖에 두지 않는 이유**
>
> blockquote 태그는 유머 글 본문처럼 인용된 글을 담는 HTML 요소다. form 태그나 input 태그는 blockquote 태그 안에 있으면 부자연스럽다.
>
> HTML의 의미와 구조를 엄밀하게 따르려면 폼과 입력 요소는 실제로 blockquote 태그 앞이나 뒤에 나와야 한다. 다만 그런 구조를 따르려면 추가적인 CSS 코드를 작성해야 한다. CSS는 이 책의 주된 내용과 거리가 멀다.
>
> CSS 레이아웃 기법을 여기서 자세히 설명할 수 없기에 간단한 CSS만 사용하고 HTML 마크업은 다소 불완전한 상태로 남겨 둔다. 이 코드를 현업에서 사용하려면 온전한 HTML 마크업을 완성해야 한다. 이를 위해 CSS를 별도로 공부하거나 전문가의 도움을 받아야 할 것이다.

jokes.css 파일에 다음 CSS 코드를 추가하면 삭제 버튼이 유머 글 오른쪽에 나타나며 둘 사이에 구분선이 생긴다.

```
blockquote {display: table; margin-bottom: 1em;
    border-bottom: 1px solid #ccc; padding: 0.5em;}
blockquote p {display: table-cell; width: 90%;
    vertical-align: top;}
blockquote form {display: table-cell; width: 10%;}
```

다음 그림은 삭제 버튼이 추가된 유머 글 목록이다.

그림 4-11 유머 글 삭제 버튼이 추가된 목록

삭제 버튼의 기능을 구현하기 전에 잠시 뒤로 돌아가 다음 코드를 주의깊게 살펴보자.

```
$jokes[] = ['id' => $row['id'], 'joketext' => $row['joketext']];
```

PDOStatement 객체의 각 요소를 반복문을 거쳐 $row 변수로 가져온다. $row는 id와 joketext 키와 그에 해당하는 값을 지닌 배열이며 $row의 각 원소를 가져와 만든 새로운 배열도 같은 키와 값을 지닌다.

이 코드가 얼마나 비효율적인지 이미 알아차린 사람도 있을 것이다. 다음과 같이 써도 똑같이 작동한다.

```
while ($row = $result->fetch()) {
    $jokes[] = $row;
}
```

물론 foreach 반복문으로 바꿔 써도 똑같다.

```
foreach ($result as $row) {
    $jokes[] = $row;
}
```

이 코드는 데이터베이스에서 가져온 레코드를 foreach 반복문으로 순회하며 배열에 담는다. 템플릿에서 $jokes 배열을 반복문으로 순회하며 출력하는데, $results 변수도 반복문으로 순회할 수 있으므로, 결국 다음과 같이 써도 결과는 같다.

```php
$jokes = $result;
```

이제 템플릿에서 사용할 $jokes 변수는 배열이 아니라 PDOStatement 객체로 바뀌었다. 코드양은 줄었지만 출력 결과는 똑같다. PDOStatement 객체를 직접 $jokes 변수에 할당하면 $result 변수를 $jokes 배열로 옮기는 코드도 생략할 수 있다. 이렇게 완성된 전체 jokes.php 컨트롤러 코드는 다음과 같다.

```php
try {
    $pdo = new PDO('mysql:host=localhost;dbname=ijdb;charset=utf8',
        'ijdbuser', 'mypassword');
    $pdo->setAttribute(PDO::ATTR_ERRMODE,
        PDO::ERRMODE_EXCEPTION);

    $sql = 'SELECT `joketext`, `id` FROM joke';

    $jokes = $pdo->query($sql);

    $title = '유머 글 목록';

    ob_start();

    include __DIR__ . '/../templates/jokes.html.php';

    $output = ob_get_clean();
}
catch (PDOException $e) {
    $title = '오류가 발생했습니다';

    $output = '데이터베이스 오류: ' . $e->getMessage() . ' , 위치: ' .
    $e->getFile() . ':' . $e->getLine();
}

include __DIR__ . '/../templates/layout.html.php';
```

컨트롤러에서 while 반복문으로 레코드를 조작하지 않고 템플릿에서 직접 레코드를 사용하므로 코드가 훨씬 절약된다. 반복문 개수가 줄어들어서 페이지 속도도 약간이나마 빨라진다.

이제 남은 작업은 삭제 처리 코드다. 삭제 버튼을 눌렀을 때 데이터베이스에 DELETE 쿼리를 전송하는 코드를 컨트롤러에 추가하면 모든 작업이 끝난다. 다음은 deletejoke.php 컨트롤러의 코드다.

```php
try {
    $pdo = new PDO('mysql:host=localhost;dbname=ijdb;charset=utf8',
        'ijdbuser', 'mypassword');
    $pdo->setAttribute(PDO::ATTR_ERRMODE,
        PDO::ERRMODE_EXCEPTION);

    $sql = 'DELETE FROM `joke` WHERE `id` = :id';

    $stmt = $pdo->prepare($sql);

    $stmt->bindValue(':id', $_POST['id']);
    $stmt->execute();

    header('location: jokes.php');
}
catch (PDOException $e) {
    $title = '오류가 발생했습니다';

    $output = '데이터베이스 서버에 접속할 수 없습니다: ' .
    $e->getMessage() . ' , 위치: ' .
    $e->getFile() . ':' . $e->getLine();
}

include __DIR__ . '/../templates/layout.html.php';
```

기능이 추가된 jokes.php와 deletejoke.php 파일의 전체 코드는 예제 코드 저장소의 MySQL-DeleteJoke 브랜치에서 확인할 수 있다.

이 코드는 4장 초반에 실습했던 '유머 글 등록' 코드와 정확히 구조가 같다. 먼저 DELETE 쿼리의 id 부분에 자리표시자를 넣고 prepare() 메서드로 준비한다*. 다음으로 :id 자리표시자와 $_POST['id']값을 bindValue에 전달해 호출한 다음 쿼리를 전송한다. 쿼리가 실행되면 header() 함수를 호출하고 브라우저가 유머 글 목록으로 페이지를 리다이렉트하도록 지시한다.

---

* 저자주_ prepare는 SQL 주입 공격(injection attacks)에 대비하는 메서드다. 유머 글의 ID가 눈에 보이지 않는 숨겨진 폼 필드로 전달되므로 SQL 주입 공격으로부터 데이터베이스를 보호할 필요가 없다고 여기는 사람이 있을 텐데, 숨겨진 필드도 방문자가 얼마든지 조작할 수 있다. 최근 들어 보편적으로 쓰이는 다양한 브라우저 확장 기능을 이용하면 숨겨진 폼 필드를 노출시키고 값을 고칠 수 있다. 사이트의 보안을 고려한다면 브라우저를 사용해 제출된 값은 절대적으로 불신해야 할 요소다.

4.10 완성

이번 장은 주로 PHP 데이터 객체^{PHP Data Objects, PDO}를 다뤘다. PDO, PDOException, PDOStatement 등의 PHP 내장 클래스로 객체를 생성하고 각 객체의 다양한 메서드를 사용해 MySQL 데이터베이스를 다루는 법을 배웠다. 그와 동시에 자연스럽게 객체 지향 프로그래밍^{object-oriented programming, OOP}의 기초적인 개념도 익혔다. PHP 초심자에 있어 대단한 성과다.

PDO 객체는 데이터베이스 기반 웹사이트의 핵심 요소다. PDO를 사용해 ijdb 데이터베이스의 내용을 공개하고, 웹에서 유머 글을 등록하며 삭제하는 기능을 구현했다.

이번 장을 사용해 데이터베이스 기반 웹사이트 구축이라는 목표를 어느 정도 달성했다고 여겨도 좋다. 물론 지금까지 배운 내용은 가장 핵심적인 뼈대에 해당한다. 앞으로 남은 내용을 배우며 이 뼈대에 살을 붙여나갈 것이다.

다음 장에서는 관계형 데이터베이스 이론을 배운다. 유머 글을 등록한 사용자의 정보를 추가로 저장하고 이를 유머 글 정보와 조합한다. 이렇듯 더 복잡한 형태의 정보를 처리하는 고급 SQL 쿼리를 배운다.

## CHAPTER 5

관계형 데이터베이스 디자인

3장에서 다룬 데이터베이스는 joke 테이블 하나로 구성됐다. 아주 단순한 구조였지만 초심자가 MySQL 데이터베이스에 입문하고 간단한 예제를 구현하기 충분했다. 이번 장은 여기에서 한 걸음 더 나아가 관계형 데이터베이스 디자인 원리에 입각해 기존 데이터베이스를 확장한다. 이 과정에서 관계형 데이터베이스의 진정한 위력을 체감하고 그에 따라 자연스럽게 MySQL의 고급 기능을 배우게 될 것이다.

미리 말해두지만 일부 주제만 개념적으로 느슨하게 다룰 것이다. 컴퓨터 과학 분야가 대게 그렇듯 데이터베이스 디자인 원리도 수학적으로 검증 가능한 매우 진지한 연구 분야다. 이 과정 전체를 이 책에서 다루기는 힘들다.

데이터베이스 디자인과 SQL을 전반적으로 다루는 책으로 『SQL 첫걸음』(한빛미디어, 2015)이 있다. 더 심도 있는 관계형 데이터베이스 이론을 배우려면 『프로젝트 성패를 결정짓는 데이터 모델링 이야기』(한빛미디어, 2015)를 추천한다.

5.1 테이블 확장

들어가기에 앞서 joke 테이블의 구조를 상기해보자. joke 테이블의 칼럼은 id, joketext, jokedate며 각각 유머 글 ID, 유머 글 본문, 등록일자를 나타낸다. joke 테이블을 생성하고 엔트리를 추가하는 쿼리는 다음과 같다*.

```
# 유머 글 테이블 생성 쿼리

CREATE TABLE `joke` (
    `id` INT NOT NULL AUTO_INCREMENT PRIMARY KEY,
    `joketext` TEXT,
    `jokedate` DATE NOT NULL
) DEFAULT CHARACTER SET utf8 ENGINE=InnoDB;

# 유머 글 추가 쿼리

INSERT INTO `joke` SET
```

---

* 저자주_ 연습용 데이터베이스를 새로 구성하려면 먼저 MySQL 워크벤치에서 모든 테이블을 지우고, 예제 코드 저장소의 database.sql을 내려받아 Data Import/Restore 메뉴로 불러와 실행한다. database.sql 파일 내용은 예제 코드 브랜치에 따라 다르다. 코드 저장소에 포함된 database.sql을 이용하면 언제든 데이터베이스를 초기화시킬 수 있다.

```
`joketext` = 'Why was the empty array stuck outside? It didn\'t have any keys',
`jokedate` = '2017-04-01';

INSERT INTO `joke`
(`joketext`, `jokedate`) VALUES (
'!false - It\'s funny because it\'s true',
"2017-04-01"
);
```

이제 기존 유머 글 정보에 더해, 유머 글을 작성한 사람의 이름을 추가로 저장해보자. 쉽게 떠올릴 수 있는 방안은 칼럼 추가다. 3장에서 배운 ALTER TABLE 명령으로 joke 테이블에 작성자명 칼럼을 추가할 수 있다.

앞서 실습했듯이 MySQL 워크벤치를 사용하면 쿼리를 직접 입력하지 않아도 원하는 작업을 수행할 수 있다. MySQL 워크벤치 GUI로 데이터베이스를 다루면 프로그램이 쿼리를 대신 생성하며 실행하기 전에 최종적으로 내용을 확인받는다. 쿼리를 직접 작성하기 어려울 때는 언제든 MySQL 워크벤치를 활용하면 좋다. 원하는 쿼리를 정확하고 빠르게 생성할 수 있다.

SQL 쿼리는 두 종류로 구분한다.

- **데이터 정의 언어(Data definition language, DDL) 쿼리** : DDL 쿼리는 데이터가 저장되는 구조를 묘사한다. CREATE TABLE, CREATE DATABASE, ALTER TABLE 쿼리가 DDL에 해당한다.
- **데이터 조작 언어(Data manipulation language, DML) 쿼리** : DML 쿼리는 데이터베이스에 저장된 데이터를 가공하는 쿼리다. 대표적으로 INSERT, UPDATE, DELETE, SELECT 등이 있다.

DML 쿼리는 PHP 스크립트에 직접 작성할 때가 많고 데이터베이스 내부 작동 과정과 밀접한 관련을 맺고 있어서, 문법과 활용 사례를 익혀두면 PHP 개발자에게 많은 도움이 된다. 상대적으로 DDL 쿼리는 직접 작성하기보다 MySQL 워크벤치의 힘을 빌리는 편이 경제적이다. DDL 쿼리는 DML 쿼리에 비해 형식이 상당히 어렵다. MySQL 워크벤치를 이용해 쿼리를 자동으로 생성하면 DML 쿼리 학습과 작성에 들일 시간을 절약할 수 있다.

테이블에 칼럼을 새로 추가하려면 먼저 MySQL 워크벤치로 데이터베이스에 접속한다. 3장에서 생성한 ijdb 스키마를 더블클릭하면 테이블 목록에 joke 테이블이 보일 것이다.

TIP 서버 재부팅

베이그런트로 가상 머신을 실행하던 중 PC를 재부팅하거나 사용자 계정이 로그아웃되면 vagrant up 명령으로 베이그런트를 다시 시작해야 한다.

테이블명 위에서 마우스 오른쪽 버튼을 클릭하고 'Alter Table' 메뉴를 선택한다. 테이블을 생성할 때 칼럼을 설정했던 방법 그대로 새로운 칼럼을 추가할 수 있다.

유머 글 작성자를 저장할 신규 칼럼의 이름은 authorname이다. 아주 긴 이름도 저장할 수 있도록 타입을 VARCHAR(255)로 지정한다. 이름 하나당 최대 255자까지 가변적으로 입력하는 설정이다. 또한 email 주소 칼럼도 추가한다. 칼럼명은 authoremail, 타입은 마찬가지로 VARCHAR(255)로 설정한다.

Apply 버튼을 누르면 확인 창이 나타나며 다음과 같은 DDL을 보여준다.

```
ALTER TABLE `joke` ADD COLUMN `authorname` VARCHAR(255)
ALTER TABLE `joke` ADD COLUMN `authoremail` VARCHAR(255)
```

직접 이 쿼리를 작성하고 실행할 수 있지만 MySQL 워크벤치 GUI를 사용하면 더 편리하다. 실행하기 전에 쿼리에 오류가 없는지 검사하므로 항상 올바른 쿼리를 실행할 수 있다.

두 칼럼이 올바르게 추가됐는지 확인하기 위해 Schemas 패널에서 테이블명에 마우스 오른쪽 버튼을 클릭하고 'Select Rows – Limit 1000' 메뉴를 선택한다. 결과 목록이 나타나면 추가된 두 칼럼을 볼 수 있다. 물론 기존에 등록된 글은 해당 칼럼에 값이 없다.

다음은 테이블 조회 결과 화면이다.

그림 5-1 칼럼이 추가된 joke 테이블

보기에는 썩 괜찮다. 테이블 구조를 확장했으니 4장에서 실습했던 유머 글 등록 페이지도 HTML과 PHP 폼을 그에 맞게 고쳐야 제대로 작동한다. 빈 작성자명과 이메일 값은 UPDATE 쿼리를 써서 직접 채워도 좋다. 이 구조를 토대로 예제를 계속 진행할 수 있지만, 그 전에 잠시 멈춰 이 구조가 최선의 선택인지 고민해보자.

5.2 디자인 원칙 : 엔티티 분리

데이터베이스 기반 웹사이트에 대한 지식이 쌓일수록, 유머 웹사이트의 영역을 개인적인 공간 너머로 넓혀야 한다는 결론에 다다를 것이다. 전 세계 누구나 유머 글을 올릴 수 있도록 허용하면 자신이 직접 등록한 글보다 훨씬 많은 글이 등록될 것이다. 그럴수록 작성자명과 이메일은 필수적으로 저장해야 할 정보지만, 앞 절에서 고안한 방법은 많은 문제를 야기한다.

- 글을 등록했던 사용자가 이메일 주소를 바꾸면 어떻게 될까? 예를 들어 사이트에 유머 글을 자주 올리던 김한빛씨의 이메일 주소가 바뀌었다. 앞으로 등록할 글은 신주소를 입력하겠지만 기존 글에 저장된 주소는 기존 이메일 주소가 그대로 남아 있다. 데이터베이스 조회 결과만 놓고 보면 이름이 같고 이메일 주소가 다른 동명이인이 있다고 판단해도 이상하지 않다. 기존 주소를 수작업으로 일일이 갱신한다 하더라도, 구주소가 단 한 건이라도 누락되면 전체 데이터의 신뢰성이 무너진다. 데이터베이스 디자인 전문가는 이런 문제를 일컬어 갱신 이상_{update anomaly}이라 한다.

- 유머 글의 작성자 정보는 joke 테이블의 두 칼럼에 저장된다. 메일링 목록이 필요할 때 다음 쿼리를 실행해 이름과 이메일 주소를 추출할 수 있다.

```
SELECT DISTINCT `authorname`, `authoremail`
FROM `joke`
```

SELECT 쿼리에 DISTINCT를 적용하면 MySQL은 결과 로우에서 중복된 항목을 제거한다. 예를 들어 Joan Smith가 같은 이메일 주소로 유머 글을 20개 올려도 DISCTINCT를 쓰면 해당 이메일을 한 번만 추출한다.

이번에는 특정 사용자가 제출한 모든 유머 글을 지우는 상황을 가정해보자. joke 테이블에서 해당 사용자의 글을 모두 지우면 사용자의 이름과 이메일 정보도 모두 삭제된다. 사이트 이용자에게 메일을 보낼 수 있는 정보가 원천적으로 사라지는 셈이다. 데이터베이스 디자인 전문가는 이를 삭제 이상이라 부른다.

메일링 목록이 큰 수입원인 사이트에서 사용자의 이메일 주소는 매우 중요한 정보다. 사용자의 글이 마음에 들지 않는다고 사용자 이메일 주소까지 지울 수는 없는 노릇이다.

- 또한 김한빛씨가 글을 쓸 때 항상 같은 이름을 입력했다고 보장할 수 없다. 김한빛, 한빛김, KimHanBit 등 입력값은 사용자가 마음대로 정한다. 심지어 이메일 주소마저 여러 종류를 입력했다면 사용자와 이메일 주소 조합은 더욱 늘어난다. 즉, 특정 사용자를 정확히 식별하고 추적하는 일은 극히 까다롭다.

이러한 문제들은 데이터베이스 디자인 원칙을 올바르게 수립하면 쉽게 해결된다. 우선 작성자 정보를 유머 글 정보와 함께 저장하지 않고 별개의 테이블에 저장해야 한다. joke 테이블에 유머 글 고유번호를 저장하는 id 칼럼이 있듯, 작성자 정보 테이블도 고유한 식별 번호를 저장한다. 다음으로 joke 테이블의 유머 글과 작성자 테이블의 ID를 연결한다. 다음 그림은 이렇게 구성한 테이블 구조를 표현한 그림이다.

그림 5-2 joke, author 테이블 관계 구조

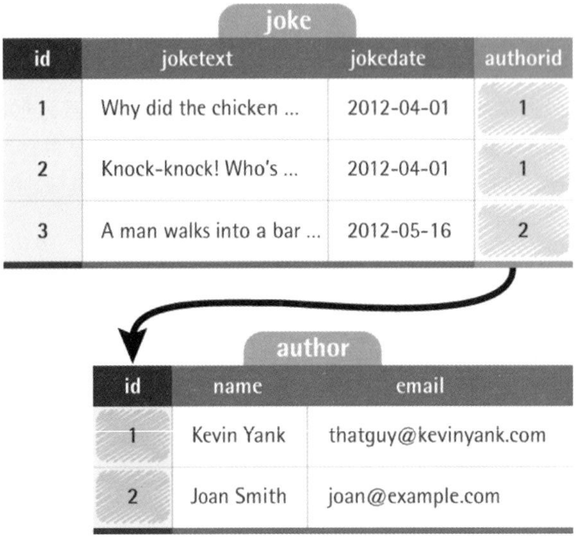

이 그림은 세 유머 글과 두 사용자의 관계를 나타낸다. joke 테이블의 authorid 칼럼은 두 테이블 사이에 관계를 수립한다. 유머 글 1과 2는 Kevin Yank가 등록하고 3은 Joan Smith가 등록했다. 각 사용자 정보는 데이터베이스에 한 번씩만 저장되고 유머 글 데이터와 분리된다. 앞서 설명한 문제가 모두 해결된다.

데이터베이스 디자인 측면에서 이 구조가 상징하는 중요한 의미는 서로 다른 두 개체인 유머 글과 작성자 정보를 각기 다른 테이블에 분리해 저장한다는 점이다. 데이터베이스 디자인을 배울 때 항상 염두에 두어야 할 경험적 법칙이다. 데이터의 엔티티 종류에 따라 전용 테이블을 구성하고 그에 맞게 데이터를 저장해야 한다.

이러한 데이터베이스 구조는 CREATE TABLE 쿼리를 두 번만 실행하면 쉽게 만들 수 있다. 그러나 기존에 입력된 유머 글을 그대로 유지한 채 구조를 고치려면 먼저 MySQL 워크벤치로 authorname과 authoremail 칼럼을 지워야 한다. Tables 리스트에서 joke 테이블을 우클릭하고 'Alter Table'을 선택한다. 테이블 칼럼 목록 화면이 나오면 지울 두 칼럼을 각각 우클릭해 'Delete Selected' 메뉴를 선택한다. Apply를 클릭하면 MySQL 워크벤치가 다음과 같은 쿼리를 자동으로 생성할 것이다.

```
ALTER TABLE `ijdb`.`joke`
DROP COLUMN `authoremail`,
DROP COLUMN `authorname`;
```

이 쿼리는 테이블에서 칼럼을 지우는 DDL이다. 쿼리 패널에 직접 작성하고 실행할 수 있지만 GUI를 사용해 실행하면 DDL 명령을 일일이 기억할 필요가 없다.

이제 작성자 정보를 저장할 테이블을 새로 만든다. joke 테이블을 생성할 때와 마찬가지로 Schemas 패널 하위에 Tables 항목에서 마우스 오른쪽 버튼을 클릭하고 'Create Table' 메뉴를 선택한다.

table name에 author를 입력하고 다음과 같이 필드를 추가한다.

1 **칼럼명** : id, 데이터 타입 : INT, 체크 항목 : PK, AI, NN
2 **칼럼명** : name, 데이터 타입 : VARCHAR(255)
3 **칼럼명** : email, 데이터 타입 : VARCHAR(255)

Apply를 클릭하면 MySQL 워크벤치가 다음과 같이 CREATE TABLE 쿼리를 생성한다.

```
CREATE TABLE `author` (
    `id` INT NOT NULL AUTO_INCREMENT PRIMARY KEY,
    `name` VARCHAR(255),
    `email` VARCHAR(255)
) DEFAULT CHARACTER SET utf8 ENGINE=InnoDB
```

마지막으로 joke 테이블에 authorid 칼럼을 추가한다. joke 테이블 수정 화면으로 들어가 authorid 칼럼을 추가하고 타입을 INT로 지정한다.

지금까지의 작업을 GUI가 아닌 수동으로 처리하려면 다음 쿼리를 직접 작성하고 실행한다.

```
# 작성자 ID 칼럼이 추가된 joke 테이블

CREATE TABLE `joke` (
```

```
    `id` INT NOT NULL AUTO_INCREMENT PRIMARY KEY,
    `joketext` TEXT,
    `jokedate` DATE NOT NULL,
    `authorid` INT
) DEFAULT CHARACTER SET utf8 ENGINE=InnoDB;

# 작성자 테이블

CREATE TABLE `author` (
    `id` INT NOT NULL AUTO_INCREMENT PRIMARY KEY,
    `name` VARCHAR(255),
    `email` VARCHAR(255)
) DEFAULT CHARACTER SET utf8 ENGINE=InnoDB;
```

이제 신규 테이블에 작성자 정보를 추가하고 기존 유머 글의 authorid 칼럼에 작성자 ID를 지정한다*. 기존 데이터베이스에 유머 글이 등록된 상태로 직접 INSERT, UPDATE 쿼리를 실행하면 좋은 연습 기회가 될 것이다. 데이터베이스를 새로 구축한 사람은 다음 쿼리를 직접 실행하면 시간을 절약할 수 있다.

```
# 작성자 정보 삽입
# ID를 미리 지정하고 아래 쿼리에서 유머 글을 삽입할 때 사용한다.

INSERT INTO `author` SET
    `id` = 1,
    `name` = 'Kevin Yank',
    `email` = 'thatguy@kevinyank.com';

INSERT INTO `author` (`id`, `name`, `email`)
VALUES (2, 'Tom Butler', 'tom@r.je');

# 유머 글 삽입

INSERT INTO `joke` SET
    `joketext` = 'How many programmers does it take to screw in a lightbulb?
None, it\'s a hardware problem.',
    `jokedate` = '2017-04-01',
    `authorid` = 1;

INSERT INTO `joke` (`joketext`, `jokedate`, `authorid`)
```

---

* 저자주_ 지금 이 쿼리를 실행할 때는 authorid를 직접 지정한다. 데이터의 관계에 따라 ID를 자동으로 할당하는 방법은 9장에서 배운다.

```
VALUES (
    'Why did the programmer quit his job? He didn\'t gets arrays',
    '2017-04-01',
    1
);

INSERT INTO `joke` (`joketext`, `jokedate`, `authorid`)
VALUES (
    'Why was the empty array stuck outside? It didn\'t have any keys',
    '2017-04-01',
    2
);
```

NOTE_ INSERT 방식

INSERT 쿼리 문법은 두 종류가 있다. 이번 기회에 기억을 되살려보자. 둘 다 완전히 똑같이 작동하고 실행 결과도 같다. 기능적인 우열을 가릴 필요가 없으니 취향에 따라 선택하기 바란다.

5.3 다중 테이블 SELECT

데이터를 두 테이블로 나누면 데이터를 가져오는 방법도 바뀐다. 유머 글 목록을 출력할 때 작성자명과 이메일 주소를 함께 출력해야 하는데, 기존 쿼리는 글과 작성자 데이터를 한 번에 가져올 수 없다. 테이블이 하나일 때는 다음과 같이 단일 SELECT 쿼리로 필요한 정보를 모두 가져올 수 있었다.

```
try {
    $pdo = new PDO('mysql:host=localhost;dbname=ijdb;charset=utf8',
        'ijdb', 'mypassword');
    $pdo->setAttribute(PDO::ATTR_ERRMODE,
        PDO::ERRMODE_EXCEPTION);

    $sql = 'SELECT `id`, `joketext` FROM `joke`';

    $jokes = $pdo->query($sql);

    $title = '유머 글 목록';
```

```
    ob_start();

    include __DIR__ . '/../templates/jokes.html.php';

    $output = ob_get_clean();
  }
  catch (PDOException $e) {
    $title = '오류가 발생했습니다';
    $output = '데이터베이스 오류: ' . $e->getMessage() . ', 위치: ' .
    $e->getFile() . ':' . $e->getLine();
  }

  include __DIR__ . '/../templates/layout.html.php';
```

이 코드는 새로운 데이터베이스 구조에 적합하지 않다. 작성자 정보를 추가로 가져와야 하는데 이 정보는 joke가 아닌 다른 테이블에 있다. 언뜻 생각하면 유머 글 데이터를 가져온 다음 각 글의 작성자를 검색하면 될 것 같지만, 그러려면 모든 글마다 PDO query() 메서드를 호출해야 한다. 복잡할 뿐만 아니라 상당히 많은 코드가 추가된다.

여기까지 생각하면 단점이 좀 있긴 해도 이전 구조가 더 좋아 보인다. 하지만 MySQL은 관계형 데이터베이스며 다중 테이블에 저장된 데이터를 손쉽게 처리하도록 설계됐다. 테이블 분리 구조의 이점과 단일 테이블 처리의 단순함을 모두 취하는 도구를 제공한다. SELECT 쿼리에 join 구문을 접목하면 다중 테이블의 저장된 데이터를 한 테이블처럼 다룰 수 있다. 다음은 join 기능의 문법이다.

```
SELECT 칼럼
FROM `테이블1`
INNER JOIN `테이블2`
    ON 데이터 연계 조건
```

예제에서 id와 joketext 칼럼은 joke 테이블에, name과 email 칼럼은 author 테이블에 있다. joke 테이블 엔트리와 author 테이블 엔트리를 연결하는 조건은 joke 테이블의 authorid 칼럼값과 author 테이블의 id 칼럼값의 일치 여부다.

join 예제를 살펴보자. 먼저 나올 두 쿼리는 각 테이블에 담긴 내용을 조회하며 join을 사용하지 않는다. 세 번째 쿼리는 두 테이블을 join으로 묶는다.

```
SELECT `id`, LEFT(`joketext`, 20), `authorid` FROM `joke`
```

이 쿼리는 다음과 같이 결과를 반환한다.

그림 5-3 joke 테이블 쿼리 실행 결과

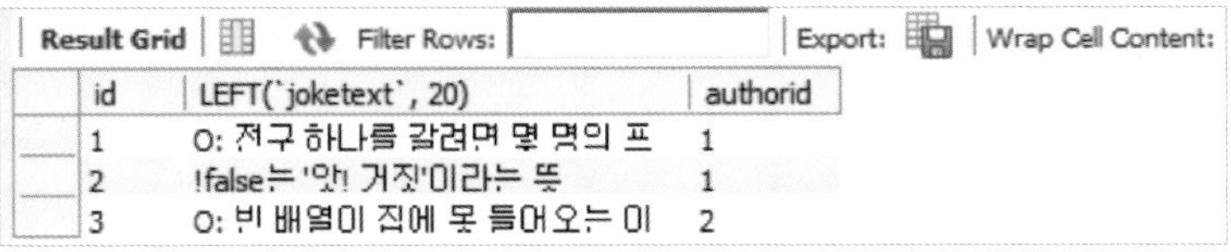

	id	LEFT(`joketext`, 20)	authorid
	1	O: 전구 하나를 갈려면 몇 명의 프	1
	2	!false는 '앗! 거짓'이라는 뜻	1
	3	O: 빈 배열이 집에 못 들어오는 이	2

```
SELECT * FROM `author`
```

이 쿼리는 다음과 같이 모든 작성자를 보여준다.

그림 5-4 author 테이블에 저장된 모든 작성자

	id	name	email
	1	Kevin Yank	thatouv@kevinyank.com
	2	Tom Butler	tom@r.ie
	NULL	NULL	NULL

두 테이블의 데이터를 Join문으로 한 번에 가져올 수 있다.

```
SELECT `joke`.`id`, LEFT(`joketext`, 20), `name`, `email`
FROM `joke` INNER JOIN `author`
    ON `authorid` = `author`.`id`
```

이 쿼리를 실행하면 다음 그림처럼 두 테이블의 데이터가 한 번에 출력된다.

그림 5-5 join 결과

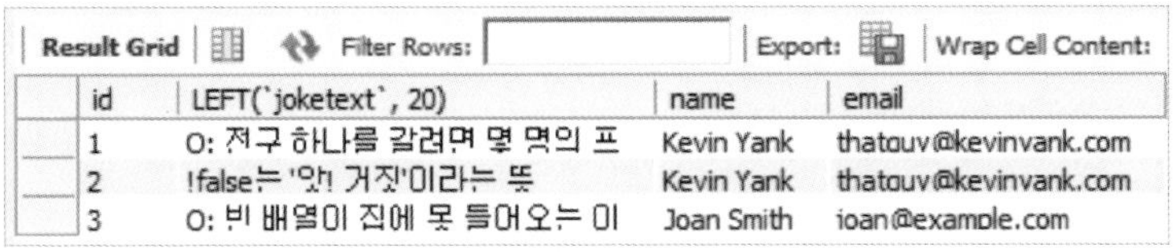

	id	LEFT(`joketext`, 20)	name	email
	1	O: 전구 하나를 갈려면 몇 명의 프	Kevin Yank	thatouv@kevinyank.com
	2	!false는 '앗! 거짓'이라는 뜻	Kevin Yank	thatouv@kevinyank.com
	3	O: 빈 배열이 집에 못 들어오는 이	Joan Smith	ioan@example.com

세 번째 SELECT 쿼리를 실행하면 두 테이블의 데이터를 정확하게 연결해 한 테이블의 내용처럼 가져온다. 실제로 두 테이블에 나뉜 데이터지만 한 테이블에서 가져온 결과처럼 활용할 수 있어 웹 페이지에 유머 글 목록을 출력할 때 편리하다. 다만 이때 두 테이블에 모두 id 칼럼이 있다는 점에 유의해야 한다. 어느 한쪽 id 칼럼을 참조하려면 joke.id, author.id처럼 테이블 명을 정확하게 명시해야 한다. 그렇지 않으면 MySQL은 어느 테이블에 속한 id 칼럼인지 이해하지 못하고 다음과 같은 오류를 낸다.

```
Error Code: 1052. Column 'id' in field list is ambiguous
```

두 테이블에 저장된 데이터를 효과적으로 가져오는 쿼리를 배웠으니 이를 코드에 적용해보자.

```php
try {
    $pdo = new PDO('mysql:host=localhost;dbname=ijdb;charset=utf8',
        'ijdb', 'mypassword');
    $pdo->setAttribute(PDO::ATTR_ERRMODE,
        PDO::ERRMODE_EXCEPTION);

    $sql = 'SELECT `joke`.`id`, `joketext`, `name`, `email`
    FROM `joke` INNER JOIN `author`
        ON `authorid` = `author`.`id`';

    $jokes = $pdo->query($sql);

    $title = '유머 글 목록';

    ob_start();

    include __DIR__ . '/../templates/jokes.html.php';

    $output = ob_get_clean();
}
catch (PDOException $e) {
    $title = '오류가 발생했습니다';

    $output = '데이터베이스 오류: ' . $e->getMessage() . ', 위치: ' .
    $e->getFile() . ':' . $e->getLine();
}

include __DIR__ . '/../templates/layout.html.php';
```

다음으로 작성자 정보를 출력하도록 jokes.html.php 템플릿을 수정한다.

```php
<?php foreach($jokes as $joke): ?>
<blockquote>
    <p>
    <?=htmlspecialchars($joke['joketext'],
        ENT_QUOTES, 'UTF-8')?>

    (작성자: <a href="mailto:<?php
    echo htmlspecialchars($joke['email'], ENT_QUOTES,
        'UTF-8'); ?>"><?php
    echo htmlspecialchars($joke['name'], ENT_QUOTES,
        'UTF-8'); ?></a>)

    <form action="deletejoke.php" method="post">
        <input type="hidden" name="id"
        value="<?=$joke['id']?>">
        <input type="submit" value="삭제">
    </form>
    </p>
</blockquote>
<?php endforeach; ?>
```

스크립트를 실행하면 다음과 같은 화면을 볼 수 있다.

그림 5-6 유머 글과 작성자

데이터베이스 사용 경험이 쌓일수록, 다중 테이블의 데이터를 하나로 묶는 쿼리의 위력을 깨닫게 될 것이다. 예를 들면 다음 쿼리로 Tom Butler가 작성한 유머 글을 모두 가져올 수 있다.

```
SELECT `joketext`
FROM `joke` INNER JOIN `author`
    ON `authorid` = `author`.`id`
WHERE `name` = "Tom Butler"
```

이 쿼리를 실행한 결과는 다음 그림과 같다. joke 테이블에 속한 데이터만 가져오지만 author 테이블에 저장된 값을 기준으로 결과를 제한한다. 이런 기발한 쿼리가 앞으로 예제에서 숱하게 나올 텐데, 이번 예제를 맛보기 삼아 join의 폭넓은 사용성과 높은 활용도를 미리 가늠해보기 바란다. join은 항상 개발자의 일손을 덜어주는 고마운 도구다.

그림 5-7 Tom Butler가 작성한 유머 글

5.4 단순 관계

통상적으로 모범적인 데이터베이스 구조는 저장 데이터 사이에 존재하는 관계 형태에 의해 결정된다. 이번 절은 대표적인 관계 형태를 설명하고 각각을 모범적인 관계형 데이터베이스 구조에 맞게 구현한다.

단순한 일대일one-to-one 관계는 단독 테이블로 구성한다. 일대일 관계의 예시는 유머 글 작성자

와 이메일 주소의 관계다. 각 작성자는 이메일 주소를 하나씩 보유하며 각 이메일 주소는 작성자 한 명에 소속된다. 두 데이터를 별개 테이블에 나눠 담을 필요가 없다*.

다대일many-to-one 관계는 조금 더 복잡하지만 이미 예제에서 봤던 형태다. 유머 글 작성자는 한 명이지만 한 작성자는 여러 유머 글을 작성할 수 있다. 이때 유머 글과 작성자의 관계가 다대일 관계다. 작성자와 유머 글 정보를 한 테이블에 담았을 때 생기는 문제점은 앞서 설명했다. 간단히 말해 같은 데이터가 여러 벌 생기고 이들을 동기화시키기 힘들며 공간이 낭비될 우려가 있다. 이런 경우 데이터를 두 테이블로 나누고 id 칼럼으로 연결하면 join 쿼리로 모든 문제를 해결할 수 있다.

일대다one-to-many 관계는 다대일 관계의 반대 형태라고 생각하면 쉽다. 유머 글과 작성자는 다대일, 작성자와 유머 글은 일대다 관계다. 작성자 한 명을 기준으로 놓으면 유머 글이 여러 개 연결된다. 이론적으로는 간단하지만 현실적으로 이런 상황이 닥치면 한 눈에 파악하기 어렵다. 유머 글과 작성자 관계는 먼저 유머 글 구조를 만들고 각 글에 작성자를 배정하는 방식으로 구현했다. 이렇게 '일one' 쪽을 기준으로 두고 '다many' 쪽을 추가하는 가상 사례를 살펴보자.

먼저 한 작성자가 여러 이메일을 등록할 수 있도록 허용한다고 가정한다. 데이터베이스 디자인 측면에서 볼 때 작성자는 '일', 이메일 주소는 '다'에 해당한다. 일대다 디자인을 고려하지 않으면 다음과 같이 한 칼럼에 여러 값을 저장하는 구조를 떠올리기 쉽다.

그림 5-8 단일값 원칙을 위배한 테이블

author		
id	**name**	**email**
1	Kevin Yank	thatguy@kevinyank.com, kyank@example.com
2	Joan Smith	joan@example.com, jsmith@example.com

이 구조는 여러 이메일 주소를 쉼표처럼 특수한 문자로 연결해 email 필드에 저장한다. 이런 방식으로 데이터를 저장하면 개별 이메일 주소를 추출할 때 email 칼럼에 저장된 전체 문자열

---

* 저자주_ 이 규칙의 예외에 해당하는 상황이 있다. 예를 들어 테이블의 칼럼이 매우 많으면 그중에 SELECT 쿼리에 거의 사용되지 않는 칼럼이 생기는 법이다. 이런 경우 해당 칼럼을 별개 테이블로 분리한다. 더 작은 테이블을 조회할 때 쿼리 성능이 향상된다.

을 가져와 쉼표로 분리해야 한다. 단순하지 않을 뿐더러 시간도 더 걸린다. 등록된 전체 이메일 주소 중 하나를 제거하는 일조차 PHP 코드로 하기 쉽지 않다. 게다가 주소를 여러 개 넣을 경우를 대비해 이메일 칼럼의 최대 허용 문자 수도 훨씬 길게 설정해야 한다. 사용자가 주로 쓰는 이메일 주소가 보통 하나뿐임을 감안한다면 심한 디스크 공간 낭비다.

다시 뒤로 돌아가, 작성자와 유머 글 관계처럼 일대다 관계가 다대일 관계의 역전이라는 개념으로 접근해보자. 해결 방법은 같다. 이메일 주소 엔티티를 전용 테이블로 분리한다. 결과적으로 다음과 같은 구조가 형성된다.

그림 5-9 email의 authorid 필드와 author의 id 필드 관계

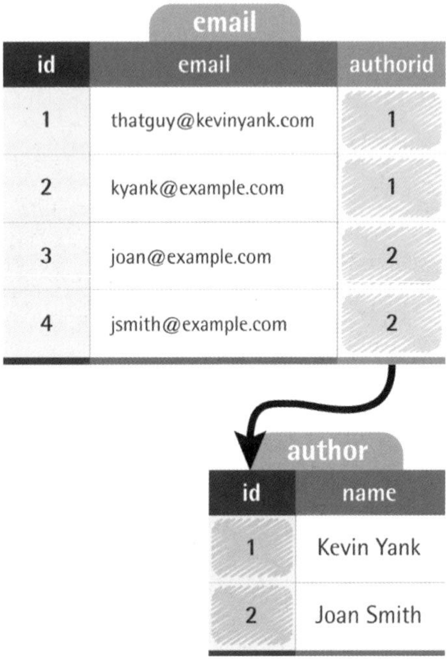

두 테이블의 구조가 그림과 같을 때 다음과 같이 join을 활용하면 특정 작성자의 이메일 주소를 모두 추출할 수 있다.

```
SELECT `email`
FROM `author` INNER JOIN `email`
    ON `authorid` = `author`.`id`
WHERE `name` = "Kevin Yank"
```

5.5 다대다 관계

이번에는 웹사이트에 글이 등록되는 속도가 꾸준히 증가하고 데이터가 폭증하는 상황을 가정한다. 유머 글 수가 관리하기 힘들 정도로 늘어났다. 방문자는 아무런 구조적 제한이 없는 상태로 수백 개의 유머 글이 나열된 거대한 페이지와 마주친다. 분명 변화가 필요한 상황이다.

고심 끝에 유머 글을 카테고리에 따라 분류하기로 한다. 카테고리는 일반 유머, 개발자 유머, 치킨 유머, 정치시사 유머 등이다. 앞서 배운 디자인 규칙에 의하면 새로운 엔티티인 유머 카테고리는 새로운 테이블로 분리해야 한다. MySQL 워크벤치를 이용하거나 다음과 같은 쿼리를 실행해 테이블을 생성한다.

```
CREATE TABLE `category` (
    `id` INT NOT NULL AUTO_INCREMENT PRIMARY KEY,
    `name` VARCHAR(255)
) DEFAULT CHARACTER SET utf8 ENGINE=InnoDB
```

이 테이블은 카테고리의 ID와 이름을 저장하며 joke 테이블에 작성자 정보를 연결하는 방식과 똑같이 연결할 수 있다. authorid와 같은 역할을 하는 categoryid 칼럼을 joke 테이블에 추가하고 category 테이블과 연결한다. 이제 특정 카테고리에 해당하는 모든 유머 글을 다음 쿼리로 가져올 수 있다.

```
SELECT `joketext`, `jokedate` FROM `joke` WHERE `categoryId` = 2
```

카테고리 테이블 구조가 결정되고 유머 글의 카테고리를 분류하는 고된 작업에 돌입한다. 이윽고 개발자 유머와 치킨 유머에 모두 해당하는 유머 글이 발견되고, 정치시사인 동시에 개발자 유머인 글이 나타난다. 한 유머 글이 많은 카테고리에 대응하고 한 카테고리도 많은 유머 글에 대응한다. 이러한 관계가 다대다many-to-many 관계다.

디자인 원리에 무지한 개발자는 이번에도 마찬가지로 한 칼럼에 여러 값을 담는 방법을 먼저 떠올린다. 유머 글이 여러 카테고리에 속하니까 categoryid 칼럼에 여러 카테고리 ID를 나열하면 된다고 단순하게 생각하기 쉽다. 이럴 때는 두 번째 디자인 원칙을 상기해야 한다. 단일 필드에 저장된 다중값은 디자인적 결함을 상징한다.

다대다 관계를 올바르게 구현하려면 룩업lookup 테이블을 도입해야 한다. 이 테이블은 실제 데이터가 아니라 상관 관계로 맺어진 엔트리 쌍을 저장한다. [그림 5-10]은 jokecategory 테이블이 유머 글과 카테고리를 연결하는 구조를 보여준다.

그림 5-10 룩업 테이블

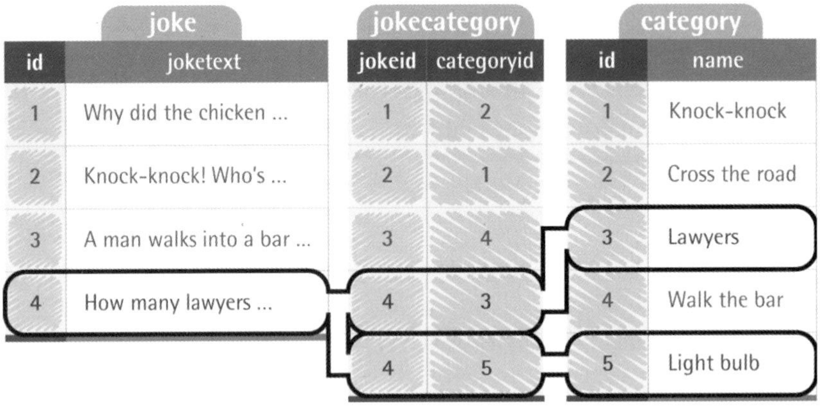

jokecategory 테이블은 jokeid 필드와 categoryid 필드를 연결한다. '국회의원과 개발자' 유머는 정치시사와 개발자 유머에 모두 속한다. 룩업 테이블은 기본 키를 지정하는 방식이 다른 테이블과 다르다. 지금까지 만든 모든 테이블은 id라는 칼럼을 두고 PRIMARY KEY로 지정했다. MySQL은 기본 키가 같은 엔트리를 추가하도록 허용하지 않는다. 또한 기본 키가 지정된 칼럼을 기준으로 join 쿼리를 실행하면 속도가 빠르다.

룩업 테이블은 한 칼럼의 값으로 고유성을 부여할 수 없다. 여러 유머 글 ID가 등록되며 한 유머 글이 여러 카테고리에 속하므로 각 카테고리 ID도 여러 번 등록된다. 유머 카테고리 룩업 테이블은 유머 글 ID와 카테고리 ID 쌍에 중복을 허용하지 않아야 하며, join 쿼리를 쓸 때 속도를 향상시키려면 기본 키를 제공해야 한다. 이러한 이유로, 룩업 테이블은 일반적으로 기본 키에 다중 칼럼을 지정한다. 다음은 다중 칼럼을 기본 키로 설정하는 쿼리다.

```
CREATE TABLE `jokecategory` (
    `jokeid` INT NOT NULL,
    `categoryid` INT NOT NULL,
    PRIMARY KEY (`jokeid`, `categoryid`)
) DEFAULT CHARACTER SET utf8 ENGINE=InnoDB
```

MySQL 워크벤치에서 테이블을 생성할 때 두 칼럼 모두에 PK 설정을 체크하면 이와 같은 쿼리가 생성된다. 쿼리를 실행하면 룩업 테이블 jokecategory가 생성되며 jokeid와 categoryid가 함께 기본 키를 이룬다. 다중 칼럼 기본 키는 룩업 테이블 로우에 고유성을 부여하며, 특정 유머 글이 특정 카테고리에 두 번 이상 지정되지 않도록 제한한다. 또한 join 쿼리 실행 속도도 향상시킨다.*

카테고리 룩업 테이블을 만들고 글 분류 정보를 저장하면 join 쿼리가 활약할 무대가 열린다. 다음 쿼리는 'knock-knock' 카테고리에 속한 모든 유머 글을 가져온다.

```
SELECT `joketext`
FROM `joke`
INNER JOIN `jokecategory`
    ON `joke`.`id` = `jokeid`
INNER JOIN `category`
    ON `categoryid` = `category`.`id`
WHERE name = "knock-knock"
```

이 쿼리는 join이 두 번 나온다. 먼저 joke 테이블과 jokecategory 테이블을 연결하고 category 테이블을 추가로 연결한다. 데이터베이스 구조가 복잡할수록 다중 join 쿼리도 자주 쓰인다.

다음 쿼리는 본문이 'How many lawyers'로 시작하는 모든 유머 글의 카테고리 목록을 가져온다.

```
SELECT `name`
FROM `joke`
INNER JOIN `jokecategory`
    ON `joke`.`id` = `jokeid`
INNER JOIN `category`
    ON `categoryid` = `category`.`id`
WHERE `joketext` LIKE "How many lawyers%"
```

다음 쿼리는 개발자 유머에 해당하는 모든 글의 작성자명을 불러온다. 이전 쿼리에 author 테이블을 추가로 join해 총 네 테이블을 묶는다.

---

* 저자주_ CREATE TABLE 쿼리로 처음부터 직접 jokecatogory 테이블을 만들어도 좋다. INSERT 쿼리로 카테고리 데이터와 유머 글 데이터를 함께 입력해보자

```
SELECT `author`.`name`
FROM `joke`
INNER JOIN `author`
    ON `authorid` = `author`.`id`
INNER JOIN `jokecategory`
    ON `joke`.`id` = `jokeid`
INNER JOIN `category`
    ON `categoryid` = `category`.`id`
WHERE `category`.`name` = "knock-knock"
```

join을 사용해 원하는 결과를 얻었지만 슬슬 복잡해지기 시작한다. 쿼리가 지나치게 복잡하면 효율이 떨어진다. 이러한 복잡도를 낮출 수 있는 다른 방식을 책 후반부에서 배운다.

아직 웹사이트에 카테고리 기능을 추가하지 않았지만, 그에 맞는 데이터베이스 구조를 확립하고 이해했으니 언제든 기능을 구현할 수 있다.

5.6 마치며

이번 장은 모범적인 데이터베이스 디자인의 기초적인 원칙을 설명하고 MySQL로 엔티티 관계 형태를 표현하는 방법을 선보였다. 관계 형태 구현은 MySQL을 비롯한 모든 관계형 데이터베이스가 지원하는 핵심 기능이다. 다양한 관계 형태 중 제일 먼저 일대일 관계 개념을 정립하고 이어서 다대일, 일대다, 다대다 관계까지 지식의 영역을 확장했다.

이 과정에서 유용한 SQL 명령들을 배웠다. 특히 SELECT 쿼리에 join을 추가하고 다중 테이블에 분할된 데이터를 하나의 결과 집합으로 가져오는 예제를 실습했다.

4장에서 구현한 '유머 글 목록'은 단순히 글 본문만 나열한다. 다중 테이블을 다루는 실력이 쌓이면 글 목록에 작성자와 카테고리 항목을 추가할 수 있다. 이 작업을 9장에서 본격적으로 시작할 텐데, 그 전에 PHP 능력치를 충분히 높여두어야 한다. 이번 장에서 MySQL 데이터베이스 디자인을 깊이 있게 파고들었듯이, 6장은 PHP 프로그래밍의 세부적 기법을 집중적으로 공략한다. 아울러 유머 사이트에 재미를 더하고 완성도를 높인다.

## CHAPTER 6

구조적 프로그래밍

인터넷 유머 세상 사이트를 개선하기에 앞서 PHP 실력을 충분히 갈고 닦아야 한다. 다양한 수련 방법이 있지만 이번 장에서는 특별히 코드 구조를 개선하는 기법을 선보인다.

아주 단순한 코드가 아닌 한, 모든 PHP 프로젝트는 코드 구조화 기법을 적용해 완성도를 높일 수 있다. 이미 2장에서 PHP 코드를 컨트롤러와 템플릿으로 분리하고 여러 파일에 나누어 저장하는 방법을 배웠다. 컨트롤러에서 생성된 동적 콘텐츠를 템플릿에서 출력하는 방식으로 서버 로직을 HTML 코드에서 떼어낸다. 이를 실현하는 핵심 명령인 include 사용법도 배웠다.

PHP 언어는 여러 방면으로 코드 구조화를 지원한다. 그중 가장 강력한 기법은 의심할 여지없이 객체 지향 프로그래밍object-oriented programming, OOP이다. 4장에서 PDO 객체를 사용해 간단하게나마 OOP를 경험했다. 그러나 OOP 원리를 전체적으로 속속들이 배울 필요는 없다. 기본적인 PHP 기능만 활용해도 코드 구조를 확립하고 튼튼한 애플리케이션을 구축할 수 있다.

이번 장은 PHP 코드를 지속적으로 관리하고 유지하는 비책을 선보인다. 프로젝트 규모가 커질수록 코드양도 늘어난다. 프로젝트에 변경 사항이 생기면 그와 관련된 코드를 모두 찾아 변경 내용을 반영해야 한다. 이 과정은 생각보다 까다롭고 여러 곳을 고쳐야 할 때도 있다.

똑같은 코드가 여기저기 있으면 일일이 고치기가 여간 귀찮은 게 아니다. include문을 쓰면 반복적인 작업을 줄일 수 있다. 이미 있는 코드를 똑같이 다른 곳에 써야 할 때, 해당 코드를 별도 파일에 저장하고 그 자리를 include문으로 대체하자. 조심스럽게 장담하건데, 이 방식은 항상 옳다.

컴퓨터는 그저 묵묵히 코드를 실행할 뿐 코드 구조는 신경 쓰지 않는다. 프로그래머는 컴퓨터가 아니라 순전히 자신의 편의를 위해 코드를 구조적으로 작성하며, 반복되는 부분을 줄이고 작은 크기로 조각낸다. 기능 단위로 세분화된 코드는 훨씬 관리하기 쉽다. 수십 가지 일을 하는 1,000줄짜리 스크립트에 오류가 발생하면 원인을 찾아내기 어렵다. 단일 작업을 수행하는 30줄짜리 파일에서 발생한 오류는 훨씬 찾기 쉽다.

6.1 인클루드

아무리 간단한 PHP 웹사이트라도 똑같은 코드 조각을 여러 곳에 쓸 때가 있다. 2장에서 배운 예제는 컨트롤러에서 include 명령으로 PHP 템플릿을 불러온다. 또한 layout.html.php 파일에 HTML 코드를 작성하고 모든 페이지에서 공통으로 사용한다. 같은 원리로 반복 사용하는 코드를 매번 작성할 필요 없이 재사용할 수 있다.

비결은 역시 include다. 똑같은 코드를 다시 작성하는 대신, 해당 코드를 떼어 별도 파일에 작성하면 PHP 스크립트에서 include로 불러올 수 있다.

6.1.1 HTML

인클루드 개념은 PHP가 나오기 이전부터 존재했다. 2000년대 초에 웹 개발을 시작한 사람은 서버 사이드 인클루드^{server-side includes,SSIs} 기능을 써봤을 것이다. SSIs는 HTML, 자바스크립트, CSS 일부가 담긴 파일을 웹 페이지에 삽입하는 기능이며 거의 모든 웹 서버에서 지원한다.

PHP 웹사이트는 일반적으로 PHP 파일 또는 PHP/HTML 복합 파일을 인클루드 파일로 분리한다. 그러나 인클루드 파일에 PHP 코드가 없어도 상관없다. 정적 HTML 코드만 담긴 파일도 인클루드 파일로 쓸 수 있고, 고정적인 화면 영역을 관리할 때 유용하다. 다음은 저작권 안내를 표시하는 HTML 코드로, 모든 페이지 하단에 공통적으로 출력된다.

```html
<footer>
    이 웹 페이지의 콘텐츠는 저작권이 있습니다. copyright &copy; 2017 Example LLC. All
Rights Reserved.
</footer>
```

이 코드를 footer.html.php 파일로 저장하면 PHP 템플릿에서 부분 템플릿으로 활용할 수 있다. 프로젝트의 다른 파일과 구별하기 쉽도록 파일명 끝에 .html.php를 붙인다. 템플릿 구조를 적용한 프로젝트에서 흔히 쓰는 명명 규칙이다.

이제 이 부분 코드를 다음과 같이 samplepage.tpl.php 템플릿에서 불러온다.

```html
<!DOCTYPE html>
<html lang="ko">
    <head>
        <meta charset="utf-8">
        <title>예시 페이지</title>
    </head>
    <body>
```

```
    <main>
        이 페이지는 하단에 표준 저작권 안내가 담긴 정적 파일을 포함합니다.
    </main>
    <?php include 'footer.html.php'; ?>
    </body>
</html>
```

마지막으로 이 템플릿을 다음과 같이 sample.php 컨트롤러에서 불러오면 [그림 6-1]처럼 출력된다.

```
<?php
include 'samplepage.tpl.php';
?>
```

그림 6-1 완성된 페이지

이 그림은 브라우저에서 sample.php 페이지에 접속했을 때 출력되는 화면이다.

이제 저작권 안내문이 변경되면 footer.html.php 파일만 고치면 된다. 더 이상 시간을 낭비할 필요 없고, 영 미덥지 못한 '찾기/바꾸기' 기능도 필요 없다.

물론 그마저 PHP가 대신 처리하면 프로그래머는 두 다리 쭉 뻗고 쉴 수 있다. 다음 코드는 저작권 연도를 자동으로 출력한다.

```
<p id="footer">
    이 웹 페이지의 콘텐츠는 저작권이 있습니다. copyright &copy; 1998&ndash;<?php echo
date('Y'); ?> Example LLC. All Rights Reserved.
</p>
```

6.1.2 PHP 코드

데이터베이스 기반 웹사이트의 모든 컨트롤러 코드는 시작 부분이 거의 비슷하다. 데이터베이스 접속 코드가 제일 처음 나오고 마지막 부분에서 layout.html.php 파일을 불러온다. 지금까지 실습한 예제 컨트롤러 구조도 마찬가지다.

```php
<?php try {
    $pdo = new PDO('mysql:host=localhost;dbname=ijdb;charset=utf8',
    'ijdbuser', 'mypassword');
    $pdo->setAttribute(PDO::ATTR_ERRMODE, PDO::ERRMODE_EXCEPTION);

    // 이 페이지에서 처리할 작업
    // $title과 $output 변수 설정
} catch (PDOException $e) {
    $title = '오류가 발생했습니다';

    $output = '데이터베이스 오류: ' . $e->getMessage() . ', 위치: ' .
    $e->getFile() . ':' . $e->getLine();
}

include __DIR__ . '/../templates/layout.html.php';
```

겨우 12줄짜리 투박한 코드 덩어리지만 모든 컨트롤러에 반복적으로 넣다가는 금새 질리고 만다. PHP 초보 개발자는 타자 수를 줄이려고 try...catch문처럼 필수적인 오류 처리를 종종 생략하는데, 이러면 나중에 오류가 발생했을 때 원인을 찾느라 오히려 시간이 더 걸린다. 새로 스크립트를 만들 때 매번 기존 코드를 복사해서 붙여넣느라 애먼 클립보드를 혹사시키는 개발자도 있다. 심지어 어떤 개발자는 자주 사용되는 코드를 아예 텍스트 편집기에 등록하고 필요할 때마다 불러온다.

이 코드를 여기저기 붙여넣다가 갑자기 데이터베이스 비밀번호가 바뀌면 어떤 일이 벌어질까? 난데없이 보물찾기 여행이 시작된다. 코드 수정 지점을 남김 없이 찾아내는 지루한 여행이다. 붙여넣은 코드 내용이 완전히 똑같지 않고 조금씩 다르면 더욱 고된 여정이 될 것이다.

이러한 고생에서 해방되려면 같은 코드를 여러 파일에 작성하지 말고 인클루드 파일로 분리해야 한다. 해당 코드가 필요한 곳마다 인클루드 파일을 불러오면 코드를 작성할 필요가 없다.

유머 글 목록 예제의 데이터베이스 접속 코드에 이 기법을 적용해 어떻게 작동하는지 살펴보자.

인클루드 파일은 일반적인 PHP 파일과 크게 다르지 않다. 그러나 전체 PHP 스크립트 중 특정 부분만 떼어 낸 코드라서 단독으로 실행하면 페이지 구실을 제대로 하지 못한다. 인클루드 파일도 템플릿 파일처럼 브라우저에서 직접 접근하지 못하도록 제한해야 한다.

접근 제한 방식은 템플릿 파일과 같다. public 디렉터리 외부에 includes 디렉터리를 별도로 만들고 여기에 모든 코드 조각 파일을 저장한다. public 외부 파일은 오직 PHP 스크립트에서만 접근할 수 있다.

includes 디렉터리에 DatabaseConnection.php* 파일을 만들고 다음과 같이 데이터베이스 접속 코드를 넣는다.

```php
<?php
$pdo = new PDO('mysql:host=localhost;dbname=ijdb;charset=utf8',
    'ijdbuser', 'mypassword');
$pdo->setAttribute(PDO::ATTR_ERRMODE,PDO::ERRMODE_EXCEPTION);
```

이제 컨트롤러 파일에서 DatabaseConnection.php 파일을 불러올 수 있다. 앞서 만들었던 컨트롤러 파일은 addjoke.php, deletejoke.php, jokes.php 등이다.

다음은 jokes.php에서 DatabaseConnection.php를 불러오는 코드다.

예제 6-1 Structure-Include

```php
<?php

try {
    include __DIR__ . '/../includes/DatabaseConnection.php';

    $sql = 'SELECT `joke`.`id`, `joketext`, `name`, `email`
        FROM `joke` INNER JOIN `author`
        ON `authorid` = `author`.`id`';

    $jokes = $pdo->query($sql);
```

---

* 저자주_ 예전에는 데이터베이스 접속 코드를 db.inc.php 파일에 작성했다. 당시 인클루드 파일은 관행적으로 .inc.php 확장자를 붙여서 구별했다. 지금은 확장자 구별 방식을 거의 쓰지 않고 캐멀케이스(camelCase) 규칙에 따라 파일명을 짓는다. 이는 PSR-0 표준에 의거한 명명 기법인데, 웹사이트 개발자 사이에 객체 지향 프로그래밍 기법이 대세를 이루면서 자연스럽게 정착됐다. PSR은 PHP 표준 권장안(PHP Standards Recommendations)을 의미하며, http://php-fig.org에서 자세한 내용을 확인할 수 있다.

```
    $title = '유머 글 목록';

    ob_start();

    include  __DIR__ . '/../templates/jokes.html.php';

    $output = ob_get_clean();
} catch (PDOException $e) {
    $title = '오류가 발생했습니다';

    $output = '데이터베이스 오류: ' . $e->getMessage() . ', 위치: ' .
    $e->getFile() . ':' . $e->getLine();
}

include  __DIR__ . '/../templates/layout.html.php';
```

데이터베이스 접속 코드를 include 구문으로 대체했다. addjoke.php와 delete.php 파일도 같은 방식으로 고치면 중복 코드가 사라진다.

보다시피 컨트롤러에서 include문으로 DatabaseConnection.php 파일을 불러오면 언제 어디서든 간단히 데이터베이스에 접속할 수 있다. 게다가 include문은 고작 한 줄짜리 코드다. SQL 쿼리를 쓰기 직전에 넣으면 전체적인 코드 가독성이 향상된다.

PHP는 스크립트를 실행하다가 include문과 마주치면 현재 작업을 멈추고 include가 지정한 PHP 스크립트를 실행한다. include 스크립트를 완전히 실행하면 다시 원래 스크립트로 돌아와 멈췄던 지점부터 이어서 코드를 실행한다.

인클루드 파일은 가장 기본적인 PHP 코드 구조화 기법으로 널리 사용된다. 심지어 아주 간단한 웹 애플리케이션도 인클루드 파일 기법을 도입하면 상당한 이득을 볼 수 있다.

$title 변수를 출력했던 과정을 떠올려보자. 컨트롤러에서 $title 변수를 생성하고 layout.html.php를 불러오면 layout.html.php에서 $title 변수를 사용할 수 있다. 마찬가지로 $pdo 변수는 DatabaseConnection.php에서 생성됐지만 컨트롤러에서 쓸 수 있다.

include문은 쉽게 말해 복사/붙여넣기 자동화 도구다. PHP는 include __DIR__ . '/../includes/DatabaseConnection.php'; 코드가 나왔을 때 해당 파일의 코드를 복사한 다음 include문이 있던 자리에 붙여넣는다.

모든 컨트롤러의 데이터베이스 접속 코드를 include문으로 대체하면 데이터베이스 비밀번호 변경 요청에 신속하게 대응할 수 있다. 컨트롤러는 신경 쓸 필요 없이 DatabaseConnection. php 파일만 고치면 된다. 컨트롤러가 더 늘어나기 전에 이렇게 효율적인 구조를 도입해서 참 다행이다.

6.1.3 인클루드 형태

스크립트를 실행하는 중에 다른 PHP 파일을 불러오는 구문은 다음과 같이 총 4가지다. 지금까지 사용한 include문은 이 중 하나다.

- include
- require
- include_once
- require_once

include와 require는 실행 실패 이후 처리 과정이 다르다. 인클루드 파일이 제 위치에 없거나 웹 서버가 해당 파일을 읽을 권한이 없을 때, include는 경고를 출력하고 다음 코드를 계속해서 실행하지만 require는 오류를 출력하고 실행을 멈춘다*.

원칙적으로 애플리케이션에 반드시 필요한 코드를 불러올 때는 require를 써야 한다. 하지만 가능하면 include문을 쓸 것을 권장한다. DatabaseConnection.php 파일을 불러오지 못해도 가급적이면 페이지를 계속해서 출력하는 편이 좋다. 데이터베이스에 저장된 내용이 나오지 않더라도 페이지 하단에 연락처나 이메일 정보가 출력되면 방문자가 이를 사용해 문제 상황을 제보할 수 있다.

include _once, require _once 문은 각각 include, require와 기능이 같다. 다만 이 두 구문을 써서 파일을 부를 때, 현재 페이지에서 해당 파일을 단 한 번이라도 불러온 적이 있으면 이번 구문을 무시한다. 4가지 구문 중 어느 것을 썼더라도 마찬가지다. 이 두 구문은 데이터베이스 접속처럼 단 한 번만 수행할 코드를 불러올 때 유용하다.

---

* 저자주_ 실제 운영 환경은 통상적으로 php.ini 설정에서 경고와 오류 출력을 막기 때문에 include, require문이 오류를 일으켜도 화면에 출력되지 않는다. include문에 문제가 생기면 인클루드 파일 내용만 누락되고 페이지가 계속 출력되지만, require문은 오류가 발생한 순간 실행이 중단되고 그 전까지 출력된 내용만 브라우저에 나타난다. 상황에 따라 아예 빈 페이지가 나올 때도 있다.

또한 include_once, require_once는 다음 절에서 배울 사용자 정의 라이브러리 함수를 불러올 때 자주 사용한다.

6.2 사용자 정의 함수와 라이브러리

지금까지 설명을 잘 따라왔다면 함수 개념이 아주 익숙할 것이다. 함수는 자유롭게 호출하는 PHP 코드 뭉치다. 일반적으로 인수를 하나 이상 제공받고 일부 함수는 결과값을 반환한다. 날짜를 구하는 date() 함수부터 디지털 이미지를 생성하는 imagecreatetruecolor() 함수까지, PHP의 방대한 함수 라이브러리만 있으면 불가능한 일이 없다.

하지만 함수를 직접 만들 수 있다는 사실은 아직 몰랐을 것이다. 직접 정의한 함수도 PHP 내장 함수와 똑같이 사용할 수 있고 PHP 스크립트에서 자유롭게 호출할 수 있다.

아주 간단한 함수를 정의해보자. 너비가 3, 높이가 5인 사각형의 넓이를 구하는 PHP 코드가 필요하다. 산수 시간에 배운 공식에 따라 직사각형의 넓이는 가로, 세로 길이의 곱과 같다. 다음은 이를 구현한 코드다.

```
$area = 3 * 5;
```

만약 너비와 높이를 받아 직사각형의 넓이를 계산하는 area() 함수가 있다면 다음과 같이 호출할 것이다.

```
$area = area(3, 5);
```

안타깝게도 PHP 내장 함수 중 area()라는 함수는 없다. 그러나 어느 선도적인 PHP 프로그래머가 다음과 같은 함수 정의 코드를 직접 파일에 작성했다.

```php
<?php
function area($width, $height)
{
    return $width * $height;
}
```

이 인클루드 파일은 area() 함수를 정의한다. 첫 줄에 있는 〈?php를 빼면 온통 낯선 코드일 것이다. 나머지는 함수 선언 코드다. 한 줄씩 차례대로 확인하자.

```
function area($width, $height)
```

function은 현재 스크립트에 새 함수를 정의한다고 선언하는 키워드다. 이어서 함수명 area를 쓴다. 함수명 작성 규칙은 변수명과 같다. 영문자 또는 언더스코어 문자 _로 시작하며 문자열, 숫자, 언더스코어를 자유롭게 이어서 쓴다. 변수명과 달리 함수명은 처음에 $를 붙이지 않으며 함수명 다음에 항상 소괄호 쌍을 붙인다. 괄호 안에 들어가는 내용은 경우에 따라 다르다.

함수를 호출할 때는 괄호 안에 인수를 나열하는데, 지금까지 배운 몇몇 예제에서 PHP 내장 함수 괄호 안에 인수를 전달했다. 예를 들어 무작위 숫자를 선정하는 rand() 함수는 괄호 안에 최솟값과 최댓값을 전달해 범위를 지정한다.

함수를 선언할 때는 괄호 안에 인숫값 대신 변수명을 나열한다. area() 함수를 선언할 때 $width와 $height 변수명을 지정하고 함수가 호출될 때 이 두 값을 입력받는다. 첫 번째 인수는 $width, 두 번째 인수는 $height에 할당되고 이 두 변수를 이용해 함수 안에서 넓이를 계산한다.

이때 '계산'의 의미는 매우 포괄적이다. 예시처럼 넓이를 구하는 계산뿐만 아니라 함수로 수행하려는 작업을 의미한다. 함수의 계산 코드는 반드시 대괄호로 감싸야 하므로 다음과 같이 시작 괄호를 열고 코드를 작성한다.

```
{
```

괄호 안의 코드는 전체 PHP 스크립트의 축소판으로 생각하면 쉽다. 단 예시 함수의 기능은 아주 단순하기에 스크립트 코드도 return문 한 줄이 전부다.

```
return $width * $height;
```

return문은 꼭 값을 반환하지 않더라도 함수 실행을 마치고 원래 스크립트로 복귀하는 용도로 쓸 수 있다. PHP 인터프리터는 return문이 나왔을 때 함수 코드를 더 이상 실행하지 않고 함수가 호출된 지점으로 되돌아간다. 말하자면 함수의 비상탈출구인 셈이다.

함수를 빠져나가는 기능 외에 return문은 지정된 값을 함수 호출 코드로 반환할 수 있다. 예시의 return문은 두 매개변수를 곱한 값인 $width * $height를 반환한다.

```
    }
```

마지막으로 대괄호를 닫으며 함수 선언을 마친다.

함수 선언 코드는 아무 일도 하지 않는다. 함수를 실제로 호출해야 함수 내부 코드가 실행된다. 주사위 예제에서 사용했던 rand() 함수처럼 사용자 함수도 실제로 호출되기 전까지 대기 상태에 머무른다.

이 과정은 컴퓨터나 스마트폰에 설치하는 앱과 비슷한데, 앱을 설치하더라도 실행하지 않으면 아무런 동작을 하지 않는 것과 마찬가지다.

이렇게 선언한 함수를 실행하려면 먼저 함수 선언 코드가 있는 파일을 불러와야 한다.

```
include_once  __DIR__ . '/../includes/area-function.inc.php';

$area = area(3, 5);

include 'output.html.php';
```

기능적으로 따지면 컨트롤러 파일에 함수를 선언해도 상관없다. 하지만 인클루드 파일을 활용하면 여러 스크립트에서 함수를 간편하게 재사용할 수 있고 코드도 훨씬 깔끔하다. 인클루드 파일에 정의된 함수는 include_once문 한 줄만 넣으면 즉시 사용할 수 있다. 필수적으로 쓰이는 함수는 오류 발생 여부를 즉시 파악해야 하므로 require_once문으로 불러와도 좋다.

일반적으로 include나 require는 함수 정의 파일을 불러올 때 쓰지 않는다. 함수 정의 코드는 두 번 이상 부르면 경고가 발생하므로 안전하게 include_once나 require_once를 쓰는 편이 좋다.

관행상 라이브러리 함수는 스크립트를 시작할 때 불러온다. 반드시 그럴 필요는 없지만 현재 스크립트에서 어떤 함수를 사용하는지 쉽게 파악할 수 있다는 장점이 있다.

지금까지 함수 라이브러리가 탄생하는 과정을 함께 했다. 함수 라이브러리는 서로 관련된 함수들이 정의된 파일이다. 예시에서 만든 인클루드 파일명을 geometry.inc.php로 바꾸고 각 도형별 넓이 계산 함수를 추가하면 훌륭한 함수 라이브러리가 될 것이다.

6.2.1 변수 스코프

사용자 정의 함수와 인클루드 파일의 큰 차이점은 각각의 변수 유효 영역이다. 부모 스크립트에 존재하는 모든 변수는 인클루드 파일에서 사용하고 변경할 수 있다. 이렇게 변수를 제어하는 영역이 넓으면 편리한 점도 있지만 골치 아픈 문제가 생긴다. 가장 흔히 생기는 문제는 부모 스크립트 변수를 의도치 않게 인클루드 파일에서 재선언하는 사고다. 변수를 덮어쓴 지점을 찾으려면 여러 파일을 봐야 하므로 시간이 많이 걸린다. 예방책도 까다로운데, 스크립트와 인클루드 파일에서 사용한 변수명을 모두 기억하고 서로 겹치지 않도록 주의해야 한다.

함수를 사용하면 이런 문제를 방지할 수 있다. 함수의 인수와 함수에서 생성된 모든 변수는 해당 함수 안에서만 존재하며 함수를 실행한 뒤 사라진다. 또한 함수 외부에서 생성한 변수는 절대로 함수 안에서 접근할 수 없다. 함수에서 외부 변수에 접근하는 유일한 통로는 인수뿐이다.

앞 문단에서 설명한 내용을 프로그래머 용어로 바꿔 말하면 다음과 같다. 함수 내부에서 선언된 변수의 스코프는 함수 스코프를 따른다. 반대로 함수 밖 스크립트에서 생성된 변수는 함수 내부에서 접근할 수 없다. 이때 함수 밖 변수의 스코프는 메인 스크립트 또는 전역 스코프라한다.

스코프라는 근사한 이름의 진정한 의미는 무엇일까? 부모 스크립트와 함수는 모두 $width 변수를 생성할 수 있지만 PHP는 두 변수를 완전히 별개로 취급한다. 심지어 서로 다른 두 함수에서 같은 이름으로 변수를 생성할 수 있지만 이 두 변수는 스코프가 다르므로 서로 영향을 미치지 않는다.

가끔 전역 스코프 변수(이하 전역 변수)를 함수 안에서 쓸 때가 있다. 예를 들어 DatabaseConnection.php 파일에서 데이터베이스 연결을 생성하고 전역 변수 $pdo를 생성했을 때, 함수 안에서 데이터베이스에 접근하려면 $pdo 변수를 써야 한다.

데이터베이스에서 현재 joke 테이블의 글 수를 가져와 반환하는 함수를 만들어보자. 변수 스코프를 무시하면 다음과 같은 코드를 작성할 수 있다.

```
include_once __DIR__ . '/../includes/DatabaseConnection.php';

function totalJokes() {
    $query = $pdo->prepare('SELECT COUNT(*) FROM `joke`');
    $query->execute();

    $row = $query->fetch();

    return $row[0];
}

echo totalJokes();
```

> **NOTE_ 파일 저장 위치**
>
> 컨트롤러 첫 줄에서 불러오는 DatabaseConnection.php 파일은 includes 디렉터리에 있어야 한다. 이 경로가 정확하지 않으면 PHP는 DatabaseConnection.php 파일을 찾을 수 없다는 메시지를 출력할 것이다.
>
> DatabaseConnection.php 파일은 $pdo 변수를 생성하며 이 변수를 함수 안에서 참조한다.

이 코드는 생각대로 작동하지 않는데, 함수 영역에서 전역 변수 $pdo에 접근할 수 없기 때문이다. 브라우저로 접근하면 아래 그림과 같이 오류 메시지가 나타난다.

그림 6-2 $pdo 접근 오류

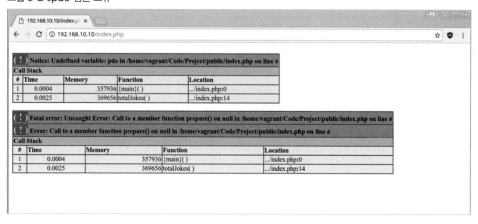

정의되지 않은 $pdo 변수를 사용했다는 알림이 나오고, 존재하지 않는 메서드를 호출했다

는 오류가 이어서 발생한다. 스코프를 잘못 이해하고 코드에 반영하면 이런 오류가 발생한다. $pdo 변수는 함수 밖에서 생성됐으므로 함수 안에서 사용할 수 없다.

함수 안에서 $pdo 변수에 직접 접근하는 방법*이 있지만 권장할 수 없다. 예를 들어 함수 안에서 $pdo = 'select * from joke'; 코드를 실행하면 $pdo 변숫값이 문자열로 바뀌고 PHP 스크립트에서 $pdo 변수를 쓰는 모든 곳이 영향을 받는다. 전역 변수 공유는 아주 나쁜 방법이며, 추적하거나 바로잡기 힘든 문제로 전락하기 쉽다. 전역 변수에 직접 접근하는 길은 무조건 피해야 한다.

전역 변수에 직접 접근하지 않으려면 다음과 같이 함수 인수를 사용해 $pdo를 전달받아야 한다.

```php
function totalJokes($pdo) {
    $query = $pdo->prepare('SELECT COUNT(*) FROM `joke`');
    $query->execute();

    $row = $query->fetch();

    return $row[0];
}
```

그리고 DatabaseConnection.php에서 생성한 $pdo 객체를 함수를 호출할 때 전달한다.

```php
include_once __DIR__ .
'/../includes/DatabaseConnection.php';

echo totalJokes($pdo);
```

이 코드는 totalJokes() 함수를 호출할 때 $pdo 변수를 인수로 전달한다. 이 과정을 더 구체적으로 살펴보자. $pdo 변수는 DatabaseConnection.php 파일에서 전역 스코프로 생성되고 totalJokes() 함수에 전달된다. $pdo 변수에 저장된 객체는 함수 호출 코드를 거치며 지역 변수 $pdo로 복사된다. 함수는 오직 제공받은 데이터만 조작할 수 있고 전역 변수에 접근할 수 없으므로 전역 변수 $pdo를 안전하게 유지할 수 있다.

---

* 저자주_ 이 방법이 궁금하면 http://php.net/manual/en/reserved.variables.globals.php에서 확인할 수 있다. 절대로 지양해야 할 방법이다.

실수로 함수에서 $pdo 변수에 문자열을 덮어씌워도 함수 내부 변수가 바뀔 뿐이다. 나머지 스크립트 영역에서 $pdo 변수는 여전히 객체로 유지된다.

간단히 정리하자면 두 $pdo 변수는 이름은 같지만 서로 다른 변수다. 다음과 같이 함수 인수에 $pdo가 아닌 다른 변수명을 지정해도 스크립트는 문제없이 실행된다.

```php
function totalJokes($database) {
    $query = $database->prepare('SELECT COUNT(*) FROM `joke`');
    $query->execute();

    $row = $query->fetch();

    return $row[0];
}
```

이 함수를 호출하면 전역 변수 $pdo가 $database 변수에 저장된다. 함수 호출 코드는 여전히 totalJokes($pdo)로 똑같지만 $pdo 변수가 복사되는 함수 내부 변수는 $database다. 변수명은 달라도 동일한 데이터베이스 커넥션 객체를 참조한다.

이렇게 변수가 전달되는 과정을 전문 용어로 의존성 주입dependency injection 기법이라 한다. 풀어서 설명하자면 한 변수를 여러 곳에서 안전하게 사용하는 기법이라 할 수 있다.

함수는 전용 파일에 모아 두는 편이 좋다. includes 디렉터리에 DatabaseFunctions.php 파일을 만들고 totalJokes() 함수 선언 코드를 옮기면 다음 코드처럼 함수를 사용할 수 있다.

예제 6-2 Structure-TotalJokes

```php
// $pdo 변수를 생성하고 데이터베이스로 접속하는 인클루드 파일
include_once __DIR__ . '/../includes/DatabaseConnection.php';

// totalJokes() 함수가 선언된 인클루드 파일
include_once __DIR__ . '/../includes/DatabaseFunctions.php';

// 함수 호출
echo totalJokes($pdo);
```

이 코드를 public 디렉터리에 showtotaljokes.php 파일로 저장하고 브라우저에서 접근하면 데이터베이스에 저장된 유머 글 개수가 출력된다.

프로그램 각 부분을 함수로 쪼개면 $pdo 변수를 매번 함수로 전달해야 한다. 그다지 효율적인 방식이 아님을 바로 직감할 수 있다. 이러한 단점은 나중에 객체와 클래스를 다룰 때 보완한다.

이제 직접 만든 함수를 웹사이트에 적용해보자. 신규 함수를 이용해 유머 글 목록 맨 위에 '[숫자]개 유머 글이 있습니다.' 메시지를 출력할 것이다. jokes.php 파일을 열고 글 개수를 가져오는 부분을 다음과 같이 추가한다.

```php
<?php

try {
    include __DIR__ . '/../includes/DatabaseConnection.php';
    include __DIR__ . '/../includes/DatabaseFunctions.php';

    $sql = 'SELECT `joke`.`id`, `joketext`, `name`, `email`
        FROM `joke` INNER JOIN `author`
        ON `authorid` = `author`.`id`';

    $jokes = $pdo->query($sql);

    $title = '유머 글 목록';

    $totalJokes = totalJokes($pdo);

    ob_start();

    include __DIR__ . '/../templates/jokes.html.php';

    $output = ob_get_clean();
} catch (PDOException $e) {
    $title = '오류가 발생했습니다.';

    $output = '데이터베이스 오류: ' . $e->getMessage() . ', 위치: ' .
    $e->getFile() . ':' . $e->getLine();
}

include __DIR__ . '/../templates/layout.html.php';
```

이 코드는 $totalJokes 변수를 생성한다. 다음은 jokes.html.php에서 $totalJokes를 출력하는 코드다.

```
<p><?=$totalJokes?>개 유머 글이 있습니다.</p>

<?php foreach ($jokes as $joke): ?>
<blockquote>

    <p>
    <?=htmlspecialchars($joke['joketext'], ENT_QUOTES, 'UTF-8'); ?>

    (작성자: <a href="mailto:<?php
    echo htmlspecialchars($joke['email'], ENT_QUOTES,'UTF-8'); ?>"><?php
    echo htmlspecialchars($joke['name'], ENT_QUOTES,'UTF-8'); ?></a>)

    <form action="deletejoke.php" method="post">
        <input type="hidden" name="id" value="<?=$joke['id']?>">
        <input type="submit" value="삭제">
    </form>
</p>
</blockquote>
<?php endforeach; ?>
```

totalJokes() 함수에서 발생할지 모를 오류에 대비하려면 함수 안에 try...catch문을 작성해야 한다. 그러나 이미 try...catch문 안에서 함수가 호출되기 때문에 이 경우는 군이 필요하지 않다.

예외는 계층 구조를 띠며 상위로 전달된다. 이를 예외의 버블 업bubble up이라 한다. 쉽게 말해 함수 안에서 예외가 발생하면 함수를 둘러싼 try...catch문으로 예외가 전달된다는 뜻이다.

오류 처리는 함수 내부에서 하지 않는 편이 좋다. 다음과 같이 함수 안에서 try...catch문을 실행한다고 가정해보자.

```
function totalJokes($database) {
    try {
        $query = $database->prepare('SELECT COUNT(*) FROM `joke`');
        $query->execute();

        $row = $query->fetch();

        return $row[0];
    }
```

```
    catch(\Exception $e) {
        $title = '오류가 발생했습니다.';

        $output = '데이터베이스 오류: ' . $e->getMessage() . ', 위치: ' .
        $e->getFile() . ':' . $e->getLine();

        include __DIR__ . '/../templates/layout.html.php';
        die();
    }
}
```

함수마다 오류 처리 코드가 중복될 뿐만 아니라 totalJokes() 함수를 호출한 위치와 무관하게 항상 같은 방식으로 오류가 처리된다. 함수에서 예외를 처리하지 않으면 totalJokes() 함수를 사용하는 위치에 따라 다양한 방식으로 오류를 처리할 수 있다. 가령 웹사이트에서 HTML 문서가 아니라 PDF 또는 엑셀 파일로 유머 글 목록을 내보낼 때는 HTML 오류 메시지를 출력할 필요가 없다.

함수에서 발생한 오류가 저절로 흘러가도록 두면 각기 다른 상황에 알맞게 오류를 처리할 수 있다.

6.3 코드 분리와 함수 재사용

함수 선언 코드에 익숙해졌으니 이제 기능별 함수를 작성할 수 있다. 예를 들어 다음과 같이 유머 글을 검색하는 전용 함수를 작성하면 매번 SELECT 쿼리를 작성할 필요가 없다.

```
function getJoke($pdo, $id) {
    $query = $pdo->prepare('SELECT FROM `joke`
    WHERE `id` = :id');

    $query->bindValue(':id', $id);
    $query->execute();

    return $query->fetch();
}
```

이 코드는 앞서 배운 totalJokes() 함수와 작동 방식이 같다. 다만 totalJokes()와 달리 두 번째 인수 $id가 있는데, 유머 글 ID를 인수로 전달한다.

이 함수를 쓰면 다음과 같이 ID만 교체해 유머 글을 쉽게 가져올 수 있다.

```
include __DIR__ . '/../includes/DatabaseConnection.php';

$joke1 = getJoke($pdo, 1);

echo $joke1['joketext'];

$joke2 = getJoke($pdo, 2);

echo $joke2['joketext'];
```

getJoke()와 totalJokes() 함수는 비슷한 점이 많다. 둘 다 prepare()와 execute() 메서드를 실행하고 결과 레코드를 가져온다.

반복 코드를 발견하면 무조건 함수로 분리하는 습관을 들여야 한다. 앞서 설명한 DRY 원칙이 여기도 마찬가지로 적용된다. 코드 복사/붙여넣기 작업은 곧 함수 작성을 요청하는 신호탄임을 명심하자.

다음은 앞서 작성했던 예시 함수다.

```
function totalJokes($pdo) {
    $query = $pdo->prepare('SELECT COUNT(*) FROM `joke`');
    $query->execute();

    $row = $query->fetch();

    return $row[0];
}
```

다음 함수도 마찬가지다.

```
function getJoke($pdo, $id) {
    $query = $pdo->prepare('SELECT FROM `joke`
    WHERE `id` = :id');
    $query->bindValue(':id', $id);
    $query->execute();
```

```
    return $query->fetch();
}
```

보다시피 두 함수가 하는 일은 아주 비슷하다. 둘 모두 다음과 같은 순서로 코드가 진행된다.

```
$query = $pdo->prepare('...');
$query->execute();
return $query->fetch();
```

다음은 쿼리를 입력받아 실행하는 함수다. 아주 간단하게 선언할 수 있다.

```
function query($pdo, $sql) {
    $query = $pdo->prepare($sql);
    $query->execute();

    return $query;
}
```

주목할 부분은 $query = $pdo->prepare($sql); 구문이다. 실행 쿼리를 문자열로 직접 입력하는 대신 인수로 전달받은 $sql 변수를 사용한다.

이 함수를 접목하면 다음과 같이 totalJokes() 함수가 훨씬 간단해진다.

```
function totalJokes($pdo) {
    $query = query($pdo, 'SELECT COUNT(*) FROM `joke`');

    $row = $query->fetch();

    return $row[0];
}
```

영리하게도 이 코드는 totalJokes() 함수에서 다시 query() 함수를 호출한다. 함수 안에서 다른 함수를 호출할 수 있다는 사실은 공통 코드도 그만큼 더 작은 조각으로 나눌 수 있음을 시사한다. 같은 방식으로 getJoke() 함수도 반복 코드를 제거할 수 있다. 다음 코드는 query() 함수를 도입한 getJoke() 함수다.

```php
function getJoke($pdo, $id) {
    $query = query($pdo, 'SELECT * FROM `joke` WHERE `id` = :id');

    return $query->fetch();
}
```

그러나 기뻐하긴 이르다. 이 함수는 아직 제대로 실행되지 않는다. 기존 getJoke() 함수는 totalJokes()와 달리 다음 코드가 추가로 있었다.

```php
$query->bindValue(':id', $id);
```

이 코드는 SQL 매개변수 id에 $id 변수를 바인딩하며 SELECT FROM joke WHERE id = :id 쿼리에서 :id 부분에 올바르게 값을 할당한다. query() 함수는 아직 매개변수를 처리하지 못하므로 다음과 같이 id 인수를 추가하고 바인딩 코드를 작성해야 한다.

```php
function query($pdo, $sql, $id) {
    $query = $pdo->prepare($sql);
    $query->bindValue(':id', $id);
    $query->execute();
    return $query;
}
```

다음과 같이 query() 함수 호출 코드도 고친다.

```php
function getJoke($pdo, $id) {
    $query = query($pdo, 'SELECT * FROM `joke`
    WHERE `id` = :id', $id);
    return $query->fetch();
}
```

목적은 달성했지만 이 query() 함수는 :id만 처리할 수 있어서 유연성이 떨어진다. 2장에서 배운 PHP 배열을 활용하면 매개변수에 따라 유동적으로 쿼리를 처리하도록 개선할 수 있다. 먼저 다음과 같이 바인딩할 매개변수를 배열로 만들어 query() 함수에 전달한다.

```php
function getJoke($pdo, $id) {
    // query() 함수에서 사용할 $parameters 배열 생성
    $parameters = [':id' => $id];

    // query() 함수를 호출할 때 $parameters 배열 제공
    $query = query($pdo, 'SELECT * FROM `joke`
    WHERE `id` = :id', $parameters);

    return $query->fetch();
}
```

이 코드는 $parameters 배열 변수에 쿼리 매개변수를 저장하고 query() 함수에 인수로 전달한다. 전달할 인수가 몇 개인지 정확히 예상할 수 없을 때 활용하기 좋은 기법이다. 이제 매개변수 배열을 사용하도록 다음과 같이 query() 함수를 고친다.

```php
function query($pdo, $sql, $parameters) {
    $query = $pdo->prepare($sql);

    foreach ($parameters as $name => $value ) {
        $query->bindValue($name, $value);
    }

    $query->execute();

    return $query;
}
```

여기서 발휘한 묘수는 foreach문이다.

```php
foreach ($parameters as $name => $value ) {
    $query->bindValue($name, $value);
}
```

이 반복문은 제공받은 매개변수를 차례로 쿼리에 바인드한다. 한편 totalJokes() 함수는 query() 함수에 전달할 매개변수가 없다. 다음은 totalJokes() 함수 정의 코드인데, WHERE 절이 없고 :id 같은 자리표시자도 없다.

```
function totalJokes($pdo) {
    $query = query($pdo, 'SELECT COUNT(*) FROM `joke`');

    $row = $query->fetch();

    return $row[0];
}
```

query() 함수가 받아야 할 인수는 세 개인데 두 개만 전달하면 오류가 발생한다. 다음과 같이 totalJokes() 함수에서 빈 배열을 만들어 query() 함수에 전달해 오류를 방지한다.

```
function totalJokes($pdo) {
    // query() 함수로 보낼 빈 배열 생성
    $parameters = [];

    // query() 함수를 호출할 때 빈 $parameters 배열 전달
    $query = query($pdo, 'SELECT COUNT(*)
    FROM `joke`', $parameters);

    $row = $query->fetch();

    return $row[0];
}
```

PHP는 이런 문제를 더 세련된 방식으로 처리할 수 있다. 인수를 선언할 때 다음과 같이 기본값을 지정하면 인수를 전달하지 않아도 자동으로 기본값이 지정된다.

```
function myFunction($argument1 = 1, $argument2 = 2) {
```

이 함수에 인수를 지정하지 않고 myFunction()으로 호출하면 $argument1 변수에 1, $argument2 변수에 2가 전달된다.

query() 함수에 인수 기본값을 적용하면 다음과 같이 $parameters 인수를 전달하지 않았을 때 빈 배열이 할당되도록 설정할 수 있다.

```
function query($pdo, $sql, $parameters = []) {
    $query = $pdo->prepare($sql);
```

```
    foreach ($parameters as $name => $value ) {
        $query->bindValue($name, $value);
    }

    $query->execute();

    return $query;
}
```

$parameters 인수에 기본값을 지정하면 함수를 호출할 때 $pdo와 $sql 인수만 제공해도 오류가 발생하지 않는다. 세 번째 인수를 제공하지 않으면 $parameters는 기본값이 적용되어 빈 배열이 할당된다.

이제 $parameters에 기본값을 설정했으니 totalJokes() 함수에서 빈 배열을 만드는 코드는 필요 없다. 또한 query() 함수에 세 번째 인수를 제공하지 않아도 된다. 다음은 이를 반영한 함수 선언 코드다.

```
function totalJokes($pdo) {
    $query = query($pdo, 'SELECT COUNT(*) FROM `joke`');

    $row = $query->fetch();

    return $row[0];
}
```

query() 함수를 호출할 때 세 번째 인자를 누락하면 빈 배열인 []를 PHP가 자동으로 할당한다. 빈 배열을 전달해도 foreach문은 여전히 잘 작동한다. 배열에 원소가 없으므로 반복문은 0번 실행된다. 즉 반복문이 한 번도 실행되지 않으므로 다음 코드에서 bindValue() 메서드는 호출되지 않는다.

```
foreach ($parameters as $name => $value ) {
    $query->bindValue($name, $value);
}
```

참고로 이 foreach문은 전체적인 과정을 이해하는 데 도움을 줄 뿐 없어도 아무 지장이 없다. execute() 메서드는 원래 매개변수 정보를 인수로 받는데, 이 인수를 생략하면 bindValue()

메서드를 따로 호출해야 한다. 다음과 같이 $parameters 변수를 execute() 메서드에 직접 전달하면 foreach문과 똑같은 기능을 수행하며 매개변수를 일일이 바인드할 필요가 없다. 또한 그만큼 코드를 절약할 수 있다.

```php
function query($pdo, $sql, $parameters = []) {
    $query = $pdo->prepare($sql);
    $query->execute($parameters);

    return $query;
}
```

6.3.1 쿼리 대체 함수

앞 절에서 완성한 query() 함수는 데이터베이스 쿼리를 간편하게 전송하는 신무기다. totalJokes() 함수는 query() 함수로 손쉽게 유머 글 개수를 구한다. 데이터베이스에 질의를 주고받는 과정은 query() 함수가 모두 담당한다. 같은 방식으로 유머 글 등록 함수도 구현할 수 있다. 다음은 INSERT 쿼리로 새 유머 글을 추가하는 insertJoke() 함수다.

```php
function insertJoke($pdo, $joketext, $authorId) {
    $query = 'INSERT INTO `joke` (`joketext`, `jokedate`, `authorId`)
        VALUES (:joketext, CURDATE(), :authorId)';

    $parameters = [':joketext' => $joketext, ':authorId' => $authorId];

    query($pdo, $query, $parameters);
}
```

insertjoke() 함수는 코드 한 줄로 joke 테이블에 로우를 추가한다. 이 함수의 인수는 $pdo, $joketext, $authorId다. 함수를 호출할 때 다음과 같이 데이터베이스 커넥션, 글 본문, 작성자 ID를 차례로 전달한다.

```php
insertJoke($pdo, 'Q: 빈 배열이 집에 못 들어오는 이유는? A: 키가 없어서.', 1);
```

함수 인수는 데이터베이스의 각 칼럼에 대응한다. 이제 다음과 같이 insertJoke() 함수를 반복적으로 호출해 INSERT 쿼리를 여러 번 실행할 수 있다. 함수를 사용하지 않을 때보다 코드양이 훨씬 줄어든다.

```
insertJoke($pdo, 'Q: 빈 배열이 집에 못 들어오는 이유는? A: 키가 없어서.', 1);
insertJoke($pdo, 'Q: 전구 하나를 갈려면 몇 명의 프로그래머가 필요한가? A: 필요 없음. 그
건 하드웨어 문제니까.', 2);
```

이전에는 글을 등록할 때 prepare(), bindValue(), execute() 호출 코드를 매번 작성해야 했지만, 이제 insertJoke() 함수만 호출하면 즉시 쿼리를 실행할 수 있다.

마지막 단계로 컨트롤러 코드에 함수를 적용한다. 다음은 기존 유머 글 등록 컨트롤러 코드다.

```php
if (isset($_POST['joketext'])) {
    try {
        include __DIR__ . '/../includes/DatabaseConnection.php';

        $sql = 'INSERT INTO `joke` SET
        `joketext` = :joketext,
        `jokedate` = CURDATE()';

        $stmt = $pdo->prepare($sql);

        $stmt->bindValue(':joketext', $_POST['joketext']);

        $stmt->execute();

        header('location: jokes.php');
    }
    catch (PDOException $e) {
        $title = '오류가 발생했습니다.';
        $output = '데이터베이스 오류: ' . $e->getMessage() . ', 위치: ' .
        $e->getFile() . ':' . $e->getLine();
    }
}
```

먼저 DatabaseFunctions.php 파일에 insertJoke()와 query() 함수를 정의하고 include로 불러온다. 그다음 쿼리 실행 부분을 다음과 같이 함수로 대체한다.

```
if (isset($_POST['joketext'])) {
    try {
        include __DIR__ . '/../includes/DatabaseConnection.php';
        include __DIR__ . '/../includes/DatabaseFunctions.php';

        insertJoke($pdo, $_POST['joketext'], 1);

        header('location: jokes.php');
    }
    catch (PDOException $e) {
        $title = '오류가 발생했습니다.';

        $output = '데이터베이스 오류: ' . $e->getMessage() . ', 위치: ' .
        $e->getFile() . ':' . $e->getLine();
    }
}
```

이제 DatabaseFunctions.php 파일을 인클루드하면 query(), totalJokes(), insertJoke()
함수를 필요할 때마다 쓸 수 있다. 아직 글을 등록할 때 authorId 값은 무조건 1로 고정되지
만, 나중에 로그인 처리 방법을 배우면 로그인 사용자의 ID를 유머 글과 연결할 수 있다.

6.3.2 데이터 수정

등록 기능이 있으면 응당 수정 기능도 필요한 법이다. 혹시라도 글 본문에 있는 오타를 나중에
발견하면 고쳐야 한다. 수정 기능을 함수로 구현할 때는 등록 함수에 비해 필요한 정보가 하나
더 있다. 각 칼럼값과 함께 수정 대상 글의 레코드 ID를 제공해야 한다. 다음은 글 정보를 수정
하는 함수다.

```
function updateJoke($pdo, $jokeId, $joketext, $authorId) {
    $parameters = [':joketext' => $joketext,
        ':authorId' => $authorId, ':id' => $jokeId];

    query($pdo, 'UPDATE `joke` SET `authorId` = :authorId,
        `joketext` = :joketext WHERE `id` = :id', $parameters);
}
```

어디서든 다음과 같이 updateJoke() 함수를 호출하면 유머 글을 수정할 수 있다.

```
updateJoke($pdo, 1, '!false는 \'앗! 거짓\'이라는 뜻이 아냐. 그냥 \'참\'이라고!', 1);
```

이 코드는 id가 1인 유머 글의 본문을 갱신한다. updateJoke() 함수에 authorId와 joketext 값을 전달하면 다음 코드와 똑같은 기능을 수행한다.

```
$query = $pdo->prepare('UPDATE `joke`
    SET `authorId` = :authorId, `joketext` = :joketext
    WHERE id = :id');

$query->bindValue(':id', 1);
$query->bindValue(':authorId', 1);
$query->bindValue(':joketext',
    '!false는 \'앗! 거짓\'이라는 뜻이 아냐. 그냥 \'참\'이라고!');

$query->execute();
```

이렇게 많은 코드를 함수 호출로 한 번에 처리할 수 있다. 코드를 절약하고 시간적으로 엄청난 이득을 얻는다.

6.3.3 유머 글 수정 페이지

이제 기존 유머 글을 수정하는 페이지를 만들어보자. 수정 페이지의 기본 구조는 addjoke. php와 같다. 먼저 폼을 표시하고 폼 전송 데이터를 쿼리로 가공해 데이터베이스에 전송한다. 앞서 만든 getJoke()와 updateJoke() 함수는 데이터 처리를 담당한다

하지만 수정 페이지는 다음 두 가지 점이 등록 페이지와 다르다.

1 수정 페이지를 표시할 때 데이터베이스에서 현재 유머 글 본문을 가져와 ⟨textarea⟩에 채워야 한다. 고작 간단한 오타 하나를 정정하려고 전체 내용을 다시 입력할 사용자는 없다.

2 폼이 전송되면 INSERT 쿼리 대신 UPDATE 쿼리를 실행한다. public 디렉터리에 editjoke.php 파일을 만들고 다음 코드를 넣는다.

```
<?php
include __DIR__ . '/../includes/DatabaseConnection.php';
```

```php
include __DIR__ . '/../includes/DatabaseFunctions.php';

try {
    if (isset($_POST['joketext'])) {
        updateJoke($pdo, $_POST['jokeid'], $_POST['joketext'], 1);

        header('location: jokes.php');
    } else {
        $joke = getJoke($pdo, $_GET['id']);

        $title = '유머 글 수정';

        ob_start();

        include __DIR__ . '/../templates/editjoke.html.php';

        $output = ob_get_clean();
    }
} catch (PDOException $e) {
    $title = '오류가 발생했습니다.';

    $output = '데이터베이스 오류: ' . $e->getMessage() . ', 위치: ' .
    $e->getFile() . ':' . $e->getLine();
}

include __DIR__ . '/../templates/layout.html.php';
```

editjoke.php와 addjoke.php 페이지 사이에 중요한 차이점이 몇 가지 있다.

먼저 눈에 띄는 부분은 페이지 최상단에 포함된 두 파일이다. 폼 전송 여부를 판단하는 if문이 나오기 전에 include문으로 이 두 파일을 불러온다.

폼 전송 여부에 관계 없이 두 파일에 정의된 데이터베이스 함수를 사용할 수 있다. 폼을 출력할 때는 유머 글 조회 쿼리를, 폼 전송 결과를 처리할 때는 글 수정 쿼리를 실행한다.

둘째, if문이 try문을 감싸지 않고 try문이 if문을 감싼다. 이유는 간단하다. if문이나 else문에서 오류가 발생할 위험이 있어서다.

else문 본문은 폼 출력 코드를 불러온 다음 유머 글 정보를 가져온다.

```php
$joke = getJoke($pdo, $_GET['id']);
```

이 코드는 getJoke() 함수에 유머 글 ID를 전달하고 데이터베이스에서 글 정보를 가져온다. 수정할 글의 ID는 반드시 GET 변수로 제공해야 한다. 예를 들어 editjoke.php?id=4로 접속하면 SELECT * FROM joke WHERE id=4 쿼리가 실행되며 $joke 배열에 해당 유머 글 데이터가 저장된다.

이 $joke 변수는 다음과 같이 editjoke.html.php 파일에서 쓰인다.

```
<form action="" method="post">
    <input type="hidden" name="jokeid" value="<?=$joke['id'];?>">
    <label for="joketext">유머 글을 입력해주세요: </label>
    <textarea id="joketext" name="joketext" rows="3" cols="40">
    <?=$joke['joketext']?></textarea>
    <input type="submit" value="저장">
</form>
```

이 템플릿은 등록 템플릿과 약간 다르다. 가장 두드러진 차이는 현재 유머 글 본문이 $joke 변수에 담겨 〈textarea〉에 표시된다는 점이다. 또 다른 중요한 차이점은 숨겨진 input 요소다. 이 input 값은 글 ID를 담았다가 폼 전송 버튼을 누를 때 다른 데이터와 함께 전송된다.

editjoke.php에 폼이 전송될 때 $_POST 변수에 두 원소가 할당된다. 수정 대상 ID는 $_POST['jokeid'], 글 본문 텍스트는 $_POST['joketext']다.

이 두 값을 다음과 같이 updateJoke() 함수로 전달한다.

```
updateJoke($pdo, $_POST['jokeid'], $_POST['joketext'], 1);
```

이 예시를 테스트하려면 유머 글 목록에 수정 링크를 추가해야 한다. 각 글마다 수정 링크를 추가하고 해당 글의 ID를 링크에 붙여 전달한다. 링크를 거치지 않고 직접 editjoke.php에 접속하면 오류가 발생한다. editjoke.php 파일은 〈textarea〉에 유머 글 본문을 출력하는데 이때 유머 글 ID가 필요하기 때문이다.

templates 디렉터리에서 jokes.html.php 파일을 열고 다음과 같이 editjoke.php 페이지 링크를 추가한다.

```
<p><?=$totalJokes?>개 유머 글이 있습니다.</p>
```

```php
<?php foreach ($jokes as $joke): ?>
<blockquote>
    <p>
    <?=htmlspecialchars($joke['joketext'], ENT_QUOTES, 'UTF-8')?>

    (작성자: <a href="mailto:<?php
    echo htmlspecialchars($joke['email'], ENT_QUOTES, 'UTF-8'); ?>"><?php
    echo htmlspecialchars($joke['name'], ENT_QUOTES, 'UTF-8'); ?></a>)

    <a href="editjoke.php?id=<?=$joke['id']?>">수정</a>

    <form action="deletejoke.php" method="post">
        <input type="hidden" name="id" value="<?=$joke['id']?>">
        <input type="submit" value="삭제">
    </form>
    </p>
</blockquote>
<?php endforeach; ?>
```

각 글마다 수정 페이지 링크가 출력되고 주소에서 editjoke.php?id= 다음에 해당 글 ID가
붙는다.

예제 코드 저장소에서 Structure-EditJoke 브랜치를 실행하고 유머 글 목록을 띄워보자. 글
작성자 뒤에 수정 링크가 있고 링크를 클릭하면 해당글 본문이 폼에 출력된다. 저장 버튼을 누
르면 폼 처리 페이지에서 updateJoke() 함수를 호출해 수정 쿼리를 전송한다.

6.3.4 삭제 함수

삭제 기능도 같은 방식으로 처리한다. 다음과 같이 함수를 정의하고 호출하면 코드 한 줄로 글
을 삭제할 수 있다.

```php
function deleteJoke($pdo, $id) {
    $parameters = [':id' => $id];

    query($pdo, 'DELETE FROM `joke`
    WHERE `id` = :id', $parameters);
}
```

다음은 유머 글 ID를 지정하고 데이터베이스에서 삭제하는 함수 호출 코드다.

```
// ID가 2인 글 삭제
deleteJoke($pdo, 2);
```

삭제 함수를 DatabaseFunctions.php에 추가하고 deletejoke.php 파일을 다음과 같이 작성한다.

```php
<?php

try {
    include __DIR__ . '/../includes/DatabaseConnection.php';
    include __DIR__ . '/../includes/DatabaseFunctions.php';

    deleteJoke($pdo, $_POST['id']);

    header('location: jokes.php');
} catch (PDOException $e) {
    $title = '오류가 발생했습니다.';

    $output = '데이터베이스 서버에 연결할 수 없습니다.: ' .
    $e->getMessage() . ', 위치: ' . $e->getFile() . ':' . $e->getLine();
}

include __DIR__ . '/../templates/layout.html.php';
```

6.3.5 목록 함수

유머 글 목록 페이지도 같은 구조를 적용할 수 있다. DatabaseFunctions.php 파일에 allJokes() 함수를 추가하고 jokes.php에서 함수를 호출하도록 고친다. 다음은 allJokes() 함수다.

```php
function allJokes($pdo) {
    $jokes = query($pdo, 'SELECT `joke`.`id`, `joketext`,
    `name`, `email`
    FROM `joke` INNER JOIN `author`
    ON `authorid` = `author`.`id`');
```

```
        return $jokes->fetchAll();
    }
```

이 함수에서 쓴 쿼리는 유머 글과 작성자 정보를 한 번에 불러온다. deleteJoke()와 updateJoke()의 한 줄 쿼리보다 더 복잡하지만 이미 jokes.php에서 사용했던 쿼리다.

쿼리를 호출할 때 PDO 객체의 fetchAll() 메서드를 쓴다. 이 메서드는 쿼리로 불러온 모든 레코드를 배열로 반환한다. 다음은 allJokes() 함수 호출 코드다.

```
$jokes = allJokes($pdo);

echo '<ul>';
foreach ($jokes as $joke) {
    echo '<li>' . $joke . '</li>';
}
echo '</ul>';
```

이 코드는 데이터베이스에 저장된 모든 유머 글을 HTML 목록으로 출력한다.

쿼리를 직접 실행하는 대신 allJokes() 함수를 호출하도록 jokes.php 컨트롤러를 다음과 같이 고친다.

예제 6-5 Structure–AllJokes

```
try {
    include __DIR__ . '/../includes/DatabaseConnection.php';
    include __DIR__ . '/../includes/DatabaseFunctions.php';

    $jokes = allJokes($pdo);

    $title = '유머 글 목록';

    $totalJokes = totalJokes($pdo);

    ob_start();

    include __DIR__ . '/../templates/jokes.html.php';

    $output = ob_get_clean();
```

```
    }
    catch (PDOException $e) {
        $title = '오류가 발생했습니다.';

        $output = '데이터베이스 오류: ' . $e->getMessage() . ', 위치: ' .
        $e->getFile() . ':' . $e->getLine();
    }

    include __DIR__ . '/../templates/layout.html.php';
```

이상으로 데이터베이스 처리 기능을 모두 함수로 구현했다. 모든 글, 특정 글 조회, 글 추가, 수정, 삭제 등 테이블 데이터를 다루는 곳이면 어디든 이 함수들을 사용한다. INSERT, UPDATE, DELETE 쿼리를 일일이 작성하지 않아도 원하는 결과를 얻을 수 있다. 웹사이트에서 joke 테이블 데이터를 처리하는 부분에 함수를 쓰면 항상 빠르고 간편하게 페이지를 구현할 수 있다.

6.4 마치며

이번 장에서는 기본적인 PHP 기능 활용을 넘어 모범적인 구조로 코드를 재편하는 방법을 모색했다. 구조를 신경 쓰지 않고 PHP 스크립트를 작성해도 단순한 작업은 간단히 처리할 수 있다. 그러나 데이터베이스 접속, 사이트 탐색 기능, 방문자 분석, 시스템 제어처럼 사이트 전반에 사용되는 요소를 구현할 때는 코드 구조를 신중하게 설계해야 한다.

이번 장에서 살펴본 구조화 기법은 간단하지만 매우 효과적이다. 자주 사용되는 코드를 별도 인클루드 파일로 만들고 사이트의 여러 페이지에 걸쳐 재사용한다. 수정 사항이 발생해도 인클루드 코드만 고치므로 작업량이 극적으로 줄어든다. 또한 공통적으로 수행하는 작업은 함수를 만들어 처리하고 값을 반환받아 스크립트에서 활용한다. 자체적으로 제작한 함수들을 인클루드 파일에 보관하면 강력한 함수 라이브러리로 변신한다. 구조화 기법은 앞으로 이 책에서 폭넓게 활용될 것이다.

다음 장에서 다룰 내용은 함수의 재사용성을 한 단계 더 향상시키는 기술이다. 함수들을 조직적으로 묶어 자신만의 클래스를 정의하고 객체를 생성하는 방법을 배운다.

## CHAPTER 7

함수 고도화

6장에서 선보인 코드 구조화 기법은 반복적으로 쓰이는 코드를 공용 함수로 전환한다. 이 기법은 다음과 같은 장점이 있다.

1 복잡한 코드를 함수 호출 코드로 전환해 가독성을 높인다.
2 같은 함수를 여러 곳에서 사용할 수 있다.

이번 장은 여기서 한 걸음 더 나아가 모든 데이터베이스 테이블에 통용되는 함수를 구현한다. 또한 객체 지향 프로그래밍 원리를 도입해 작업 과정을 한층 간소하게 줄인다.

7.1 update() 함수 개선

```
updateJoke($pdo, 1, 'Q: 빈 배열이 집에 못 들어오는 이유는? A: 키가 없어서.', 1);
```

이 함수를 실행하려면 반드시 다음 인수들을 전달해야 한다.

- 유머 글 ID
- 유머 글 본문
- 작성자 ID

updateJoke() 함수는 매번 세 인수를 모두 전달해야 실행할 수 있다. 작성자 ID는 그대로 두고 유머 글 본문만 수정하거나, 반대로 작성자 ID만 수정할 때도 마찬가지다.

필드값을 배열로 전달해 이러한 비효율성을 개선해보자. 이때 배열의 키는 필드명, 할당된 값은 데이터를 나타낸다. 다음은 유머 글 본문만 수정하는 함수 호출 코드다.

```
updateJoke($pdo, [
    'id' => 1,
    'joketext' => 'Q: 빈 배열이 집에 못 들어오는 이유는? A: 키가 없어서.']
);
```

다음은 작성자 ID만 수정하는 코드다.

```
updateJoke($pdo, [
    'id' => 1,
```

```
    'authorId' => 4
]);
```

앞의 두 코드는 수정할 정보와 기본 키만 함수로 전달하므로 기존 코드보다 훨씬 유연하다. 또한 가독성도 더 높은데, 코드만 봐도 각 칼럼에 어떤 값이 설정되는지 분명히 알 수 있다. 기존 함수 호출 코드는 각 인수에 전달한 값이 어느 칼럼의 값인지 한눈에 알기 어렵다. 만약 테이블 칼럼이 수십 개라면 인수 순서와 칼럼 위치를 일일이 기억해야 올바르게 함수를 호출할 수 있다.

인수를 배열로 처리하려면 함수 선언 코드를 고쳐야 한다. 기존 함수는 다음과 같이 선언했으며 각 칼럼마다 인수를 따로 받는다.

```
function updateJoke($pdo, $jokeId, $joketext, $authorId) {
    $parameters = [':joketext' => $joketext,
    ':authorId' => $authorId, ':id' => $jokeId];

    query($pdo, 'UPDATE `joke`
    SET `authorId` = :authorId, `joketext` = :joketext
    WHERE `id` = :id', $parameters);
}
```

두 번째 인수를 배열로 바꾸는 작업은 그리 간단하지 않다. 여기에 사용한 쿼리는 :authorid, :joketext, :primaryKey 값을 고정적으로 할당해야 한다. 하나라도 빠지면 오류가 발생한다.

배열 인수를 쿼리에 반영할 때 오류를 일으키지 않으려면 쿼리를 동적으로 생성해야 한다. 즉, 실제로 수정할 칼럼 정보만 쿼리에 포함시킨다.

2장에서 배운 foreach 반복문을 이용해 배열 원소를 차례로 처리할 수 있다. 다음 코드를 살펴보자.

```
$array = [
    'id' => 1,
    'joketext' => 'Q: 빈 배열이 집에 못 들어오는 이유는? A: 키가 없어서.'
];
foreach ($array as $key => $value) {
    echo $key . ' = ' . $value . ',';
}
```

이 코드를 실행하면 다음과 같이 출력된다.

---

id = 1, joketext = Q: 빈 배열이 집에 못 들어오는 이유는? A: 키가 없어서.,

이 foreach문을 조금 더 응용하면 동적인 UPDATE 쿼리를 생성할 수 있다.

```php
$array = [
    'id' => 1,
    'joketext' => '!false는 \'앗! 거짓\'이라는 뜻이 아냐. 그냥 \'참\'이라고!'
];

$query = ' UPDATE `joke` SET ';

foreach ($array as $key => $value) {
    $query .= '`' . $key . '` = :' . $key . ' , ';
}

$query .= ' WHERE `id` = :primaryKey';

echo $query;
```

> **NOTE_ .= 연산자**
>
> .= 연산자를 익혀두면 쓸모가 많다. 이 연산자는 변수에 값을 덮어씌우지 않고 기존에 할당된 문자열 끝에 값을 덧붙인다.

이 코드를 실행하면 다음 쿼리가 출력된다.

```sql
UPDATE `joke` SET `id` = :id, `joketext` = :joketext,
    WHERE `id` = :primaryKey
```

이 쿼리는 $array 배열 내용에 따라서 동적으로 생성되며, 배열에 포함된 필드만 쿼리에 나타난다.

참고로 id = :id 부분은 불필요한 구문이다. 지금은 그대로 두었다가 나중에 적절히 생략할 것이다.

다음 코드는 authorId만 수정하는 쿼리를 생성한다.

```
$array = [
    'id' => 1,
    'authorId' => 4
];

$query = 'UPDATE `joke` SET ';

foreach ($array as $key => $value) {
    $query .= '`' . $key . '` =:' . $key . ' , ';
}

$query .= ' WHERE `id` = :primaryKey';

echo $query;
```

이 코드를 실행하면 다음 쿼리가 출력된다.

```
UPDATE `joke` SET `id` = :id, `authorId` = :authorId,
    WHERE `id` = :primaryKey
```

이제 전체 필드 개수에 상관없이 수정할 필드만 정확히 나열된 쿼리를 얻을 수 있다. 거의 완벽한 쿼리다.

'거의'라고 표현한 이유는 이 쿼리를 데이터베이스에 전송했을 때 오류가 발생하기 때문이다. 아쉽지만 아직 미진한 부분이 있다. 반복문이 실행될 때마다 칼럼이 나열되며 쉼표가 추가되고 결국 다음과 같은 SET 절이 완성된다.

```
SET `id` = :id, `authorId` = :authorId,
```

이 문제는 다음 절에서 처리한다.

7.1.1 쉼표 제거

앞 절에서 완성된 쿼리는 다음과 같이 authorId 수정 쿼리와 WHERE 절 사이에 쉼표가 들어가 오류를 일으킨다.

```
UPDATE `joke` SET `id` = :id, `authorId` = :authorId,
    WHERE `id` = :primaryKey
```

올바른 쿼리는 다음과 같다.

```
UPDATE `joke` SET `id` = :id, `authorId` = :authorId
    WHERE `id` = :primaryKey
```

사소한 차이지만 쉼표 문자 하나가 쿼리의 유효성을 판가름한다. 마지막에 붙은 쉼표는 foreach문에서 최종 반복 여부를 판단해 예외적으로 생략할 수 있다. 그러나 전체 문자열이 완성된 다음에 제거하는 편이 더 쉽다.

rtrim() 함수는 문자열 끝에서 특정 문자 혹은 공백을 제거할 때 사용한다. WHERE 절을 붙이기 전에 다음과 같이 rtrim() 함수로 $query 문자열에서 쉼표를 제거할 수 있다.

```
$array = [
    'id' => 1,
    'authorId' => 4
];

$query = 'UPDATE `joke` SET ';

foreach ($array as $key => $value) {
    $query .= '`' . $key . '` = :' . $key . ' , ';
}

$query = rtrim($query, ',');
$query .= ' WHERE `id` = :primaryKey';

echo $query;
```

$query = rtrim($query, ','); 구문은 $query 문자열 끝에서 쉼표를 제거한다. 이제 다음과 같이 불필요한 쉼표가 없는 정상적인 UPDATE 쿼리가 출력된다.

```
UPDATE `joke` SET `id` = :id, `authorId` = :authorId
    WHERE `id` = :primaryKey
```

다음은 쉼표 제거 코드를 적용해 쿼리를 생성하는 updateJoke() 함수다.

```php
function updateJoke($pdo, $fields) {
    $query = ' UPDATE `joke` SET ';

    foreach ($fields as $key => $value) {
        $query .= '`' . $key . '` = :' . $key . ' , ';
    }

    $query = rtrim($query, ',');

    $query .= ' WHERE `id` = :primaryKey';

    // :primaryKey 변수 설정
    $fields['primaryKey'] = $fields['id'];

    query($pdo, $query, $fields);
}
```

쿼리 생성 코드 외에 추가된 코드가 있다. primaryKey 값을 직접 지정하는 줄이다.

```php
// :primaryKey 변수 설정
$fields['primaryKey'] = $fields['id'];
```

WHERE 절의 :primaryKey 자리는 수정할 글 ID가 들어갈 곳이다. 배열의 각 키는 중복되지 않는 고유한 문자열이다. id는 이미 SET 절에서 사용되므로 primaryKey 키를 별도로 $field 배열에 만들고 여기에 id값을 지정한다.

이제 앞서 계획했던 대로 updateJoke() 함수를 실행할 수 있다. 다음은 updateJoke() 함수에 필드 정보를 배열로 전달하는 코드다.

```php
updateJoke($pdo, [
    'id' => 1,
    'joketext' => '!false는 \'앗! 거짓\'이라는 뜻이 아냐. 그냥 \'참\'이라고!']
);
```

다음은 작성자 ID만 수정하는 코드다.

```
updateJoke($pdo, [
    'id' => 1,
    'authorId' => 4]
);
```

TIP **함수 작성 요령**

일반적으로 함수를 작성할 때 함수 코드를 바로 작성하기보다 호출 코드를 먼저 작성하는 편이 여러 모로 더 편리하다. 함수를 어떻게 호출할지 고민하는 동안 자연스럽게 함수의 기능과 목적이 명확하게 정의된다. 또한 함수 호출 코드를 미리 만들어두면 나중에 함수가 제대로 작동하는지 확인할 때 활용할 수 있다.

7.1.2 insert() 함수 개선

앞 절에서 얻은 지식을 그대로 insertJoke() 함수에 적용할 수 있다. 먼저 INSERT 쿼리와 UPDATE 쿼리의 문법 차이를 살펴보자. 다음은 유머 글을 등록하는 INSERT 쿼리다.

```
$query = 'INSERT INTO `joke` (`joketext`, `jokedate`, `authorId`)
    VALUES (:joketext, CURDATE(), :authorId)';
```

INSERT 쿼리는 칼럼명 부분과 값 부분으로 나뉜다. 먼저 칼럼명을 처리하자. updateJoke() 함수와 마찬가지로 반복문과 rtrim()을 써서 다음과 같이 칼럼명 목록을 생성한다.

```
function insertJoke($pdo, $fields) {
    $query = 'INSERT INTO `joke` (';

    foreach ($fields as $key => $value) {
        $query .= '`' . $key . '`,';
    }

    $query = rtrim($query, ',');

    $query .= ') VALUES (';
}
```

이 함수 두 번째 인수에 다음 배열을 전달하면,

```
[
    'authorId' => 4,
    'joketext' => '!false는 \'앗! 거짓\'이라는 뜻이 아냐. 그냥 \'참\'이라고!'
]
```

INSERT 쿼리 초반부가 생성되고 다음 문자열이 $query에 저장된다.

```
INSERT INTO `joke` (`authorId`, `joketext`) VALUES (
```

다음 부분은 실제 값으로 대체될 자리표시자가 들어가야 한다.

```
VALUES (:authorId, :joketext)
```

자리표시자 문자열은 배열키 앞에 콜론(:)을 붙여 만든다. 칼럼명과 마찬가지로 foreach문을 써서 나열할 수 있다. 다음 코드는 자리표시자 목록까지 추가된 완전한 INSERT 쿼리를 데이터베이스로 전송한다.

```
function insertJoke($pdo, $fields) {
    $query = 'INSERT INTO `joke` (';

    foreach ($fields as $key => $value) {
        $query .= '`' . $key . '`,';
    }

    $query = rtrim($query, ',');

    $query .= ') VALUES (';

    foreach ($fields as $key => $value) {
        $query .= ':' . $key . ',';
    }

    $query = rtrim($query, ',');

    $query .= ')';

    query($pdo, $query, $fields);
}
```

이제 insertJoke() 함수로 필드값을 자유롭게 지정해 데이터를 입력할 수 있다. 다음은 작성자 ID와 유머 글 본문을 추가하는 함수 호출 코드다.

```
insertJoke($pdo, [
    'authorId' => 4,
    'joketext' => '!false는 \'앗! 거짓\'이라는 뜻이 아냐. 그냥 \'참\'이라고!'
]
);
```

이 함수는 인수를 사용해 칼럼명을 전달받으므로 칼럼명을 잘못 쓰면 오류가 발생한다. 그러나 칼럼과 데이터가 한 자리에 표시되어 전체적인 데이터 구조를 명확하게 인식할 수 있다. 또한 이 함수는 폼과 연동하기 쉽다. 이후에 나올 예제를 사용해 직접 확인할 수 있을 것이다.

이제 DatabaseFunctions.php 파일에서 기존 함수를 신규 함수로 교체하고 그에 맞게 웹사이트 코드를 고쳐야 한다. 다음은 개선된 두 함수의 코드다.

```php
function insertJoke($pdo, $fields) {
    $query = 'INSERT INTO `joke` (';

    foreach ($fields as $key => $value) {
        $query .= '`' . $key . '`,';
    }

    $query = rtrim($query, ',');

    $query .= ') VALUES (';

    foreach ($fields as $key => $value) {
        $query .= ':' . $key . ',';
    }

    $query = rtrim($query, ',');

    $query .= ')';

    query($pdo, $query, $fields);
}

function updateJoke($pdo, $fields) {
    $query = ' UPDATE `joke` SET ';
```

```
    foreach ($fields as $key => $value) {
        $query .= '`' . $key . '` = :' . $key . ',';
    }

    $query = rtrim($query, ',');

    $query .= ' WHERE `id` = :primaryKey';

    // :primaryKey 변수 설정
    $fields['primaryKey'] = $fields['id'];

    query($pdo, $query, $fields);
}
```

변경된 updateJoke() 함수에 맞춰 editjoke.php에서 호출 코드를 다음과 같이 고친다.

```
updateJoke($pdo, [
    'id' => $_POST['jokeid'],
    'joketext' => $_POST['joketext'],
    'authorId' => 1
]);
```

addjoke.php의 글 등록 코드는 앞서 설명했던 대로 다음과 같이 고친다.

```
insertJoke($pdo, ['authorId' => 1, 'jokeText' => $_POST['joketext']]);
```

이 예시는 코드 저장소의 Structure2-ArrayFunctions-Error 브랜치에서 확인할 수 있으며, 그대로 실행하면 다음과 같은 오류가 발생한다.

```
Database error: SQLSTATE[HY000]: General error: 1364 Field 'jokedate' doesn't
have a default value in /home/vagrant/Code/Project/includes/DatabaseFunctions.
php:5
```

메시지 내용에서 보이듯 INSERT 쿼리에 jokedate 칼럼값을 넣지 않아서 발생한 오류다.

7.2 날짜 처리

날짜 칼럼 오류를 방지하려면 유머 글을 입력할 때 INSERT 쿼리에 작성일자를 넣어야 한다.

4장에서 사용했던 MySQL 내장 함수 CURDATE()는 현재 날짜를 자동으로 반환한다. 그렇다면 insertJoke() 함수를 호출할 때 다음과 같이 jokedate를 지정할 수 있다고 생각하기 쉽다.

```
insertJoke($pdo, ['authorId' => 1,
    'jokeText' => $_POST['joketext'],
    'jokedate' => 'CURDATE()'
]);
```

이 코드는 겉으로 보기에 아무런 문제가 없지만 생각처럼 잘 작동하지 않는다. jokedate 칼럼에 현재 날짜를 넣으려는 의도와 달리 'CURDATE()'라는 문자열이 그대로 들어간다. bindValue() 메서드로 joketext 칼럼에 $_POST['joketext'] 값을 입력했던 과정과 비슷하다.

이 문제를 해결하려면 MySQL 내장 함수 대신 PHP의 DateTime 클래스로 현재 날짜를 구해야 한다.

DateTime 클래스는 날짜를 모든 형태로 자유롭게 표현할 수 있다. 예를 들면 다음과 같다.

```
$date = new DateTime();

echo $date->format('d/m/Y H:i:s');
```

아무 인수 없이 DateTime 인스턴스를 새로 생성하면 기본적으로 현재 시각을 가리킨다. 2019년 9월 8일 저녁 7시 경에 이 코드를 실행하면 다음과 같이 출력된다.

```
08/09/2019 19:12:34
```

DateTime 클래스는 날짜 문자열을 자동으로 인식한다. 또한 PHP가 제공하는 형식 문자열을 이용해 날짜와 시간을 자유롭게 표현할 수 있다. 예를 들면 다음과 같다.

```
$date = new DateTime('5th March 2019');

echo $date->format('d/m/Y');
```

문자열 d/m/Y는 일/월/연을 의미하며 05/03/2019로 출력된다. DateTime 클래스는 날짜와 시간을 자유자재로 다루는 매우 강력한 클래스다. 모든 형식 문자열 목록은 PHP 매뉴얼(http://docs.php.net/manual/kr/function.date.php)에서 볼 수 있다.

DateTime 클래스를 쓰면 MySQL이 인식하는 형식으로 현재 날짜를 구할 수 있다.

MySQL에서 날짜와 시간은 항상 YYYY-MM-DD HH:MM:SS 형식으로 저장된다. 예를 들어 MySQL은 2018년 7월 13일을 2018-07-13으로 저장한다.

DateTime 클래스는 모든 날짜를 표현할 수 있다. 다음은 현재 날짜를 지정한 형식으로 출력하는 코드다.

```
// 날짜를 지정하지 않으면 현재 날짜와 시간이 적용된다.
$date = new DateTime();

echo $date->format('Y-m-d H:i:s');
```

이 코드를 실행하면 현재 날짜와 시각이 다음과 같은 형태로 출력된다.

```
2019-09-08 19:16:34
```

MySQL 칼럼 타입이 DATETIME이면 날짜를 입력할 때 이 형식으로 변환해야 한다. 다음과 같이 함수 호출 코드에서 배열에 날짜값을 추가한다.

```
$date = new DateTime();

insertJoke($pdo, [
    'authorId' => 4,
    'joketext' => '세상에는 10종류의 사람이 있다. 이진수를 이해하는 사람과 이해 못하는 사람.',
    'jokedate' => $date->format('Y-m-d H:i:s')
]
);
```

이제 함수 호출 코드가 정상적으로 작동한다. 그러나 함수를 사용할 때마다 MySQL에 맞는 날짜 형식을 만들어야 한다. 날짜를 입력할 때마다 Y-m-d H:i:s 문자열로 format() 메서드를 반복해서 호출해야 하므로 다소 번거롭다.

다음과 같이 날짜 형식 변환을 함수에서 처리하면 호출 코드에서 처리할 작업을 줄일 수 있다.

```php
function insertJoke($pdo, $fields) {
    $query = 'INSERT INTO `joke` (';

    foreach ($fields as $key => $value) {
        $query .= '`' . $key . '`,';
    }

    $query = rtrim($query, ',');

    $query .= ') VALUES (';

    foreach ($fields as $key => $value) {
        $query .= ':' . $key . ',';
    }

    $query = rtrim($query, ',');

    $query .= ')';

    foreach ($fields as $key => $value) {
        if ($value instanceof DateTime) {
            $fields[$key] = $value->format('Y-m-d H:i:s');
        }
    }

    query($pdo, $query, $fields);
}
```

이 함수를 호출할 때는 날짜 형식을 지정하지 않고 다음과 같이 DateTime 객체를 그대로 전달한다.

```php
insertJoke($pdo, [
    'authorId' => 4,
    'joketext' => !false는 \'앗! 거짓\'이라는 뜻이 아냐. 그냥 \'참\'이라고!,
```

```
        'jokedate' => new DateTime()
    ]
);
```

이제 함수에서 인수가 날짜 객체인지 판단하고 MySQL에 알맞는 형식으로 변환한다. 함수 안에서 변환이 이루어지므로 함수를 호출할 때 MySQL의 날짜 형식을 떠올릴 필요가 없다. 다음 반복문은 인수를 처리하다가 DateTime 객체를 발견하면 자동으로 MySQL 형식으로 변환한다.

```
// 배열 요소 순회
foreach ($fields as $key => $value) {
    // $value가 DateTime 객체라면
    if ($value instanceof DateTime) {
        // Y-m-d H:i:s 형식으로 변환
        $fields[$key] = $value->format('Y-m-d H:i:s');
    }
}
```

instanceof는 처음 접하는 연산자다. 이 연산자는 == 또는 !=처럼 양쪽을 비교하지만, 값을 비교하는 대신 왼쪽 변수가 오른쪽 클래스의 객체인지 확인한다. 앞 예시에서 $value가 DataTime 클래스의 객체면 참이다. 이 연산자는 특이하게 값이 아니라 형태를 검사한다. 질문으로 비유하자면 '람보르기니 우라칸인가요?'보다 '자동차인가요?'에 가깝다.

이 반복문은 배열에서 DateTime 객체를 발견하면 무조건 MySQL에 적합한 형태로 날짜 문자열을 변환한다. 덕분에 MySQL 날짜 형식을 머릿속에서 완전히 지우고 DateTime 객체를 그대로 insertJoke() 함수에 전달할 수 있다.

updateJoke() 함수도 다음과 같이 날짜 형식 자동 변환 기능을 추가한다.

```
function updateJoke($pdo, $fields) {
    $query = ' UPDATE joke SET ';

    foreach ($fields as $key => $value) {
        $query .= '`' . $key . '` = :' . $key . ',';
    }

    $query = rtrim($query, ',');
```

```
    $query .= ' WHERE id = :primarykey';

    foreach ($fields as $key => $value) {
        if ($value instanceof DateTime) {
            $fields[$key] = $value->format('Y-m-d H:i:s');
        }
    }

    // :primaryKey 변수 설정
    $fields['primaryKey'] = $fields['id'];

    query($pdo, $query, $fields);
}
```

insertJoke()에 적용한 기법을 그대로 updateJoke() 함수에 반영했다. $field 배열로 함수에 전달하는 모든 DateTime 객체는 MySQL 형식으로 날짜 문자열이 변환될 것이다.

그러고보니 한쪽에 있는 코드를 복사해 다른 쪽에 붙여넣었다. DRY 원칙에 따라, 중복된 코드는 다음과 같이 함수로 만들어 모범적인 구조화 원칙을 충실히 따른다.

```
function processDates($fields) {
    foreach ($fields as $key => $value) {
        if ($value instanceof DateTime) {
            $fields[$key] = $value->format('Y-m-d H:i:s');
        }
    }

    return $fields;
}
```

이 함수를 DatabaseFunctions.php로 옮기고 updateJoke()와 insertJoke() 함수에서 중복 코드를 제거한다.

```
function insertJoke($pdo, $fields) {
    $query = 'INSERT INTO `joke` (';

    foreach ($fields as $key => $value) {
        $query .= '`' . $key . '`,';
```

```php
    }

    $query = rtrim($query, ',');

    $query .= ') VALUES (';

    foreach ($fields as $key => $value) {
        $query .= ':' . $key . ',';
    }

    $query = rtrim($query, ',');

    $query .= ')';

    $fields = processDates($fields);

    query($pdo, $query, $fields);
}

function updateJoke($pdo, $fields) {
    $query = ' UPDATE `joke` SET ';

    foreach ($fields as $key => $value) {
        $query .= '`' . $key . '` = :' . $key . ',';
    }

    $query = rtrim($query, ',');

    $query .= ' WHERE `id` = :primaryKey';

    // :primaryKey 변수 설정
    $fields['primaryKey'] = $fields['id'];

    $fields = processDates($fields);

    query($pdo, $query, $fields);
}
```

마지막으로 addjoke.php의 함수 호출 코드를 다음과 같이 고쳐서 jokedate 칼럼에
DateTime() 객체를 제공한다.

```
insertJoke($pdo, ['authorId' => 1,
    'jokeText' => $_POST['joketext'],
    'jokedate' => new DateTime()
]);
```

이 예제는 코드 저장소의 Structure2−ArrayFunctions−Dates 브랜치에서 확인할 수 있다.

7.2.1 날짜 출력

날짜 데이터 입력을 처리한 김에, 템플릿에 유머 글 등록일자를 표시해보자. 작성자 이름 옆에
'작성자: Tom Butler 작성일: 2019−08−04' 형태로 출력한다.

우선 데이터베이스에서 날짜를 가져오도록 다음과 같이 allJokes() 함수를 고쳐야 한다.

```
function allJokes($pdo) {
    $jokes = query($pdo, 'SELECT `joke`.`id`, `joketext`,
        `jokedate`, `name`, `email`
        FROM `joke` INNER JOIN `author`
        ON `authorid` = `author`.`id`');

    return $jokes->fetchAll();
}
```

jokes.html.php 템플릿은 다음과 같이 날짜 칼럼을 참조할 수 있다.

```
<p><?=$totalJokes?>개 유머 글이 있습니다.</p>

<?php foreach ($jokes as $joke): ?>
<blockquote>
    <p>
    <?=htmlspecialchars($joke['joketext'], ENT_QUOTES, 'UTF-8'); ?>

    (작성자: <a href="mailto:<?=
    htmlspecialchars($joke['email'], ENT_QUOTES, 'UTF-8'); ?>"><?=
    htmlspecialchars($joke['name'], ENT_QUOTES, 'UTF-8'); ?></a>
    작성일: <?=$joke['jokedate']; ?>)

    <a href="editjoke.php?id=<?=$joke['id']?>">수정</a>
```

```
        <form action="deletejoke.php" method="post">
            <input type="hidden" name="id" value="<?=$joke['id']?>">
            <input type="submit" value="삭제">
        </form>
        </p>
    </blockquote>
    <?php endforeach; ?>
```

이제 페이지에 접속하면 글 등록 날짜가 출력되지만 날짜 형식은 MySQL 방식을 따른다. 즉, 무조건 2019-08-04 형식으로 출력된다.

데이터베이스에서 가져온 날짜를 기준으로 DateTime 객체를 새로 생성하면 해당 일자를 다양한 형태로 변형할 수 있다. 다음은 '일차, 월, 연도' 형태로 날짜를 출력하도록 고친 코드다.

```
(작성자: <a href="mailto:<?=
htmlspecialchars($joke['email'], ENT_QUOTES, 'UTF-8'); ?>"><?=
htmlspecialchars($joke['name'], ENT_QUOTES, 'UTF-8'); ?></a>
작성일:
<?php
    $date = new DateTime($joke['jokedate']);
    echo $date->format('jS F Y');
?>)

<a href="editjoke.php?id=<?=$joke['id']?>">수정</a>
```

DateTime 클래스 객체를 생성할 때 특정 날짜를 지정할 수 있다. MySQL 날짜 형식을 자동으로 인식하므로 가져온 그대로 전달하면 신속하게 형식을 변환할 수 있다.

echo $date->format('jS F Y'); 구문은 사람이 날짜를 읽는 방식*대로 형식을 바꿔 출력한다. 예를 들어 데이터베이스에 저장된 날짜가 2019-09-04면 4th August 2019로 변환된다.

이 예제는 코드 저장소의 Structure2-ArrayFunctions-Dates2 브랜치에서 내려받을 수 있다.

---

* 역자주_ 일차-월-연도는 국어 표현 방식과 순서가 다르지만 DateTime 클래스의 주요한 표기 형태이므로 원문을 그대로 번역한다.

7.3 맞춤 연장

> 자신의 연장을 직접 만드는 이는 대장장이뿐이다. 목수는 제 톱과 망치를 직접 만들지 않
> 는다. 재단사의 가위와 바늘, 배관공의 스패너도 마찬가지다. 오로지 대장장이만이 망치
> 와 집게, 모루와 끌을 스스로 만든다.
>
> —『직관펌프, 생각을 열다』(동아시아, 2015) 중에서

아주 흥미로운 시각을 엿볼 수 있는 글이다. 이 대목을 인용한 이유를 설명하기에 앞서, 불현
듯 떠오르는 역설적 질문이 있다. 제아무리 대장장이라도 맨손으로 연장을 만들 수는 없다. 연
장을 만들 때 사용한 연장은 애초에 어디에서 나타났을까? 이 질문의 대답은 의외로 간단하다.
최초의 연장은 연장이라 부를 수 없을 정도로 조악했다. 처음에는 그저 바위로 금속을 내리쳐
막대 모양으로 다듬었을 것이다. 그 다음은 금속 막대를 얼기설기 붙여 원시적인 망치를 만든
다. 최초의 망치는 더 좋은 연장을 만드는 데 쓰인다. 이런 과정을 거쳐 점차 더 새롭고 우수한
연장이 탄생한다.

대장장이는 자신의 도구를 발전시켜 정교함과 편의성을 높이고 그에 따라 제품 생산 속도와 제
품의 품질, 사용성도 함께 향상시킨다. 전문가용 도구가 있으면 숙련되지 않은 견습생도 자신
의 기술 수준을 뛰어넘는 제품을 만들 수 있다.

우수한 도구를 만들려면 시간이 걸린다. 그러나 일단 만들고 나면 그 도구로 수천 개의 제품
을 만들 수 있다. 장기적으로 보면 도구 제작에 걸리는 시간은 금새 만회할 수 있는 초기 비용
에 불과하다.

이제 이 이야기가 어떻게 PHP 프로그래밍과 연결되는지 알아보자. 앞선 인용문을 조금만 고
치면 접점이 보인다. 자신의 도구를 스스로 만드는 이는 대장장이만이 아니다. 프로그래머도
같은 능력을 지녔다.

프로그래머도 자신만의 도구를 만들 수 있다. 따지고 보면 컴퓨터로 하는 모든 일은 다른 개발
자가 만든 도구가 없으면 시작조차 할 수 없다. PHP 역시 라스무스 러더프가 만든 프로그래밍
언어다.

프로그래밍 언어는 어느날 갑자기 하늘에서 뚝 떨어진 게 아니다. 컴퓨터는 PHP 문법을 전혀
이해하지 못한다. 컴퓨터가 구사하는 유일한 언어는 2진 코드다.

대장장이처럼 프로그래머의 도구도 처음에는 조악했다. 컴퓨터에 1과 0을 전달하려고 천공카드라는 종이에 구멍을 내고 컴퓨터에 직접 밀어넣었다. 천공카드에 코드를 작성하고 이해하려면 어마어마하게 난해한 기술을 익혀야 했다. 그러나 컴퓨터가 발전하면서 프로그래밍 방식도 큰 변화를 맞이했다.

이제 프로그래머는 1과 0만 표현하는 천공카드를 밀어넣는 대신 사람이 읽고 이해하는 언어로 코드를 작성한다. 사람이 작성한 코드를 컴퓨터가 이해하는 이진 코드로 변환하는 발명품이 바로 컴파일러다. 이러한 배경을 간과하면 코드의 본질을 오해하기 쉽다. 프로그래밍 언어는 어디까지나 인간을 위해 제작된 도구다.

컴퓨터 앞에 앉아 자신이 애용하는 코드 편집기를 실행했을 때, 프로그래머는 자신이 선택하는 가장 정교한 망치를 들고 모루 앞에 서 있다 해도 과언이 아니다.

프로그래밍 언어는 하나의 도구며, 이를 잘 활용하면 다른 도구를 만들 수 있다. 함수는 프로그래밍 언어로 만든 또 다른 도구와 같다. 여러 방면에 활용하는 도구와 특정 작업에 쓰는 도구가 다르듯, 함수도 범용성에 따라 우열을 가릴 수 있다.

주방을 둘러보자. 많은 조리 도구가 있지만 사용 빈도는 저마다 다르다. 거의 모든 요리에 쓰이는 부엌칼이 있는 반면, 특정 요리에 가끔 쓰이는 마늘 분쇄기도 있다.

도구의 유용함은 얼마나 많은 작업에 활용하는가에 의해 결정된다. 더 많은 요리에 활용하는 조리 도구가 더 유용하다.

프로그래머도 이왕이면 마늘 분쇄기보다 부엌칼에 가까운 함수를 만들어야 한다. 단일 웹사이트나 특정 기능만 담당하는 함수보다 모든 웹사이트에서 지속적으로 활용하는 함수가 낫다.

이번 장에서 함수를 개선한 과정을 되짚어보자. 처음 함수는 고정된 순서와 개수에 맞춰 인수를 정확하게 전달해야 했다. 개선된 함수는 인수 대부분을 순서 없이 자유롭게 전달하고 필요 없는 인수는 생략할 수 있다.

그러나 이렇게 개선한 함수도 아직 부엌칼보다 마늘 분쇄기에 더 가깝다. 마늘 분쇄기는 마늘이 들어간 요리를 만들 때만 쓰듯, updateJoke 함수는 joke 테이블 데이터를 수정할 때만 쓴다. 혹시 joke 테이블을 쓰는 다른 웹사이트가 있다면 모를까, 그렇지 않다면 이 함수는 인터넷 유머 세상 웹사이트 외부에서 쓸 수 없다.

다음 단계는 범용성 향상이다. 지금까지 구축한 함수 라이브러리를 더욱 개선해, 모든 데이터베이스 테이블에 통용되는 부엌칼 같은 도구로 재구축한다. 결국 부엌칼을 뒤집어 잡으면 마늘도 찧을 수 있다.

7.4 범용 함수

대대적인 변화를 가하기에 앞서, 웹사이트에 유머 글 작성자 목록 페이지를 추가하자. 다음은 allJokes() 함수 구조를 기반으로 만든 allAuthors() 함수다.

```php
function allAuthors($pdo) {
    $authors = query($pdo, 'SELECT * FROM `author`');

    return $authors->fetchAll();
}
```

같은 방식으로 작성자 등록 및 삭제 함수도 만든다.

```php
function deleteAuthor($pdo, $id) {
    $parameters = [':id' => $id];

    query($pdo, 'DELETE FROM `author`
    WHERE `id` = :id', $parameters);
}

function insertAuthor($pdo, $fields) {
    $query = 'INSERT INTO `author` (';

    foreach ($fields as $key => $value) {
        $query .= '`' . $key . '`,';
    }

    $query = rtrim($query, ',');

    $query .= ') VALUES (';

    foreach ($fields as $key => $value) {
        $query .= ':' . $key . ',';
    }
}
```

```
    $query = rtrim($query, ',');

    $query .= ')';

    $fields = processDates($fields);

    query($pdo, $query, $fields);
}
```

deleteAuthor()와 insertAuthor() 함수는 deleteJoke(), insertJoke() 함수와 거의 똑같다. 이렇듯 비슷한 함수가 테이블을 추가할 때마다 대여섯 개씩 생기면 함수 라이브러리가 순식간에 중복 코드로 가득찰 것이다. 함수 구조를 조금만 개선하면 단일 테이블이 아닌 임의의 테이블을 다룰 수 있다. 다시 말해 모든 데이터베이스 테이블에 대응하는 범용 함수를 한 벌만 갖추면 테이블이 아무리 늘어나도 중복 코드가 생기지 않는다.

작성자 조회 함수와 유머 글 조회 함수의 차이점은 테이블명뿐이다. 함수 코드 중 테이블명을 변수로 대체하면 변수명에 따라 다른 테이블을 조회하는 함수로 변신한다. 다음과 같이 테이블명을 인수로 받는 함수를 하나 만들면 테이블마다 전용 함수를 만들 필요가 없다.

```
function findAll($pdo, $table) {
    $result = query($pdo, 'SELECT * FROM `' . $table . '`');

    return $result->fetchAll();
}
```

이 함수는 다음과 같이 호출하며 대상 테이블에서 모든 레코드를 가져온다.

```
// 데이터베이스에서 모든 글 가져오기
$allJokes = findAll($pdo, 'joke');

// 데이터베이스에서 모든 작성자 가져오기
$allAuthors = findAll($pdo, 'author');
```

같은 방식으로 삭제 함수도 다음과 같이 작성한다.

```
function delete($pdo, $table, $id) {
    $parameters = [':id' => $id];
```

```
    query($pdo, 'DELETE FROM `' . $table . '`
    WHERE `id` = :id', $parameters);
}
```

delete() 함수는 다음과 같이 ID만 알면 모든 테이블에서 레코드를 삭제할 수 있다.

```
// ID가 2인 작성자 삭제
delete($pdo, 'author', 2);

// ID가 5인 글 삭제
delete($pdo, 'joke', 5);
```

이 함수는 아직 유연성이 부족하다. 테이블 기본 키 칼럼이 무조건 id라고 간주하고 쿼리를 실행하므로 그렇지 않은 테이블에 쓸 수 없다. 기본 키 칼럼은 테이블마다 다르다. 예를 들어 도서 정보 테이블의 기본 키는 ISBN 코드가 적합하다. 테이블 칼럼 구조와 무관하게 잘 작동하는 함수가 되려면 id로 고정된 기본 키를 다음과 같이 변수로 대체해야 한다.

```
function delete($pdo, $table, $primaryKey, $id ) {
    $parameters = [':id' => $id];

    query($pdo, 'DELETE FROM `' . $table . '`
    WHERE `' . $primaryKey . '` = :id', $parameters);
}
```

이제 delete() 함수를 호출할 때 다음 4개 인수를 전달한다.

- 데이터베이스 커넥션 $pdo
- 대상 테이블명
- 삭제할 레코드 ID
- 기본 키 필드명

호출 코드 예시는 다음과 같다.

```
// author 테이블에서 id 칼럼값이 2인 레코드 삭제
delete($pdo, 'author', 'id', 2);
```

```
// joke 테이블에서 id 칼럼값이 5인 레코드 삭제
delete($pdo, 'joke', 'id', 5);

// book 테이블에서 isbn 칼럼값이 978-3-16-148410-0인 레코드 삭제
delete($pdo, 'book', 'isbn', '978-3-16-148410-0');
```

delete(), select() 함수에서 테이블명을 함수 인수로 대체했으니 같은 방식으로 update()
와 insert() 함수도 다음과 같이 새로 작성한다.

```
function insert($pdo, $table, $fields) {
    $query = 'INSERT INTO `' . $table . '` (';

    foreach ($fields as $key => $value) {
        $query .= '`' . $key . '`,';
    }

    $query = rtrim($query, ',');

    $query .= ') VALUES (';

    foreach ($fields as $key => $value) {
        $query .= ':' . $key . ',';
    }

    $query = rtrim($query, ',');

    $query .= ')';

    $fields = processDates($fields);

    query($pdo, $query, $fields);
}

function update($pdo, $table, $primaryKey, $fields) {
    $query = ' UPDATE `' . $table .'` SET ';

    foreach ($fields as $key => $value) {
        $query .= '`' . $key . '` = :' . $key . ',';
    }

    $query = rtrim($query, ',');
    $query .= ' WHERE `' . $primaryKey . '` = :primaryKey';
```

```
        // :primaryKey 변수 설정
        $fields['primaryKey'] = $fields['id'];

        $fields = processDates($fields);

        query($pdo, $query, $fields);
    }
```

update() 함수는 delete() 함수처럼 $primaryKey 인수를 추가해야 한다. 기본 키 칼럼이 테이블마다 다르므로 WHERE id = :primaryKey 절에서 id 부분을 $primaryKey로 대체한다.

6장에서 만든 getJoke() 함수는 특정 유머 글을 ID로 검색한다. getJoke() 함수도 모든 데이터베이스 테이블에 대응하도록 개선할 수 있다. 다음 코드의 findById() 함수는 테이블명과 기본 키를 인수로 전달받아 특정 레코드를 검색한다.

```
function findById($pdo, $table, $primaryKey, $value) {
    $query = 'SELECT * FROM `' . $table . '`
    WHERE `' . $primaryKey . '` = :value';

    $parameters = [
        'value' => $value
    ];

    $query = query($pdo, $query, $parameters);

    return $query->fetch();
}
```

이제 모든 데이터베이스 테이블에 사용하는 함수를 종류별로 빠짐없이 갖췄다. 여기에 DateTime 클래스까지 곁들이면 다음과 같이 다양한 방식으로 함수를 활용할 수 있다.

```
// 레코드 추가
$record = [
    'joketext' => '!false는 \'앗! 거짓\'이라는 뜻이 아냐. 그냥 \'참\'이라고!',
    'authorId' => 2,
    'jokedate' => new DateTime()
];
```

```
insert($pdo, 'joke', $record);

// author 테이블에서 id가 2인 레코드 삭제
delete($pdo, 'author', 'id', 2);

// joke 테이블에서 모든 레코드 가져오기
$jokes = findAll($pdo, 'joke');
```

마지막으로 전체 글 개수를 확인하는 totalJokes() 함수도 다음과 같이 범용 함수 대열에 합류
시키고 함수 개편 작업을 마무리한다.

```
function total($pdo, $table) {
    $query = query($pdo, 'SELECT COUNT(*)
    FROM `' . $table . '`');

    $row = $query->fetch();

    return $row[0];
}
```

7.5 활용

지금까지 개선한 범용 함수를 실제로 컨트롤러에 적용해보자. 먼저 addjoke.php 컨트롤러에
insert() 함수를 적용한다. 기존 코드는 다음과 같이 시작한다.

```
<?php
if (isset($_POST['joketext'])) {
    try {
        include __DIR__ . '/../includes/DatabaseConnection.php';
        include __DIR__ . '/../includes/DatabaseFunctions.php';

        insertJoke($pdo, ['authorId' => 1,
        'jokeText' => $_POST['joketext'],
        'jokedate' => new DateTime()]);

        header('location: jokes.php');
```

```php
    // ...
```

다음과 같이 insertJoke()를 insert() 함수로 교체하고 두 번째 인수에 테이블명을 추가한다.

```php
<?php
if (isset($_POST['joketext'])) {
    try {
    include __DIR__ . '/../includes/DatabaseConnection.php';
    include __DIR__ . '/../includes/DatabaseFunctions.php';

    insert($pdo, 'joke', ['authorId' => 1,
    'jokeText' => $_POST['joketext'],
    'jokedate' => new DateTime()]);

    header('location: jokes.php');

    // ...
```

같은 방식으로 editjoke.php와 deletejoke.php 파일도 고친다. 다음은 editjoke.php에서 updateJoke() 함수를 update() 함수로 바꾼 코드다.

```php
<?php
include __DIR__ . '/../includes/DatabaseConnection.php';
include __DIR__ . '/../includes/DatabaseFunctions.php';

try {
    if (isset($_POST['joketext'])) {
        update($pdo, 'joke', 'id', ['id' => $_POST['jokeid'],
            'joketext' => $_POST['joketext'],
            'authorId' => 1]);

        header('location: jokes.php');
    } else {
        $joke = findById($pdo, 'joke', 'id', $_GET['id']);

        $title = '유머 글 수정';

        ob_start();

        include __DIR__ . '/../templates/editjoke.html.php';
```

```
        $output = ob_get_clean();
    }
}
// ...
```

다음은 deletejoke.php 파일이다.

```php
<?php
try {
    include __DIR__ . '/../includes/DatabaseConnection.php';
    include __DIR__ . '/../includes/DatabaseFunctions.php';

    delete($pdo, 'joke', 'id', $_POST['id']);

    // ...
```

다음은 유머 글 목록 페이지 차례다. 기존 코드는 allJokes() 함수로 글과 작성자 정보를 함께 가져온다. 그러나 두 테이블의 정보를 함께 검색하는 범용 함수는 간단히 만들 수 없다. 대상 테이블은 무엇인지, join문을 쓸 때 어떤 필드를 기준으로 삼을지가 상황에 따라 다르기 때문이다. 그렇다고 모든 변인을 인수로 욱여넣으면 지나치게 복잡해서 사용하기 어렵다.

범용 함수로 목록 데이터를 가져올 때는 다음과 같이 findAll()과 findById() 함수를 단계적으로 호출한다.

```php
$result = findAll($pdo, 'joke');

$jokes = [];
foreach ($result as $joke) {

    $author = findById($pdo, 'author', 'id', $joke['authorId']);

    $jokes[] = [
        'id' => $joke['id'],
        'joketext' => $joke['joketext'],
        'name' => $author['name'],
        'email' => $author['email']
    ];
}
```

jokes.php 전체 코드는 다음과 같다.

```php
<?php

try {
    include __DIR__ . '/../includes/DatabaseConnection.php';
    include __DIR__ . '/../includes/DatabaseFunctions.php';

    $result = findAll($pdo, 'joke');

    $jokes = [];
    foreach ($result as $joke) {
        $author = findById($pdo, 'author', 'id',
            $joke['authorId']);

        $jokes[] = [
            'id' => $joke['id'],
            'joketext' => $joke['joketext'],
            'jokedate' => $joke['jokedate'],
            'name' => $author['name'],
            'email' => $author['email']
        ];
    }

    $title = '유머 글 목록';

    $totalJokes = total($pdo, 'joke');

    ob_start();

    include __DIR__ . '/../templates/jokes.html.php';

    $output = ob_get_clean();

} catch (PDOException $e) {
    $title = '오류가 발생했습니다.';

    $output = '데이터베이스 오류: ' . $e->getMessage() . ', 위치: ' .
    $e->getFile() . ':' . $e->getLine();
}

include __DIR__ . '/../templates/layout.html.php';
```

이번 절 예제는 저장소 브랜치 Structure2-GenericFunctions에서 모두 확인할 수 있다. jokes.php 코드는 유머 글 목록을 전부 가져온 다음 반복문에서 글 작성자를 검색하고 작성자 데이터와 글 데이터를 합쳐 $jokes 배열에 담는다. INNER JOIN 쿼리로 두 테이블 데이터를 한 번에 가져오는 기능을 코드로 구현한 셈이다. 유머 글 테이블과 작성자 테이블의 값이 한 레코드처럼 배열로 구성된다. 그러나 글 개수만큼 작성자 조회 쿼리를 추가로 전송하므로 전체 처리 시간이 약간 늘어난다. 이는 범용 함수를 사용할 때 흔히 마주치는 문제인데 알고리즘 용어로 N+1문제*라 한다. 범용 함수를 쓰면서 성능 손해도 줄이는 기법**이 여럿 있지만 예제에 적용할 필요는 없다. 레코드 수가 최소 수백만에 달하지 않는 한 속도 저하를 체감하기 힘들다. 차이는 기껏해야 백만분의 일초 단위에 불과할 것이다.

7.6 중복 코드

중복 코드는 소프트웨어를 개발할 때 항상 경계해야 할 존재다. 완전히 같거나 아주 유사한 코드를 둘 이상 발견하면 즉시 한 걸음 물러나 시야를 넓혀보자. 코드를 통합하고 재사용할 방도가 없는지 꼭 확인해야 한다.

지금까지 만든 insert(), update(), delete(), findAll(), findById() 등의 범용 함수는 웹사이트의 모든 데이터베이스 처리 기능을 신속하게 구현하는 도구다. 범용 함수 한 벌이면 어느 테이블이든 간단히 조작할 수 있다.

하지만 아직도 개선할 부분이 남았다. addjoke.php와 editjoke.php 페이지는 비슷한 일을 한다. 둘 다 폼을 표시하며 폼이 제출됐을 때 데이터베이스로 정보를 전송한다.

템플릿 파일 addjoke.html.php와 editjoke.html.php도 거의 똑같다. 전자는 빈 폼을 표시하고 후자는 폼에 값을 채운다는 점만 약간 다르다.

비슷한 코드가 여러 곳에 있으면 변경 사항이 생겼을 때 같은 작업을 여러 번 해야 한다. 유머 글 사이트에 카테고리 기능을 추가하는 과정을 예상해보자. 일반 유머, 프로그래머 유머, 수수

---

* 저자주_ N+1 문제를 이해하기 쉽게 설명한 참고 자료 중 「SELECT N+1 문제와 ORM 성능 저하」가 있다. 마이크로소프트 기고문이며 http://blogs.microsoft.co.il/gilf/2010/08/18/select-n1-problem-how-to-decrease-your-orm-performance/에서 볼 수 있다.

** 저자주_ N+1 문제를 완전히 해결하는 방법을 보려면 https://www.sitepoint.com/silver-bullet-n1-problem/를 참고한다.

께끼 유머 등, 유머 글을 등록하거나 수정할 때 글 종류를 선택하는 기능이다.

사용자에게 카테고리 선택지를 제공하려면 글 등록 페이지에 〈select〉 태그를 추가하면 된다.

등록 항목이 추가됐으니 자연히 수정 페이지도 같은 항목을 추가해야 한다. 다시 말해, addjoke.php를 고치면 editjoke.php도 매번 똑같이 고쳐야 한다.

여러 파일을 비슷하게 고쳐야 할 상황이 닥치면 코드 통합 요청 신호가 왔다고 여기자. 물론 통합 코드는 이전 파일들의 기능을 모두 흡수해야 한다. addjoke.php와 editjoke.php의 기능은 거의 비슷하지만 다음 두 가지가 다르다.

> **1** addjoke.php는 INSERT 쿼리를, editjoke.php는 UPDATE 쿼리를 실행한다.
> **2** editjoke.php가 출력하는 템플릿 파일은 유머 글 ID를 숨겨진 input 태그로 출력한다.

나머지 기능은 거의 같다.

이제 두 파일을 하나로 합친다. 글 등록과 수정을 모두 처리하는 파일은 editjoke.php다. URL 뒤에 GET 변수로 ID가 전달되면 수정, 그렇지 않으면 등록 요청으로 구별할 수 있기 때문이다.

editjoke.php?id=12처럼 id에 12를 전달하면 데이터베이스에서 ID가 12인 글을 불러와 수정 페이지를 표시한다. 수정 폼을 전송하면 UPDATE 쿼리로 글을 수정한다. id 없이 editjoke.php 페이지에 접속하면 빈 폼이 표시되며 폼이 전송됐을 때 INSERT 쿼리를 실행한다.

7.6.1 등록/수정 페이지

먼저 처리할 부분은 폼이다. 글 데이터를 불러와 채우거나 빈 폼을 출력해야 한다. 기존 editjoke.php는 GET 변수로 id가 항상 전달된다고 간주하며 id에 해당하는 유머 글을 가져온다. 템플릿 파일은 기존 글 데이터를 폼 값에 채운다. 다음은 기존 editjoke.php 코드의 일부다.

```
else {
    $joke = findById($pdo, 'joke', 'id', $_GET['id']);
```

```
    $title = '유머 글 수정';

    ob_start();

    include __DIR__ . '/../templates/editjoke.html.php';

    $output = ob_get_clean();
}
```

이 부분은 ID가 있을 때만 데이터베이스에서 글 데이터를 가져오도록 고쳐야 한다. 다음과 같
이 if문을 추가해 id값이 있는지 판단한다.

```
else {
    if (isset($_GET['id'])) {
        $joke = findById($pdo, 'joke', 'id', $_GET['id']);
    }

    $title = '유머 글 수정';

    ob_start();

    include __DIR__ . '/../templates/editjoke.html.php';

    $output = ob_get_clean();
}
```

이 상태로 GET 변수에 id값을 넣지 않고 editjoke.php에 접속하면 〈textarea〉 태그 안에 이
상한 오류 메시지가 출력된다. $joke 변수가 없어서 생기는 문제다. editjoke.html.php 템플
릿은 $joke 변수를 참조해 기존 글 데이터를 출력하는데, 이제 id값이 없으면 $joke 변수에 데
이터가 할당되지 않는다.

ID가 없을 때 addjoke.html.php 파일을, 있을 때 editjoke.html.php 파일을 불러오도록
조건을 걸면 문제가 해결된다. 그렇지만 완벽한 해결책은 아니다. 템플릿이 별도로 있으면 폼
에 필드를 추가할 때 두 파일을 모두 고쳐야 한다. 여전히 중복 코드가 남는다.

등록과 수정에 모두 대응할 수 있도록 editjoke.html.php 파일을 고치면 중복 코드를 더 줄
일 수 있다. 다음 코드는 $joke 변수가 있는지 먼저 검사한 다음 textarea 본문과 숨은 input
태그를 출력한다.

```
<form action="" method="post">
    <input type="hidden" name="jokeid" value="<?php if (isset($joke)) {
        echo $joke['id'];
    } ?>">
    <label for="joketext">유머 글을 입력해주세요: </label>
    <textarea id="joketext" name="joketext" rows="3"
    cols="40"><?php if (isset($joke)) {
        echo $joke['joketext'];
    } ?></textarea>
    <input type="submit" name="submit" value="저장">
</form>
```

이제 joketext 본문과 id값은 $joke 변수가 있을 때, 즉 글 데이터를 가져왔을 때만 출력된다.

계속 진행하기 전에 코드를 조금 더 다듬어보자. 기존 input 태그 출력 코드는 다음과 같이 간단했다.

```
<input type="hidden" name="jokeid" value="<?=$joke[id]?>">
```

$joke[id]를 출력하는 부분이 if문으로 바뀌면서 〈?php로 시작하는 코드가 여러 줄 추가된다.

널 병합Null coalescing 연산자는 PHP 7에 도입된 참신한 기능이다. 이름이 꽤 난해한데, 간단히 설명하자면 다음과 같은 코드를 짧게 줄이는 연산자다.

```
if (isset($something)) {
    echo $something;
}
else {
    echo '변수 없음';
}
```

널 병합 연산자는 ??로 표기하며 다음과 같이 사용한다.

```
echo $something ?? '변수 없음';
```

확인할 변수를 ?? 연산자 왼쪽에 쓰고 변수가 없을 때 출력할 내용을 오른쪽에 쓴다. 예시 코드는 $something 변수가 있으면 변수에 할당된 값을 출력하고 그렇지 않으면 '변수 없음'을 출력한다. 일반 변수는 물론 $joke['id']같은 배열 원소도 확인할 수 있다.

폼 필드에 들어간 if문은 다음과 같이 널 병합 연산자로 줄여 쓸 수 있다.

```
<form action="" method="post">
    <input type="hidden" name="jokeid"
        value="<?=$joke['id'] ?? ''?>">
    <label for="joketext">유머 글을 입력해주세요: </label>
    <textarea id="joketext" name="joketext" rows="3" cols="40">
<?=$joke['joketext'] ?? ''?></textarea>
    <input type="submit" name="submit" value="저장">
</form>
```

연산자 오른쪽에 빈 문자열을 의미하는 ''를 넣었다. $joke 변수가 있으면 값을 출력하고 그렇지 않으면 무엇도 출력하지 않는다.

아직 고칠 부분이 남았다. 제출된 폼이 어떤 폼인지 확인하고 그에 따라 UPDATE 쿼리나 INSERT 쿼리를 실행해야 한다. 폼 종류를 판단하는 가장 명확한 기준은 id 필드값이다. 다음과 같이 if문을 작성하면 구분할 수 있다.

```
if (isset($_POST['id']) && $_POST['id'] != '') {
    update(...);
}
else ;
    insert(...)
}
```

이상으로 등록/수정 페이지가 완성됐다. 그러나 범용 코드를 향한 여정은 아직 끝나지 않았다. ID 제출 여부에 따라 로직이 결정되는 구조는 다른 여러 폼에서 비슷하게 쓰인다.

만약 작성자 등록/수정 폼을 새로 만들면 기본적인 구조는 유머 글 폼과 같을 것이다. ID가 없으면 작성자를 등록하고 있으면 작성자 정보를 수정한다. 결론적으로 이 구조는 등록과 수정을 동시에 처리하는 폼에 모두 통용된다. 페이지를 추가할 때마다 비슷한 코드가 계속 쓰일 것이다.

다른 문제도 있다. 앞선 if문은 기본 키 전달 여부를 검사하는데, 기본 키 값이 일반 폼필드로 항상 전달되면 등록과 수정 폼을 구분할 수 없다. 가령 도서 정보 폼은 INSERT나 UPDATE

쿼리를 실행할 때 기본 키 isbn 값이 항상 필요하다. 등록과 수정 페이지에서 모두 isbn값을 입력하기 때문에 if문이 제 역할을 하지 못한다.

기본 키와 관계없이 등록 폼과 수정 폼을 구분하려면 if...else문 대신 try...catch문을 응용해야 한다. 다음은 등록 쿼리를 실행하고 등록 시도가 실패하면 수정 쿼리를 실행하는 코드다.*

```
try {
    insert(...);
}
catch(PDOException $e) {
    update(...);
}
```

먼저 insert() 함수에서 INSERT 쿼리를 데이터베이스로 전송한다. 지정한 id로 등록된 유머 글 데이터가 이미 있으면 '중복 키' 오류가 발생하고 catch문의 update() 함수가 대신 실행된다.

이제 이 로직을 별도 함수로 분리하면 모든 등록/수정 폼에서 공통적으로 호출할 수 있다. 다음은 try...catch 구문을 save() 함수로 선언하는 코드다.

```
function save($pdo, $table, $primaryKey, $record) {
    try {
        if ($record[$primaryKey] == '') {
            $record[$primaryKey] = null;
        }
        insert($pdo, $table, $record);
    }
    catch (PDOException $e) {
        update($pdo, $table, $primaryKey, $record);
    }
}
```

이 함수는 모든 테이블에 쓸 수 있다. 등록 쿼리를 실행하고 오류가 발생하면 수정 쿼리를 대신 실행한다.

---

* 역자주_ 이 과정은 MySQL 쿼리로 대체할 수 있다. 자세한 설명은 MySQL 문서의 'Insert ... On Duplicate' 항목을 참고하기 바란다. https://dev.mysql.com/doc/refman/5.7/en/insert-on-duplicate.html

save() 함수의 모든 인수는 등록과 수정 기능을 수행할 때 공통적으로 필요한 정보다. 등록/수정 페이지는 항상 이 정보들을 제공하므로 같은 코드를 여러 번 작성할 필요 없이 save() 함수만 호출하면 된다.

if ($record[$primaryKey] == ") 조건문은 INSERT 쿼리를 실행할 때 id 칼럼에 빈 문자열이 들어가지 않도록 예방한다. 기본 키 칼럼 타입은 대부분 INT며 정수만 허용하므로, $primaryKey에 할당된 빈문자열을 그대로 쿼리에 전달하면 오류가 발생한다. 빈 문자열 대신 null 값을 지정하면 MySQL이 자동으로 auto_increment 기능을 발동시켜 신규 ID를 발급한다.

이제 데이터베이스 처리 코드를 save() 함수로 대체할 수 있다. 다음은 editjoke.php 파일에 save() 함수를 적용한 코드다.

```
try {
    if (isset($_POST['joketext'])) {

        save($pdo, 'joke', 'id', ['id' => $_POST['jokeid'],
            'joketext' => $_POST['joketext'],
            'jokedate' => new DateTime(),
            'authorId' => 1]);

        header('location: jokes.php');
    }
    ...
```

이제 addjoke.php 파일과 addjoke.html.php 파일은 더는 필요하지 않으니 삭제해도 좋다. 등록과 수정을 모두 editjoke.php 페이지에서 처리한다. layout.html.php의 메뉴 링크도 addjoke.php를 editjoke.php로 고친다.

이번 절의 전체 예제 코드는 저장소 브랜치 Structure2-GenericFunction-Save에서 볼 수 있다.

7.7 폼 필드 처리

save() 함수는 데이터베이스 레코드의 추가와 수정을 동시에 처리한다. $_POST['jokeid'] 값을 id값으로 전달하면 기존에 등록된 id인지 판단하고 자동으로 레코드를 추가하거나 갱신한다. 등록 폼은 ID를 전달하지 않지만 숨은 input 태그 덕분에 $_POST 배열에 항상 'jokeid' 키가 생성된다 .

등록과 수정을 통합하면 일거리가 확연히 줄어든다. 범용 함수를 만들기 전에는 등록 폼과 수정 폼 HTML을 별도로 만들고 폼 처리 컨트롤러도 따로 만들어 관리해야 했다.

또한 코드 작성량이 줄고 HTML 코드나 PHP 코드가 중복되는 일도 줄어든다. 폼 항목을 새로 추가하려면 데이터베이스 칼럼 추가, 템플릿 수정, 함수 인수 추가만 하면 끝난다.

폼 항목을 이렇게 간단하게 추가하는 이유는 save() 함수가 등록과 수정을 모두 담당하기 때문이다. insert(), update() 함수를 자동으로 선택해 호출하면 각각 INSERT와 UPDATE 쿼리를 동적으로 생성한다. save() 함수 인수에 칼럼값을 추가하면 나머지는 모두 자동으로 처리된다.

범용 함수로 개선된 코드는 초기 코드에 비해 엄청나게 효율적으로 관리할 수 있다. 하지만 여기서 끝이 아니다. 눈치 빠른 이는 이미 다음 문장이 예상될 것이다. 중복 코드를 통합하고 재사용할 방도를 늘 확인해야 한다.

다음 코드는 여전히 반복적으로 사용된다.

```
[
    'id' => $_POST['jokeid'],
    'authorId' => 1,
    'jokedate' => new DateTime(),
    'joketext' => $_POST['joketext']
];
```

$_POST 배열 원소는 $joke 배열에 같은 키와 값으로 할당된다.

'joketext' => $_POST['joketext'] 부분을 살펴보자. 이 코드는 $_POST 배열의 joketext 원소에서 이름과 값을 따와 $joke 배열에 키와 값을 할당한다.

$_POST 배열 데이터를 그대로 $joke 배열에 복사하는 셈이다. 다른 폼 필드가 추가되더라도

같은 방식으로 복사해야 한다.

다음 코드는 앞 코드와 똑같은 배열을 save() 함수에 전달한다.

```
$joke = $_POST;
$joke['authorId'] = 1;
$joke['jokedate'] = new DateTime();

save($pdo, 'joke', 'id', $joke);
```

이 코드는 $_POST 배열 원소를 일일이 복사하지 않아도 모든 원소를 $joke 배열에 자동으로 배치한다.

이제 폼 필드가 새로 추가되면 $joke 배열에 값이 자동으로 할당되어 작업 과정이 두 단계로 줄어든다. 데이터베이스 칼럼 추가, 템플릿 수정이다. 데이터베이스 칼럼명과 폼 필드명을 일치시키면 컨트롤러 코드를 고칠 필요가 없다.

순탄하게 진행되는듯 보이지만 실제로 이 코드를 실행하면 오류가 발생한다. 전송 버튼도 폼 필드 중 하나라서 $_POST 배열에 원소를 생성하기 때문이다. 따라서 INSERT 쿼리가 다음과 같이 생성된다.

```
INSERT INTO `joke` (`joketext`, `jokedate`, `authorid`, `submit`)
```

joke 테이블에 submit 칼럼이 없으니 당연히 잘못된 쿼리다. 간단하지만 약간 조잡한 해결책이 있는데, 다음과 같이 unset() 문을 추가하면 $joke 배열의 submit 원소를 제거할 수 있다.

```
$joke = $_POST;

// 배열에서 submit 원소 제거
unset($joke['submit']);

$joke['authorId'] = 1;
$joke['jokedate'] = new DateTime();

save($pdo, 'joke', 'id', $joke);
```

당장의 오류는 해결하지만 효과적인 해결책은 아니다. 데이터베이스와 짝이 맞지 않는 폼 원소가 생기면 이런 식으로 일일이 제거해야 한다. 예를 들어 폼 전송 후 이메일을 받을지 결정하는 체크박스를 추가하면 save() 함수를 호출하기 전에 $_POST 배열에서 해당 체크박스 원소를 제거해야 한다.

늘 그렇듯 더 좋은 방법이 있다. 다음과 같이 HTML 폼에서 name 속성을 적절히 활용하면 배열 형태로 데이터를 전송할 수 있다.

```
<form action="" method="post">
    <input type="hidden" name="joke[id]" value="<?=$joke['id'] ?? ''?>">
    <label for="joketext">유머 글을 입력해주세요: </label>
    <textarea id="joketext" name="joke[joketext]" rows="3" cols="40">
    <?=$joke['joketext'] ?? ''?></textarea>
    <input type="submit" name="submit" value="저장">
</form>
```

유머 글 정보에 해당하는 폼 필드에서 name 속성값을 배열 형태로 지정한다. jokeid를 joke[id]로, joketext를 joke[joketext]로 바꿨다.

이제 폼을 제출할 때 폼 필드값이 PHP 배열 형태로 전달된다.

이 폼을 제출하면 $_POST 배열에 submit과 joke 원소가 할당되는데, 이때 $_POST['joke']는 단일값이 아니라 배열이다. $_POST['joke']['id']로 id값을 읽을 수 있다.

$joke = $_POST['joke'] 구문은 $joke 배열에 유머 글 폼 필드 데이터를 모두 복사한다. submit 필드처럼 save() 함수에 전달할 필요가 없는 폼 필드는 자연스럽게 제외된다.

```
$joke = $_POST['joke'];
$joke['authorId'] = 1;
$joke['jokedate'] = new DateTime();
```

이 코드는 $_POST['joke'] 배열을 그대로 $joke에 복사하고 폼 데이터에 없는 authorId, jokedate 값을 $joke 배열에 추가한다. 단, 이때 폼 필드명과 데이터베이스 칼럼명은 정확히 일치해야 한다. 따라서 id 폼 필드 name은 joke[jokeid] 대신 joke[id]로 쓴다. joke[jokeid]로 쓰면 쿼리가 생성될 때 jokeid가 칼럼명으로 쓰여 오류가 발생한다.

마지막으로 폼 제출 여부를 판단할 때 joketext 대신 joke 키를 검사하도록 다음과 같이 if문을 고친다.

```php
if (isset($_POST['joke'])) {
```

완성된 전체 컨트롤러 코드는 다음과 같다.

예제 7-1 Structure2-GenericFunctions-SaveArray

```php
<?php
include __DIR__ . '/../includes/DatabaseConnection.php';
include __DIR__ . '/../includes/DatabaseFunctions.php';

try {
    if (isset($_POST['joke'])) {
    $joke = $_POST['joke'];
    $joke['jokedate'] = new DateTime();
    $joke['authorId'] = 1;

    save($pdo, 'joke', 'id', $joke);

    header('location: jokes.php');

    } else {
        if (isset($_GET['id'])) {
            $joke = findById($pdo, 'joke', 'id', $_GET['id']);
        }

        $title = '유머 글 수정';

        ob_start();

        include __DIR__ . '/../templates/editjoke.html.php';

        $output = ob_get_clean();
    }
} catch (PDOException $e) {
    $title = '오류가 발생했습니다.';
    $output = '데이터베이스 오류: ' . $e->getMessage() . ', 위치: ' .
    $e->getFile() . ':' . $e->getLine();
```

```
    }

    include __DIR__ . '/../templates/layout.html.php';
```

이제 유머 글 입력 항목을 추가하려면 단 2가지 작업만 하면 된다. 데이터베이스 테이블 필드
추가, HTML 폼 수정이다. 폼을 수정할 템플릿 파일은 단 하나다. editjoke.html.php 파일만
고치면 등록 페이지와 수정 페이지에 동시에 적용된다.

7.8 마치며

이번 장은 중복 코드를 제거하고 모든 데이터베이스 테이블에 통용되는 함수를 제작하는 과정
을 선보였다. 매우 특정한 상황에서 작동했던 함수가 이제 다양한 상황에 두루 사용하는 함수
로 탈바꿈했다.

범용 함수는 웹사이트를 확장하거나 새로 구축할 때 공통적으로 사용하는 도구며, 유머 글이나
작성자 같은 특정 개념에 얽매이지 않는다. 책, 제품, 블로그 등 분야가 완전히 다른 웹사이트
를 모두 범용 함수 라이브러리로 제작할 수 있다. 이제 어려운 부분은 모두 끝났다. 대장장이의
연장처럼 프로그래머만의 도구가 완성됐으니, 이를 무기 삼아 다음 단계로 거침없이 진행할 차
례다.

## CHAPTER 8

객체와 클래스

7장에서 범용 함수를 구현하고 재사용하는 기법을 선보였다. 이제 모든 데이터베이스 테이블을 범용 함수 한 벌로 제어할 수 있다. 이번 장에서는 함수를 클래스로 옮기고 함수 호출 시 발생하는 불필요한 반복 코드를 제거한다.

함수의 가장 큰 단점은 함수 내부에서 사용할 정보를 모두 인수로 전달해야 한다는 점이다. 앞서 만든 delete() 함수는 다음 4가지 정보를 인수로 받는다.

- 데이터베이스 인스턴스, $pdo
- 테이블명
- 기본 키 칼럼명
- 칼럼값

findById(), findAll(), update(), insert(), save() 함수도 마찬가지다. 각 함수는 최소한 $pdo 인스턴스와 테이블명이 있어야 제대로 작동한다. findAll()과 insert()를 제외한 나머지 함수는 기본 키 칼럼명도 전달해야 한다.

가령 save() 함수를 호출하는 코드는 다음과 같다.

```
if (isset($_POST['joke'])) {
    $joke = $_POST['joke'];
    $joke['jokedate'] = new DateTime();
    $joke['authorId'] = 1;
    save($pdo, 'joke', 'id', $joke);
    // ...
```

7장에서 제작한 모든 범용 함수는 $pdo 인스턴스를 필수로 전달해야 한다. 인수는 함수마다 다르며 최대 4개에 달한다. 빠짐없이 전달하되 순서도 정확히 기억해야 한다. 인수가 많을수록 함수 호출도 까다롭다.

함수를 클래스 안으로 옮기면 이러한 단점을 보완할 수 있다.

8.1 클래스

클래스를 만들려면 먼저 이름을 지어야 한다. 데이터베이스 테이블을 다루는 클래스의 이름은 DatabaseTable이 적당하다.

클래스명도 변수명처럼 영문자와 숫자를 조합해서 짓는다. 언더스코어 문자 _는 허용되지만 -, +, { 등의 특수 문자나 공백은 허용되지 않는다.

PHP 클래스명은 관행적으로 카멜케이스^{CamelCase} 표기법을 따른다. 카멜케이스는 단어 첫 글자를 대문자로, 나머지를 소문자로 이어붙이는 표기법이다. databasetable, DATABASETABLE로 지어도 아무 문제 없지만 PHP 프로그래머 대부분이 사용하는 명명 규칙을 따르는 편이 좋다.

클래스는 함수와 변수 데이터를 한 곳에 담은 꾸러미와 같다. 각 클래스는 함수들과 함수에서 접근할 데이터로 구성된다.

앞서 만들었던 데이터베이스 상호작용 함수를 비롯해, 함수 내부에서 호출하는 모든 함수가 DatabaseTable 클래스에 포함된다.

먼저 모든 데이터베이스 함수를 다음과 같이 클래스로 옮긴다.

```php
<?php
class DatabaseTable
{
    /**
     * 쿼리 실행
     */
    private function query($pdo, $sql, $parameters = [])
    {
        $query = $pdo->prepare($sql);
        $query->execute($parameters);
        return $query;
    }

    /**
     * 테이블의 전체 로우 개수 구하기
     */
    public function total($pdo, $table)
    {
```

```php
    $query = $this->query($pdo, 'SELECT COUNT(*) FROM
    `' . $table . '`');
    $row = $query->fetch();
    return $row[0];
}

/**
 * ID로 테이블 데이터 가져오기
 */
public function findById($pdo, $table, $primaryKey, $value)
{
    $query = 'SELECT * FROM `' . $table . '` WHERE
    `' . $primaryKey . '` = :value';

    $parameters = [
        'value' => $value
    ];

    $query = $this->query($pdo, $query, $parameters);

    return $query->fetch();
}

/**
 * 테이블 데이터 삽입
 */
private function insert($pdo, $table, $fields)
{
    $query = 'INSERT INTO `' . $table . '` (';

    foreach ($fields as $key => $value) {
        $query .= '`' . $key . '`,';
    }

    $query = rtrim($query, ',');

    $query .= ') VALUES (';

    foreach ($fields as $key => $value) {
        $query .= ':' . $key . ',';
    }

    $query = rtrim($query, ',');
```

```php
    $query .= ')';

    $fields = $this->processDates($fields);

    $this->query($pdo, $query, $fields);
}

/**
 * 테이블 데이터 수정
 */
private function update($pdo, $table, $primaryKey, $fields)
{
    $query = ' UPDATE `' . $table .'` SET ';

    foreach ($fields as $key => $value) {
        $query .= '`' . $key . '` = :' . $key . ',';
    }

    $query = rtrim($query, ',');

    $query .= ' WHERE `' . $primaryKey . '` = :primaryKey';

    // :primaryKey 변수 설정
    $fields['primaryKey'] = $fields['id'];

    $fields = $this->processDates($fields);

    $this->query($pdo, $query, $fields);
}

/**
 * 테이블 데이터 삭제
 */
public function delete($pdo, $table, $primaryKey, $id)
{
    $parameters = [':id' => $id];
    $this->query($pdo, 'DELETE FROM `' . $table . '` WHERE
    `' . $primaryKey . '` = :id', $parameters);
}

/**
 * 테이블의 모든 데이터 가져오기
 */
public function findAll($pdo, $table)
```

```php
    {
        $result = query($pdo, 'SELECT * FROM `' . $table . '`');

        return $result->fetchAll();
    }

    /**
     * 날짜 형식 처리
     */
    private function processDates($fields)
    {
        foreach ($fields as $key => $value) {
            if ($value instanceof DateTime) {
                $fields[$key] = $value->format('Y-m-d H:i:s');
            }
        }

        return $fields;
    }

    /**
     * 데이터 삽입 또는 수정을 선택적으로 처리하는 메서드
     */
    public function save($pdo, $table, $primaryKey, $record)
    {
        try {
            if ($record[$primaryKey] == '') {
                $record[$primaryKey] = null;
            }

            $this->insert($pdo, $table, $record);
        } catch (PDOException $e) {
            $this->update($pdo, $table, $primaryKey, $record);
        }
    }
}
```

클래스 파일도 템플릿이나 인클루드 파일처럼 public 디렉터리 외부에 저장한다. Project 디
렉터리에 classes 디렉터리를 만들고 이 코드를 DatabaseTable.php 파일로 저장한다.

클래스 파일명

클래스 파일명은 클래스명과 일치시켜야 한다. DatabaseTable 클래스는 DatabaseTable.php 파일에 저장하고 User 클래스는 User.php 파일에 저장한다. 지금은 클래스 파일명이 별로 중요하지 않지만 나중에 오토로더를 구현할 때 클래스 파일명이 결정적인 역할을 한다.

메서드

클래스 안에 정의된 함수를 메서드라 부른다. 클래스에 포함된 부분 기능을 뭉뚱그려 함수라 부르는 개발자가 많다. 심지어 PHP는 클래스 메서드를 선언하는 지시어마저 function이다. 이 책도 두 용어를 혼용하지만 둘의 차이는 정확히 알아두자. 클래스 안에 있으면 메서드, 그렇지 않으면 함수다.

인수 전달, 값 반환, 타함수 호출 등, 함수의 모든 기능은 메서드로 똑같이 구현할 수 있다.

앞선 코드를 분석하면 단순히 함수가 클래스로 들어온 것 외에 두 가지 바뀐 부분이 보인다. 첫 번째는 함수 호출 코드에 붙은 $this-〉 접두어다. $result = query($pdo,… 가 $result = $this-〉query($pdo,…로 바뀌었다.

$this는 단어 그대로 '이 클래스'를 의미한다. 이제 query() 함수는 클래스 안에 있고 전역 함수처럼 바로 호출할 수 없다. 모든 클래스 메서드는 클래스 객체 변수를 거쳐 호출한다. $pdo-〉prepare()처럼 query() 메서드도 객체 변수를 사용해 호출해야 한다. 클래스 안에서 메서드를 호출할 때 $this 변수가 현재 객체를 가리킨다. $this 변수는 자동으로 생성되며 모든 메서드에서 사용할 수 있다.

8.2 public과 private

두 번째로 바뀐 부분은 함수명 앞에 붙은 public 또는 private이다. 이 지시어는 메서드에 가시성visibility을 부여한다. 가시성이란 메서드 호출 위치를 제어하는 속성이다.

private으로 지정한 메서드는 오직 클래스 메서드 내부에서 호출할 수 있다. public 메서드는 내부와 외부에서 모두 가능하다. 이미 예제에서 PDO 인스턴스의 public 메서드를 호출한 적이 있다. $pdo-〉prepare()에서 prepare()는 public 메서드다. private 메서드는 이런 방식으로 호출할 수 없다.

DatabaseTable 클래스 메서드 중 private을 부여한 메서드는 query(), processDates() 등이다. 이들은 객체를 사용해 직접 호출할 필요가 없다는 공통점이 있다. DatabaseTable 클래스 객체로 query() 메서드를 호출할 일은 없다. query() 메서드는 total()이나 findById() 메서드를 호출할 때 내부적으로 호출되는 메서드일 뿐이다. processDates() 메서드도 마찬가지다.

그게 뭐가 그렇게 중요한가 싶을텐데, 사실 private은 굉장히 실용적인 기능이다. private 메서드는 언제든 마음대로 내용을 고칠 수 있다. 메서드를 호출하는 위치가 모두 클래스 내부에 있다고 확신할 수 있기 때문이다.

규모가 큰 팀에서 작업할 때, 혹은 오픈소스 개발에 참여할 때 특히 메서드 호출 위치가 중요하다. 가령 호출 위치가 제한적인 query() 메서드는 언제든 제거해도 무방하다. private query() 메서드는 클래스 외부에서 호출할 수 없으므로, 다른 코드에서 query()를 호출하는 부분은 없다고 확신해도 좋다. 어느날 갑자기 query() 메서드가 사라져도 기존 코드는 아무런 문제를 일으키지 않는다.

반대로 total()이나 findById() 같은 public 메서드는 모든 호출 위치를 정확히 파악할 수 없다. 누가 어떻게 사용하고 있을지 알 수 없으므로 public 메서드를 고칠 때는 항상 주의해야 한다.

8.3 객체

클래스는 조리법에 비유할 수 있다. 조리법은 지시사항일 뿐 요리가 아니다. 실제 요리는 조리법을 따라 만들어낸 결과물이다.

클래스는 지시사항에 해당하므로 그대로 두면 쓸모가 없다. 클래스 메서드를 호출하려면 클래스 객체를 생성해야 한다. 객체는 클래스 인스턴스라 부르기도 한다.

DatabaseTable 인스턴스는 이제까지 사용한 pdo 인스턴스와 똑같은 방식으로 생성한다. 다음과 같이 new 다음에 PDO 대신 DatabaseTable을 쓴다.

```
$databaseTable = new DatabaseTable();
```

new 키워드는 지정한 클래스의 객체를 생성한다. 이 단계를 거치지 않으면 클래스에 정의된 함수를 사용할 수 없다. 단 static 함수는 예외인데, 이 책에서는 다루지 않는다.

공용 함수에 비해 코드가 한 줄 추가됐을 뿐 아직 특별한 변화를 느낄 수 없다. 그러나 클래스 와 객체는 강력한 잠재력을 지닌 도구다. 나중에 테이블별 인스턴스를 생성할 때 실감하게 될 것이다.

객체를 생성하면 $pdo->prepare() 처럼 객체 메서드를 호출할 수 있다. 다음은 DatabaseTable 클래스의 findAll() 메서드를 호출하는 코드다.

```
$databaseTable = new DatabaseTable();
$jokes = $databaseTable->findAll($pdo, 'joke');
```

public 메서드는 모두 이런 방식으로 호출할 수 있다. 그러나 private 메서드를 이렇게 호출하 면 오류가 발생한다.

8.4 클래스 변수

이번 장을 시작할 때, 객체와 클래스를 쓰면 중복 코드를 줄이는 효과가 있다고 설명했다. 하지 만 현재 상황을 보면 그렇지 않다. DatabaseTable 클래스 메서드를 쓰려면 매번 다음과 같이 객체 변수로 메서드를 호출해야 한다.

```
$databaseTable = new DatabaseTable();

$jokes = $databaseTable->findAll($pdo, 'joke');

$databaseTable->save($pdo, 'joke', 'id', $_POST['joke']);
```

코드가 줄어들기는커녕 오히려 더 늘어났다.

클래스 메서드를 호출할 때마다 범용 함수와 똑같은 인수가 필요하다. 최소한 데이터베이스 커 넥션, 대상 테이블명은 반드시 전달해야 한다.

클래스 메서드는 호출할 때마다 모든 인수를 전달할 필요가 없다. 인숫값을 클래스에 저장하면 메서드에서 그 값을 사용할 수 있다.

클래스는 메서드가 사용할 값을 변수로 저장하는데 이를 클래스 변수라 부른다. 클래스 변수는 클래스 내부에 선언하며 관행적으로 메서드보다 먼저 선언한다.

클래스 변수를 선언하려면 다음과 같이 가시성을 지정하고 변수명을 쓴다.

```
class MyClass {
    public $myVariable;
}
```

클래스 변수는 클래스 인스턴스를 생성해야 접근할 수 있다. 변수도 메서드처럼 화살표 연산자 ->로 읽고 쓴다. 다음은 클래스 변수를 읽고 쓰는 예시다.

```
$myInstance = new MyClass();
$myInstance->myVariable = '값';

echo $myInstance->myVariable; // '값' 출력
```

클래스 변수는 일반 변수와 달리 특정 인스턴스에 묶여 있다. 같은 클래스로 만든 인스턴스라도 클래스 변수는 서로 다르게 저장한다. 다음 코드가 좋은 예시다.

```
$myInstance = new MyClass();
$myInstance->myVariable = '값';

$myInstance2 = new MyClass();
$myInstance2->myVariable = '다른 값';

echo $myInstance->myVariable;
echo $myInstance2->myVariable;
```

이 코드를 실행하면 '값'과 '다른 값'이 모두 출력된다. $myInstance와 $myInstance2 인스턴스는 각자 myVariable 변수를 따로 저장한다. 나중에 DatabaseTable 클래스를 한껏 응용하려면 클래스 변수의 특성을 잘 이해해야 한다. 이제 DatabaseTable 클래스에 다음과 같이 $pdo 인스턴스, 테이블명, 기본 키 변수를 추가하자.

```
class DatabaseTable {
    public $pdo;
    public $table;
    public $primaryKey;
    // ...
}
```

클래스의 본질은 단순한 함수 집합체보다 객체 설계도에 가깝다. 객체는 클래스 변수를 이용해 자신만의 값을 저장한다.

예를 들어 데이터베이스 커넥션 객체 $pdo는 데이터베이스 서버, 사용자명, 비밀번호 등의 접속 정보를 저장한다. prepare()나 execute() 메서드는 $pdo 객체에 저장된 접속 정보를 사용하므로 접속 정보를 일일이 인수로 전달할 필요가 없다.

이제 DatabaseTable 클래스 객체도 접속 정보를 저장한다. 다음과 같이 인스턴스를 사용해 클래스 변수에 정보를 할당할 수 있다.

```
$databaseTable = new DatabaseTable();
$databaseTable->pdo = $pdo;
$databaseTable->table = 'joke';
$databaseTable->prmaryKey = 'id';
```

모든 클래스 메서드는 이 정보에 접근할 수 있다. 다음 코드에서 query()와 findAll() 메서드는 데이터베이스 커넥션과 테이블명을 인수로 전달받지 않고 클래스 변수에서 가져온다.

```
private function query($sql, $parameters = []) {
    $query = $this->pdo->prepare($sql);
    $query->execute($parameters);
    return $query;
}

public function findAll() {
    $result = $this->query('SELECT *
    FROM ' . $this->table);

    return $result->fetchAll();
}
```

클래스 변수는 클래스 함수처럼 $this-> 다음에 변수명을 써서 접근한다. $pdo 커넥션과 테이블명이 클래스 변수로 저장되므로 findAll() 함수는 인수를 제공받을 필요가 없다. 이제 findAll() 함수는 다음과 같이 인수 없이 호출한다.

```php
$jokesTable = new DatabaseTable();
$jokesTable->pdo = $pdo;
$jokesTable->table = 'joke';

$jokes = $databaseTable->findAll();
```

모든 메서드를 이런 식으로 고칠 수 있다. $pdo, $table, $primaryKey 인수를 제거하고 해당 인수를 쓰는 부분은 전부 클래스 변수로 대체한다.

다음은 total() 메서드다.

```php
public function total() {
    $query = $this->query('SELECT COUNT(*)
        FROM `' . $this->table . '`');
    $row = $query->fetch();
    return $row[0];
}
```

save() 메서드는 다음과 같다.

```php
public function save($record) {
    try {
        if ($record[$this->primaryKey] == '') {
            $record[$this->primaryKey] = null;
        }
        $this->insert($record);
    }
    catch (PDOException $e) {
        $this->update($record);
    }
}
```

다음은 update() 메서드다.

```php
private function update($fields) {
    $query = ' UPDATE `' . $this->table .'` SET ';

    foreach ($fields as $key => $value) {
        $query .= '`' . $key . '` = :' . $key . ',';
    }

    $query = rtrim($query, ',');

    $query .= ' WHERE `' . $this->primaryKey . '`
    = :primaryKey';

    // :primaryKey 변수 설정
    $fields['primaryKey'] = $fields['id'];

    $fields = $this->processDates($fields);

    $this->query($query, $fields);
}
```

insert( ) 메서드는 다음과 같다.

```php
private function insert($fields) {
    $query = 'INSERT INTO `' . $this->table . '` (';

    foreach ($fields as $key => $value) {
        $query .= '`' . $key . '`,';
    }

    $query = rtrim($query, ',');

    $query .= ') VALUES (';

    foreach ($fields as $key => $value) {
        $query .= ':' . $key . ',';
    }

    $query = rtrim($query, ',');

    $query .= ')';

    $fields = $this->processDates($fields);
```

```
        $this->query($query, $fields);
    }
```

findById() 메서드는 다음과 같다.

```
public function findById($value) {
    $query = 'SELECT * FROM `' . $this->table . '` WHERE
    `' . $this->primaryKey . '` = :value';

    $parameters = [
        'value' => $value
    ];

    $query = $this->query($query, $parameters);

    return $query->fetch();
}
```

다음은 delete() 메서드다.

```
public function delete($id) {
    $parameters = [':id' => $id];

    $this->query('DELETE FROM `' . $this->table . '` WHERE
    `' . $this->primaryKey . '` = :id', $parameters);
}
```

processDates() 메서드는 클래스 변수를 쓸 부분이 없으므로 그대로 둔다.

이제 데이터베이스에 관련된 공통 정보는 다음과 같이 한 번만 지정한다.

```
$jokesTable = new DatabaseTable();
$jokesTable->pdo = $pdo;
$jokesTable->table = 'joke';
$jokesTable->primaryKey = 'id';
```

메서드는 이 정보를 활용하므로 호출할 때 직접 전달할 필요가 없다. 다음은 메서드 호출 코드 예시다.

```
// ID `123`인 유머 글 검색
$joke123 = $jokesTable->findById(123);

// 모든 유머 글 가져오기
$jokes = $jokesTable->findAll();

foreach ($jokes as $joke) {
    // ...
}

//ID `33`인 글 삭제
$jokesTable->delete(33);

$newJoke = [
    'authorId' => 1,
    'jokedate' => new DateTime(),
    'joketext' => '서울 사람들은 서울우유만 먹는다는 게 사실인가요?'
];

$jokesTable->save($newJoke);
```

각 메서드에 전달할 인수가 줄고 메서드 사용법이 간단해졌다. 인수가 하나면 인수 순서를 고려할 필요가 없다. 테이블명이 몇 번째 인수인지 기억하지 않아도 메서드를 호출할 수 있다.

전반적으로 코드 효율이 크게 향상됐지만 잠재적 문제가 남는다. findAll() 메서드를 호출하기 전에 변수가 설정되지 않으면, 혹은 $pdo 변수에 객체가 아니라 문자열이 지정되면 어떤 일이 벌어질까?

```
$jokesTable = new DatabaseTable();
$jokes = $jokesTable->findAll();
```

이 코드는 오류를 일으킨다. findAll() 메서드는 $pdo와 테이블명 변수를 사용한다. 해당 변수에 유효한 값이 사전에 설정되지 않으면 메서드가 정상적으로 작동하지 않는다. 다행히 이런 사고를 방지하는 대비책이 있다.

8.5 생성자

클래스 개발자는 클래스 사용법을 결정하는 주체다. 이러한 사용법을 전문 용어로 애플리케이션 프로그래밍 인터페이스Application Programming Interface, API라 한다. 클래스 함수를 실행할 때 꼭 필요한 변수를 명시적으로 선언하면 API가 결정된다.

클래스 함수 중 생성자라는 특별한 함수가 있는데, 이 함수는 클래스 인스턴스가 생성될 때마다 자동으로 실행된다. 함수명을 __construct()로 지정하면 클래스 생성자로 작동한다.

> **NOTE_ 매직 메서드**
>
> 생성자 메서드명은 construct 앞에 언더스코어 2개가 붙는다. 하나만 붙이면 생성자로 인식되지 않는다. PHP는 다양한 매직 메서드(Magic Methods)를 제공하는데 생성자도 그중 하나다. 매직 메서드는 저마다 역할이 다르며 상황에 따라 PHP가 자동으로 호출한다. 매직 메서드의 이름은 모두 언더스코어 2개로 시작한다. PHP가 발전함에 따라 앞으로 매직 메서드가 더 추가될 가능성이 있으므로, 직접 만든 메서드는 이름 앞에 언더스코어를 붙이지 않는 편이 좋다. 전체 매직 메서드 목록은 http://php.net/manual/en/language.oop5.magic.php에서 볼 수 있다.

생성자 메서드는 자동으로 호출된다는 점만 빼면 다른 메서드와 똑같다. 다음 코드는 생성자 메서드 예시다.

```php
class MyClass {
    public function __construct() {
        echo '생성자 호출';
    }
}

$myclass1 = new MyClass();
$myclass2 = new MyClass();
```

클래스에 __construct() 함수가 있으면 인스턴스를 새로 만들 때마다 자동으로 호출된다. 앞 코드는 다음 내용을 출력한다.

```
생성자 호출
생성자 호출
```

$myclass1->__construct()로 직접 호출하지 않았지만 인스턴스를 생성할 때 자동으로 echo문이 실행됐음을 확인할 수 있다.

또한 같은 문자열이 두 번 출력된 것은 두 인스턴스가 각각 생성자를 실행했음을 나타낸다.

생성자도 다른 함수처럼 인수를 받는다. 다음은 인수를 받는 생성자 선언이다.

```php
class MyClass {
    public function __construct($argument1) {
        echo $argument1;
    }
}
```

생성자 인수는 다음과 같이 클래스 인스턴스를 생성할 때 전달한다.

```php
$myclass1 = new MyClass('one');
$myclass2 = new MyClass('two');
```

클래스 생성자 정의에 인수가 있고 기본값이 없으면, 인스턴스를 생성할 때 반드시 인수를 전달해야 한다. 그렇지 않으면 오류가 발생한다.

다음과 같이 DatabaseTable 클래스에 생성자를 추가하고 $pdo, $table, $primaryKey 변수를 인수로 설정하자.

```php
class DatabaseTable {
    public $pdo;
    public $table;
    public $primaryKey;

    public function __construct($pdo, $table, $primaryKey) {
        $this->pdo = $pdo;
        $this->table = $table;
        $this->primaryKey = $primaryKey;
    }

    // ...
}
```

객체와 클래스를 활용하기 시작하면 이러한 생성자 구조를 흔히 볼 수 있다. 이때 생성자에서 무슨 일이 벌어지는지 정확히 이해해야 한다.

일반적으로 생성자는 클래스 변수 바로 다음에 선언하며 메서드 중 가장 위에 둔다.

클래스 변수와 생성자 인수에 같은 변수가 있다. 처음 보면 혼동하기 쉬운데, public function __construct($pdo, $table, $primaryKey)에 있는 $pdo는 함수 인수다. 함수 인수는 해당 함수 안에서만 쓸 수 있고 다른 함수에서 접근할 수 없다.

생성자가 호출되면 $pdo 인스턴스가 변수로 전달되지만 이 변수는 다른 함수에서 접근할 수 없다. 모든 함수가 사용하는 변수는 클래스 변수뿐이다. $jokesTable->pdo = $pdo;처럼 클래스 외부에서 클래스 변수를 지정하면 앞 절 말미에서 확인했던 문제를 해결할 수 없다. 따라서 생성자 안에서 클래스 변수에 값을 할당해야 한다.

$this 변수는 현재 인스턴스를 가리키므로 생성자 내부의 $this->pdo = $pdo; 코드는 클래스 외부의 $jokesTable->pdo = $pdo; 코드와 같은 기능을 수행한다. $jokesTable과 $this는 같은 객체를 참조하고 둘 중 하나가 바뀌면 다른 하나도 똑같이 영향을 받는다.

$jokesTable과 $this의 관계는 이름과 대명사의 관계와 비슷하다. 자신을 지칭할 때는 '나'라는 대명사를 쓰지만 타인이 나를 가리킬 때는 이름을 사용한다. '나'와 이름은 결국 같은 사람을 가리킨다.

클래스 인스턴스를 가리킬 때도 비슷한 일이 벌어진다. $this는 '나'처럼 클래스 안에서 현재 인스턴스를 가리키며 $jokesTable은 클래스 외부에서 인스턴스를 가리킨다.

클래스 외부에서 $jokesTable->pdo = $pdo를 실행하거나, 내부에서 $this->pdo = $pdo;를 실행하면 $pdo가 클래스 변수로 설정된다. 모든 클래스 메서드는 클래스 변수에 할당된 $pdo를 자유롭게 이용할 수 있다.

생성자 인수 정의에 따라, DatabaseTable 인스턴스를 만들 때 다음과 같이 3가지 인수를 제공해야 한다.

```
$jokesTable = new DatabaseTable($pdo, 'joke', 'id');
```

인수를 모두 전달하지 않으면 DatabaseTable 클래스 인스턴스를 생성할 수 없으며 오류가 발생한다. 코드가 제대로 작동하려면 세 인수가 꼭 필요하다.

클래스 메서드에 꼭 필요한 인수가 인스턴스 생성 시 설정되어, 코드의 안전성과 신뢰성이 향상된다. 또한 인수를 누락하면 오류가 발생하므로 클래스 사용자가 즉시 문제를 인식할 수 있다.

8.6 타입 힌트

누구나 안심하고 쓸 수 있는 클래스를 만들려면 고려할 부분이 많다. DatabaseTable 클래스를 쓸 때 인수 순서를 혼동하면 무슨 일이 벌어질까? 다음 두 예시를 비교해보자.

```
$jokesTable = new DatabaseTable('joke', $pdo, 'id');
```

```
$jokesTable = new DatabaseTable($pdo, 'joke', 'id');
```

첫 예시는 인수 순서가 틀렸다. 누구나 흔히 하는 실수지만 오류는 발생하지 않는다. 다음과 같이 메서드를 호출하면 그제서야 오류가 발생한다.

```
$jokesTable = new DatabaseTable('joke', $pdo, 'id');
$jokes = $jokesTable->findAll();
```

이 코드를 실행하면 'Call to function prepare on non-object' 오류가 발생한다. '비객체 요소에서 prepare() 함수를 호출할 수 없다'는 의미다. findAll() 함수는 $result = $this->query('SELECT * FROM ' . $this->table); 구문을 실행하고, query() 함수는 $query = $this->pdo->prepare($sql); 구문을 실행한다.

생성자에 전달된 인수 순서에 따라 $pdo 변수에 'joke' 문자열이 할당된다. joke 문자열은 PDO 객체가 아니므로 preapre() 함수를 호출할 수 없고, 당연히 오류가 발생한다.

'비객체 요소에서 prepare() 함수를 호출할 수 없다'는 메시지만으로 문제를 명확히 파악하기는 어렵다. 어디가 잘못됐는지 확인하려면 클래스 코드를 자세히 읽고 한 줄씩 점검해야 할 텐데, 이 또한 쉽지 않다.

각 인수의 타입을 고정하면 이와 같은 문제를 예방할 수 있다. PHP는 타입을 느슨하게 관리하며 변수 타입을 제한하지 않는다. 즉 문자열, 숫자, 배열, 객체 등 모든 타입을 PHP 배열에 담을 수 있다. 그러나 예외적으로 함수 인수는 강제로 타입을 지정할 수 있다. 특히 생성자 인수는 클래스 변수로 전달되는 경우가 많기 때문에 인수 타입을 지정하면 효과가 매우 좋다. 일단 다음 코드를 살펴보자.

```
$jokesTable = new DatabaseTable('joke', $pdo);
```

이 구문만 실행하면 오류가 발생하지 않는다. 개발자는 문제가 있다는 사실을 아직 인지할 수 없다. 생성자 함수 내부에서 if문으로 각 인수의 타입을 확인하면 이 단계에서 문제를 감지할 수 있지만, 그보다 PHP가 제공하는 타입 힌트type hinting 기능을 쓰는 편이 효과적이다.

타입 힌트는 인수의 타입을 지정하는 기능이다. 문자열, 배열, 숫자 등의 기본 타입뿐만 아니라 클래스도 지정할 수 있다.

> **NOTE_ 타입 힌트 호환성**
>
> 기본 타입은 PHP 7부터 타입 힌트로 지정할 수 있다. 숫자, 문자, 배열 등 객체가 아닌 모든 값은 기본 타입이다. 웹호스팅 서비스를 이용할 때 PHP 버전이 5 이하면 타입 힌트 기능을 주의해서 써야 한다.

타입 힌트를 지정하려면 변수명 앞에 타입명을 쓴다. DatabaseTable 생성자 인수는 다음과 같이 타입 힌트를 지정한다.

```
public function __construct(PDO $pdo, string $table, string $primaryKey) {
```

PHP는 타입 힌트에 따라 인수를 검사한다. 예를 들어 $jokesTable = new DatabaseTable('joke', $pdo, 'id');처럼 잘못된 순서로 인수를 전달하면 PHP는 각 인수 타입을 검사하고 다음과 같은 오류를 표시한다.

```
Uncaught TypeError: Argument 1 passed to DatabaseTable::__construct() must be
an instance of PDO, string given
```

이 오류 메시지는 DatabaseTable의 __construct() 함수에 전달된 첫 번째 인수 타입이 잘 못됐음을 나타낸다. 'Call to function prepare on non-object'보다 더 명확하게 문제를 설명한다. 문제가 발생한 부분에서 즉시 스크립트가 중단되므로 실수를 파악하고 바로잡기 쉽다. 메서드가 호출된 다음에 모호한 오류 메시지를 받던 예전 방식보다 훨씬 낫다.

이처럼 생성자 인수에 타입 힌트를 지정하면 클래스 변수를 안심하고 사용할 수 있다. 메서드 안에서 $this->pdo->prepare() 코드를 실행하기 전에 이미 $this->pdo에 $pdo 인스턴스가 정확히 설정된다. 첫 번째 인수로 문자, 숫자, 빈 값 등을 넣으면 인스턴스를 생성할 수 없으므로 $this->pdo 변수에 잘못된 값을 넣고 싶어도 넣을 수 없다.

이렇듯 문제 발생 소지를 원천적으로 제거하는 코딩 기법을 방어적 프로그래밍이라 부른다.

변수에 잘못된 타입이 할당되지 않도록 막으면 수많은 버그 발생 가능성을 일거에 배제할 수 있다.

8.7 Private 변수

DatabaseTable 클래스 변수와 생성자는 이제 다음과 같다.

```
class DatabaseTable {
    public $pdo;
    public $table;
    public $primaryKey;

    public function __construct(PDO $pdo, string $table,
    string $primaryKey) {
        $this->pdo = $pdo;
        $this->table = $table;
        $this->primaryKey = $primaryKey;
    }

    // ...
}
```

클래스 인스턴스를 생성할 때 인수 3개를 전달한다. 인수 순서와 타입은 $pdo 인스턴스, 문자열, 문자열로 고정된다.

다음과 같이 인수 순서와 타입을 정확히 맞추지 않으면 클래스 인스턴스를 생성할 수 없다.

```
$jokesTable = new DatabaseTable($pdo, 'joke', 'id');
```

new DatabaseTable($pdo, 'joke');, new DatabaseTable('joke', $pdo, 'id');, new DatabaseTable(); 구문은 모두 타입 불일치 오류를 일으킨다. $jokesTable->findAll(); 코드가 실행될 때는 이미 모든 클래스 변수가 정확히 자리를 잡고 있다. $pdo에 PDO 인스턴스가 아닌 다른 값이 들어갔다면 인스턴스가 생성되지 않았을 것이다.

그러나 DatabaseTable 클래스는 아직 완전하지 않다. $pdo 변수에 PDO 인스턴스가 아닌 값을 넣을 수 있는 통로가 남아 있다.

$pdo는 public 변수다. 즉 public 함수처럼 클래스 외부에서 접근할 수 있다. 다음 코드를 살펴보자.

```
// 올바르게 데이터베이스 인스턴스를 생성함
$jokesTable = new DatabaseTable($pdo, 'joke', 'id');

// PDO 객체가 덮어씌워짐
$jokesTable->pdo = '문자열';

$jokes = $jokesTable->findAll();
```

객체를 생성할 때 데이터베이스 커넥션을 제대로 전달했지만, findAll() 메서드를 호출하기 전에 클래스 변수 $pdo가 '문자열'로 바뀌었다. findAll() 메서드에서 $this->pdo를 참조할 때 PDO가 아닌 문자열을 가리키므로 $this->pdo->prepare() 구문이 오류를 일으킨다.

public 변수는 언제 어디서나 새로 값을 설정할 수 있어서 문제를 일으키곤 한다. 클래스 변수를 private으로 지정하면 안전하게 보호할 수 있다.

```
class DatabaseTable {
    private $pdo;
    private $table;
    private $primaryKey;
```

```php
    public function __construct(PDO $pdo, string $table, string
$primaryKey) {
        $this->pdo = $pdo;
        $this->table = $table;
        $this->primaryKey = $primaryKey;
    }

    // ...
}
```

변수를 private으로 설정하면 클래스 외부에서 해당 변수를 읽거나 쓸 수 없다.

타입 힌트, 생성자, private 속성을 조합한 결과 클래스에 다음과 같은 제약 조건을 부여했다.

> 1 $pdo 인스턴스를 전달하지 않으면 DatabaseTable 클래스 인스턴스를 생성할 수 없다.
>
> 2 첫 번째 인수는 유효한 PDO 인스턴스다.
>
> 3 객체가 생성된 후 $pdo 변수를 변경할 수 없다.

이제 findAll(), save() 같은 함수를 호출하기 전에 항상 $pdo, $table, $primaryKey 변수가 올바른 타입과 순서로 설정된다. 클래스 변수를 올바르게 설정하지 않으면 findAll() 함수를 호출할 수 없으므로 $this->pdo->prepare() 구문에서 오류가 발생할 위험이 없다.

방어적 프로그래밍 원칙을 지키려면 생각할 거리가 늘어난다. 가령 클래스 변수와 생성자 인수는 어떻게 선정할지, public과 private은 어떤 기준으로 나눌지 고민해야 한다. 그러나 이러한 고민은 거의 모든 프로젝트에서 긍정적인 결과를 이끌어 낸다. 애초에 버그가 등장할 기회를 주지 않으면 버그 추적 시간을 미리 절약하는 효과가 생긴다.

8.8 DatabaseTable 클래스 사용하기

완성된 DatabaseTable 클래스는 다음과 같다.

```php
<?php
class DatabaseTable
{
    private $pdo;
    private $table;
```

```php
private $primaryKey;
public function __construct(PDO $pdo, string $table, string $primaryKey)
{
    $this->pdo = $pdo;
    $this->table = $table;
    $this->primaryKey = $primaryKey;
}

/**
 * 쿼리 실행
 */
private function query($sql, $parameters = [])
{
    $query = $this->pdo->prepare($sql);
    $query->execute($parameters);
    return $query;
}

/**
 * 테이블의 전체 로우 개수 구하기
 */
public function total()
{
    $query = $this->query('SELECT COUNT(*) FROM
    `' . $this->table . '`');
    $row = $query->fetch();
    return $row[0];
}

/**
 * ID로 테이블 데이터 가져오기
 */
public function findById($value)
{
    $query = 'SELECT * FROM `' . $this->table . '` WHERE `' .
    $this->primaryKey . '` = :value';

    $parameters = [
    'value' => $value
    ];

    $query = $this->query($query, $parameters);

    return $query->fetch();
```

```php
}

/**
 * 테이블 데이터 삽입
 */
private function insert($fields)
{
    $query = 'INSERT INTO `' . $this->table . '` (';

    foreach ($fields as $key => $value) {
        $query .= '`' . $key . '`,';
    }

    $query = rtrim($query, ',');

    $query .= ') VALUES (';

    foreach ($fields as $key => $value) {
        $query .= ':' . $key . ',';
    }

    $query = rtrim($query, ',');

    $query .= ')';

    $fields = $this->processDates($fields);

    $this->query($query, $fields);
}

/**
 * 테이블 데이터 수정
 */
private function update($fields)
{
    $query = ' UPDATE `' . $this->table .'` SET ';

    foreach ($fields as $key => $value) {
        $query .= '`' . $key . '` = :' . $key . ',';
    }

    $query = rtrim($query, ',');

    $query .= ' WHERE `' . $this->primaryKey . '` =
```

```php
        :primaryKey';

        // :primaryKey 변수 설정
        $fields['primaryKey'] = $fields['id'];

        $fields = $this->processDates($fields);

        $this->query($query, $fields);
    }

    /**
     * 테이블 데이터 삭제
     */
    public function delete($id)
    {
        $parameters = [':id' => $id];

        $this->query('DELETE FROM `' . $this->table . '` WHERE
        `' . $this->primaryKey . '` = :id', $parameters);
    }

    /**
     * 테이블의 모든 데이터 가져오기
     */
    public function findAll()
    {
        $result = $this->query('SELECT * FROM ' .
        $this->table);

        return $result->fetchAll();
    }

    /**
     * 날짜 형식 처리
     */
    private function processDates($fields)
    {
        foreach ($fields as $key => $value) {
            if ($value instanceof DateTime) {
                $fields[$key] = $value->format('Y-m-d H:i:s');
            }
        }

        return $fields;
```

```
    }

    /**
     * 데이터 삽입 또는 수정을 선택적으로 처리하는 메서드
     */
    public function save($record)
    {
        try {
            if ($record[$this->primaryKey] == '') {
                $record[$this->primaryKey] = null;
            }
            $this->insert($record);
        } catch (PDOException $e) {
            $this->update($record);
        }
    }
}
```

이 코드를 DatabaseTable.php 파일로 저장한다. 코드 제일 처음에 <?php 태그를 빼먹지 않도록 주의하자.

클래스를 한 번 만들면 인스턴스를 마음껏 생성할 수 있다. 각 인스턴스는 클래스 변수에 서로 다른 값을 저장한다. 이러한 특성을 이용해, DatabaseTable 클래스 하나로 joke 테이블과 author 테이블을 다루는 인스턴스를 모두 만들 수 있다.

각 인스턴스는 고유한 변수를 지니므로 다음과 같이 두 인스턴스를 만들고 각각 joke와 author를 테이블명으로 지정한다.

```
$jokesTable = new DatabaseTable($pdo, 'joke', 'id');
$authorsTable = new DatabaseTable($pdo, 'author', 'id');

// ID가 123인 유머 글 검색
```

```
$joke = $jokesTable->findById(123);

// ID가 34인 작성자 검색
$author = $authorsTable->findById(34);
```

클래스 변수 $table에 저장된 값이 다르므로 각 인스턴스는 서로 다른 테이블을 상대한다.

$author = $authorsTable->findById(34)를 호출할 때 $this->table은 author며 실행 쿼리는 SELECT * FROM author…다. 한편 $joke = $jokesTable->findById(123);에서 $this->table은 joke며 실행 쿼리는 SELET * FROM joke …다.

DatabaseTable 인스턴스를 생성할 때 지정한 테이블명에 따라 인스턴스가 대응하는 테이블이 달라진다. 이제 DatabaseTable 클래스 하나로 모든 데이터베이스 테이블에 레코드를 추가하거나 갱신할 수 있다.

8.9 컨트롤러

완성된 DatabaseTable 클래스를 컨트롤러에서 사용해보자.

먼저 includes/DatabaseFunctions.php 파일을 삭제한다. 모든 데이터베이스 함수는 이제 classes/DatabaseTable.php에 클래스 메서드로 저장한다.

다음으로 public/jokes.php에서 데이터베이스 관련 코드를 다음과 같이 고친다.

```php
<?php

try {
    include __DIR__ . '/../includes/DatabaseConnection.php';
    include __DIR__ . '/../classes/DatabaseTable.php';

    $jokesTable = new DatabaseTable($pdo, 'joke', 'id');
    $authorsTable = new DatabaseTable($pdo, 'author', 'id');

    $result = $jokesTable->findAll();

    $jokes = [];
    foreach ($result as $joke) {
```

```php
        $author = $authorsTable->findById($joke['authorId']);
        $jokes[] = [
            'id' => $joke['id'],
            'joketext' => $joke['joketext'],
            'jokedate' => $joke['jokedate'],
            'name' => $author['name'],
            'email' => $author['email']
        ];
    }

    $title = '유머 글 목록';

    $totalJokes = $jokesTable->total();

    ob_start();

    include __DIR__ . '/../templates/jokes.html.php';

    $output = ob_get_clean();
} catch (PDOException $e) {
    $title = '오류가 발생했습니다.';

    $output = '데이터베이스 오류: ' . $e->getMessage() . ', 위치: ' .
    $e->getFile() . ':' . $e->getLine();
}

include __DIR__ . '/../templates/layout.html.php';
```

이제 total(), findById(), findAll() 함수를 호출할 때 테이블명과 $pdo 인스턴스를 매번 제공할 필요가 없다. $jokesTable과 $authorsTable 변수에 저장된 객체 메서드로 각 테이블에 쿼리를 실행할 수 있다.

나머지 컨트롤러도 같은 방식으로 고친다.

다음은 수정된 deletejoke.php다.

```php
<?php
try {
    include __DIR__ . '/../includes/DatabaseConnection.php';
    include __DIR__ . '/../classes/DatabaseTable.php';

    $jokesTable = new DatabaseTable($pdo, 'joke', 'id');
```

```php
    $jokesTable->delete($_POST['id']);

    header('location: jokes.php');
} catch (PDOException $e) {
    $title = '오류가 발생했습니다.';

    $output = '데이터베이스 오류: ' . $e->getMessage() . ', 위치: ' .
    $e->getFile() . ':' . $e->getLine();
}

include __DIR__ . '/../templates/layout.html.php';
```

다음은 editjoke.php다.

```php
<?php
try {
    include __DIR__ . '/../includes/DatabaseConnection.php';
    include __DIR__ . '/../classes/DatabaseTable.php';

    $jokesTable = new DatabaseTable($pdo, 'joke', 'id');

    if (isset($_POST['joke'])) {
        $joke = $_POST['joke'];
        $joke['jokedate'] = new DateTime();
        $joke['authorId'] = 1;

        $jokesTable->save($joke);

        header('location: jokes.php');
    } else {
        if (isset($_GET['id'])) {
            $joke = $jokesTable->findById($_GET['id']);
        }

        $title = '유머 글 수정';

        ob_start();

        include __DIR__ . '/../templates/editjoke.html.php';

        $output = ob_get_clean();
    }
```

```php
    } catch (PDOException $e) {
        $title = '오류가 발생했습니다.';

        $output = '데이터베이스 오류: ' . $e->getMessage() . ', 위치: ' .
        $e->getFile() . ':' . $e->getLine();
    }

    include __DIR__ . '/../templates/layout.html.php';
```

전체 예제는 코드 저장소 브랜치 OOP-DatabaseTable에서 볼 수 있다.

이제 객체와 클래스에 익숙하고 중복 코드의 해악도 충분히 이해했으니 컨트롤러 스크립트를 깔끔하게 정리할 차례다.

앞서 컨트롤러 코드에 데이터베이스 클래스를 적용할 때 비슷한 코드를 여러 번 수정했을 것이다. 전에 언급했던 DRY 원칙에 따르면 중복 코드 남발은 타파해야 할 나쁜 습관이다.

8.10 Don't Repeat Yourself 원칙

먼저 컨트롤러들을 면밀히 검토하고 차이점을 분석하자.

모든 컨트롤러의 기본 구조는 다음과 같다.

```php
<?php
try {
    /*
        - 필수 파일 불러오기
    */
    include __DIR__ . '/../includes/DatabaseConnection.php';
    include __DIR__ . '/../classes/DatabaseTable.php';

    /*
        - 데이터베이스 테이블 인스턴스 생성
    */
    $jokesTable = new DatabaseTable($pdo, 'joke', 'id');

    /*
        - 페이지 기능을 수행하고 $title, $output 변수 생성
```

```
    */
} catch (PDOException $e) {
    /*
        - 오류 처리
    */
    $title = '오류가 발생했습니다.';

    $output = '데이터베이스 오류: ' . $e->getMessage() . ', 위치: ' .
    $e->getFile() . ':' . $e->getLine();
}

/*
    - 템플릿 파일 불러오기
*/
include __DIR__ . '/../templates/layout.html.php';
```

이 코드가 컨트롤러 파일마다 반복적으로 쓰인다. 만일 DatabaseConnection.php 파일명이 바뀌면 모든 컨트롤러에서 include문을 고쳐야 한다. 레이아웃 파일도 마찬가지다.

컨트롤러 파일마다 실제로 다른 부분은 $output과 $title 변수를 생성하는 코드뿐이다.

컨트롤러마다 파일을 따로 저장하는 대신 단일 컨트롤러 클래스를 만들고 기존 컨트롤러의 기능을 클래스 메서드로 옮기자. 이렇게 하면 각 페이지에 공통적으로 있던 코드를 한 파일에 두고 개별 기능은 클래스 메서드에서 처리할 수 있다.

8.11 컨트롤러 클래스

먼저 컨트롤러 코드를 클래스 메서드로 옮겨야 한다. 클래스명은 JokeController다.

JokeController는 공용 클래스가 아니므로 classes 디렉터리에 저장하지 않는다. 대신 controllers 디렉터리를 만들고 다음 코드를 JokeController.php로 저장한다.

```
class JokeController {

}
```

컨트롤러 코드를 메서드로 옮기기 전에, 컨트롤러 클래스에 필요한 변수를 떠올려보자. 여러 메서드에서 쓰는 변수들은 클래스 변수로 정의해야 한다.

JokeController 클래스 메서드에서 공통적으로 쓰는 변수는 $authorsTable, $jokesTable 뿐이다. 다음과 같이 두 변수를 클래스에 추가한다.

```php
class JokeController {
    private $authorsTable;
    private $jokesTable;
}
```

DatabaseTable 클래스처럼 $authorsTable과 $jokesTable도 private으로 선언하고 클래스 외부에서 제어할 수 없도록 막는다. 생성자에서 클래스 변수를 설정하도록 다음과 같이 생성자 인수를 선언한다.

```php
class JokeController {
    private $authorsTable;
    private $jokesTable;

    public function __construct(DatabaseTable $jokesTable, DatabaseTable $authorsTable) {
        $this->jokesTable = $jokesTable;
        $this->authorsTable = $authorsTable;
    }
}
```

다음으로 list() 메서드를 추가하고 jokes.php에서 코드를 가져온다. 이때 $jokesTable과 $authorsTable 변수는 메서드 안에서 선언할 필요가 없으며 클래스 변수로 교체해야 한다. 두 변수는 인스턴스를 생성할 때 인수로 전달된다. 다음은 list() 메서드다.

```php
public function list() {
    $result = $this->jokesTable->findAll();
    $jokes = [];
    foreach ($result as $joke) {
        $author = $this->authorsTable->findById($joke['authorId']);
        $jokes[] = [
        'id' => $joke['id'],
            'joketext' => $joke['joketext'],
```

```
                'jokedate' => $joke['jokedate'],
                'name' => $author['name'],
                'email' => $author['email']
            ];
        }

        $title = '유머 글 목록';

        $totalJokes = $this->jokesTable->total();

        ob_start();

        include __DIR__ . '/../templates/jokes.html.php';

        $output = ob_get_clean();
    }
```

index.php의 메인 페이지, editjoke, deletejoke 페이지도 다음과 같이 각각 메서드로 변환한다.

```
public function home() {
    $title = '인터넷 유머 세상';

    ob_start();

    include __DIR__ . '/../templates/home.html.php';

    $output = ob_get_clean();
}

public function delete() {
    $this->jokesTable->delete($_POST['id']);

    header('location: jokes.php');
}

public function edit() {
    if (isset($_POST['joke'])) {
        $joke = $_POST['joke'];
        $joke['jokedate'] = new DateTime();
        $joke['authorId'] = 1;

        $this->jokesTable->save($joke);
```

```
            header('location: jokes.php');
        }
        else {

            if (isset($_GET['id'])) {
                $joke = $this->jokesTable->findById($_GET['id']);
            }

            $title = '유머 글 수정';

            ob_start();

            include __DIR__ . '/../templates/editjoke.html.php';

            $output = ob_get_clean();
        }
    }
```

이 컨트롤러를 자세히 살펴보면 아직 쓸모없는 코드임을 알 수 있다. 각 메서드에서 생성한 $title과 $output 변수는 layout.html.php로 전달되지 않는다. home(), edit(), list() 메서드가 실행된 후 $title과 $output 변수는 아무 일도 하지 않고 사라진다.

메서드에서 생성한 변수를 레이아웃 템플릿에서 쓰려면 return 키워드를 활용해야 한다. return문은 이미 DatabaseTable 클래스를 만들 때 배웠다. 메서드가 호출되면 return문을 사용해 데이터를 되돌려 보낼 수 있다. 예를 들어 findAll() 메서드는 테이블의 모든 행이 담긴 배열을 return문을 사용해 반환한다.

return $output;은 $output 변수를 반환하며, return $title;은 $title 변수를 반환한다. 하지만 layout.html.php는 $output과 $title 변수를 모두 필요로 한다.

두 변수를 동시에 반환하려면 findAll() 메서드처럼 배열을 응용해야 한다. 다음은 $output과 $title을 배열로 묶어 반환하는 메서드다.

```
public function home() {
    $title = '인터넷 유머 세상';

    ob_start();
```

```php
        include __DIR__ . '/../templates/home.html.php';

        $output = ob_get_clean();

        return ['output' => $output, 'title' => $title];
    }

    public function list() {
        $result = $this->jokesTable->findAll();

        $jokes = [];
        foreach ($result as $joke) {
            $author = $this->authorsTable->findById($joke['authorId']);

            $jokes[] = [
                'id' => $joke['id'],
                'joketext' => $joke['joketext'],
                'jokedate' => $joke['jokedate'],
                'name' => $author['name'],
                'email' => $author['email']
            ];
        }

        $title = '유머 글 목록';

        $totalJokes = $this->jokesTable->total();

        ob_start();

        include __DIR__ . '/../templates/jokes.html.php';

        $output = ob_get_clean();

        return ['output' => $output, 'title' => $title];
    }

    public function edit() {
        if (isset($_POST['joke'])) {
            $joke = $_POST['joke'];
            $joke['jokedate'] = new DateTime();
            $joke['authorId'] = 1;

            $this->jokesTable->save($joke);
```

```php
        header('location: jokes.php');
    }
    else {
        if (isset($_GET['id'])) {
            $joke = $this->jokesTable->findById($_GET['id']);
        }

        $title = '유머 글 수정';

        ob_start();

        include __DIR__ . '/../templates/editjoke.html.php';

        $output = ob_get_clean();

        return ['output' => $output, 'title' => $title];
    }
}
```

각 함수는 $output과 $title 변수를 배열로 묶어 반환한다. 이제 메서드를 호출하면 $output 과 $title 문자열이 배열로 반환되며 템플릿 파일에서 쓸 수 있다.

모든 메서드가 같은 구조로 $output과 $title 데이터를 반환하므로 어느 메서드를 호출하든 두 변수가 포함된 배열을 얻는다.

컨트롤러 코드를 모두 JokeController로 통합했지만 아직까지 각 페이지는 index.php, jokes.php, edit.php, deletejoke.php 파일에 남아 있다.

8.12 단일 진입점

단일 컨트롤러가 완성됐고 이제 모든 페이지를 한 파일에서 표시할 수 있다. 이 파일은 개별 파일에서 반복적으로 쓰였던 모든 코드를 한 곳에서 처리한다. 다음은 단일 컨트롤러 클래스를 활용한 index.php 코드다. 아직은 다소 투박하다.

```php
<?php
try {
```

```php
    include __DIR__ . '/../includes/DatabaseConnection.php';
    include __DIR__ . '/../classes/DatabaseTable.php';
    include __DIR__ . '/../controllers/JokeController.php';

    $jokesTable = new DatabaseTable($pdo, 'joke', 'id');
    $authorsTable = new DatabaseTable($pdo, 'author', 'id');

    $jokeController = new JokeController($jokesTable, $authorsTable);

    if (isset($_GET['edit'])) {
        $page = $jokeController->edit();
    } elseif (isset($_GET['delete'])) {
        $page = $jokeController->delete();
    } elseif (isset($_GET['list'])) {
        $page = $jokeController->list();
    } else {
        $page = $jokeController->home();
    }

    $title = $page['title'];
    $output = $page['output'];
} catch (PDOException $e) {
    $title = '오류가 발생했습니다.';

    $output = '데이터베이스 오류: ' . $e->getMessage() . ', 위치: ' .
    $e->getFile() . ':' . $e->getLine();
}

include __DIR__ . '/../templates/layout.html.php';
```

전체 예제는 코드 저장소 브랜치 OOP-EntryPoint에서 확인할 수 있다.

이 코드를 public/index.php 파일에 저장하고 브라우저에서 http://192.168.10.10/에 접속해보자. 제대로 따라했다면 페이지가 정상적으로 표시될 것이다.

public 디렉터리에 있는 파일은 브라우저에서 직접 접근할 수 있으므로 jokes.php, editjoke.php, deletejoke.php를 지워야 한다. 각 파일의 코드를 모두 JokeController로 옮겼기에 더는 필요치 않다.

새로운 index.php 페이지 구조는 예전 컨트롤러와 비슷하다. 대부분 익숙할 테니 새로 등장한 코드만 따로 살펴보자.

```
$jokeController = new JokeController($jokesTable, $authorsTable);
```

이 코드는 JokeController 클래스 인스턴스를 생성한다. 생성자를 호출할 때 DatabaseTable 인스턴스 $jokesTable, $authorsTable을 전달한다.

```
if (isset($_GET['edit'])) {
    $page = $jokeController->edit();
}
else if (isset($_GET['delete'])) {
    $page = $jokeController->delete();
}
else if (isset($_GET['list'])) {
    $page = $jokeController->list();
}
else {
    $page = $jokeController->home();
}
```

이 if...else문은 index.php 파일의 핵심부다. $_GET 변수를 검사하고 JokeController 클래스에서 호출할 메서드를 결정한다. else문이 있으므로 최소한 한 블록은 무조건 실행된다.

어느 페이지에 접근하든 $page 배열 변수가 생성되며 페이지 제목은 title 키에, 페이지 내용은 output 키에 저장된다.

마지막으로 템플릿에서 사용할 $title, $output 변수에 $page 배열값을 할당한다.

```
$title = $page['title'];
$output = $page['output'];
```

모두 제대로 작동하는지 확인하려면 브라우저에서 http://192.168.10.10/에 접속한다. 유머 글 목록, 유머 글 등록 등 링크를 클릭하면 아직 오류가 발생할 것이다. 링크로 연결했던 개별 페이지가 모두 삭제됐기 때문이다. 이제 모든 페이지는 index.php를 통해 접근한다. 기존 링크 주소의 파일명을 모두 index.php로 고치고 각 링크에 맞는 URL 변수를 붙이면 잘 작동할 것이다.

가령 유머 글 목록 페이지 링크 주소는 이제 http://192.168.10.10/index.php?list다. 이렇게 모든 페이지를 표시하는 파일을 단일 진입점single entry point 또는 프론트 컨트롤러라 부른다.

페이지 링크를 index.php로 전부 고치기 전에 정리하고 넘어갈 내용이 있다.

이번 절을 시작할 때 index.php가 다소 투박하다고 표현한 이유는 아직 코드가 비효율적이기 때문이다. index.php에 페이지를 새로 추가하려면 다음 두 가지 작업을 해야 한다.

1 JokeController에 메서드를 추가한다.

2 index.php에 else if 영역을 추가한다.

한편 다음과 같이 GET 변수명과 함수명은 정확히 일치한다.

• $_GET['edit']가 설정되면 edit 함수를 호출한다.

• $_GET['list']가 설정되면 list 함수를 호출한다.

가까운 길을 두고 어쩐지 멀리 돌아가는 느낌이 든다. PHP의 기발한 기능이 진가를 발휘할 기회가 왔다. 다음 코드는 일종의 지름길 역할을 한다.

```
$function = 'edit';

$jokeController->$function();
```

이 코드는 $function에 'edit'를 할당하며 $jokeController->edit()를 호출한다. 이 기능을 이용해 GET 변수명과 일치하는 메서드를 즉시 호출할 수 있다.

일반적으로 컨트롤러 함수는 액션[action]이라 불리므로 컨트롤러 함수와 연동할 GET 변수명은 action이 적절하다. index.php?action=edit는 edit() 함수를 호출하고 index.php?action=delete는 delete()를 호출한다. 다음 코드는 이 과정을 아주 간단히 구현한다.

```
<?php
try {
    include __DIR__ . '/../includes/DatabaseConnection.php';
    include __DIR__ . '/../classes/DatabaseTable.php';
    include __DIR__ . '/../controllers/JokeController.php';

    $jokesTable = new DatabaseTable($pdo, 'joke', 'id');
    $authorsTable = new DatabaseTable($pdo, 'author', 'id');

    $jokeController = new JokeController($jokesTable, $authorsTable);

    $action = $_GET['action'] ?? 'home';
```

```
    $page = $jokeController->$action();

    $title = $page['title'];
    $output = $page['output'];
} catch (PDOException $e) {
    $title = '오류가 발생했습니다.';

    $output = '데이터베이스 오류: ' . $e->getMessage() . ', 위치: ' .
    $e->getFile() . ':' . $e->getLine();
}

include __DIR__ . '/../templates/layout.html.php';
```

컨트롤러 액션을 결정하는 if…else문이 단 두 줄로 대체됐다.

```
$action = $_GET['action'] ?? 'home';
$page = $jokeController->$action();
```

첫 줄은 6장에서 소개한 널 병합 연산자를 활용한다. GET 변수 action의 값을 $action에 할당하며 action 변수가 없으면 'home'을 할당한다.

두 번째 줄은 $jokeController 객체에서 $action과 일치하는 메서드를 호출한다. 브라우저에서 index.php?action=list에 접속하면 유머 글 목록이 나온다. index.php에 action을 지정하지 않으면 시작 페이지가 나온다. 이 구조는 페이지를 추가하기 쉽다는 이점이 있다. JokeController 클래스에 메서드를 추가하고 index.php에 action 변수를 맞춰 넘기면 즉시 페이지가 추가된다.

이제 웹사이트의 URL 구조가 완전히 바뀌었다. 각 페이지에 들어간 모든 링크, 폼 action을 새로운 구조에 맞게 고쳐야 한다.

먼저 layout.html.php에서 다음과 같이 링크를 고치자.

```
<!doctype html>
<html>
    <head>
        <meta charset="utf-8">
        <link rel="stylesheet" href="jokes.css">
        <title><?=$title?></title>
```

```
    </head>
    <body>
        <nav>
            <header>
                <h1>인터넷 유머 세상</h1>
            </header>
        <ul>
            <li><a href="index.php">Home</a></li>
            <li><a href="index.php?action=list">유머 글 목록</a></li>
            <li><a href="index.php?action=edit">유머 글 등록</a></li>
        </ul>
        </nav>

        <main>
            <?=$output?>
        </main>

        <footer>
            &copy; IJDB 2018
        </footer>
    </body>
</html>
```

jokes.html.php를 열고 '수정' 링크와 삭제 action을 다음과 같이 고친다.

```
<p><?=$totalJokes?>개 유머 글이 있습니다.</p>

<?php foreach ($jokes as $joke): ?>
<blockquote>
<p>
    <?=htmlspecialchars($joke['joketext'], ENT_QUOTES, 'UTF-8'); ?>

    (작성자: <a href="mailto:<?=
    htmlspecialchars($joke['email'], ENT_QUOTES, 'UTF-8'); ?>"><?=
    htmlspecialchars($joke['name'], ENT_QUOTES, 'UTF-8'); ?></a>
    작성일:
    <?php
        $date = new DateTime($joke['jokedate']);
        echo $date->format('jS F Y');
    ?>)
    <a href="index.php?action=edit&id=<?=$joke['id']?>">수정</a>
    <form action="index.php?action=delete" method="post">
        <input type="hidden" name="id" value="<?=$joke['id']?>">
        <input type="submit" value="삭제">
```

```
    </form>
  </p>
</blockquote>
<?php endforeach; ?>
```

마지막으로 JokeController에서 리디렉션 구문을 고쳐야 한다. header('location: jokes. php');를 header('location: index.php?action=list');로 고친다.

이번 절의 전체 예제는 코드 저장소 브랜치 OOP-EntryPoint2에서 확인할 수 있다.

8.13 한 번 더, DRY 원칙

고지가 눈 앞에 보인다. PHP 코드의 상당 부분을 클래스 메서드로 깔끔히 정리했다. 이제 JokeController에 메서드를 추가하면 간단히 페이지를 생성할 수 있다. 계속 진행하기 전에 아직 남은 중복 코드를 서둘러 들어내자.

JokeController를 살펴보면 여러 메서드에서 공통적으로 수행하는 단계가 있다. 다음은 edit() 메서드의 일부분이다.

```
ob_start();

include __DIR__ . '/../templates/editjoke.html.php';

$output = ob_get_clean();

return ['output' => $output, 'title' => $title];
```

다음은 home() 메서드의 일부분이다.

```
ob_start();

include __DIR__ . '/../templates/home.html.php';

$output = ob_get_clean();

return ['output' => $output, 'title' => $title];
```

다음은 list() 메서드의 일부분이다.

```php
ob_start();

include __DIR__ . '/../templates/jokes.html.php';

$output = ob_get_clean();

return ['output' => $output, 'title' => $title];
```

이들은 형태가 매우 비슷하며 몇몇 줄은 아예 똑같다. 늘 그렇듯 반복 코드를 발견하면 통합할 방안이 있는지 확인해야 한다.

모든 메서드에서 반복적으로 실행되는 include문은 index.php에 두면 한 번만 써도 된다. 대신 home.html.php 같은 인클루드 파일명은 액션에서 지정해 index.php로 전달해야 한다.

먼저 index.php 파일을 다음과 같이 고친다.

```php
<?php
try {
    include __DIR__ . '/../includes/DatabaseConnection.php';
    include __DIR__ . '/../classes/DatabaseTable.php';
    include __DIR__ . '/../controllers/JokeController.php';

    $jokesTable = new DatabaseTable($pdo, 'joke', 'id');
    $authorsTable = new DatabaseTable($pdo, 'author', 'id');

    $jokeController = new JokeController($jokesTable, $authorsTable);

    $action = $_GET['action'] ?? 'home';

    $page = $jokeController->$action();

    $title = $page['title'];

    ob_start();

    include __DIR__ . '/../templates/' . $page['template'];

    $output = ob_get_clean();
} catch (PDOException $e) {
```

```
    $title = '오류가 발생했습니다.';

    $output = '데이터베이스 오류: ' . $e->getMessage() . ', 위치: ' .
    $e->getFile() . ':' . $e->getLine();
}

include __DIR__ . '/../templates/layout.html.php';
```

각 메서드에 반복적으로 들어간 코드 세 줄을 index.php로 옮겼다. 이제 index.php 파일에
서 $page 배열의 template 원소를 읽는다. 컨트롤러 액션은 $output 변수를 반환하지 않는
대신 index.php에서 인클루드할 파일명을 template 키에 담아 반환해야 한다.

다음은 home() 메서드다.

```
public function home() {
    $title = '인터넷 유머 세상';

    return ['template' => 'home.html.php', 'title' => $title];
}
```

다음은 list() 메서드다.

```
public function list() {
    $result = $this->jokesTable->findAll();

    $jokes = [];
    foreach ($result as $joke) {
        $author = $this->authorsTable->findById($joke['authorId']);

        $jokes[] = [
            'id' => $joke['id'],
            'joketext' => $joke['joketext'],
            'jokedate' => $joke['jokedate'],
            'name' => $author['name'],
            'email' => $author['email']
        ];
    }

    $title = '유머 글 목록';
```

```
    $totalJokes = $this->jokesTable->total();

    return ['template' => 'jokes.html.php', 'title' => $title];
}
```

다음은 edit() 메서드다.

```
public function edit() {
    if (isset($_POST['joke'])) {
        $joke = $_POST['joke'];
        $joke['jokedate'] = new DateTime();
        $joke['authorId'] = 1;

        $this->jokesTable->save($joke);

        header('location: index.php?action=list');
    }
    else {
        if (isset($_GET['id'])) {
            $joke = $this->jokesTable->findById($_GET['id']);
        }

        $title = '유머 글 수정';

        return ['template' => 'editjoke.html.php', 'title' => $title];
    }
}
```

이제 index.php에서 템플릿 파일을 인클루드하며, 파일명은 각 액션에서 결정한다. 반복적으로 쓰였던 출력 버퍼 코드와 인클루드 구문이 한 곳으로 통합됐다.

이 코드는 아직 시작 페이지만 정상적으로 출력한다. 유머 글 목록에 접속하면 다음과 같은 오류가 발생한다.

```
Notice: Undefined variable: totalJokes in /home/vagrant/Code/Project/templates/
jokes.html.php on line 2
```

index.php 파일에서 jokes.html.php 파일을 인클루드할 때 $totalJokes 변수가 없어서 오류가 발생한다.

템플릿 파일을 index.php에서 인클루드하므로 index.php에서 $totalJokes와 $jokes 변수를 사용할 수 있도록 전달해야 한다.

가장 떠올리기 쉬운 통로는 return문이다. 다음 코드는 title, template처럼 반환 배열에 totalJokes와 jokes 원소를 추가한다.

```
return ['template' => 'jokes.html.php',
'title' => $title,
'totalJokes' => $totalJokes,
'jokes' => $jokes];
```

이렇게 추가된 원소를 index.php에서 변수에 할당한다.

```
$action = $_GET['action'] ?? 'home';

$page = $jokeController->$action();

$title = $page['title'];

$totalJokes = $page['totalJokes'];

$jokes = $page['jokes'];
ob_start();

include __DIR__ . '/../templates/' . $page['template'];

$output = ob_get_clean();
```

이제 유머 글 목록 페이지는 잘 나오지만 다른 페이지로 이동하면 아직도 오류가 발생한다. 가령 유머 글 수정 페이지를 출력하려면 $joke 변수가 필요한데 index.php 페이지는 $joke 변수를 제공하지 않는다. 반면 수정 페이지에서 쓰지 않는 $totalJokes, $jokes 변수는 여전히 제공한다.

같은 방식으로 문제를 해결하려면 $joke 변수도 return문에 추가해야 한다. 또한 totalJokes, jokes 원소도 전달해야 index.php에서 변수 할당 코드가 정상적으로 작동한다. edit() 메서드는 $totalJokes, $jokes 변수를 생성하지 않으므로 빈 값을 할당할 수밖에 없다. 결과적으로 return문은 다음과 같은 배열을 반환한다.

```
return ['template' => 'jokes.html.php',
'title' => $title,
'totalJokes' => '',
'jokes' => '',
'joke' => $joke];
```

누가 봐도 비현실적인 해결책이다. 템플릿을 추가하고 새로운 변수가 필요할 때마다 모든 컨트롤러 메서드에서 반환 배열을 고쳐야 한다. 새로운 변수를 쓰지 않는 페이지는 반환 배열에 키를 추가하고 빈 문자열을 지정해야 오류가 발생하지 않는다.

8.14 템플릿 변수

템플릿 변수는 페이지마다 종류가 다르다. return문과 배열을 응용하면 템플릿 변수를 동적으로 전달할 수 있다. 템플릿 변수를 배열로 묶어 반환 배열의 variables 키로 추가한다.

list() 메서드의 return문은 이제 다음과 같다.

```
return ['template' => 'jokes.html.php',
    'title' => $title,
    'variables' => [
        'totalJokes' => $totalJokes,
        'jokes' => $jokes
    ]
];
```

이처럼 배열 원소를 지닌 배열을 다차원 배열이라 한다. totalJokes와 jokes 키가 포함된 배열이 variables 키에 할당된다.

다차원 배열을 활용하면 가독성은 약간 떨어진다. 대신 모든 컨트롤러 메서드가 variables 키를 사용해 서로 다른 배열을 반환할 수 있다는 장점이 있다. edit() 메서드의 return문은 다음과 같다.

```
return ['template' => 'editjoke.html.php',
    'title' => $title,
```

```
    'variables' => [
        'joke' => $joke ?? null
    ]
];
```

이 코드는 joke 키에 $joke ?? null을 할당한다. 'joke' => $joke가 아닌 이유는 앞 코드에서 $joke 변수가 항상 설정되는 것은 아니기 때문이다. $joke 변수의 존재 유무에 따라 joke 키에 $joke 또는 null을 할당한다. null은 빈 값을 나타낸다.

이제 list와 edit 액션은 일관된 형태로 배열을 반환한다. 반환 배열은 template, title, variables 원소를 포함한다.

variables에 할당된 배열은 index.php에서 사용할 수 있다. $title처럼 별도의 변수로 할당하면 나중에 사용하기 편하다. 다음 코드는 $variables 변수에 variables 배열을 할당한다.

```
$title = $page['title'];

$variables = $page['variables'];

ob_start();

include __DIR__ . '/../templates/' . $page['template'];

$output = ob_get_clean();
```

jokes.html.php, edit.html.php 등의 각 템플릿은 이제 $variables 배열을 읽고 출력할 수 있다. 기존 코드는 다음과 같다.

```
<p><?=$totalJokes?>개 유머 글이 있습니다.</p>
```

이 코드를 다음과 같이 고친다.

```
<p><?=$variables['totalJokes']?>개 유머 글이 있습니다.</p>
```

이 방식을 적용하려면 모든 템플릿 파일에서 변수 출력 부분을 고쳐야 한다. 그러나 템플릿 파일에서 쓰는 변수를 그대로 생성하면 파일을 일일이 고치지 않아도 된다.

PHP 내장 함수 extract는 배열에서 변수를 추출한다. 다음 코드를 살펴보자.

```php
$array ['hello' => 'world'];

extract($array);

echo $hello; // "world" 출력
```

extract로 변수를 추출하면 배열의 모든 키가 변수명으로 생성되고 키에 대응하는 값이 각 변수에 할당된다. $page['variables'] 배열을 extract로 추출하면 템플릿에서 쓰는 변수를 다음과 같이 한 번에 생성할 수 있다.

```php
$action = $_GET['action'] ?? 'home';

$page = $jokeController->$action();

$title = $page['title'];

if (isset($page['variables'])) {
    extract($page['variables']);
}

ob_start();

include __DIR__ . '/../templates/' . $page['template'];

$output = ob_get_clean();
```

이 예제는 코드 저장소 브랜치 OOP−EntryPoint3에서 확인할 수 있다.

list() 메서드에서 반환한 $page['variables']에서 $totalJokes와 $jokes 변수가, edit() 메서드에서 반환한 $page['variables']에서 $joke 변수가 생성된다.

일부 메서드, 이를테면 home 메서드는 반환 배열에 variables 원소가 없으므로 extract 호출 코드를 if(isset($page['variables']))문으로 감싼다.

8.15 extract 주의 사항

컨트롤러 메서드에서 중복 코드를 일소하고 모든 기능을 완벽히 구현했다. 하지만 아직 안심하긴 이르다.

extract는 현재 스코프에 변수를 생성하는데, 이런 작동 방식은 근본적으로 문제가 있다. 다음 코드를 살펴보자.

```php
$action = $_GET['action'] ?? 'home';

$page = $jokeController->$action();

$title = $page['title'];

if (isset($page['variables'])) {
    extract($page['variables']);
}

ob_start();

include __DIR__ . '/../templates/' . $page['template'];
```

만일 이 코드의 $page['variables'] 배열에 page와 title 키가 이미 존재한다면 어떤 일이 벌어질까? extract()가 실행됐을 때 기존 $title과 $page 변수가 다른 값으로 교체된다. 템플릿 파일명은 $page['template']로 결정하는데, 새로 할당된 $page는 template 키가 있기는 커녕 배열이 아닐 공산이 크다.

컨트롤러 액션에서 반환한 variables 배열에 우연히 page 키가 포함되면 결과적으로 템플릿을 불러오지 못하는 사태가 벌어진다.

extract 함수에 두 번째 인수를 전달하면 기존 변수를 덮어쓰지 않도록 제어할 수 있다. 그러나 이렇게 하면 역으로 $page['variables'] 배열의 page 키가 무용지물로 전락한다.

이러한 문제 상황을 근본적으로 예방하려면 템플릿을 불러오는 코드를 별도 함수로 분리해야 한다. 다음은 loadTemplate() 함수를 도입한 index.php다.

```php
<?php
function loadTemplate($templateFileName, $variables = [])
{
    extract($variables);

    ob_start();
    include __DIR__ . '/../templates/' . $templateFileName;

    return ob_get_clean();
}

try {
    include __DIR__ . '/../includes/DatabaseConnection.php';
    include __DIR__ . '/../classes/DatabaseTable.php';
    include __DIR__ . '/../controllers/JokeController.php';

    $jokesTable = new DatabaseTable($pdo, 'joke', 'id');
    $authorsTable = new DatabaseTable($pdo, 'author', 'id');

    $jokeController = new JokeController($jokesTable, $authorsTable);

    $action = $_GET['action'] ?? 'home';

    $page = $jokeController->$action();

    $title = $page['title'];

    if (isset($page['variables'])) {
        $output = loadTemplate($page['template'], $page['variables']);
    } else {
        $output = loadTemplate($page['template']);
    }
} catch (PDOException $e) {
    $title = '오류가 발생했습니다.';

    $output = '데이터베이스 오류: ' . $e->getMessage() . ', 위치: ' .
    $e->getFile() . ':' . $e->getLine();
}

include __DIR__ . '/../templates/layout.html.php';
```

variables 배열에 page나 title 키가 있어도 기존 변수를 덮어쓸 염려가 없다. loadTemplate() 함수에서 extract를 실행하고 템플릿을 불러오기 때문이다. 기존 변수와 함수 변수는 스코프가 다르다.

이번 장에서는 객체 지향 프로그래밍 원칙에 입각해 코드를 분리하고 재사용성을 높였다. 또한 컨트롤러 코드를 더욱 견고한 구조로 재편했다. 다음 장은 index.php에서 다중 컨트롤러를 제어하는 방법을 선보인다. 컨트롤러를 새로 만들어도 index.php는 하나로 충분하다.

## CHAPTER 9

프레임워크 구축

이제 웹 페이지는 컨트롤러 액션 메서드로 구현한다. index.php에 접근할 때 action 변수를 전달하면 그에 맞는 액션 메서드를 호출하고 해당 페이지를 출력한다. 유머 데이터베이스와 상호작용하는 모든 페이지는 컨트롤러 클래스로 구현할 수 있다. 하지만 유머 글 관련 페이지는 전체 웹 페이지 중 일부에 불과하다. 실제 웹사이트는 훨씬 다양한 기능을 제공하며 많은 데이터베이스 테이블과 상호작용한다.

인터넷 유머세상 웹사이트는 아직 사용자 등록 기능이 없다. 유머 글 작성자가 사이트 회원으로 등록하면 작성자 정보와 유머 글 정보를 연동할 수 있다. 사용자 등록 기능을 추가하기에 앞서 웹사이트 코드를 더욱 세련되고 유연한 구조로 개선할 필요가 있다. 이번 장은 프레임워크 제작 과정을 선보인다. 프레임워크는 웹사이트 구축에 쓰이는 기본 기능을 모두 갖춘 도구다. 이번 장을 마치면 PHP 전문가의 개발 기법과 원칙이 자연스럽게 몸에 밸 것이다.

이번 장에서는 웹사이트에 새로운 기능을 추가하지 않는다. 그 대신 코드 구조를 개편해 모든 웹사이트에 통용되는 프레임워크를 구축한다.

8장에서 완성된 index.php 파일은 다음과 같다.

```php
<?php
function loadTemplate($templateFileName, $variables = [])
{
    extract($variables);
    ob_start();
    include __DIR__ . '/../templates/' . $templateFileName;
    return ob_get_clean();
}

try {
    include __DIR__ . '/../includes/DatabaseConnection.php';
    include __DIR__ . '/../classes/DatabaseTable.php';
    include __DIR__ . '/../controllers/JokeController.php';

    $jokesTable = new DatabaseTable($pdo, 'joke', 'id');
    $authorsTable = new DatabaseTable($pdo, 'author', 'id');

    $jokeController = new JokeController($jokesTable, $authorsTable);

    $action = $_GET['action'] ?? 'home';

    $page = $jokeController->$action();
```

```
    $title = $page['title'];

    if (isset($page['variables'])) {
        $output = loadTemplate($page['template'],
        $page['variables']);
    } else {
        $output = loadTemplate($page['template']);
    }
} catch (PDOException $e) {
    $title = '오류가 발생했습니다.';

    $output = '데이터베이스 오류: ' . $e->getMessage() . ', 위치: ' .
    $e->getFile() . ':' . $e->getLine();
}

include __DIR__ . '/../templates/layout.html.php';
```

이 코드는 URL 파라미터에 지정된 action을 사용해서 JokeController 클래스 함수를 호출한다. 예를 들어 URL이 index.php?action=list면 list() 함수가 호출된다.

9.1 검색 엔진

코드 구조를 개선하려면 먼저 기존 코드를 깔끔하게 정리해야 한다. PHP 함수와 메서드는 대소문자를 구분하지 않는다. list(), LIST(), List()가 모두 똑같이 작동한다. index.php?action=list에 접속하면 list() 메서드가 실행되고 목록 페이지가 나온다. 그러나 index.php?action=LIST와 index.php?action=List도 모두 똑같은 페이지를 출력한다. 실수로 URL에 대소문자를 잘못 입력해도 페이지가 잘 출력되므로 장점으로 판단하기 쉽지만, 검색 엔진 입장에서는 그렇지 않다.

일부 검색 엔진은 페이지 내용이 완전히 같아도 URL이 다르면 별개의 페이지로 인식한다. 가령 index.php?action=LIST와 index.php?action=list를 서로 다른 페이지로 판단해 검색 결과에 모두 노출시킨다. 가급적 많은 페이지가 검색 결과에 노출되면 좋지만 무작정 많다고 해서 좋은 것은 아니다. 일반적으로 검색 엔진은 내용이 같고 링크가 다른 페이지를 선호하지 않는다. 이런 페이지를 '중복 콘텐츠'로 판단하고 검색 결과에서 순위를 낮추거나 아예 무시한다. 검색 결과가 아무리 많아도 상위에 노출되지 않으면 소용이 없다. 첫 페이지에 표시되는 단 하나의 검색 결과가 이후 페이지의 수많은 검색 결과보다 더 가치 있는 법이다.

중복 콘텐츠 문제를 해결하는 방법은 많다. 검색 설정 파일에 검색에서 제외할 URL을 추가하면 검색 엔진은 해당 페이지를 무시한다. 또한 콘텐츠를 식별하는 대표 URL을 페이지에 넣으면 검색 엔진이 중복 콘텐츠를 구별하기 쉽다. 그러나 이러한 방법은 페이지가 많은 대형 웹사이트에 적용하기 어렵다. 가장 손이 덜 가는 방법은 중복 콘텐츠가 생기지 않도록 URL을 엄밀하게 구별하는 것이다. 일반적으로 모든 URL 문자는 소문자로 통일한다.

다음과 같은 간단한 코드로 URL이 전부 소문자인지 확인할 수 있다.

```php
<?php

$action = $_GET['action'];

if ($action == strtolower($action)) {
    $jokeController->$action();
} else {
    echo '죄송합니다. 이 페이지는 존재하지 않습니다.';
}
```

이 코드는 $action을 소문자로 변환한 다음 원본 $action과 비교한다. strtolower()는 입력받은 문자열을 모두 소문자로 바꾸는 함수다. LISTJOKES, listJokes, listjokes 문자열은 모두 listjokes로 변환된다. 원본 $action과 소문자 변환 $action이 서로 같으면 URL에 입력한 action 문자열이 모두 확실히 소문자이므로 페이지를 표시하고, 그렇지 않으면 오류 메시지를 출력한다. 이제 방문자와 검색 엔진은 오직 소문자 URL로 접속했을 때만 페이지 내용을 볼 수 있다.

이렇게 URL을 소문자로 고정하면 중복 콘텐츠가 생기지 않고 검색 결과 순위가 밀려날 염려도 없다. 반면 사용자에게 불편함이 가중된다. 실수로 action에 대문자를 입력하면 페이지 내용이 아니라 오류 메시지가 나타난다. 검색 엔진과 사용자, 두 마리 토끼를 모두 잡으려면 리디렉션을 활용해야 한다.

유머 글 추가 예제에서 이미 리디렉션을 활용한 적이 있다. 이번에도 header() 함수를 쓰되, 다음과 같이 모든 URL 문자를 소문자로 바꿔 전달한다.

```php
<?php
$action = $_GET['action'];

if ($action == strtolower($action)) {
    $jokeController->$action();
} else {
    header('location: index.php?action=' . strtolower($action));
}
```

이제 index.php?action=LISTJOKES 또는 index.php?action=listJokes에 접속하면 모두 index.php?action=listjokes로 이동한다. 하지만 아직 한 가지 설정 항목이 남았다. 리디렉션은 영구와 임시, 두 종류가 있다. 잘못된 URL을 검색 결과에서 제거하려면 영구적으로 리디렉션해야 한다.

리디렉션 종류는 HTTP 응답 코드HTTP response code에 의해 결정된다. 웹서핑을 하다가 흔히 마주치는 404 오류는 '검색 불가'를 의미하는 HTTP 응답 코드다. 브라우저와 검색 엔진은 응답 코드를 사용해 페이지 처리 방식을 결정한다. 영구 리디렉션을 나타내는 코드는 301이다. 다음과 같이 http_response_code() 함수를 호출하면 리디렉션 헤더에 301 응답 코드를 추가할 수 있다.

```php
<?php
$action = $_GET['action'];

if ($action == strtolower($action)) {
    $jokeController->$action();
} else {
    http_response_code(301);
    header('location: index.php?action=' . strtolower($action));
}
```

TIP HTTP 응답 코드

HTTP 응답 코드는 종류가 매우 많다. 그중 404 코드는 오류 메시지를 표시할 때 유용하다. 검색 엔진은 무의미한 방문 이력이 사용자 브라우저에 남지 않도록 검색 결과에서 404 페이지를 제거한다. '죄송합니다. 요청하신 페이지는 더는 이용할 수 없습니다' 같은 404 오류 메시지가 검색 결과에 노출되지 않는다. 굳이 검색 엔진에 노출할 필요가 없는 페이지는 응답 코드를 404로 변경하면 검색 엔진이 알아서 처리한다. 전체 응답 코드 목록과 각각의 의미는 W3.org(https://www.w3.org/Protocols/rfc2616/rfc2616-sec10.html)에서 제공한다.

9.2 범용성

상황이나 환경이 달라도 그대로 쓸 수 있는 코드를 범용 코드라 한다. 범용 코드는 유연성과 재사용성이 높아 PHP뿐만 아니라 모든 프로그래밍 언어에서 높이 평가받는다. 범용 코드를 활용하면 지루한 반복 작업에서 해방된다. 이전 예제에서 DatabaseTable 클래스를 범용 코드로 개선하고 작업 효율을 향상시켰다. 애플리케이션이나 테이블이 달라도 DatabaseTable 클래스만 있으면 테이블 상호작용 코드를 새로 작성할 필요가 없다.

index.php는 JokeController 클래스의 모든 함수를 실행하는 관문이다. URL 매개변수에 action을 전달하면 원하는 함수를 실행할 수 있다.

페이지마다 파일이 따로 있었던 기존 구조보다 index.php가 훨씬 효율적이다. 각 파일에 있던 중복 코드도 한곳으로 통합된다.

index.php 파일에 리디렉션 기능을 추가한 코드는 다음과 같다.

예제 9-1 CMS-Redirect

```php
function loadTemplate($templateFileName, $variables = []) {
    extract($variables);

    ob_start();
    include __DIR__ . '/../templates/' . $templateFileName;

    return ob_get_clean();
}

try {
    include __DIR__ . '/../includes/DatabaseConnection.php';
    include __DIR__ . '/../classes/DatabaseTable.php';
    include __DIR__ .
    '/../classes/controllers/JokeController.php';

    $jokesTable = new DatabaseTable($pdo, 'joke', 'id');
    $authorsTable = new DatabaseTable($pdo, 'author', 'id');

    $jokeController = new JokeController($jokesTable, $authorsTable);

    $action = $_GET['action'] ?? 'home';
```

```
    if ($action == strtolower($action)) {
        $page = $jokeController->$action();
    }
    else {
        http_response_code(301);
        header('location: index.php?action=' .
        strtolower($action));
    }

    $title = $page['title'];

    if (isset($page['variables'])) {
        $output = loadTemplate($page['template'], $page['variables']);
    }
    else {
        $output = loadTemplate($page['template']);
    }
}
catch (PDOException $e) {
    $title = '오류가 발생했습니다.';

    $output = '데이터베이스 오류: ' . $e->getMessage() . ', 위치: ' .
    $e->getFile() . ':' . $e->getLine();
}

include __DIR__ . '/../templates/layout.html.php';
```

9.3 사용자 등록

사용자 등록 기능이 있으면 작성자가 자신의 회원 정보로 유머 글을 올릴 수 있다. 등록 페이지를 추가하려면 컨트롤러에 액션 메서드를 작성해야 한다. 지금까지 모든 액션 메서드는 JokeController에 만들었는데, 이런 식으로 사이트의 모든 페이지를 추가하면 JokeController의 덩치가 너무 커진다.

이런 경우에는 RegisterController 컨트롤러를 새로 만들고 액션 메서드를 추가하는 편이 낫다. JokeController는 유머 글 관련 페이지를, RegisterController는 회원 등록 페이지를 전담하도록 코드를 분리하면 각각을 효과적으로 관리할 수 있다.

index.php에서 JokeController를 담당하듯 RegisterController를 담당할 PHP 스크립트를 다음과 같이 새로 작성해야 한다. 파일명은 register.php가 적당하다.

```php
<?php
try {
    include __DIR__ . '/../includes/DatabaseConnection.php';
    include __DIR__ . '/../classes/DatabaseTable.php';
    include __DIR__ . '/../controllers/RegisterController.php';

    $jokesTable = new DatabaseTable($pdo, 'joke', 'id');
    $authorsTable = new DatabaseTable($pdo, 'author', 'id');
    $registerController = new RegisterController($authorsTable);

    $action = $_GET['action'] ?? 'home';

    if ($action == strtolower($action)) {
        $page = $registerController->$action();
    } else {
        http_response_code(301);
        header('location: index.php?action=' .
        strtolower($action));
    }

    $title = $page['title'];

    if (isset($page['variables'])) {
        $output = loadTemplate($page['template'],
        $page['variables']);
    } else {
        $output = loadTemplate($page['template']);
    }
} catch (PDOException $e) {
    $title = '오류가 발생했습니다.';

    $output = '데이터베이스 오류: ' . $e->getMessage() . ', 위치: ' .
    $e->getFile() . ':' . $e->getLine();
}

include __DIR__ . '/../templates/layout.html.php';
```

이 코드는 대부분 index.php와 같은데, 바뀐 부분은 다음과 같다.

1 include 'JokeController.php';

→ include 'RegisterController.php';

2 $jokeController = new JokeController($jokesTable, $authorsTable);

→ $registerController = new RegisterController($authorsTable);

3 $jokeController->$action();

→ $registerController->$action();

이 세 부분만 빼면 index.php와 reigister.php는 완전히 같다. 거의 비슷한 파일이 새로 추가된 셈인데, index.php에서 모든 컨트롤러와 액션을 처리할 수 있다면 register.php는 필요 없다. 즉, 이 세 가지 차이만 해소하면 index.php로 모든 컨트롤러를 다룰 수 있다.

3번을 가장 쉽게 처리할 수 있으므로 먼저 살펴보자.

3번은 $jokeController와 $registerController가 변수명이 달라서 생기는 문제다. 변수명을 $controller로 통일하면 코드를 고칠 필요가 없다. $controller = new RegisterController($authorsTable);와 $controller = new JokeController($jokesTable, $authorsTable); 다음에 공통적으로 $controller->$action() 코드로 메서드를 호출할 수 있다.

1번을 해결하려면 코드를 약간 추가해야 한다. 고정된 문자열이 아니라 변수를 이용해 include에 파일명을 전달한다. 템플릿 파일을 가져올 때와 비슷하다.

다음 코드는 include문에 적절한 파일명을 지정한다.

```
$controllerName = ucfirst($_GET['controller']) . 'Controller';

include __DIR__ . '/../controllers/' . $controllerName . '.php';
```

$_GET['action']값을 그대로 $action에 할당하듯, 컨트롤러도 URL 매개변수로 받아 변수에 할당할 수 있다. index.php?controller=joke&action=list에 접속하면 controller와 action값이 전달된다. 이 두 값을 적절히 활용하면 JokeController를 불러와 list() 메서드를 호출할 수 있다.

클래스 파일명은 클래스명과 같고 첫 글자가 대문자다. ucfirst() 함수는 문자열 첫 글자를 대문자로 변환한다. URL의 controller값을 ucfirst() 함수에 전달해 대소문자를 맞추고 Controller.php를 붙이면 클래스 파일명이 완성된다.

이제 URL로 컨트롤러를 선택할 수 있다. 매개변수에 controller＝register를 넣으면 $_GET['controller']에 register가 전달되고 RegisterController.php 파일을 인클루드한다.

이상이 1번 과제를 해결하는 비법이다. 다음은 include문에서 컨트롤러 파일명을 $_GET['controller']로 교체하고, 앞서 설명한 3번 해결책을 적용한 코드다.

```php
include __DIR__ . '/../controllers/' . $_GET['controller'] . '.php';

$jokesTable = new DatabaseTable($pdo, 'joke', 'id');
$authorsTable = new DatabaseTable($pdo, 'author', 'id');

$controller = new RegisterController($authorsTable);

$action = $_GET['action'] ?? 'home';

if ($action == strtolower($action)) {
    $page = $controller->$action();
}
```

2번 과제를 해결하려면 $controller ＝ new JokeController($jokesTable, $authorsTable); 부분에서 JokeController 또는 RegisterController 객체를 선택적으로 생성해야 한다.

정확한 메서드명 대신 $action으로 메서드를 호출하듯 클래스명 대신 변수로 객체를 생성할 수 있다. 1번 해결책은 $_GET['controller']를 정확한 클래스명으로 변환하고 $controllerName 변수에 할당한다. 다음 코드는 $controllerName을 클래스명에 대입해 객체를 생성한다.

```php
$controllerObject = new $controllerName($jokesTable, $authorsTable);
```

이제 new $controllerName()은 $_GET['controller']값에 따라 컨트롤러를 선택하고 객체를 생성한다. 가령 index.php?controller＝joke&action＝list에 접속하면 자동으로 JokeController 객체가 생성된다.

$action에 적용했던 다음 로직을 컨트롤러도 똑같이 따라야 한다.

- $_GET['controller']가 없으면 joke를 기본값으로 지정한다.

```php
$controllerName = $_GET['controller'] ?? 'joke';
```

- URL에 대소문자가 섞여 있으면 소문자 URL로 리디렉션한다.

```php
if ($action == strtolower($action) && $controllerName ==
strtolower($controllerName)) {

}
else {
    // 소문자 URL로 리디렉션
}
```

$controllerName은 $_GET['controller'] 변숫값 또는 joke가 할당된다. 실제 컨트롤러명으로 변환하려면 다음과 같이 ucfirst() 함수로 감싸고 Controller를 이어붙인다.

```php
$className = ucfirst($controllerName) . 'Controller';
```

최종적으로 다음과 같이 컨트롤러 파일을 불러와 인스턴스를 생성한다.

```php
include __DIR__ . '/../controllers/' . $className . '.php';

$controller = new $className($jokesTable, $authorsTable);
```

완성된 코드는 다음과 같다.

```php
$action = $_GET['action'] ?? 'home';

$controllerName = $_GET['controller'] ?? 'joke';

if ($action == strtolower($action) && $controllerName ==
strtolower($controllerName)) {
    $className = ucfirst($controllerName) . 'Controller';

    include __DIR__ . '/../controllers/' . $className . '.php';

    $controller = new $className($jokesTable, $authorsTable);
    $page = $controller->$action();
```

```
    }
    else {
        http_response_code(301);
        header('location: index.php?controller=' .
        strtolower($controllerName) . '&action=' .
        strtolower($action));
    }
```

index.php는 이제 URL 변수에 따라 컨트롤러와 액션을 정확히 선택한다.

하지만 잠재적 문제가 남아 있다. 유머 글 관련 페이지는 모두 잘 작동하지만 앞으로 추가할 페이지도 그럴지 확신할 수 없다. 컨트롤러 객체를 생성할 때 $jokesTable과 $authorsTable 객체를 무조건 전달한다는 점이 위험 요소다.

사용자를 등록할 때 RegisterController는 $authorsTable 객체만 사용하므로 $jokesTable은 전달할 필요가 없다. 이처럼 생성자에 전달할 객체가 컨트롤러마다 다르면 어떻게 대처해야 할까?

9.4 의존성

서로 다른 컨트롤러는 각자 의존하는 객체도 다르다. JokeController는 $jokesTable과 $authorsTable 객체에 의존하지만 이들에 의존하지 않는 컨트롤러도 있다.

한 객체가 다른 객체를 반드시 필요로 하는 관계를 의존성^{dependency}이라 표현한다. 가령 JokeController는 $jokesTable 인스턴스에 의존성을 보인다. 다시 말해 $jokesTable이 없으면 제 기능을 수행하지 못한다.

다른 객체의 함수를 호출하는 코드는 의존성을 지닌 코드다. 다음 코드에서 delete() 메서드는 클래스 변수 jokesTable을 활용하며, jokesTable은 DatabaseTable 인스턴스를 담는다. DatabaseTable 인스턴스가 없으면 delete()는 작동하지 않는다. 결과적으로 delete() 메서드는 다른 클래스의 기능을 빌리는 셈이다.

```
public function delete() {
    $this->jokesTable->delete($_POST['id']);
```

```
        header('Location: .');
        exit();
    }
```

jokesTable-⟩delete()는 다른 클래스의 메서드를 호출하며, DatabaseTable 클래스가 없으면 작동하지 않는다. 이런 현상을 두고 JokeController 클래스가 DatabaseTable 클래스에 의존한다고 표현한다. 마찬가지로 DatabaseTable은 PDO 클래스에 의존한다. PDO 클래스가 없으면 DatabaseTable 클래스가 작동하지 않기 때문이다.

앞으로 유머 글을 누구나 작성할 수 있도록 사용자 등록 기능을 추가할 텐데, 이 기능은 RegisterController 클래스를 새로 만들어 구현해야 한다.

먼저 사용자 등록 폼을 만들고, 등록 폼을 거쳐 제출된 데이터를 author 테이블에 입력한다. 이 과정에서 $jokesTable 객체는 필요하지 않으므로, RegisterController 객체는 다음과 같이 생성한다.

```
$controller = new RegisterController($authorsTable);
```

클래스에서 사용하는 테이블은 클래스마다 다르다. 예를 들어 유머 글 카테고리 클래스는 카테고리 테이블을 다룬다. 나중에 만들 데이터 검증 객체는 심지어 데이터베이스와 전혀 상호작용하지 않는다.

이 지점에서 난관에 봉착한다. 클래스 객체를 생성할 때 다음과 같이 클래스명 대신 변수를 쓴다.

```
$controllerName = $_GET['controller'];

$controller = new $controllerName($authorsTable);
```

클래스명은 변수를 이용해 동적으로 지정했지만, 의존성은 동적으로 처리하지 못한다.

의존성 해결은 가장 난해한 주제로 손꼽힌다. 고도로 숙련된 개발자도 이 문제로 골치를 앓는다. 많은 이가 자신만의 방법으로 의존성 문제를 해결했지만 그중 '나쁜 사례'로 판명된 기법이 많으니 섣불리 받아들이면 위험하다. 깊게 파고 들어 설명하려면 책 한 권으로 부족하다. 심지어 박사 논문 주제로 삼아도 손색이 없을 정도다. 이 책은 '하지 말아야 할 것'을 과감히 뒤로하고 널리 검증된 모범 사례에 집중한다. 생성자에서 객체를 만드는 습관, 싱글턴singleton이나 서비스 로케이터service locator 패턴 등이 모두 '나쁜 사례'에 해당한다.

클래스 생성자로 의존성을 전달하는 방식은 아주 효과적이다. 그러나 의존성을 모두 만족시키지 않으면 클래스 객체를 생성할 수 없다는 부작용이 동반된다. 컨트롤러 클래스마다 의존성이 다르면 동적으로 클래스 객체를 생성할 수 없다. 다음은 JokeController의 생성자다.

```
public function __construct(DatabaseTable $jokesTable, DatabaseTable
$authorsTable) {
    $this->jokesTable = $jokesTable;
    $this->authorsTable = $authorsTable;
}
```

RegisterController 클래스 생성자는 다음과 같을 것이다.

```
public function __construct(DatabaseTable $authorsTable) {
    $this->authorsTable = $authorsTable;
}
```

JokeController 클래스는 author와 joke 테이블을 다루는 두 DatabaseTable 객체에 의존하지만 RegisterController 클래스는 $authorsTable만 필요로 한다. 이 차이가 컨트롤러 자동 생성을 가로막는 장애물이다. 생성자가 제각각인 컨트롤러를 자동으로 생성하려면 어떻게 해야 할까?

모든 컨트롤러의 생성자를 똑같이 만들면 고민할 필요가 없다. 테이블마다 DatabaseTable 객체를 만들고 생성자에 전부 전달하면 의존성이 통일되어 컨트롤러를 동적으로 생성할 수 있다. 각 컨트롤러는 모든 테이블에 자유롭게 접근한다. 그러나 이 방법은 모든 컨트롤러가 모든 객체에 의존하게 되는 결과를 낳는다. 단 한 클래스에서 쓰이는 객체라도 모든 클래스에 전달해야 한다. 또한 테이블이 추가되면 모든 컨트롤러 생성자에 새로운 객체를 추가해야 한다. 결국 의존 객체를 전부 배열에 담아 한 번에 전달하는 수밖에 없다. 지금까지 설명한 내용은 사실 서비스 로케이터 패턴의 기본 원리다. 한때 널리 쓰인 기법이지만 지금은 대표적인 '나쁜 사례'로 꼽힌다.

이번 절에서 꾸준히 제기한 화두를 기술 용어로 의존성 주입injection이라 한다. 대단한 용어같지만 사실 별것 아니다. 생성자로 의존 객체를 전달하는 방식도 의존성 주입 기법 중 하나다. 지금까지 예제에서 생성자 전달 기법을 줄곧 활용했다.

단순히 생각하면 if문을 나열해 클래스를 구별하고 각 생성자에 맞는 의존 객체를 전달하면 된다. 다음 코드는 각 컨트롤러 생성자에 알맞은 의존 객체를 전달해 객체를 생성한다.

```php
$action = $_GET['action'] ?? 'home';
$controllerName = $_GET['controller'] ?? 'joke';

if ($controllerName === 'joke') {
    $controller = new JokeController($jokesTable, $authorsTable);
}
else if ($controllerName === 'register') {
    $controller = new RegisterController($authorsTable);
}

$page = $controller->$action();
```

$_GET['controller'] 변수로 컨트롤러를 식별하고 객체를 생성한 다음 $_GET['action'] 변수에 담긴 메서드명을 컨트롤러 객체에서 호출한다.

이 방식은 매우 유연하다. URL 변수로 클래스명과 메서드를 자유롭게 지정하고 호출할 수 있다. 그러나 유연성만큼 위험성도 높은데, URL을 조작하면 모든 클래스와 메서드를 임의로 실행할 수 있다. 컨트롤러마다 기능이 다르므로 어떤 문제가 생길지 예측할 수 없다.

하나의 URL 변수로 컨트롤러와 액션을 지정하면 코드는 약간 늘어나지만 더 안전하다. 다음은 controller와 action 대신 route 변수 하나만 쓰는 코드다.

```php
// route 변수가 설정되지 않으면 'joke/home'을 지정
$route = $_GET['route'] ?? 'joke/home';
if ($route === 'joke/list') {
    include __DIR__ . '/../classes/controllers/JokeController.php';
    $controller = new JokeController($jokesTable, $authorsTable);
    $page = $controller->list();
}
else if ($route === 'joke/home') {
    include __DIR__ . '/../classes/controllers/JokeController.php';
    $controller = new JokeController($jokesTable, $authorsTable);
    $page = $controller->home();
```

```
    }
    else if ($route === 'register') {
        include __DIR__ . '/../classes/controllers/RegisterController.php';
        $controller = new RegisterController($authorsTable);
        $page = $controller->showForm();
    }
```

코드가 더 늘어나고 중복되는 부분도 생겼지만 이전에 비해 훨씬 안전해졌다. URL을 아무리 조작해도 조건 목록에 있는 컨트롤러와 메서드 외에는 호출할 수 없다. 비슷한 조건문이 여럿 생겼지만 이 경우에는 용인해도 좋다. 반복 코드보다 보안 위험이 훨씬 해롭다.

$_GET['route'] 변숫값은 joke/list와 joke/edit처럼 joke/ 접두어를 붙였다. 각 페이지는 고유하게 구별되어야 한다. 향후 사용자 등록 기능이 생기면 사용자 목록과 수정 페이지를 author/list, author/edit로 구별한다. 단순히 list나 edit를 쓰면 유머 글 목록, 수정 페이지와 구별할 수 없다.

완성된 index.php 파일은 다음과 같다.

예제 9-2 CMS-Controller

```php
<?php
function loadTemplate($templateFileName, $variables = [])
{
    extract($variables);

    ob_start();
    include __DIR__ . '/../templates/' . $templateFileName;

    return ob_get_clean();
}

try {
    include __DIR__ . '/../includes/DatabaseConnection.php';
    include __DIR__ . '/../classes/DatabaseTable.php';

    $jokesTable = new DatabaseTable($pdo, 'joke', 'id');
    $authorsTable = new DatabaseTable($pdo, 'author', 'id');

    // route 변수가 없으면 'joke/home' 할당
    $route = $_GET['route'] ?? 'joke/home';
```

```php
if ($route == strtolower($route)) {
    if ($route === 'joke/list') {
        include __DIR__ .
            '/../classes/controllers/JokeController.php';
        $controller = new JokeController($jokesTable,
            $authorsTable);
        $page = $controller->list();
    } elseif ($route === 'joke/home') {
        include __DIR__ .
        '/../classes/controllers/JokeController.php';
            $controller = new JokeController($jokesTable,
            $authorsTable);
        $page = $controller->home();
    } elseif ($route === 'joke/edit') {
        include __DIR__ .
            '/../classes/controllers/JokeController.php';
        $controller = new JokeController($jokesTable,
            $authorsTable);
        $page = $controller->edit();
    } elseif ($route === 'joke/delete') {
        include __DIR__ .
            '/../classes/controllers/JokeController.php';
        $controller = new JokeController($jokesTable,
            $authorsTable);
        $page = $controller->delete();
    } elseif ($route === 'register') {
        include __DIR__ .
            '/../classes/controllers/RegisterController.php';
        $controller = new RegisterController($authorsTable);
        $page = $controller->showForm();
    }
} else {
    http_response_code(301);
    header('location: index.php?route=' . strtolower($route));
}

$title = $page['title'];

if (isset($page['variables'])) {
    $output = loadTemplate($page['template'],
    $page['variables']);
} else {
    $output = loadTemplate($page['template']);
```

```
    }
} catch (PDOException $e) {
    $title = '오류가 발생했습니다.';

    $output = '데이터베이스 오류: ' . $e->getMessage() . ', 위치: ' .
    $e->getFile() . ':' . $e->getLine();
}

include __DIR__ . '/../templates/layout.html.php';
```

$route 변숫값의 대소문자를 확인하는 if문이 추가됐으니 눈여겨보자.

index.php는 크게 개선됐지만 아직 완벽하지 않다. 컨트롤러를 새로 만들면 index.php에 코드를 추가해야 실제로 사용할 수 있다. index.php는 이대로 두고 잠시 다른 부분을 살펴보자.

URL 형식이 변경됐으므로 layout.html.php의 메뉴 링크 URL을 다음과 같이 바꿔야 한다.

```
<li><a href="index.php?route=joke/list">유머 글 목록</a></li>
<li><a href="index.php?route=joke/edit">유머 글 등록</a></li>
```

웹 페이지 링크가 더 늘어나기 전에 URL 재작성URL Rewriting을 배워야 한다. controller와 action을 route로 통합한 과정은 URL 재작성 기능과 밀접한 관련이 있다.

9.5 URL 재작성

페이스북과 위키피디아를 비롯한 많은 웹사이트가 PHP로 제작됐다. 유머 세상 사이트도 PHP로 제작됐지만 URL 형식은 이들과 많이 다르다.

위키피디아에서 sitepoint를 검색하면 https://en.wikipedia.org/wiki/SitePoint로 연결된다. 한빛미디어의 페이스북 페이지 URL은 https://www.facebook.com/hanbitmedia/다.

유머 세상 사이트에 사이트포인트와 한빛미디어 소개 페이지를 만든다면 URL은 index.php?route=wiki/sitepoint 또는 index.php?controller=page&id=hanbitmedia처럼 보일 것이다.

요즘 PHP 웹사이트는 URL에 PHP 파일명을 노출하지 않는다. 오래 전 검색 엔진은 유머 세상 사이트 같은 URL 형식을 선호했지만 최근에는 URL 구조를 중요하게 여기지 않는다. 최근에는 보기 편하고 의미도 쉽게 파악하는 친화적 URL^{friendly-urls}이 주로 쓰인다. https://www.sitepoint.com/friendly-urls/에서 친화적 URL*을 자세히 설명한다.

친화적 URL은 거의 모든 웹사이트가 채택한 방식이므로 알아두면 유용하다.

URL 재작성은 특정 URL을 다른 URL로 이동시키는 도구다. 예를 들면 사용자가 /jokes/list에 접속했을 때 index.php?route=jokes/list 페이지를 실행하거나 contact.php를 방문했을 때 index.php?route=contact를 실행시켜 실제 URL과 다른 페이지를 보여준다.

이때 브라우저 주소창에 원래 입력했던 URL은 바뀌지 않는다.

URL 재작성은 방대하고 복잡한 기술이다. 수많은 재작성 규칙을 잘 조합하면 깜짝 놀랄 만한 묘기를 부릴 수 있다. 모던 PHP 웹사이트에 공통적으로 쓰이는 규칙은 단순한 역할을 한다. 요청받은 파일이 없으면 index.php를 불러온다.

홈스테드 임프루브 가상 머신은 기본적으로 이 규칙을 따른다. http://192.168.10.10/I-dont-exist.php처럼 실제로 없는 파일에 접속하면 오류 페이지가 아니라 웹사이트 기본 페이지가 나타난다.

I-dont-exist.php 파일을 만들고 다시 접속하면 해당 페이지가 나타난다. 페이지가 실제로 있으면 해당 페이지가 나오지만, 그렇지 않으면 아무리 요청을 보내도 index.php로 전달한다.

> **TIP 엔진엑스**
>
> 엔진엑스(NGINX) 서버 URL 재작성 기능을 설정하려면 공식 사이트 문서인 https://www.nginx.com/blog/creating-nginx-rewrite-rules/를 참고하라. 자세한 설정 방법과 예제가 있다.
>
> 대부분 다음 지시어만 설정에 추가하면 URL 재작성 기능이 작동한다.
>
> ```
> location / {
>     try_files $uri $uri/ /index.php;
> }
> ```

---

* friendly URL, 간편 URL(clean URL, fancy URL)이라고도 한다.

아파치 서버는 웹루트 디렉터리에서 .htaccess 설정 파일을 찾는다. 웹루트 디렉터리명은 public_html 또는 httpdocs인 경우가 많다. 설정 파일을 열고 다음과 같이 재작성 규칙을 추가한다.

```conf
RewriteEngine on
RewriteCond %{REQUEST_FILENAME} !-f
RewriteCond %{REQUEST_FILENAME} !-d
RewriteRule ^.*$ /index.php [NC,L,QSA]
```

엔진엑스 설정 문법과 구문이 서로 다르지만 기능은 같다. 요청받은 파일이 없으면 오류 페이지가 아니라 index.php 파일을 불러온다. 아파치 URL 재작성 기능의 자세한 문법과 규칙은 https://www.sitepoint.com/apache-mod_rewrite-examples/에 설명되어 있다.

URL 재작성 설정은 이 정도만 알면 충분하다. 모든 URL이 index.php로 연결되면 $_GET 변수 route가 아니라 사용자가 입력한 URL을 그대로 활용할 수 있다. PHP는 이 정보를 $_SERVER['REQUEST_URI'] 변수로 제공한다.

index.php에서 다음 부분을,

```php
$route = $_GET['route'] ?? 'joke/home';
```

다음과 같이 고친다.

```php
$route = ltrim(strtok($_SERVER['REQUEST_URI'], '?'), '/');
```

ltrim() 함수는 문자열 맨 앞에 있는 /를 제거한다. http://192.168.10.10/joke/list에 접속하면 $_SERVER['REQUEST_URI'] 변수에 /joke/list 문자열이 저장된다. 첫 슬래시를 제거하면 기존과 같은 route값을 얻는다.

$_SERVER['REQUEST_URI']는 URL에 포함된 $_GET 변수까지 모두 저장한다. 경로에 포함된 변수를 모두 제거해야 route를 정확하게 얻을 수 있다.

다음 코드는 문자열에서 물음표와 이후 문자를 제거하고 반환한다. 물음표가 없으면 전체 문자열을 그대로 반환한다.

```php
strtok($_SERVER['REQUEST_URI'], '?')
```

이제 http://192.168.10.10/joke/list에 접속하면 유머 글 목록 페이지가 나타난다. URL이 한결 보기 좋아졌지만 아직 문제가 남았다. joke/list는 실제 파일 경로가 아니지만 브라우저는 /를 여전히 디렉터리 구분자로 판단하므로 다음 태그가 제대로 작동하지 않는다.

```
<link rel="stylesheet" href="jokes.css">
```

http://192.168.10.10/joke/list 페이지에 이 태그가 있으면 브라우저는 http://192.168. 10.10/joke/jokes.css를 찾는다. 실제로 jokes.css는 joke 디렉터리에 없으므로 스타일시트가 적용되지 않는다.

이 문제를 바로잡는 방법은 두 가지다.

1 **HTML <base> 태그 활용** : base 태그는 확실한 해결책이지만 또 다른 문제를 야기할 가능성이 커서 권장하지 않는다.
2 **도메인을 제외한 전체 URL 지정** : 모든 경로에 /를 추가해야 한다.

작업량이 많은 대신 부작용이 적은 두 번째 방식이 더 낫다. layout.html 파일에서 다음 부분을 찾자.

```
<link rel="stylesheet" href="jokes.css">
```

다음과 같이 고친다.

```
<link rel="stylesheet" href="/jokes.css">
```

링크가 /로 시작하면 브라우저는 웹사이트 최상위 경로부터 파일을 찾는다. jokes.css 파일은 최상위 경로에 있으므로 페이지를 새로고침하면 스타일시트가 올바르게 적용된다.

URL 재작성 규칙을 적용한 후 http://192.168.10.10/에 접속하면 오류가 발생한다. 마지막 슬래시 뒤에 아무 문자가 없어 route에 빈 값이 지정되는데, 이를 처리하는 조건 분기가 없기 때문이다.

index.php에서 else if ($route === 'joke/home')을 else if ($route === '')로 바꾸고 페이지에 다시 접속하면 기존 joke/home 페이지가 정상적으로 나타난다.

마지막으로 새로 도입한 주소 형식으로 기존 링크를 고쳐야 한다.

layout.html.php 파일의 링크를 다음과 같이 고친다.

```html
<ul>
    <li><a href="/">Home</a></li>
    <li><a href="/joke/list">유머 글 목록</a></li>
    <li><a href="/joke/edit">유머 글 등록</a></li>
</ul>
```

jokes.html.php의 수정,삭제 링크 주소는 다음과 같다.

```html
<a href="/joke/edit?id=<?=$joke['id']?>">수정</a>
<form action="/joke/delete" method="post">
    <input type="hidden" name="id" value="<?=$joke['id']?>">
    <input type="submit" value="삭제">
</form>
```

마지막으로 JokeController.php에서 리디렉션 링크 두 곳을 다음과 같이 고친다.

```php
header('location: /joke/list');
```

이번 절의 전체 예제는 코드 저장소 브랜치 CMS-Controller-Rewrite에 있다.

페이지가 더 늘어나기 전에 코드 구조를 먼저 개선해야 하는 이유를 이제 납득할 수 있을 것이다.

9.6 코드 정리

index.php 파일의 덩치가 너무 커지면 다루기 힘들다. RegisterController.php를 만들기에 앞서 index.php를 약간 정리해보자.

9.6.1 OOP 원칙

index.php 코드가 과도하게 복잡해진 원인은 if문 때문이다. 특정 코드가 너무 길어지면 함수로 나누고 클래스에 배치해야 한다.

먼저 전체 기능을 고유한 작업 단위로 구분해야 각각을 함수로 나눌 수 있다. index.php는 전체적으로 다음과 같은 개별 작업을 수행한다.

- $route에 맞는 컨트롤러 인스턴스를 생성하고 액션 메서드를 호출한다.
- loadTemplate 함수를 호출한다.
- URL을 검사하고 소문자로 변환한 다음 리다이렉트한다.
- 템플릿 변수를 설정하고 템플릿 파일을 인클루드한다..

각 작업을 함수로 분리하고 새로운 클래스에 옮겨야 한다. 진입점을 의미하는 EntryPoint 클래스를 classes 디렉터리에 추가한다.

이 클래스는 URL 경로를 다룬다. 모든 클래스 함수가 경로 변수에 접근할 수 있도록 다음과 같이 $route 변수를 클래스에 추가한다.

```php
<?php
class EntryPoint
{
    private $route;

    public function __construct($route)
    {
        $this->route = $route;
    }
}
```

다음 단계는 경로가 올바른지 확인하고 그렇지 않으면 소문자 URL로 이동시키는 기능이다.

```php
private function checkUrl() {
    if ($this->route !== strtolower($this->route)) {
        http_response_code(301);
        header('location: ' . strtolower($this->route));
    }
}
```

소문자 포함 여부를 검사하는 if문에서 기존 $route 변수를 클래스 변수로 교체했다.

이 함수는 다음과 같이 생성자에서 바로 호출한다.

```php
public function __construct($route) {
    $this->route = $route;
    $this->checkUrl();
}
```

checkUrl() 함수를 생성자에서 호출하면 $route가 소문자가 아닐 때 컨트롤러 객체를 생성하지 않고 즉시 URL을 리디렉션한다.

loadTemplate() 함수는 바꾸지 않고 그대로 가져온다. 클래스 외부에서 호출하지 않으므로 private 함수로 지정한다.

```php
private function loadTemplate($templateFileName, $variables = []) {
    extract($variables);

    ob_start();
    include __DIR__ . '/../templates/' . $templateFileName;

    return ob_get_clean();
}
```

남은 작업은 컨트롤러 인스턴스 생성, 레이아웃에서 사용할 $page 변수 생성이다.

먼저 URL 경로를 검사하는 if문을 그대로 가져와 callAction() 메서드로 만든다. 이 메서드는 컨트롤러 액션 메서드를 호출하고 $page 변수를 반환하는 역할을 맡는다. 다음은 callAction() 메서드다.

```php
private function callAction() {
    include __DIR__ . '/../classes/DatabaseTable.php';
    include __DIR__ . '/../includes/DatabaseConnection.php';

    $jokesTable = new DatabaseTable($pdo, 'joke', 'id');
    $authorsTable = new DatabaseTable($pdo, 'author', 'id');

    if ($this->route === 'joke/list') {
```

```
        include __DIR__ . '/../classes/controllers/JokeController.php';
        $controller = new JokeController($jokesTable, $authorsTable);
        $page = $controller->list();
    }
    else if ($this->route === '') {
        include __DIR__ . '/../classes/controllers/JokeController.php';
        $controller = new JokeController($jokesTable, $authorsTable);
        $page = $controller->home();
    }
    else if ($this->route === 'joke/edit') {
        include __DIR__ . '/../classes/controllers/JokeController.php';
        $controller = new JokeController($jokesTable, $authorsTable);
        $page = $controller->edit();
    }
    else if ($this->route === 'joke/delete') {
        include __DIR__ . '/../classes/controllers/JokeController.php';
        $controller = new JokeController($jokesTable, $authorsTable);
        $page = $controller->delete();
    }
    else if ($this->route === 'register') {
        include __DIR__ . '/../classes/controllers/RegisterController.php';
        $controller = new RegisterController($authorsTable);
        $page = $controller->showForm();
    }

    return $page;
}
```

callAction()도 클래스 외부에서 호출하지 않으므로 private 메서드로 지정한다.

callAction() 메서드만 유일하게 DatabaseTable 객체를 사용하므로 DatabaseConnection. php와 DatabaseTable.php 파일은 메서드 안에서 인클루드해도 좋다. 사실 DatabaseConnection.php가 callAction() 메서드 밖에 있으면 $jokesTable = new DatabaseTable($pdo, 'joke', 'id') 코드가 작동하지 않는다. DatabaseConnection.php 에서 생성한 $pdo 객체가 다른 스코프에 있기 때문이다.

마지막으로 템플릿 기능을 담당할 run() 메서드를 만들고 나머지 코드를 옮긴다. run()은 유일한 public 메서드다.

```php
public function run() {
    $page = $this->callAction();

    $title = $page['title'];

    if (isset($page['variables'])) {
        $output = $this->loadTemplate($page['template'], $page['variables']);
    }
    else {
        $output = $this->loadTemplate($page['template']);
    }

    include __DIR__ . '/../templates/layout.html.php';
}
```

전체 코드를 고유한 기능으로 구분하고 각각을 메서드로 만들었다. 이제 callAction() 메서드
는 모든 컨트롤러를 제어하며 $page 변수를 반환한다.

EntryPoint 클래스를 도입한 index.php는 다음과 같다.

```php
<?php
try {
    include __DIR__ . '/../classes/EntryPoint.php';

    $route = ltrim(strtok($_SERVER['REQUEST_URI'], '?'), '/');

    $entryPoint = new EntryPoint($route);
    $entryPoint->run();
} catch (PDOException $e) {
    $title = '오류가 발생했습니다.';

    $output = '데이터베이스 오류: ' . $e->getMessage() . ', 위치: ' .
    $e->getFile() . ':' . $e->getLine();

    include __DIR__ . '/../templates/layout.html.php';
}
```

전체 EntryPoint.php 코드는 다음과 같다.

```php
<?php
class EntryPoint
{
    private $route;

    public function __construct($route)
    {
        $this->route = $route;
        $this->checkUrl();
    }

    private function checkUrl()
    {
        if ($this->route !== strtolower($this->route)) {
            http_response_code(301);
            header('location: ' . strtolower($this->route));
        }
    }

    private function loadTemplate($templateFileName, $variables = [])
    {
        extract($variables);

        ob_start();
        include __DIR__ . '/../templates/' . $templateFileName;

        return ob_get_clean();
    }

    private function callAction()
    {
        include __DIR__ . '/../classes/DatabaseTable.php';
        include __DIR__ . '/../includes/DatabaseConnection.php';

        $jokesTable = new DatabaseTable($pdo, 'joke', 'id');
        $authorsTable = new DatabaseTable($pdo, 'author', 'id');

        if ($this->route === 'joke/list') {
            include __DIR__ .
                '/../classes/controllers/JokeController.php';
            $controller = new JokeController($jokesTable,
                $authorsTable);
```

```php
            $page = $controller->list();
        } elseif ($this->route === '') {
            include __DIR__ .
                '/../classes/controllers/JokeController.php';
            $controller = new JokeController($jokesTable,
                $authorsTable);
            $page = $controller->home();
        } elseif ($this->route === 'joke/edit') {
            include __DIR__ .
                '/../classes/controllers/JokeController.php';
            $controller = new JokeController($jokesTable,
                $authorsTable);
            $page = $controller->edit();
        } elseif ($this->route === 'joke/delete') {
            include __DIR__ .
                '/../classes/controllers/JokeController.php';
            $controller = new JokeController($jokesTable,
                $authorsTable);
            $page = $controller->delete();
        } elseif ($this->route === 'register') {
            include __DIR__ .
                '/../classes/controllers/RegisterController.php';
            $controller = new RegisterController($authorsTable);
            $page = $controller->showForm();
        }

        return $page;
    }

    public function run()
    {
        $page = $this->callAction();
        $title = $page['title'];

        if (isset($page['variables'])) {
            $output = $this->loadTemplate($page['template'],
            $page['variables']);
        } else {
            $output = $this->loadTemplate($page['template']);
        }

        include __DIR__ . '/../templates/layout.html.php';
    }
}
```

상당히 많은 변화가 생겼다. 기능과 작동 결과는 이전과 똑같지만 코드 구조는 완전히 다르다. 완성된 EntryPorint.php의 작동 방식을 살펴보자. 중첩된 if문 안에서 실행되던 기능이 모두 메서드로 단위로 재구성됐다.

index.php와 EntryPorint.php를 조합하면 URL 경로와 일치하는 컨트롤러와 액션 메서드를 적절히 호출할 수 있다.

컨트롤러 클래스를 추가하는 방법도 쉽다. classes 디렉터리에 클래스 파일을 저장하고 callAction()에서 액션 메서드를 호출하면 끝이다.

이제 모든 페이지가 EntryPoint 클래스를 거쳐 출력된다. 전체적인 코드 구조가 크게 바뀐 만큼 현재 구조가 최선인지 면밀히 점검할 필요가 있다. 다른 컨트롤러를 추가하기 전에 우선적으로 살펴볼 부분은 재사용성이다. 예제보다 훨씬 규모가 큰 웹사이트에서 똑같이 사용하는 코드인지 고민해보자.

9.7 웹사이트 호환 코드

index.php 파일을 개선했던 과정을 되돌아보자. 코드를 분할해 관리 편의성과 가독성을 한 층 높였다. 리다이렉트에 문제가 생기면 checkURL() 메서드를, 템플릿에 문제가 생기면 loadTemplate() 메서드를, 특정 URL에 접속할 수 없으면 callAction() 메서드를 살펴보면 된다.

인터넷 유머 세상 웹사이트는 아직 완성되지 않았다. 조금 이르지만 다음에 제작할 웹사이트를 예상해보자. 유머 글 사이트는 예시에 불과하다. 이 책에서 얻은 지식을 이용해 실제로 만들려는 사이트는 독자마다 다를 것이다.

지금까지 작성한 코드 중 다음 번 웹사이트를 제작할 때 다시 사용하는 코드는 얼마나 될까?

DatabaseTable 클래스는 모든 데이터베이스 테이블과 상호작용한다. 유머 세상 웹사이트는 joke, author 테이블을 쓰지만 쇼핑몰은 customer, product를 쓰고 SNS 사이트는 account, message 등을 쓸 것이다. 어느 웹사이트든 DatabaseTable 클래스 하나로 모든 테이블을 다룰 수 있다.

9.8 범용성과 특수성

DatabaseTable 클래스 외에 다른 웹사이트에서 사용하는 코드를 꼽아보자. 우선 템플릿은 명백히 불가능하다. 웹사이트마다 HTML, 폼 항목 등은 제각각이다. 주요 콘텐츠도 다르다.

컨트롤러도 다르다. JokeController는 유머 세상 웹사이트에 특화된 컨트롤러다. 코드를 고치지 않으면 다른 웹사이트에서 사용할 수 없다.

그러나 EntryPoint 클래스에서 컨트롤러와 템플릿 파일을 불러오는 코드는 다른 웹사이트에서 유용하게 쓸 수 있다. 템플릿과 컨트롤러는 달라도 그들을 불러오는 코드는 같을 것이다.

웹사이트를 이루는 모든 코드는 다음 두 종류로 나뉜다.

> 1 **프로젝트 전용 코드** : 특정 웹사이트에 관련된 코드
> 2 **범용 코드** : 다른 웹사이트를 구축할 때 재사용하는 코드

범용 코드가 많을수록 더 넓은 기반 위에서 새로 웹사이트를 만들 수 있다. 코드를 재활용하면 웹사이트 제작 시간이 그만큼 단축된다.

EntryPoint 및 DatabaseTable 클래스와 비슷한 클래스를 새로 만드는 대신 두 클래스를 미리 범용적으로 개선하면 다음 웹사이트를 만들 때 많은 시간을 절약할 수 있을 것이다.

이러한 범용 코드가 한데 모인 결정체가 바로 프레임워크다. 프레임워크는 모든 웹사이트를 신속하게 구축하는 기반이다. 특정 프로젝트에서 제한적으로 사용하는 코드는 프레임워크에 포함되지 않는다.

그렇기에 프레임워크 코드와 프로젝트 전용 코드를 구분하는 과정이 중요하다. 둘을 성공적으로 분리하면 차후에 모든 웹사이트를 제작할 때 프레임워크 코드를 재사용할 수 있어 초기 개발 기간이 상당히 절약된다. 프레임워크 코드와 프로젝트 전용 코드가 섞여 있으면 다음 웹사이트를 개발할 때 틀림없이 중복 코드를 만들게 된다.

처음에는 프레임워크 코드와 프로젝트 전용 코드를 구분하기 어렵다.

경험에 비추어 정의하면 처리 과정은 일반적이지만 데이터는 한정적이다. 예를 들어 데이터베이스에 유머 글을 추가하는 기능은 유머 사이트에 한정되지만 데이터베이스에 정보를 추가하는 기능은 대부분의 웹사이트에서 공통적으로 사용된다.

8장에서 실습한 예제가 이 정의를 잘 설명한다. 특정 프로젝트에 속한 기능인 유머 글 저장 페이지에서 범용적인 데이터베이스 처리 기능을 분리했다. 유머 글에 관련된 모든 코드가 JokeController.php에 있는 반면, 데이터베이스에 관련된 코드는 DatabaseTable.php에 있다.

유머 글 데이터는 특정 프로젝트에 속한 데이터다. 특정 데이터를 처리하는 전체 코드에서 공통 기능만 분리하면 범용 코드가 탄생한다. DatabaseTable 클래스를 만들었던 과정을 다른 코드에 똑같이 적용할 수 있다.

범용성을 확보하는 첫 단계는 클래스 구성이다. 클래스를 구성하는 동안 코드를 작은 단위로 분리하고 메서드로 구현한다. 이 과정이 끝나면 범용 코드와 프로젝트 코드가 자연스럽게 나뉜다.

프로젝트 코드를 상징하는 결정적인 요소는 고정불변인 값 또는 프로젝트 전용 변수다.

EntryPoint 클래스에서 프로젝트 코드의 상징을 찾아보자. loadTemplate(), checkUrl(), run() 메서드는 유머 글, 작성자 같은 프로젝트 전용 요소를 참조하지 않는다. 남은 부분은 컨트롤러와 템플릿이다. 다른 웹사이트의 컨트롤러와 템플릿은 유머 글이나 작성자와 관련이 없다.

그러나 callAction() 메서드는 유머 글과 작성자를 참조한다. 만약 쇼핑몰 웹사이트에서 이 클래스를 다시 사용하려면 전체 메서드를 새로 작성해야 한다. 유머 글, 작성자와 관련된 컨트롤러와 데이터베이스 테이블이 아니라 제품, 고객, 주문 등을 처리하는 컨트롤러와 데이터베이스 테이블을 사용하기 때문이다.

유머 글 웹사이트와 쇼핑몰 웹사이트를 동시에 관리한다고 가정하자. EntryPoint.php를 복사하고 callAction() 메서드를 쇼핑몰에 맞게 고친다. checkUrl()이나 run() 메서드에서 오류가 발생하면 두 웹사이트를 모두 고쳐야 한다. 또한 이 과정에서 각 웹사이트의 기존 코드에 문제가 발생하지 않도록 주의를 기울여야 한다.

만일 EntryPoint.php 파일에 프레임워크 코드만 있다면 두 파일을 각각 관리할 필요가 없다. 프레임워크 코드는 모두 범용 코드다. 버그를 고친 다음 아무 걱정 없이 두 사이트에 동시에 반영할 수 있다.

9.8.1 범용 EntryPoint 클래스

모든 문제의 해답은 종속성 제거다. 프로젝트에 전용 참조 요소를 클래스에서 모두 없애면 범용 클래스가 완성된다.

종속성 제거는 정답이 있는 기술이 아니다. 숙련된 개발자도 범용 코드와 프로젝트 코드 사이의 경계를 찾는 데 애를 먹는다. 이번 절은 프로젝트 코드를 제거하는 과정을 최대한 쉽게 풀어 단계적으로 설명한다. 차근차근 따라하면 프레임워크 클래스가 완성될 것이다.

① 제거할 메서드를 정한다.

예제에서 문제가 되는 메서드는 callAction()이다.

```php
private function callAction() {
    include __DIR__ . '/../classes/DatabaseTable.php';
    include __DIR__ . '/../includes/DatabaseConnection.php';

    $jokesTable = new DatabaseTable($pdo, 'joke', 'id');
    $authorsTable = new DatabaseTable($pdo, 'author', 'id');

    if ($this->route === 'joke/list') {
        include __DIR__ . '/../classes/controllers/JokeController.php';
        $controller = new JokeController($jokesTable, $authorsTable);
        $page = $controller->list();
    }
    else if ($this->route === '') {
        include __DIR__ . '/../classes/controllers/JokeController.php';
        $controller = new JokeController($jokesTable, $authorsTable);
        $page = $controller->home();
    }
    else if ($this->route === 'joke/edit') {
        include __DIR__ . '/../classes/controllers/JokeController.php';
        $controller = new JokeController($jokesTable, $authorsTable);
        $page = $controller->edit();
    }
    else if ($this->route === 'joke/delete') {
        include __DIR__ . '/../classes/controllers/JokeController.php';
        $controller = new JokeController($jokesTable, $authorsTable);
        $page = $controller->delete();
    }
    else if ($this->route === 'register') {
```

```php
        include __DIR__ . '/../classes/controllers/RegisterController.php';
        $controller = new RegisterController($authorsTable);
        $page = $controller->showForm();
    }
    return $page;
}
```

② 해당 메서드를 전용 클래스로 옮기고 public으로 선언한다.

classes/IjdbRoutes.php 파일을 만들고 다음과 같이 IjdbRoutes 클래스를 작성한다.

```php
<?php
class IjdbRoutes
{
    public function callAction()
    {
        include __DIR__ . '/../classes/DatabaseTable.php';
        include __DIR__ . '/../includes/DatabaseConnection.php';

        $jokesTable = new DatabaseTable($pdo, 'joke', 'id');
        $authorsTable = new DatabaseTable($pdo, 'author', 'id');

        if ($this->route === 'joke/list') {
            include __DIR__ .
                '/../classes/controllers/JokeController.php';
            $controller = new JokeController($jokesTable,
                $authorsTable);
            $page = $controller->list();
        } elseif ($this->route === '') {
            include __DIR__ .
                '/../classes/controllers/JokeController.php';
            $controller = new JokeController($jokesTable,
                $authorsTable);
            $page = $controller->home();
        } elseif ($this->route === 'joke/edit') {
            include __DIR__ .
                '/../classes/controllers/JokeController.php';
            $controller = new JokeController($jokesTable,
                $authorsTable);
            $page = $controller->edit();
        } elseif ($this->route === 'joke/delete') {
            include __DIR__ .
```

```
            '/../classes/controllers/JokeController.php';
        $controller = new JokeController($jokesTable,
            $authorsTable);
        $page = $controller->delete();
    } elseif ($this->route === 'register') {
        include __DIR__ .
            '/../classes/controllers/RegisterController.php';
        $controller = new RegisterController($authorsTable);
        $page = $controller->showForm();
    }

    return $page;
    }
}
```

③ 참조 클래스 변수를 인수로 대체한다.

$this->route를 $route로 바꾸고 메서드 인수에 $route를 추가한다.

```
<?php
class IjdbRoutes
{
    public function callAction($route)
    {
        include __DIR__ . '/../classes/DatabaseTable.php';
        include __DIR__ . '/../includes/DatabaseConnection.php';

        $jokesTable = new DatabaseTable($pdo, 'joke', 'id');
        $authorsTable = new DatabaseTable($pdo, 'author', 'id');

        if ($route === 'joke/list') {
            include __DIR__ .
                '/../classes/controllers/JokeController.php';
            $controller = new JokeController($jokesTable,
                $authorsTable);
            $page = $controller->list();
        } elseif ($route === '') {
            include __DIR__ .
                '/../classes/controllers/JokeController.php';
            $controller = new JokeController($jokesTable,
                $authorsTable);
            $page = $controller->home();
```

```
        } elseif ($route === 'joke/edit') {
            include __DIR__ .
                '/../classes/controllers/JokeController.php';
            $controller = new JokeController($jokesTable,
                $authorsTable);
            $page = $controller->edit();
        } elseif ($route === 'joke/delete') {
            include __DIR__ .
                '/../classes/controllers/JokeController.php';
            $controller = new JokeController($jokesTable,
                $authorsTable);
            $page = $controller->delete();
        } elseif ($route === 'register') {
            include __DIR__ .
                '/../classes/controllers/RegisterController.php';
            $controller = new RegisterController($authorsTable);
            $page = $controller->showForm();
        }

        return $page;
    }
}
```

④ 원래 클래스에 있던 메서드를 제거한다.

EntryPoint 클래스에서 callAction() 메서드를 제거한다.

⑤ 새로 만든 클래스를 담을 생성자 인수와 클래스 변수를 원래 클래스에 추가한다.

다음과 같이 $routes 변수를 생성자 인수와 클래스 변수로 추가한다.

```
class EntryPoint {
    private $route;
    private $routes;

    public function __construct($route, $routes) {
        $this->route = $route;
        $this->routes = $routes;
        $this->checkUrl();
    }
// ...
```

$routes는 IjdbRoutes 인스턴스를 담을 변수다.

⑥ 새로 만든 클래스를 원래 클래스의 생성자로 전달한다.

index.php에서 $entryPoint = new EntryPoint($route);를 $entryPoint = new EntryPoint($route, new IjdbRoutes());로 고치고 index.php에서 IjdbRoutes.php를 불러온다.

변경된 index.php는 다음과 같다.

```php
<?php
try {
    include __DIR__ . '/../classes/EntryPoint.php';
    include __DIR__ . '/../classes/IjdbRoutes.php';
    $route = ltrim(strtok($_SERVER['REQUEST_URI'], '?'), '/');
    $entryPoint = new EntryPoint($route, new IjdbRoutes());
    $entryPoint->run();
} catch (PDOException $e) {
    $title = '오류가 발생했습니다.';

    $output = '데이터베이스 오류: ' . $e->getMessage() . ', 위치: ' .
    $e->getFile() . ':' . $e->getLine();

    include __DIR__ . '/../templates/layout.html.php';
}
```

⑦ 새 객체를 참조하도록 메서드 호출 코드를 변경하고 필요한 변수를 전달한다.

EntryPoint에서 $page = $this->callAction();를 $page = $this->routes->callAction($this->route);로 고친다.

전체 코드는 저장소 브랜치 CMS-EntryPoint-Framework에서 볼 수 있다.

모든 과정이 끝나면 EntryPoint.php는 범용 클래스로 다시 태어난다. 더는 유머 글, 작성자 등 특정 웹사이트에 속한 요소를 참조하지 않는다.

향후 쇼핑몰 웹사이트를 만들 때 다음과 같이 ShopActions 클래스를 만들고 callAction() 메서드를 구현하면 특정 웹사이트에서 제한적으로 쓰는 기능을 제어할 수 있다.

```
class ShopActions {
    public function callAction($route) {
        // 적절한 컨트롤러를 불러온다.
        // ...

        return $controller->$action();
    }
}
```

프레임워크 코드와 프로젝트 전용 코드를 분리해 모든 프로젝트에서 사용하는 하나의 EntryPoint 클래스 만들었다. 개선된 EntryPoint 클래스는 생성자로 액션 클래스를 전달한다.

쇼핑몰 웹사이트는 다음과 같이 클래스 객체를 생성한다.

```
$entryPoint = new EntryPoint($route, new ShopActions());
```

9.9 오토로딩과 네임스페이스

지금까지 나온 예제를 보면 클래스가 필요할 때마다 include문을 반복적으로 쓴다.

클래스를 만들면 include문으로 불러와야 객체를 생성할 수 있다. 클래스를 사용하기 전에 클래스 파일이 인클루드됐는지 꼭 확인해야 하므로 번거롭다. 게다가 include문을 중복으로 쓰면 오류가 발생한다. 무조건 include_once문으로 파일을 불러오면 문제는 생기지 않지만 중복 코드가 늘어난다.

IjdbRoutes 클래스는 DatabaseTable과 컨트롤러 클래스를, index.php는 EntryPoint와 Ijdb 클래스를 인클루드한다.

이처럼 페이지마다 사용하는 클래스가 다르기에, 해당 클래스 파일을 매번 인클루드해야 한다.

index.php 파일뿐만 다른 파일에서 사용하는 클래스를 모두 찾아 index.php 파일 제일 처음에 인클루드하면 이후에는 include문을 쓸 필요가 없다. 하지만 이 방법은 간단한 만큼 문제가 많다.

가장 큰 문제는 프로젝트에 클래스를 추가할 때 발생한다. 매번 index.php를 열고 신규 클래스 include문을 추가해야 한다. 프로그램 실행 속도가 느려지고 서버의 메모리도 낭비된다. 필요하든 필요치 않든 모든 클래스를 항상 불러오기 때문이다.

앞서 클래스명 규칙을 설명하면서 클래스명과 파일명은 일치시켜야 한다고 권장했다. 이 원칙에 따라 DatabaseTable 클래스는 DatabaseTable.php 파일에, JokeController는 JokeController.php에, EntryPoint는 EntryPoint.php 파일에 작성했다.

파일명과 클래스명을 일치시키는 습관은 모범적인 관행으로 인정받는다. JokeController 코드는 바로 JokeController.php 파일에 있다. 코드를 보다가 특정 클래스를 찾고 싶을 때, 클래스명과 파일명이 같으면 신속하게 해당 클래스 코드에 접근할 수 있다.

파일명 규칙을 통일하면 PHP 오토로딩^{autoloading} 기능을 구현하기 쉽다. 오토로딩은 클래스 파일을 자동으로 불러오는 기능이다. 파일명과 클래스명이 같으면 오토로딩도 손쉽게 구현할 수 있다.

오토로더를 만들면 모든 include문을 한 곳에서 처리한다. 더는 프로젝트 코드에 include문을 작성할 필요가 없다.

가령 ClassName 클래스를 인클루드하지 않은 상태에서 new ClassName()을 실행하는 순간, PHP가 오토로더를 발동시킨다. 오토로더에서 ClassName을 인클루드하고 다시 원래 위치로 돌아와 new ClassName() 코드를 이어서 실행한다. include 'ClassName.php' 코드를 직접 작성할 필요가 없다.

오토로더는 함수 형태로 구현한다. 이 함수는 클래스명을 인수로 전달받고 함수 안에서 파일을 찾아 인클루드한다. 다음은 간단한 오토로더 함수다.

```
function autoloader($className) {
    $file = __DIR__ . '/../classes/' . $className . '.php';
    include $file;
}
```

이 함수를 단순히 다음과 같이 호출해도 편리하다.

```
autoloader('DatabaseTable');
autoloader('EntryPoint');
```

하지막 아직 이 코드는 DatabaseTable.php와 EntryPoint.php를 수동으로 인클루드한다. 다음 코드는 PHP가 자동으로 autoloader() 함수를 호출하도록 선언한다.

```
spl_autoload_register('autoloader');
```

spl_autoload_register() 함수는 PHP 내장 함수다. PHP는 클래스를 생성할 때 그 클래스가 이전에 인클루드되지 않았다면 spl_autoload_register()에 등록된 함수를 호출한다.

결과적으로 autoloader() 함수는 특정 클래스를 처음 사용할 때 자동으로 호출된다.

```
function autoloader($className) {
    $file = __DIR__ . '/../classes/' . $className . '.php';
    include $file;
}

spl_autoload_register('autoloader');

$jokesTable = new DatabaseTable($pdo, 'joke', 'id');
$controller = new EntryPoint($jokesTable);
```

이제 클래스 파일은 해당 클래스 객체를 처음 생성할 때 자동으로 인클루드된다. new DatabaseTable()을 실행하면 autoloader()에 DatabaseTable이 $className으로 전달되고 DatabaseTable.php를 인클루드한다.

9.10 대소문자

PHP 클래스명은 대소문자를 구별하지 않는다. 그러나 파일명의 대소문자를 정확히 쓰지 않으면 오토로더에서 문제가 발생한다. 클래스를 처음 사용할 때 include문이 실행되는데, new DatabaseTable()은 DatabaseTable.php를 잘 불러오지만 new databasetable()은 실패한다. database.php 파일을 찾지 못하기 때문이다.

다음 코드를 보면 이해하기 쉽다.

```php
$jokesTable = new DatabaseTable($pdo, 'joke', 'id');
$authorstable = new databasetable($pdo, 'author', 'id');
```

두 코드는 모두 잘 실행된다. 첫 코드를 실행할 때 DatabaseTable.php 파일이 성공적으로 인클루드된다. 이미 한 번 인클루드했으므로 다음 코드는 오토로더를 발동시키지 않는다. 클래스명의 대소문자가 틀렸지만 PHP는 이를 구별하지 않으므로 역시 정상적으로 실행된다.

그러나 순서를 바꾸면 오류가 발생한다. 첫 코드에서 클래스명을 모두 소문자로 지정하면 오토로더에서 클래스 파일을 인클루드할 수 없기 때문이다.

```php
$authorstable = new databasetable($pdo, 'author', 'id');
$jokesTable = new DatabaseTable($pdo, 'joke', 'id');
```

모든 파일명을 소문자로 통일하고 오토로더에서 $className을 강제로 소문자로 변환하면 문제가 해결된다. 기술적인 면에서 더 확실한 방법이지만 권장하지 않는다. PHP 커뮤니티 규약과 상충하며 타인과 코드를 공유할 때 문제를 일으킬 가능성이 높다.

9.11 오토로더 구현

본격적으로 오토로더를 구현해보자. autoload.php 파일을 만들어 다음 코드를 넣고 includes 디렉터리에 저장한다.

```php
<?php
function autoloader($className)
{
    $file = __DIR__ . '/../classes/' . $className . '.php';
    include $file;
}

spl_autoload_register('autoloader');
```

이 파일을 index.php 파일에서 인클루드한다. 또한 EntryPoint.php와 IjdbRoutes.php를 불러오는 include문을 다음과 같이 제거한다.

```php
<?php
try {
    include __DIR__ . '/../includes/autoload.php';

    $route = ltrim(strtok($_SERVER['REQUEST_URI'], '?'), '/');
    $entryPoint = new EntryPoint($route, new IjdbRoutes());
    $entryPoint->run();
} catch (PDOException $e) {
    $title = '오류가 발생했습니다.';

    $output = '데이터베이스 오류: ' . $e->getMessage() . ', 위치: ' .
    $e->getFile() . ':' . $e->getLine();
}
```

IjdbRoutes.php에서 DatabaseTable을 인클루드하는 코드도 다음과 같이 제거한다.

```php
<?php
class IjdbRoutes {
    public function callAction($route) {
        include __DIR__ . '/../includes/DatabaseConnection.php';

        $jokesTable = new DatabaseTable($pdo, 'joke', 'id');
        $authorsTable = new DatabaseTable($pdo, 'author', 'id');

        if ($route === 'joke/list') {
```

전체 코드는 예제 저장소 CMS-EntryPoint-Autoload 브랜치에서 볼 수 있다.

DatabaseConnection.php 파일은 클래스 파일이 아니므로 아직 수동으로 인클루드한다. 이 파일은 DatabaseTable 객체에서 쓸 $pdo 변수를 생성한다. 오토로더는 클래스만 불러올 수 있으므로 가능한 모든 코드를 클래스로 구성하는 편이 좋다.

9.12 디렉터리 구조

나머지 include문을 꼼꼼히 살펴보면 프레임워크 클래스는 모두 오토로더로 대체할 수 있음을 알 수 있다. 그러나 IjdbRoutes.php에서 불러오는 JokeController와 RegisterController는 그렇지 않다. 다음 코드를 보자.

```
include __DIR__ . '/../classes/controllers/JokeController.php';
```

다른 include문과 달리 이 줄을 없애면 오토로드가 클래스를 불러오지 못하고 오류가 발생한다. JokeController를 처음 사용할 때 오토로더가 classes 디렉터리에서 JokeController.php 파일을 찾기 때문이다.

앞서 프레임워크 코드와 프로젝트 전용 코드의 차이를 설명했다. 프레임워크 코드는 모든 웹사이트를 제작할 때 재사용할 수 있고 프로젝트 전용 코드는 특정 웹사이트에만 쓰인다.

두 코드를 서로 다른 디렉터리에 두면 편리하다. 다른 웹사이트를 제작할 때 두 코드를 일일이 고르지 않고 디렉터리 단위로 쉽게 복사해서 옮길 수 있다.

Hanbit 디렉터리를 새로 만들고 classes 디렉터리에 있는 모든 프레임워크 코드를 옮긴다. 프레임워크 코드가 담긴 범용 파일은 EntryPoint.php와 DatabaseTable.php다.

비슷한 방식으로 classes 디렉터리에 Ijdb 디렉터리를 새로 만들고 유머 글에 관련된 모든 코드를 옮기자. 이 곳에 있는 코드는 향후 제작할 웹사이트에 재사용할 수 없다. IjdbRoutes.php와 controllers 디렉터리를 모두 Ijdb 디렉터리로 옮긴다.

일관성을 유지하는 차원에서 Controllers, Hanbit, Ijdb 디렉터리명 첫글자는 모두 대문자로 지정한다.

구분 작업이 완료되면 EntryPoint.php와 DatabaseTable.php는 classes/Hanbit/에, JokeController는 classes/Ijdb/Controller에, IjdbRoutes.php는 classes/Ijdb에 있다.

아직 웹사이트에 접속하면 안 된다. 모든 파일의 위치가 바뀌었으므로 페이지가 제대로 작동하지 않는다.

클래스 파일은 이전보다 한 단계 깊은 디렉터리로 이동했으므로, 이에 영향을 받는 모든 include문을 고쳐야 한다. 먼저 EntryPoint.php를 열고 다음 부분을 찾자.

```
include __DIR__ . '/../templates/' . $templateFileName;
```

다음과 같이 고친다.

```
include __DIR__ . '/../../templates/' . $templateFileName;
```

templates/ 앞에 ../를 추가해 바뀐 디렉터리 구조를 적용했다. 이제 다음 코드를 찾자.

```
include __DIR__ . '/../templates/layout.html.php';
```

다음과 같이 고친다.

```
include __DIR__ . '/../../templates/layout.html.php';
```

IjdbRoutes.php에서 다음 코드를 찾자.

```
include __DIR__ . '/../includes/DatabaseConnection.php';
```

다음과 같이 고친다.

```
include __DIR__ . '/../../includes/DatabaseConnection.php';
```

경로를 모두 고쳤지만 웹사이트에 접속하면 오류가 발생한다. 오토로더는 아직 클래스 파일을 올바로 찾지 못한다.

경로 검색 로직을 추가하거나, 클래스명과 경로가 연결된 배열을 만들어 활용하면 오토로더가 정상적으로 작동한다.

하지만 더 세련된 방법이 있다. 다음 절에서 네임스페이스^{namespace}라는 새로운 도구를 설명한다.

9.13 네임스페이스

지금까지 작성한 클래스명은 모두 고유하다. 그러나 정말 그럴까? 다른 사람이 작성한 코드를 내려받았을 때 그중에 DatabaseTable이나 EntryPoint 클래스가 없다고 장담할 수 없다. PHP 개발자는 수없이 많고, 고유한 클래스명이란 존재하지 않는다.

모던 PHP 생태계는 경이롭다. 꿈꿔왔던 모든 코드를 온라인으로 검색할 수 있다. 그래프와 차트 생성, PDF 변환, 이미지 비디오 조작, 트위터 스트림 연동, 라즈베리 파이$^{Raspberry\ Pi}$ 제어 등, 모던 PHP 코드의 활동 무대는 무한히 넓다.

마음에 드는 라이브러리를 찾았는데 그 안에 이름이 같은 DatabaseTable 클래스가 있으면 문제가 생긴다. new DatabaseTable() 구문을 실행할 때, PHP는 둘 중 한 클래스를 선택해야 한다. 이러한 문제를 이름 충돌이라 한다.

네임스페이스는 PHP에 일대 혁신을 가져온 기능이다. 네임스페이스가 있기에 PHP 코드를 손쉽게 온라인에서 공유할 수 있다.

네임스페이스가 없었을 때 PHP 개발자는 클래스명에 접두어를 붙였다. 예를 들면 Hanbit_EntryPoint, Hanbit_DatabaseTable, Ijdb_JokeController 등이다.

클래스명 접두어는 이름 충돌을 방지하는 역할을 한다. DatabaseTable 클래스명에 각기 다른 접두어가 붙으면 이름이 겹치지 않는다. SuperLibary_DatabaseTable과 Hanbit_DatabaseTable 클래스는 한 사이트에서 동시에 사용할 수 있다.

네임스페이스는 더 간단한 방법으로 이름 충돌 문제를 해결한다. 지금까지 작성한 모든 클래스에 네임스페이스를 부여할 수 있다.

네임스페이스는 개념적으로 파일시스템의 폴더와 비슷하다. 폴더 안의 모든 파일은 이름이 서로 다르다. 예를 들면 public 디렉터리에 index.php 파일은 오직 하나뿐이다. 그러나 public이 아닌 다른 디렉터리에 또 다른 index.php 파일을 둘 수 있다.

프레임워크 파일을 Hanbit 네임스페이스로 옮겨보자. EntryPoint.php와 DatabaseTable.php 파일 제일 위에 다음 코드를 추가한다.

```
namespace Hanbit;
```

DatabaseTable.php 코드 시작부는 다음과 같다.

```
<?php
namespace Hanbit;

class DatabaseTable {
```

```
    private $pdo;
    private $table;
    // ...
```

다음으로 IjdbRoutes.php에 Ijdb 네임스페이스를 추가한다.

```php
<?php
namespace Ijdb;

class IjdbRoutes {
    public function callAction($route) {
        // ...
```

JokeController 차례로 넘어가기 전에 네임스페이스 사용법을 알아보자.

index.php에 new EntryPoint()와 new IjdbRoutes() 구문이 있다. 이제 두 클래스는 네임스페이스 안에 있으므로 그에 맞게 고쳐야 한다. 역슬래시, 네임스페이스명, 클래스명을 이어서 쓰면 네임스페이스 클래스를 올바르게 가리킬 수 있다.

```php
$entryPoint = new EntryPoint($route, new IjdbRoutes());
```

앞의 코드를 다음과 같이 고친다.

```php
$entryPoint = new \Hanbit\EntryPoint($routes, new \Ijdb\IjdbRoutes());
```

IjdbRoutes.php도 같은 방식으로 new DatabaseTable() 구문을 new \Hanbit\DatabaseTable()로 고친다.

```php
$jokesTable = new \Hanbit\DatabaseTable($pdo, 'joke', 'id');
$authorsTable = new \Hanbit\DatabaseTable($pdo, 'author', 'id');
```

JokeController의 네임스페이스도 Ijdb에 속하지만 약간 다르다. 전체 네임스페이스는 Ijdb\Controller다.

네임스페이스의 역슬래시는 서브네임스페이스를 나타낸다. 서브네임스페이스가 항상 필요하지는 않지만 서로 관련이 있는 코드들을 한데 묶을 때 활용하면 좋다. 예제에서 모든 컨트롤러는 Ijdb/Controllers 디렉터리에 있으니 네임스페이스도 Ijdb/Controllers로 지정한다.

네임스페이스를 지정한 후 전체 클래스명은 \Ijdb\Controllers\JokeController가 된다. 이때 'Controller'가 불필요하게 반복되지 않도록 파일명을 Joke.php로 변경하고 클래스명을 Joke로 바꾼다. 최종 클래스명은 \Ijdb\Controllers\Joke다.

가장 중요하게 여겨야 할 원칙은 디렉터리와 네임스페이스의 병행 구조다. 오토로더는 네임스페이스와 클래스명으로 파일을 찾아 인클루드한다. 양쪽의 구조가 어긋나면 오토로더가 제 기능을 할 수 없다.

이제 네임스페이스와 클래스명이 폴더 구조와 일치하므로 클래스를 자동으로 불러올 수 있다.

이번 절에서 설명한 클래스명과 디렉터리 규칙은 PSR-4에 해당한다. PSR은 PHP 표준 권장안(PHP Standards Recommendations)을 의미하며 거의 모든 PHP 프로젝트가 이를 준수한다. 각 클래스가 담긴 디렉터리와 파일명은 네임스페이스와 클래스명에 정확히 대응하며 대소문자까지 일치해야 한다. 여기에서 설명하지 않은 PSR-4 표준 규칙이 몇 가지 더 있는데, 자세한 내용은 PHP-FIG 웹사이트(https://www.php-fig.org/)에서 확인할 수 있다.

9.14 PSR-4와 오토로딩

PSR-4 규칙을 준수하면 네임스페이스와 클래스명이 파일 경로로 간단히 변환된다. PSR-4에 맞게 다음과 같이 autoload.php를 수정한다.

```php
<?php
function autoloader($className)
{
    $fileName = str_replace('\\', '/', $className) . '.php';

    $file = __DIR__ . '/../classes/' . $fileName;

    include $file;
}

spl_autoload_register('autoloader');
```

네임스페이스 소속 클래스에서 오토로더가 발동되면 네임스페이스가 포함된 전체 클래스명이 오토로더 함수로 전달된다. 예를 들어 EntryPoint를 불러올 때 오토로더가 전달받는 인수는 Hanbit\EntryPoint다.

str_replace('\\', '/', $className) . '.php'; 구문은 $className 변숫값에서 역슬래시를 슬래시로 교체하고 .php를 붙인다. Hanbit\EntryPoint가 Hanbit/EntryPoint.php로 변환되어 파일시스템에 맞는 경로가 완성된다.

IjdbRoutes.php는 내부에서 JokeController와 RegisterController를 인클루드한다. 오토로더가 완성됐으니 이제 다음 include문을 제거한다.

```
include __DIR__ . '/../classes/controllers/JokeController.php';
```

이어서 컨트롤러 객체를 생성하는 구문에서 전체 클래스명을 다음과 같이 고친다.

```
$controller = new \Ijdb\Controllers\Joke($jokesTable, $authorsTable);
```

목적지에 거의 도착했다. 네임스페이스 구조를 적용했고 그에 맞게 파일을 수정했으니 웹사이트를 실행할 준비가 끝났다. 그러나 페이지에 접속하면 다음과 같은 오류가 나타날 것이다.

```
Uncaught TypeError: Argument 1 passed to Hanbit\DatabaseTable::__construct()
must be an instance of Hanbit\PDO, instance of PDO given
```

네임스페이스 구조는 상대적이다. 타입 힌트로 클래스명을 가리키거나 new 키워드로 객체를 생성할 때, PHP는 현재 네임스페이스에서 해당 클래스를 찾는다. DatabaseTable.php 파일에서 PDO 객체를 사용하려면 맨 앞에 역슬래시를 붙여 \PDO로 써야 정확히 해당 클래스를 가리킬 수 있다. DateTime이나 PDOException도 \DateTime과 \PDOException으로 고쳐야 한다.

DatabaseTable 클래스는 Hanbit 네임스페이스에 속하며 PDO는 PHP 내장 클래스에 속한다. 역슬래시 접두어 없이 PDO만 쓰면 원래의 PDO 대신 \Hanbit\PDO를 불러온다.

PDO 클래스가 속한 영역, 즉 네임스페이스가 지정되지 않은 최상위 영역을 전역 네임스페이스라 한다. 네임스페이를 지정하지 않은 모든 클래스는 전역 네임스페이스에 속한다. 전역 네임스페이스의 클래스를 참조할 때는 맨 앞에 역슬래시를 꼭 붙여야 한다.

전역 클래스 수정 사항을 반영하고 페이지를 새로고침하면 다음과 같은 새로운 오류가 보인다.

```
Fatal error: Uncaught TypeError: Argument 1 passed to Ijdb\Controllers\Joke::__
construct() must be an instance of Ijdb\Controllers\DatabaseTable, instance of
Hanbit\DatabaseTable given
```

이 오류도 앞선 문제와 원인이 같다. 네임스페이스를 정확히 지정하지 않으면 PHP는 현재 네임스페이스에서 클래스를 찾는다. 컨트롤러는 Ijdb 네임스페이스에 있으므로 DatabaseTable 클래스를 불러오면 Ijdb\DatabaseTable을 찾는다.

클래스명에 앞에 네임스페이스를 정확히 써야 해당 클래스를 올바로 불러오므로, DatabaseTable을 \Hanbit\DatabaseTable로 고쳐야 한다. 이렇게 전체 네임스페이스명이 포함된 클래스명을 정규화된 클래스명Fully qualified class name, FQCN이라 한다. 그러나 이렇게 전체 클래스명을 쓰지 않고 DatabaseTable을 불러오는 편리한 방법이 있다.

네임스페이스를 선언한 다음, use 키워드 뒤에 정규화된 클래스명을 쓴다.

예제 9-4 CMS-EntryPoint-Namespaces

```php
<?php
namespace Ijdb\Controllers;
use \Hanbit\DatabaseTable;

class Joke {
    private $authorsTable;
    // ...
```

이제 웹 페이지가 모두 정상적으로 작동할 것이다.

이번 절에서는 코드를 상당히 많이 고쳤다. 그러나 이리저리 옮기기만 했을 뿐, 코드 자체는 이전과 거의 같다. 이번 절에서 했던 작업을 요약하면 다음과 같다.

- 코드를 나눠 클래스로 옮기고, 특정 사이트에서 쓸 코드와 향후에 쓸 수 있는 코드로 분류한다.
- 모든 클래스를 두 분류로 나눠 프로젝트 전용 파일은 Ijdb 디렉터리에, 프레임워크 파일은 Hanbit 디렉터리에 옮긴다.

- 모든 클래스에 네임스페이스를 지정한다.
- PSR-4 표준과 호환하는 오토로더를 구현하고 클래스 include문을 모두 제거한다.

9.15 컴포저

요즘 PHP 애플리케이션은 대부분 컴포저^{Composer}에 오토로드를 일임한다. 컴포저는 서드파티 라이브러리를 빠르게 내려받고 간편하게 설치하는 도구다. PSR-4 규약에 따라 클래스를 만들면 컴포저 오토로더로 기존 autoload.php를 대체할 수 있다.

컴포저 설정 파일 composer.json에 다음 내용을 추가하면 컴포저 오토로더에 클래스가 등록된다.

```
{
    "autoload": {
        "psr-4": {
            "Hanbit\\": "classes/Hanbit",
            "Ijdb\\": "classes/Ijdb"
        }
    }
}
```

이 책은 컴포저를 자세히 다루지 않는다. 컴포저 설명서는 인터넷에서 쉽게 찾을 수 있으며, 개략적인 사용법은 사이트포인트 문서 「Re-Introducing Composer – the Cornerstone of Modern PHP Apps(컴포저 재조명 – 모던 PHP의 초석)」*에서 확인할 수 있다.

9.16 REST

URL을 이용해 액션을 결정하는 기능을 '라우터'라 부른다. 유머 사이트의 라우터는 IjdbRoutes 클래스가 담당하며 아주 단순한 조건문을 나열해 URL과 컨트롤러 액션을 연결한다.

---

* https://www.sitepoint.com/re-introducing-composer/

이런 식으로 액션을 결정하면 페이지가 늘어날 때마다 조건문이 추가되어 금새 중복 로직으로 클래스가 가득찰 것이다.

유머 글 수정 폼의 로직은 단순하다. 폼이 전송되면 수정 기능을 수행하고, 그렇지 않으면 수정 폼을 표시한다.

거의 모든 웹사이트 폼은 이 로직을 따른다. 앞으로 컨트롤러에 기능이 추가될 때마다 같은 로직이 생길 것이다. 가령 로그인 페이지는 폼이 전송되면 로그인을 수행하고 그렇지 않으면 로그인 폼을 출력한다.

글 수정 폼은 POST 메서드로 전송하며 그 외 모든 웹사이트 페이지는 GET 메서드로 접근한다.

PHP는 페이지 요청 메서드를 식별할 수 있다. 브라우저가 페이지를 요청한 방식에 따라 GET, 또는 POST 등의 문자열을 자동으로 $_SERVER['REQUEST_METHOD']에 저장한다.

다음과 같이 $_SERVER['REQUEST_METHOD']에 따라 폼 전송 여부를 판단하고 컨트롤러 액션을 호출할 수 있다.

```
else if ($route === 'joke/edit' && $_SERVER['REQUEST_METHOD'] === 'GET') {
    $controller = new \Ijdb\Controllers\Joke($jokesTable, $authorsTable);
    $page = $controller->edit();
}
else if ($route === 'joke/edit' && $_SERVER['REQUEST_METHOD'] === 'POST') {
    $controller = new \Ijdb\Controllers\Joke($jokesTable, $authorsTable);
    $page = $controller->editSubmit();
}
```

잘 작동하지만 코드가 약간 장황해진 느낌이 든다. 경로 정보만 따로 추려서 데이터 구조를 만들어보자. 다음은 애플리케이션에 존재하는 모든 경로와 그에 따른 컨트롤러, 액션 정보를 한곳에 담은 다차원 배열이다.

```
$routes = [
    'joke/edit' => [
        'POST' => [
            'controller' => $jokeController,
            'action' => 'saveEdit'
        ],
        'GET' => [
```

```
                'controller' => $jokeController,
                'action' => 'edit'
            ]
        ],
        'home' => [
            'GET' => [
                'controller' => $jokeController,
                'action' => 'home'
            ]
        ]
    ]
    // ...
```

처음에는 낯설지만 이러한 다차원 데이터 구조는 프로그램을 작성할 때 빈번하게 쓴다. 미리 배워두면 좋다.

$routes 배열 활용 방식도 단점이 있다. 웹사이트의 모든 페이지를 나열하고 각각에 컨트롤러와 메서드를 정확히 지정해야 한다. 와일드카드를 활용하면 더 단순하게 표현할 수 있는데, 이 방법은 독자가 풀어야 할 연습 문제로 남겨둔다.

$routes 변수는 일반적인 배열이며 하위 배열을 추출할 수 있다. POST 메서드로 joke/edit 페이지를 요청하면 다음과 같이 컨트롤러와 액션을 결정한다.

```
// 경로 정보 배열을 추출한다.
$route = $routes['joke/edit'];

// POST 키에 저장된 값을 읽는다.
$postRoute = $route['POST'];

// 마지막으로 controller와 action을 읽는다.
$controller = $postRoute['controller'];
$action = $postRoute['action'];
```

데이터 구조가 나타내는 갈림길을 따라 배열 원소를 단계적으로 읽는다. 컴퓨터의 폴더 구조를 탐색하는 과정과 비슷하다.

배열 원소를 지정하는 대괄호를 연속으로 쓰면 원하는 값에 빠르게 접근할 수 있다. 다음은 다차원 배열의 각 단계를 한 번에 표현한다.

```
$controller = $routes['joke/edit']['POST']['controller'];
$action = $routes['joke/edit']['POST']['action'];
```

고정된 문자열 대신 변수를 대괄호 안에 넣을 수 있다. 다음은 $_SERVER 배열의 REQUEST_URI와 REQUEST_METHOD 원소를 이용한다.

```
$route = $_SERVER['REQUEST_URI'];

$method = $_SERVER['REQUEST_METHOD'];

$controller = $route[$route][$method]['controller'];
$action = $route[$route][$method]['action'];

$controller->$action();
```

이처럼 URL이 같아도 요청 메서드에 따라 다른 기능을 수행하는 기법을 레스트REST. Representational State Transfer라 한다.

> **TIP** REST 메서드
>
> REST는 일반적으로 GET, POST와 더불어 PUT, DELETE 메서드를 지원한다. 그러나 웹 브라우저는 GET과 POST만 구사하기에, PHP 개발자는 POST를 PUT과 DELETE 대용으로 쓴다. 자세한 설명은 이 책에서 할 필요가 없어 생략한다.
>
> 일부 PHP 개발자는 어설프게나마 PUT과 DELETE를 흉내내는 방법을 찾아냈다. 하지만 대부분은 데이터를 쓸 때 POST를, 읽을 때 GET을 쓰는 원칙을 고수하고 있다. REST를 더 자세히 알려면 사이트포인트 문서 「Best Practices REST API from Scratch - Introduction(REST API 모범 사례 따라하기)」*를 참고하면 좋다.

이제 REST 방식으로 경로를 제어하는 코드를 구현할 차례다.

먼저 IjdbRoutes 클래스 callAction() 메서드에 $routes 배열을 추가하고 $route값에 맞는 정보를 선택하도록 코드를 고친다. 다음은 IjdbRoutes 클래스다.

---

* https://www.sitepoint.com/best-practices-rest-api-scratch-introduction/

```php
<?php
namespace Ijdb;

class IjdbRoutes
{
    public function callAction($route)
    {
        include __DIR__ . '/../../includes/DatabaseConnection.php';

        $jokesTable = new \Hanbit\DatabaseTable($pdo, 'joke', 'id');
        $authorsTable = new \Hanbit\DatabaseTable($pdo, 'author', 'id');

        $jokeController = new \Ijdb\Controllers\Joke($jokesTable,
            $authorsTable);

        $routes = [
            'joke/edit' => [
                'POST' => [
                    'controller' => $jokeController,
                    'action' => 'saveEdit'
                ],
                'GET' => [
                    'controller' => $jokeController,
                    'action' => 'edit'
                ]
            ],
            'joke/delete' => [
                'POST' => [
                    'controller' => $jokeController,
                    'action' => 'delete'
                ]
            ],
            'joke/list' => [
                'GET' => [
                    'controller' => $jokeController,
                    'action' => 'list'
                ]
            ],
            '' => [
                'GET' => [
                    'controller' => $jokeController,
                    'action' => 'home'
                ]
```

```
        ]
    ];

    $method = $_SERVER['REQUEST_METHOD'];

    $controller = $routes[$route][$method]['controller'];
    $action = $routes[$route][$method]['action'];

    return $controller->$action();
    }
}
```

다음은 Controllers/Joke.php에서 edit() 메서드를 찾아 폼 표시 메서드와 폼 처리 메서드로 코드를 분리한다. 다음은 폼 표시 메서드 saveEdit()와 처리 메서드 edit()다.

```
public function saveEdit() {
    $joke = $_POST['joke'];
    $joke['jokedate'] = new \DateTime();
    $joke['authorId'] = 1;

    $this->jokesTable->save($joke);

    header('location: /joke/list');
}

public function edit() {
    if (isset($_GET['id'])) {
        $joke = $this->jokesTable->findById($_GET['id']);
    }

    $title = '유머 글 수정';

    return ['template' => 'editjoke.html.php',
        'title' => $title,
        'variables' => [
            'joke' => $joke ?? null
        ]
    ];
}
```

IjdbRoutes 클래스에 개선할 부분이 남았는지 다시 한 번 점검하자. 웹사이트를 새로 만들면 컨트롤러 액션을 결정하고 호출하는 코드를 작성해야 한다. 그러나 웹사이트가 달라도 항상 다음 코드는 똑같다.

```php
$method = $_SERVER['REQUEST_METHOD'];

$controller = $routes[$route][$method]['controller'];
$action = $routes[$route][$method]['action'];

return $controller->$action();
```

이 중복 코드를 제거하려면 $routes 배열을 직접 다루지 않고 외부로 전달하도록 IjdbRoutes 클래스를 고쳐야 한다. callAction() 메서드명을 getRoutes()로 바꾸고 함수 인수를 제거한 다음 return문을 추가해 $routes를 반환한다. 다음은 개선된 IjdbRoutes다.

```php
<?php
namespace Ijdb;

class IjdbRoutes
{
    public function getRoutes()
    {
        include __DIR__ . '/../../includes/DatabaseConnection.php';

        $jokesTable = new \Hanbit\DatabaseTable($pdo, 'joke', 'id');
        $authorsTable = new \Hanbit\DatabaseTable($pdo, 'author', 'id');

        $jokeController = new \Ijdb\Controllers\Joke($jokesTable, $authorsTable);

        $routes = [
            'joke/edit' => [
                'POST' => [
                    'controller' => $jokeController,
                    'action' => 'saveEdit'
                ],
                'GET' => [
                    'controller' => $jokeController,
                    'action' => 'edit'
                ]
            ],
            'joke/delete' => [
```

```
                    'POST' => [
                        'controller' => $jokeController,
                        'action' => 'delete'
                    ]
                ],
                'joke/list' => [
                    'GET' => [
                        'controller' => $jokeController,
                        'action' => 'list'
                    ]
                ],
                '' => [
                    'GET' => [
                        'controller' => $jokeController,
                        'action' => 'home'
                    ]
                ]
            ];

        return $routes;
    }
}
```

다음 차례는 EntryPoint 클래스다. REST 방식을 도입했으니 EntryPoint에서 요청 경로와
요청 메서드를 함께 사용해야 한다. 다음 코드는 $_SERVER 변수 원소를 직접 $method,
$route 변수에 할당한다.

```
public function run() {
    $method = $_SERVER['REQUEST_METHOD'];
    $route = $_SERVER['REQUEST_URI'];
    // ...
```

$_SERVER 변수는 웹애플리케이션을 실행할 때만 생성된다. 이 코드는 웹 환경이 아니면 작
동하지 않으므로 EntryPoint 클래스의 유연성을 저해한다.

다음과 같이 $route와 $method를 모두 클래스 변수로 만들고 생성자로 전달받는 편이 유리
하다.

```
class EntryPoint {
    private $route;
    private $method;
    private $routes;

    public function __construct($route, $method, $routes) {
        $this->route = $route;
        $this->routes = $routes;
        $this->method = $method;
        $this->checkUrl();
    }
```

다음은 이 두 변수를 run() 메서드에서 사용하도록 수정한 코드다.

```
public function run() {
    $routes = $this->routes->getRoutes();

    $controller = $routes[$this->route][$this->method]['controller'];
    $action = $routes[$this->route][$this->method]['action'];

    $page = $controller->$action();

    $title = $page['title'];

    if (isset($page['variables'])) {
        $output = $this->loadTemplate($page['template'], $page['variables']);
    }
    else {
        $output = $this->loadTemplate($page['template']);
    }

    include __DIR__ . '/../../templates/layout.html.php';
}
```

$method 인수는 다음과 같이 index.php에서 생성자로 전달한다.

```
$entryPoint = new \Hanbit\EntryPoint($route, $_SERVER['REQUEST_METHOD'], new
\Ijdb\IjdbRoutes());
```

이 코드는 코드 저장소 브랜치 CMS-EntryPoint-Namespaces-Router에서 확인할 수 있다.

제약조건 없이 잘 작동하는 코드가 좋은 코드다. 최근 각광받는 테스트 주도 개발test-driven development, TDD 방법론에 따르면, 특정 환경의 제약을 받는 $_SERVER['REQUEST_METHOD']는 테스트를 방해하는 요소다. 이 책은 TDD를 다루지 않지만, 다음 절은 TDD에 부합하는 개발 기법을 가능한 한 쉽게 설명한다.

9.17 인터페이스와 의존성

8장에서 DatabaseTable 클래스를 만들 때 생성자 인수에 다음과 같이 타입 힌트를 지정했다.

```
public function __construct(PDO $pdo, string $table, string $primaryKey) {
```

타입 힌트 덕분에 DatabaseTable 클래스는 반드시 PDO 객체를 첫 인수로 전달해야 인스턴스를 생성할 수 있다.

EntryPoint 클래스는 IjdbRoutes 클래스에 의존한다. 다음은 IjdbRoutes 클래스의 getRoutes() 메서드를 호출하는 코드다.

```
$routes = $this->routes->getRoutes();
```

$this->routes 변수가 IjdbJokes가 아니거나 getRoutes 메서드가 없는 객체라면 이 코드에서 오류가 발생한다.

DatabaseTable처럼 다음과 같이 생성자 인수에 타입 힌트를 지정해보자.

```
public function __construct(string $route, string $method, \Ijdb\IjdbRoutes $routes) {
```

이제 IjdbRoutes 객체를 세 번째 인수로 전달하지 않으면 EntryPoint 클래스 객체를 생성할 수 없다. getRoutes() 메서드가 확실히 실행되도록 보장한 대신 유연성을 포기해야 한다. 가령 쇼핑몰 사이트를 새로 만들면 \Ijdb\IjdbRoutes 대신 \Shop\Routes 클래스를 타입 힌트로 지정해야 한다. 모든 웹사이트에 쓸 수 있는 유연성과, 필요한 타입을 지정하는 안정성을 동시에 만족시킬 수는 없을까?

해답은 인터페이스다. 인터페이스는 클래스 메서드를 묘사하지만 실제 로직을 담지 않는 언어 구조다. 클래스는 인터페이스를 상속받는다.

Routes 인터페이스를 다음과 같이 만든다.

```php
<?php

namespace Hanbit;

interface Routes
{
    public function getRoutes();
}
```

인터페이스는 클래스와 비슷하게 생겼다. 네임스페이스, 인터페이스명, 메서드를 나열한다. 차이점은 메서드 본체다. 전체 메서드 코드 중 첫 줄, 즉 가시성과 메서드명만 쓰고 실제 로직은 작성하지 않는다.

이 인터페이스를 Hanbit 디렉터리에 Routes.php로 저장한다. 인터페이스도 클래스처럼 오토로더로 불러올 수 있다.

이제 EntryPoint 생성자에 다음과 같이 인터페이스로 타입 힌트를 지정한다.

```php
public function __construct(string $route, string $method, \Hanbit\Routes
$routes) {
```

아직 Ijdb\IjdbRoutes를 세 번째 인수로 전달할 수 없다. 다음과 같이 IjdbRoutes가 인터페이스를 상속하도록 implements를 지정해야 한다.

```php
<?php
namespace Ijdb;

class IjdbRoutes implements \Hanbit\Routes {
```

이번 절에서 다룬 전체 코드는 예제 저장소의 CMS-EntryPoint-Interface 브랜치에서 확인할 수 있다.

인터페이스를 도입하고 두 가지 효과가 생겼다.

1 IjdbRoutes 클래스는 인터페이스에 정의된 메서드를 구현해야 한다. 그렇지 않으면 오류가 발생한다.

2 인터페이스를 타입 힌트로 지정하면 인터페이스를 상속받은 IjdbRoutes 클래스를 인수로 전달할 수 있다.

이제 다음과 같이 쇼핑몰에서 \Hanbit\Routes 인터페이스를 상속받아 \Shop\Routes 클래스를 만들면 EntryPoint 클래스 생성자 인수로 전달할 수 있다.

```php
namespace Shop;

class Routes implements \Hanbit\Routes {
    public function getRoutes() {
        // 쇼핑몰의 경로를 반환
    }
}
```

인터페이스는 범용 프레임워크를 구축할 때 아주 유용하다. 인터페이스를 미리 만들고 각 웹사이트 클래스가 인터페이스를 구현하면 프레임워크 코드와 프로젝트 전용 코드가 서로 충돌하지 않고 원활하게 맞물려 돌아간다.

TV, 블루레이 플레이어, 위성 TV 수신기, 게임기, 컴퓨터 등은 모두 HDMI로 연결할 수 있다. TV 제조사는 사용자가 어느 장치를 TV에 연결할지 알지 못한다. 그러나 HDMI 표준을 지원하는 장치는 모두 TV에 연결할 수 있다. HDMI의 역할은 클래스 인터페이스와 같다. Hanbit\Routes 인터페이스를 구현한 클래스는 모두 Hanbit 프레임워크와 연결할 수 있다.

인터페이스는 프레임워크 코드와 프로젝트 전용 코드를 연결하는 매우 강력한 도구다.

9.18 마치며

프레임워크 구축은 PHP 개발자라면 누구나 겪는 통과 의례다. 이번 장은 프레임워크를 작성할 때 자주 빠지는 함정을 미리 간파하고 적절히 피하는 방법을 선보였다.

이 장에서 배운 내용은 다음과 같다.

- 프레임워크 코드와 프로젝트 전용 코드의 차이
- 이 둘을 디렉터리 구조와 네임스페이스로 구별하는 방법
- 오토로더 제작법
- 인터페이스와 REST 기초
- 라우팅과 URL 재작성

이번 장에서 배운 지식은 웹사이트의 기능과 직접적인 관련이 없다. 그러나 동료 개발자와 함께 모던 PHP 애플리케이션과 서드파티 코드를 만들 때 확실한 기반이 되어줄 것이다.

## CHAPTER 10

사용자 계정

9장에서 각고의 노력을 기울인 끝에 마침내 제대로 확장성을 갖춘 프레임워크가 완성됐다. 이제 유머 세상 웹사이트에 새로운 기능을 추가할 시간이다. 사용자가 직접 유머 글을 작성하고 관리할 수 있도록 사용자 계정 등록 기능을 추가할 것이다.

5장에서 MySQL 워크벤치로 author 테이블을 만들고 일부 데이터를 추가했다. 아직 author 테이블이 없으면 다음 쿼리를 실행해 생성한다.

```
CREATE TABLE author (
    id INT NOT NULL AUTO_INCREMENT PRIMARY KEY,
    name VARCHAR(255),
    email VARCHAR(255)
) DEFAULT CHARACTER SET utf8mb4 ENGINE=InnoDB
```

데이터는 없어도 괜찮다. 사용자 등록 폼을 완성하면 웹사이트에서 등록할 수 있다.

먼저 데이터베이스 테이블에 칼럼을 추가한다. 사용자의 로그인 비밀번호를 저장할 password 칼럼이다. MySQL 워크벤치를 사용하거나 다음 쿼리를 직접 실행해 칼럼을 추가한다.

```
ALTER TABLE author ADD COLUMN password VARCHAR(255)
```

칼럼명은 password, 타입은 VARCHAR(255)다. 255자 비밀번호는 아주 긴 문자열이다. 이토록 칼럼을 크게 설정하는 이유는 나중에 설명한다.

다음은 컨트롤러 코드를 작성할 차례다. Ijdb\Controllers 디렉터리에 Register.php를 만들고 Register 클래스를 작성한다. 사용자 등록 폼을 출력할 클래스 변수, 생성자, 메서드를 클래스에 추가한다. Register 클래스는 author 테이블과 상호작용할 DatabaseTable 객체에 의존한다. 다음은 Register 컨트롤러다.

```php
<?php
namespace Ijdb\Controllers;
use \Hanbit\DatabaseTable;

class Register
{
    private $authorsTable;
```

```php
    public function __construct(DatabaseTable $authorsTable)
    {
        $this->authorsTable = $authorsTable;
    }

    public function registrationForm()
    {
        return ['template' => 'register.html.php',
            'title' => '사용자 등록'];
    }

    public function success()
    {
        return ['template' => 'registersuccess.html.php',
            'title' => '등록 성공'];
    }
}
```

액션 메서드는 둘이다. 각각 폼 페이지, 등록 결과 페이지를 맡는다.

다음 코드를 register.html.php 파일로 저장하고 templates 디렉터리에 둔다.

```html
<form action="" method="post">
<label for="email">이메일</label>
<input name="author[email]" id="email" type="text">

<label for="name">이름</label>
<input name="author[name]" id="name" type="text">

<label for="password">비밀번호</label>
<input name="author[password]" id="password" type="password">

<input type="submit" name="submit" value="사용자 등록">
</form>
```

다음은 registersuccess.html.php다.

```html
<h2>성공적으로 등록되었습니다.</h2>
<p>이제 유머 글을 등록할 수 있습니다.</p>
```

마지막으로 신규 페이지 경로를 IjdbRoute.php에 다음과 같이 추가한다.

```php
// ...
$jokeController = new \Ijdb\Controllers\Joke($jokesTable, $authorsTable);
$authorController = new \Ijdb\Controllers\Register($authorsTable);
$routes = [
    'author/register' => [
        'GET' => [
            'controller' => $authorController,
            'action' => 'registrationForm'
        ]
    ],
    'author/success' => [
        'GET' => [
            'controller' => $authorController,
            'action' => 'success'
        ]
    ],
    'joke/edit' => [
        // ...
```

http://192.168.10.10/author/register에 방문하면 폼이 출력되고 폼을 제출하면 사용자가 등록되어야 한다. 다음과 같이 IjdbRoutes에 POST 메서드 경로를 추가하고 해당 컨트롤러와 메서드를 지정한다.

```php
'author/register' => [
    'GET' => [
        'controller' => $authorController,
        'action' => 'registrationForm'
    ],
    'POST' => [
        'controller' => $authorController,
        'action' => 'registerUser'
    ]
],
```

다음은 폼 처리를 담당할 registerUser() 메서드다. Register.php에 추가한다.

```php
public function registerUser() {
    $author = $_POST['author'];
```

```
        $this->authorsTable->save($author);

        header('Location: /author/success');
    }
```

이 코드는 예제 저장소 Registration-Form 브랜치에서 확인할 수 있다.

폼을 제출하면 라우터는 registerUser() 메서드를 실행하고 사용자가 입력한 정보를 $_POST 배열에서 가져와 데이터베이스에 저장한다.

폼 제출 후 MySQL 워크벤치에서 author 테이블을 열람하면 사용자 등록 결과를 확인할 수 있다. 입력한 데이터가 정상적으로 등록됐다면 다음 단계로 진행하고, 그렇지 않으면 코드를 점검하고 문제를 해결하자.

기본적인 가입 기능은 완성됐지만 보완할 부분이 조금 있다. 입력값을 데이터베이스로 전달하기 전에 먼저 유효성을 검증해야 한다. 다음은 author 테이블에 추가할 데이터가 갖춰야 할 조건이다.

- 모든 필드는 유효한 데이터를 저장해야 한다. 가령 메일 주소나 사용자명은 공백일 수 없다.
- 메일 주소는 올바른 형식을 갖춰야 한다. paul@example.org는 허용하지만 abc123은 금지한다.
- 같은 메일 주소를 등록한 기존 사용자가 없어야 한다.

데이터 유효성은 데이터 입력에 앞서 폼 제출 직후에 검사해야 한다. 유효성 검사를 통과하지 못하면 사용자에게 원인을 알리고 다시 폼을 출력해야 하기 때문이다.

각 조건에 따라 검사 방식은 조금씩 다르지만 결과를 처리하는 과정은 같다. if문으로 각 규칙을 검사하고 $valid 변수에 참이나 거짓을 할당한다. 다음은 name, email, password 필드 값을 각각 검사하고 빈 값일 때 $valid에 false를 할당하는 registerUser()다.

```
public function registerUser() {
    $author = $_POST['author'];

    // 데이터는 처음부터 유효하다고 가정
    $valid = true;

    // 하지만 항목이 빈 값이면
    // $valid에 false 할당
```

```
        if (empty($author['name'])) {
            $valid = false;
        }

        if (empty($author['email'])) {
            $valid = false;
        }

        if (empty($author['password'])) {
            $valid = false;
        }

        // $valid가 true라면 빈 항목이 없으므로
        // 데이터를 추가할 수 있음
        if ($valid == true) {
            $this->authorsTable->save($author);

            header('Location: /author/success');
        }
        else {
            // 데이터가 유효하지 않으면 폼을 다시 출력
            return ['template' => 'register.html.php',
                'title' => '사용자 등록'];
        }
    }
}
```

TIP empty() 함수

$author['name'] == '' 조건은 엄밀히 말해 $author 배열의 name 키에 할당된 값과 빈 문자열을 비교한다 (빈 문자열도 값이다). 이 조건식은 $author 배열에 name 키가 없으면 오류가 발생할 가능성이 있다. 누군가 악의적으로 POST 요청을 조작해 name 변수를 누락시키면 오류 메시지를 사용해 중요한 정보가 노출된다. empty($author['name'])은 name 키가 없어도 오류를 내지 않고 단순히 false를 반환하므로 잠재적 위험에 대비할 수 있다.

빈 항목을 하나 이상 남기고 폼을 제출해보자. '성공적으로 등록되었습니다.'가 아니라 빈 폼이 다시 나타난다.

제출된 폼 필드 중 빈 값이 있으면 $valid에 false를 할당하고, else문에서 template과 title을 반환해 빈 폼을 출력한다. 사용자 입장에서 보면 아무 안내도 없이 이전에 입력했던 내용이 모두 사라지는 셈이다.

등록 불가 사유를 구체적으로 알리기 위해 다음과 같이 $errors 배열에 오류 메시지를 추가한다.

```php
public function registerUser() {
    $author = $_POST['author'];

    // 데이터는 처음부터 유효하다고 가정
    $valid = true;
    $errors = [];

    // 하지만 항목이 빈 값이면
    // $valid에 false 할당
    if (empty($author['name'])) {
        $valid = false;
        $errors[] = '이름을 입력해야 합니다.';
    }

    if (empty($author['email'])) {
        $valid = false;
        $errors[] = '이메일을 입력해야 합니다.';
    }

    if (empty($author['password'])) {
        $valid = false;
        $errors[] = '비밀번호를 입력해야 합니다.';
    }

    // $valid가 true라면 빈 항목이 없으므로
    // 데이터를 추가할 수 있음
    if ($valid == true) {
        $this->authorsTable->save($author);

        header('Location: /author/success');
    }
    else {
        // 데이터가 유효하지 않으면 폼을 다시 보여줌
        return ['template' => 'register.html.php',
            'title' => '사용자 등록'];
    }
}
```

$errors[]에 값을 할당하면 $errors 배열의 마지막 원소로 추가된다. 빈 값을 확인할 때마다 오류 메시지가 차례로 배열에 추가되며, 모든 항목이 빈 값이면 모든 오류 메시지가 $errors

배열에 저장된다. 이 오류 메시지들을 템플릿을 사용해 사용자에게 안내한다.

유머 글 목록 페이지를 출력할 때, 출력할 변수를 배열로 묶어 variables 키에 할당해 반환했다. 마찬가지 방식으로 variables 배열에 다음과 같이 $errors 배열을 추가한다.

```php
// 데이터가 유효하지 않으면 폼을 다시 보여준다
return ['template' => 'register.html.php',
    'title' => '사용자 등록',
    'variables' => [
        'errors' => $errors
    ]
];
```

이제 register.html.php에서 다음과 같이 $erros 변수를 출력할 수 있다.

```php
<?php
if (!empty($errors)) :
    ?>
    <div class="errors">
        <p>등록할 수 없습니다. 다음을 확인해 주세요.</p>
        <ul>
        <?php
            foreach ($errors as $error) :
            ?>
            <li><?= $error ?></li>
            <?php
        endforeach; ?>
        </ul>
    </div>
<?php
endif;
?>
<form action="" method="post">
    <label for="email">이메일</label>
    <input name="author[email]" id="email" type="text">

    <label for="name">이름</label>
    <input name="author[name]" id="name" type="text">

    <label for="password">비밀번호</label>
    <input name="author[password]" id="password" type="password">
```

```
    <input type="submit" name="submit" value="사용자 등록">
</form>
```

다음 CSS를 jokes.css에 추가하면 오류 메시지가 좀 더 보기 좋게 표시된다.

```css
.errors {
    padding: 1em;
    border: 1px solid red;
    background-color: lightyellow;
    color: red;
    margin-bottom: 1em;
    overflow: auto;
}
.errors ul {
    margin-left: 1em;
}
```

이제 입력값에 문제가 있으면 폼 페이지 상단에 적절한 안내문이 표시된다. 사용자가 원인을 파악하고 대처할 수 있다.

편의성을 높이는 차원에서 기존에 입력했던 $_POST 데이터를 다시 폼에 채워보자.

다음과 같이 반환 배열에 $author 정보를 추가해 템플릿에 전달한다.

```php
return ['template' => 'register.html.php',
    'title' => '사용자 등록',
    'variables' => [
        'errors' => $errors,
        'author' => $author
    ]
];
```

이제 폼 필드에 입력했던 값을 그대로 다시 템플릿에 출력해야 한다. 데이터베이스에서 유머글 정보를 가져와 폼에 채우는 editjoke.html.php와 작동 과정이 똑같다. 다음은 register.html.php 템플릿이다.

```php
<label for="email">이메일</label>
<input name="author[email]" id="email" type="text" value="<?=$author['email'] ??
''?>">
```

```
<label for="name">이름</label>
<input name="author[name]" id="name" type="text" value="<?=$author['name'] ??
''?>">

<label for="password">비밀번호</label>
<input name="author[password]" id="password" type="password" value="
<?=$author['password'] ?? ''?>">

<input type="submit" name="submit" value="사용자 등록">
```

이 코드는 예제 저장소 Registration-Validation 브랜치에서 볼 수 있다.

10.1 메일 주소 검증

이메일 주소에 빈 값을 입력하지 못하도록 막았지만 메일 주소의 유효성은 아직 판단하지 못한다. email 항목에 단순히 'a'만 입력해도 유효성 검사를 통과한다.

이메일 유효성 검사 과정은 복잡다단하다. 문자열에서 '@'을 찾고 첫 문자가 아닌지 검사한 다음 '.' 문자를 찾고 'x@x.x' 형식에 맞는지 확인한다. 이러한 과정을 구현하려면 매우 복잡하고 긴 코드를 작성해야 한다.

이메일 검증은 매우 빈번하게 마주치는 과제며 PHP는 자체적인 검증 기능을 제공한다. 검증 코드를 직접 구현하기보다 PHP에 내장된 기능을 쓰는 편이 훨씬 쉽고 정확한 결과를 얻을 수 있다. '바퀴를 다시 발명하려 애쓰지 말라'는 프로그래밍 격언을 되새겨야 할 때다.

PHP에서 메일 주소를 검증할 때 다음과 같이 filter_var() 함수를 사용한다.

```
$email = 'tom@example.org';

if (filter_var($email, FILTER_VALIDATE_EMAIL) == false) {
    echo '유효한 이메일 주소';
}
else {
    echo '유효하지 않은 이메일 주소';
}
```

filter_var() 함수는 PHP 내장 함수며 인수가 둘이다. 첫 인수는 검증할 문자열, 둘째는 데이터 타입이다. 데이터 타입은 종류가 매우 많다. 가령 FILTER_VALIDATE_URL은 유효한 URL, FILTER_VALIDATE_INT는 유효한 숫자를 의미한다. 유효한 이메일 주소는 FILTER_VALIDATE_EMAIL 타입으로 검사한다. filter_var()에서 지원하는 모든 데이터 타입은 PHP 웹사이트(http://docs.php.net/manual/kr/function.filter-var.php)에서 확인할 수 있다.

다음은 Register 컨트롤러에서 filter_var() 함수로 이메일을 검증하는 코드다.

```php
if (empty($author['email'])) {
    $valid = false;
    $errors[] = '이메일을 입력해야 합니다.';
}
else if (filter_var($author['email']) == false) {
    $valid = false;
    $errors[] = '유효하지 않은 이메일 주소입니다.';
}
```

이 코드는 예제 저장소 Registration-Validation-Email 브랜치에서 볼 수 있다.

먼저 메일 주소가 빈 값이 아닌지 filter_var()로 유효성을 검사한다. 모두 통과하면 오류 메시지를 표시하지 않는다.

10.2 중복 등록 방지

메일 주소로 검사할 항목이 한 가지 더 있는데, 중복 계정이다. 같은 사람이 여러 계정을 등록하면 웹사이트를 이용하기 어렵다. 회원이 작성한 글은 로그인한 계정을 기준으로 저장된다. 글 작성 계정과 다른 계정으로 로그인하면 자신이 썼던 글을 관리할 수 없다. 또한 웹사이트의 다른 요소들도 해당 계정에 맞추어 표시된다.

메일 주소는 중복 계정을 검사하기 좋은 기준이다. 중복 데이터가 등록되지 않도록 데이터베이스 선에서 강제로 막을 수 있지만 PHP에서 차단하는 쪽이 더 일관적이다. 이미 author 테이블의 레코드를 검색하는 $authorsTable 객체가 있으니 이를 활용하여 기존에 등록된 메일 주소를 검색할 수 있다.

DatabaseTable 클래스의 findById() 메서드는 테이블에서 ID값으로 레코드를 검색한다.

다음과 같이 인수가 두 개인 find() 메서드를 추가한다.

- 검색할 칼럼
- 검색할 값

호출 코드는 다음과 같다.

```
$results = $authorsTable->find('email', 'tom@example.org');
```

find() 메서드는 지정한 칼럼에서 지정한 값을 검색해 모두 반환한다. 위 호출 코드로 email 칼럼이 tom@example.org인 모든 레코드를 얻을 수 있다. 이때 실행할 쿼리는 SELECT * FROM author WHERE email = 'tom@example.org'다.

DatabaseTable 클래스에 이미 query() 함수가 있으므로 findById() 함수와 비슷하게 다음과 같이 find() 함수를 구현할 수 있다.

```
public function findById($value) {
    $query = 'SELECT * FROM ' . $this->table . ' WHERE ' . $this->primaryKey .
    ' = :primaryKey';
    $parameters = [
        'primaryKey' => $value
    ];

    $query = $this->query($query, $parameters);

    return $query->fetch();
}

public function find($column, $value) {
    $query = 'SELECT * FROM ' . $this->table . ' WHERE ' . $column . ' = :value';

    $parameters = [
        'value' => $value
    ];

    $query = $this->query($query, $parameters);
```

```
    return $query->fetchAll();
}
```

두 메서드는 아주 비슷하지만 두 부분이 다르다. find() 메서드는 $this->primaryKey 대신 인수로 전달받은 $column 칼럼을 검색하며, return문에서 $query->fetchAll()을 호출해 모든 결과 레코드를 반환한다.

$query->fetch() 함수는 한 레코드만 반환한다. 검색할 칼럼과 값을 자유롭게 지정하면 값이 같은 레코드가 여럿 검색된다. fetchAll() 메서드는 일치하는 모든 레코드를 반환할 때 사용한다. 지정한 칼럼에서 값을 검색하는 이상적인 범용 find() 함수가 완성됐다.

이제 find() 함수를 추가했으니 특정 메일 주소가 데이터베이스에 존재하는지 확인할 수 있다. 다음은 중복 메일 검사 코드다.

```
if (count($authorsTable->find('email', $author['email'])) > 0) {
    $valid = false;
    $errors[] = '이미 가입된 이메일 주소입니다.';
}
```

count() 함수는 find() 메서드가 반환한 레코드의 개수를 반환한다. 0보다 큰 수가 나오면 이미 해당 이메일이 존재한다는 뜻이며 오류를 표시한다.

남은 문제는 대소문자다. 사용자가 기존에 등록한 이메일이 tom@example.org이고 다시 등록하려 시도한 주소가 TOM@EXAMPLE.ORG면 메일 주소가 다르다고 인식한다. tom@example.org가 이미 등록됐는지 올바르게 검사하려면 메일 주소를 소문자로 데이터베이스에 저장하고 소문자로 검색해야 한다. 완성된 registerUser() 메서드는 다음과 같다.

```
public function registerUser() {
    $author = $_POST['author'];

    // 데이터는 처음부터 유효하다고 가정
    $valid = true;
    $errors = [];

    // 하지만 항목이 빈 값이면
    // $valid에 false 할당
```

```php
    if (empty($author['name'])) {
        $valid = false;
        $errors[] = '이름을 입력해야 합니다.';
    }


    if (empty($author['email'])) {
        $valid = false;
        $errors[] = '이메일을 입력해야 합니다.';
    }
    else if (filter_var($author['email'], FILTER_VALIDATE_EMAIL) == false) {
        $valid = false;
        $errors[] = '유효하지 않은 이메일 주소입니다.';
    }
    else { // 이메일 주소가 빈 값이 아니고 유효하다면

        // 이메일 주소를 소문자로 변환
        $author['email'] = strtolower($author['email']);

        // $author['email']을 소문자로 검색
        if (count($this->authorsTable->find('email', $author['email'])) > 0) {
            $valid = false;
            $errors[] = '이미 가입된 이메일 주소입니다.';
        }
    }


    if (empty($author['password'])) {
        $valid = false;
        $errors[] = '비밀번호를 입력해야 합니다.';
    }


    // $valid가 true라면 빈 항목이 없으므로
    // 데이터를 추가할 수 있음
    if ($valid == true) {
        // 폼이 전송되면 $author 변수는
        // 소문자 메일과 비밀번호 해시값을 포함
        $this->authorsTable->save($author);

        header('Location: /author/success');
    } else {
        // 데이터가 유효하지 않으면 폼을 다시 보여준다.
        return ['template' => 'register.html.php',
            'title' => '사용자 등록',
            'variables' => [
                'errors' => $errors,
```

```
                'author' => $author
            ]
        ];
    }
}
```

메일 주소를 등록할 때와 검색할 때 항상 주소를 소문자로 변환하면 결과적으로 대소문자에 관계 없이 메일 주소를 관리하는 셈이다.

10.3 비밀번호 저장

유효성 검증 기능을 모두 구현했다. 이제 누구나 올바른 값을 폼에 입력하면 자신의 정보를 데이터베이스에 등록할 수 있다. 데이터가 제대로 author 테이블에 추가되는지 테스트 사용자를 등록해 확인해보자.

사용자가 입력한 비밀번호는 데이터베이스에 그대로 저장된다. 테이블을 열람하면 모든 사람의 비밀번호를 알 수 있다. 데이터베이스 접근 권한을 잘 관리하고 비밀번호 데이터를 나쁜 목적으로 악용하지 않으면 괜찮다고 생각하기 쉽다. 그렇다면 반대로 자신의 비밀번호를 다른 웹사이트 개발자가 알아도 괜찮은가?

비밀번호를 그대로 저장하면 해킹 사고 발생 시 모든 사용자의 비밀번호가 노출된다. 한편 사람들은 똑같은 비밀번호를 여러 웹사이트에서 사용하는 경향을 보인다.

유머 세상 웹사이트를 해킹해 이메일과 비밀번호를 알아내면 다른 모든 사이트에서 그 사람의 계정에 접근할 수 있다. 유머 글 데이터 유출은 사소한 문제일 뿐이다. 메일 도용, 결제 정보 유출 등 심각한 피해로 확대될 가능성이 크다.

현명한 개발자는 이런 공격으로부터 웹사이트 이용자를 보호한다. 가장 보편적이고 든든한 방어장치는 단방향 해시 함수^{one way hashing function}다.

해시 함수는 일반 문자열을 암호 문자열로 변환한다. 예를 들면 mypassword123을 변환해 9c87baa223f464954940f859bcf2e233을 생성한다. 평문과 달리 해시 문자열은 문자와 숫자를 무작위로 나열한다.

PHP가 제공하는 대표적인 해시 함수는 md5()와 sha1()이다. 이 두 함수는 다음과 같이 간편하게 사용할 수 있다.

```
echo md5('mypassword123');
// 9c87baa223f464954940f859bcf2e233 출력
```

해시 문자열은 진정한 의미의 '암호' 문자열이 아니다. 암호화 과정은 복호화 과정을 수반한다. 그러나 임의의 문자와 숫자가 나열된 해시 문자열은 원래 문자열로 복원할 수 없다.

비밀번호 원문 대신 이러한 해시 문자열을 데이터베이스에 저장해야 한다. 이를테면 사용자가 비밀번호 항목에 'mypassword123'을 입력했을 때 데이터베이스의 password 칼럼에는 9c87baa223f464954940f859bcf2e233가 저장된다.

이제 누군가가 데이터베이스 접근 권한을 탈취하고 author 테이블을 열람하면 다음과 같이 이름과 해시 문자열 목록이 나타난다. 예를 들면 다음과 같다

```
Kevin    9c87baa223f464954940f859bcf2e233
Laura    47bce5c74f589f4867dbd57e9ca9f808
Tom      9c87baa223f464954940f859bcf2e233
Jane     8d6e8d4897a32c5d011a89346477fb07
```

이로써 모든 사람의 비밀번호가 유출될 걱정은 덜었다. 그러나 아직 완벽하지 않다. Kevin과 Tom의 실제 비밀번호는 알 수 없지만, 목록을 자세히 살펴보면 두 비밀번호가 같다는 것을 알 수 있다. Kevin의 비밀번호를 알면 Tom의 비밀번호가 노출되는 셈이다.

mypassword123의 해시 문자열이 9c87baa223f464954940f859bcf2e233임을 아는 사람은 해시 문자열만 보고 원래 비밀번호를 유추할 수 있다. 해커도 비슷한 원리를 악용한다. 사람들이 자주 사용하는 비밀번호의 해시를 미리 생성하고 이 목록을 이용해 비밀번호 원문을 신속

히 알아낸다. 가령 password의 해시 문자열이 5f4dcc3b5aa765d61d8327deb882cf99임을 알면 이를 데이터베이스에서 검색하고 비밀번호가 password인 사용자를 모두 찾을 수 있다. 자주 쓰이는 수백, 수천 가지 비밀번호 해시를 대형 웹사이트 데이터에서 검색하면 최소 수십 명의 메일과 비밀번호를 알아낼 수 있다.

쉽게 추측할 수 없는 비밀번호를 써야 하는 이유를 이제 이해할 수 있을 것이다. 복잡한 문자열일수록 해커의 해시 목록에 없을 가능성이 크고 그만큼 안전성도 높다.

문자열이 항상 같은 해시로 전환되지 않도록 보완하는 방법은 많지만, 각 방법마다 고려할 사항도 많다. 진정 안전한 비밀번호 해시는 쉽사리 구현하는 기능이 아니다. 이 문제를 더 깊이 고민하려면 사이트포인트 게시물 「Hashing Passwords with the PHP(PHP를 이용한 암호 해시화)」*를 참고하면 좋다.

다행히 PHP는 모든 개발자가 두루 신뢰하는 아주 안전한 비밀번호 저장 수단을 제공한다. 보안 지식이 없는 개발자를 위한 최고의 해결책이다. 해시 알고리즘을 직접 만들기보다 PHP 내장 알고리즘을 사용할 것을 적극 권장한다.

비밀번호 해시의 중요성을 이론적으로 이해했으니 이제 실전에 들어가보자.

PHP는 password_hash()와 password_verify() 함수를 제공한다. 이번 장은 password_hash()로 해시 문자열을 생성한다. password_verify()는 다음 장에서 로그인 username과 password를 검사할 때 사용한다.

다음은 password_hash() 함수로 해시 문자열을 생성하는 코드다.

```
$hash = password_hash($password, PASSWORD_DEFAULT);
```

$password는 비밀번호 문자열이며 PASSWORD_DEFAULT는 기본 알고리즘이다. PHP 개발진은 당대의 가장 우수한 알고리즘을 기본적으로 PHP에 탑재하므로, 안심하고 사용해도 좋다. 현재 bcrypt 알고리즘이 가장 우수하기로 정평이 났지만, 향후에는 어찌될지 알 수 없다. 'mypassword123'을 해시로 변환하고 출력하면 다음과 비슷한 문자열이 나타난다.

```
$2y$10$XPtbphrRABcV95GxoeAk.OeI8tPgaypkKicBUhX/YbC9QYSSoowRq
```

----

* https://www.sitepoint.com/hashing-passwords-php-5-5-password-hashing-api/

'비슷하게'라고 표현한 이유는 함수를 실행할 때마다 출력되는 문자열이 달라서다. 비밀번호 문자열이 항상 'mypassword123'이라도 매번 다른 해시로 변환된다. 이러한 원리를 이용해, 두 사용자의 비밀번호가 같더라도 서로 다른 해시값을 데이터베이스에 저장할 수 있다.

앞선 절에서 author 테이블의 password 칼럼 최대 길이를 255자로 설정했다. 해시는 기본 알고리즘에 따라 얼마든지 길이가 늘어날 가능성이 있으므로 넉넉히 설정해야 한다.

등록 폼에 password_hash() 함수를 적용해보자. 다음과 같이 아주 간단하다.

```php
// ...
if ($valid == true) {
    // 데이터베이스에 저장하기 전에 비밀번호를 해시화
    $author['password'] = password_hash($author['password'], PASSWORD_DEFAULT);

    // 폼이 전송되면 $author 변수는
    // 소문자 메일과 비밀번호 해시값을 포함
    $this->authorsTable->save($author);
    header('Location: /author/success');
}
// ...
```

$author['password']의 값은 해시 문자열로 교체된다. 이제 데이터가 저장될 때 비밀번호는 mypassword123 등의 실제 문자열 대신 해시 문자열로 저장된다.

10.4 마치며

완성된 Register 컨트롤러는 다음과 같다.

예제 10-1 Registration–Validation–Email2

```php
<?php
namespace Ijdb\Controllers;

use \Hanbit\DatabaseTable;

class Register
```

```php
{
    private $authorsTable;

    public function __construct(DatabaseTable $authorsTable)
    {
        $this->authorsTable = $authorsTable;
    }

    public function registrationForm()
    {
        return ['template' => 'register.html.php',
            'title' => '사용자 등록'];
    }

    public function success()
    {
        return ['template' => 'registersuccess.html.php',
            'title' => '등록 성공'];
    }

    public function registerUser()
    {
        $author = $_POST['author'];
        // 데이터가 처음부터 유효하다고 가정
        $valid = true;
        $errors = [];

        // 하지만 항목이 빈 값이면
        // $valid에 false 할당
        if (empty($author['name'])) {
            $valid = false;
            $errors[] = '이름을 입력해야 합니다.';
        }

        if (empty($author['email'])) {
            $valid = false;
            $errors[] = '이메일을 입력해야 합니다.';
        } elseif (filter_var($author['email'], FILTER_VALIDATE_EMAIL) == false) {
            $valid = false;
            $errors[] = '유효하지 않은 이메일 주소';
        } else { // 메일 주소가 빈 값이 아니고 유효하다면

            // 이메일 주소를 소문자로 변환
            $author['email'] = strtolower($author['email']);
```

```php
            // $author['email']을 소문자로 검색
            if (count($this->authorsTable->find('email', $author['email'])) > 0) {
                $valid = false;
                $errors[] = '이미 가입된 이메일 주소입니다.';
            }
        }

        if (empty($author['password'])) {
            $valid = false;
            $errors[] = '비밀번호를 입력해야 합니다.';
        }

        // $valid가 true라면 빈 항목이 없으므로
        // 데이터를 추가할 수 있음
        if ($valid == true) {
            // 데이터베이스에 저장하기 전에 비밀번호를 해시화
            $author['password'] = password_hash($author['password'],
                PASSWORD_DEFAULT);

            // 폼이 전송되면 $author 변수는
            // 소문자 메일과 비밀번호 해시값을 포함
            $this->authorsTable->save($author);

            header('Location: /author/success');
        } else {
            // 데이터가 유효하지 않으면 폼을 다시 보여줌
            return ['template' => 'register.html.php',
                'title' => '사용자 등록',
                'variables' => [
                    'errors' => $errors,
                    'author' => $author
                ]
            ];
        }
    }
}
```

이번 장은 웹사이트에 컨트롤러를 추가하는 방법에 대해 배웠다. 또한 사용자 계정 등록, 폼 입력값 검사, 비밀번호 암호화를 구현했다.

다음 장에서는 사용자 로그인 폼을 제작하고 세션을 이용해 로그인 상태를 추적하는 방법을 배운다.

## CHAPTER 11

쿠키, 세션, 접근 제어

10장에서 사용자 계정 등록 기능을 웹사이트에 추가했다. 다음은 웹사이트 로그인 기능을 만들 차례다. 로그인은 모든 웹 이용자가 익히 아는 기능이다. 사용자명과 비밀번호를 입력하고 자신의 고유한 계정 권한을 획득한 다음 콘텐츠에 접근한다.

그러나 이는 사용자의 입장일 뿐, 웹사이트를 처음 만드는 개발자에게 로그인 기능은 녹록한 상대가 아니다.

HTTP는 클라이언트의 상태 정보를 보존하지 않는 프로토콜이다. 이러한 특성을 흔히 스테이트리스^{stateless}라 표현한다. 웹사이트에 접속했을 때 보이는 내용은 서버가 전송한 파일이다. 브라우저는 GET 변수나 HTML 폼을 사용해 서버로 데이터를 전송하고 단일 페이지를 되돌려받는다. 브라우저가 GET이나 POST 요청을 보내지 않는 한 서버는 응답하지 않는다.

로그인 기능은 약간 개념이 다르다. 사용자명과 비밀번호는 한 번만 전송하지만 이후에 페이지를 요청할 때마다 로그인 상태를 유지해야 한다.

인증 정보는 URL 매개변수나 HTML 폼으로 전달한다. 이론적으로 매 페이지에 인증 정보를 전달하면 로그인 상태를 유지할 수 있다. 그러나 페이지가 바뀔 때마다 사용자명과 비밀번호를 입력하는 불편을 감수해야 한다. 시간 낭비와 효율 저하가 뒤따른다.

페이지가 바뀌어도 사용자 정보를 지속적으로 저장하는 두 가지 도구가 있다. 바로 쿠키와 세션이다.

쿠키와 세션은 실제보다 훨씬 복잡하고 어려워 보이는 묘한 기능이다. 이번 장은 쉬운 설명과 예제를 사용해 쿠키와 세션의 실체를 낱낱이 파헤친다. 작동 과정, 응용 방법, 적절한 예제를 한 자리에서 배울 수 있다.

또한 유머 세상 웹사이트에 쿠키와 세션을 도입할 것이다. 쿠키와 세션을 활용하면 로그인 상태를 유지한 채 웹 페이지를 자유롭게 넘나들고 자신의 계정으로 유머 글을 작성할 수 있다.

11.1 쿠키

요즘 컴퓨터 프로그램은 창의 위치나 최근 파일 목록 등 프로그램의 상태 정보를 보존한다. 상태 정보 파일에 마지막 상태를 저장했다가 프로그램을 다시 실행할 때 읽어들인다. 웹 개발자도 이와 비슷한 기능을 필요로 한다. 단순히 웹 디자인을 브라우저 화면으로 옮기던 시절은 이미 오랜 과거다. 정적 페이지 너머 사용자와 온전히 상호작용하려면 브라우저도 다른 프로그램처럼 상태를 보존해야 한다. 쿠키는 이러한 요구에 부응해 탄생했다.

쿠키는 이름과 값을 쌍으로 엮어 나열한 배열이다. 특정 웹사이트에 소속되며 브라우저 등 클라이언트가 직접 컴퓨터에 저장한다. 쿠키가 생성되면 브라우저는 페이지를 요청할 때마다 쿠키 정보를 웹사이트로 전송한다. 한 사이트의 쿠키는 다른 웹사이트에서 접근할 수 없다. 사람들의 통념과 달리 쿠키는 비교적 안전한 공간이며 사용자의 정보를 보관하기 좋다. 쿠키 자체는 보안에 취약한 기술이 아니다.

PHP가 생성한 쿠키의 생명 주기는 다음과 같다.

1 웹 브라우저에서 PHP 스크립트 URL에 접속하면 스크립트에서 PHP 내장 함수 setcookie()를 호출한다.

2 PHP 스크립트는 쿠키명과 값을 HTTP set-cookie 헤더에 담아 브라우저에 전송한다. 쿠키명은 mycookie, 값은 value라 가정하자.

3 브라우저는 HTTP 헤더를 읽고 mycookie 쿠키에 value를 저장한다.

4 이후 해당 웹사이트에 페이지를 요청할 때마다 브라우저는 mycookie=value를 HTTP 쿠키 헤더에 추가한다.

5 페이지 요청에 HTTP 쿠키 헤더가 있으면 PHP는 자동으로 $_COOKIE 배열에 쿠키 정보를 할당한다. $_COOKIE['mycookie']에 'value' 문자열이 저장된다.

간단히 말해 setcookie()는 페이지를 요청할 때마다 자동으로 생성되는 특수한 변수를 생성한다. 같은 쿠키라도 브라우저나 방문자가 다르면 할당되는 값도 다르다.

setcookie()를 사용하기 전에 공식 설명서*를 자세히 살펴보자. 다음은 setcookie() 함수의 정의다.

```
bool setcookie ( string $name [, string $value = "" [,
    int $expire = 0 [, string $path = "" [,
    string $domain = "" [, bool $secure = false [,
    bool $httponly = false ]]]]]] )
```

---

* http://php.net/manual/en/function.setcookie.php

setcookie() 함수는 header()처럼 HTTP 응답 헤더를 추가한다. 프로토콜 정의에 따라 헤더는 페이지 본문보다 먼저 전송하므로 헤더 함수도 페이지 본문을 출력하기 전에 호출해야 한다. 그렇지 않으면 오류가 발생한다. 통상적으로 헤더 함수는 템플릿 파일을 인클루드하기 전에 컨트롤러 스크립트에서 호출한다.

setcookie() 함수 정의에서 필수 인수는 쿠키명을 전달하는 name뿐이다. setcookie() 함수에 name 인수만 전달하고 다른 인수를 생략하면 브라우저는 해당 쿠키를 삭제한다. value 인수를 함께 전달하면 기존 쿠키의 존재 여부에 따라 값을 갱신하거나 새로운 쿠키를 생성한다.

쿠키를 생성할 때 만료 시각을 지정하지 않으면 브라우저를 종료하기 전까지 매 요청마다 쿠키를 전달한다. 브라우저 종료 후에 쿠키를 유지하려면 expireTime 인수에 만료 시각을 지정해야 한다. 만료 시각을 표현하는 형식은 유닉스 타임스탬프unix timestamp다. 타임스탬프는 1970년 1월 1일부터 특정 시각까지 흐른 시간을 초로 환산한 값이며, PHP 내장 함수로 간편하게 계산할 수 있다.

time() 함수는 현재 시각을 유닉스 타임스탬프 형식으로 반환한다. 여기에 추가 시간을 초로 환산해 더하면 쿠키 만료 시각을 구할 수 있다. 가령 time() + 3600은 현재 시각에서 1시간 후를 나타낸다. 만료 시각이 정해진 쿠키를 삭제하려면 만료 시각을 과거로 재설정한다. 가령 time() - 3600 * 24 * 365는 현재 시각보다 1년 전을 나타낸다. 다음은 쿠키 만료 시각을 지정하는 예시 코드다.

```
// 쿠키 만료 시각을 1년 후로 설정
setcookie('mycookie', 'somevalue',
time() + 3600 * 24 * 365);

// 쿠키 삭제
setcookie('mycookie', '',
time() - 3600 * 24 * 365);
```

path 인수는 쿠키에 접근하도록 허용할 서버 경로를 지정한다. path에 '/admin/'을 지정하면 admin과 하위 디렉터리 페이지를 요청할 때만 쿠키 정보를 전달한다. 마지막 슬래시는 디렉터리명을 정확히 지정하는 역할을 하며, 생략하면 /adminfake/ 등 /admin으로 시작하는 모든 경로에서 쿠키에 접근할 수 있다. path 인수는 공용 서버에서 사용자마다 홈 디렉터리가 다를 때 유용하다. 다른 사용자의 스크립트에서 쿠키에 접근하지 못하도록 제한하고 자신의 웹 페이지 방문자 데이터를 보호할 수 있다.

domain 인수도 비슷한 역할을 한다. 지정한 도메인 외에는 쿠키에 접근하지 못하도록 차단한다. 기본적으로 쿠키는 최초로 쿠키를 생성한 도메인에 소속된다. 그러나 일부 웹 서비스 업체는 www.example.com, support.example.com 등 여러 도메인을 거느린다. 두 도메인에서 쿠키를 공유하려면 domain 인수에 '.example.com'을 지정한다. 맨 앞 마침표가 중요한데, 하위 도메인과 무관하게 .example.com으로 끝나는 모든 도메인에서 쿠키를 공유하도록 허용한다. 그러나 본 도메인은 항상 같아야 한다. 설령 domain 인수에 example2.com을 지정하더라도 example.com과 원천적으로 쿠키를 공유할 수 없다.

secure 인수를 1로 지정하면 SSL^secure socket layer 접속, 즉 https://로 시작하는 URL을 요청할 때만 쿠키를 전송한다.

httpOnly 인수를 1로 지정하면 브라우저와 자바스크립트가 쿠키에 접근할 수 없다. 일반적으로 자바스크립트는 현재 페이지에 설정된 쿠키를 읽고 다양한 방식으로 활용한다. 만일 해커가 웹 페이지 수정 권한을 획득하고 악성 스크립트를 주입하면 쿠키 데이터를 마음대로 조작할 수 있다. 혹여 쿠키 데이터에 민감한 개인 정보가 담겨 있다면 막대한 피해를 입는다. httpOnly 를 1로 설정하면 PHP 스크립트는 평소와 똑같이 쿠키를 브라우저로 전송하지만 브라우저의 자바스크립트는 쿠키를 볼 수 없다.

name을 제외한 모든 인수는 생략할 수 있다. 그러나 인수에 값을 지정하려면 그 앞에 선언 된 모든 인수에 값을 지정해야 한다. 가령 domain 인수를 지정하려면 expiryTime 인수도 값을 지정해야 한다. 이때 문자열 인수(value, path, domain)는 빈 문자열을, 숫자 인수 (expiryTime, secure)는 0을 전달하면 인수 생략과 같은 효과를 낸다.

쿠키 사용 예시를 살펴보자. [예제 11-1]은 사이트에 처음 방문한 사용자에게 환영 메시지를 표시하는 페이지다. 사용자가 이전에 사이트를 방문한 횟수를 쿠키에 저장해 출력하며, 쿠키가 없으면 일반적인 환영메시지만 출력한다.

예제 11-1 Sessions–Cookie

```php
<?php
if (!isset($_COOKIE['visits'])) {
    $_COOKIE['visits'] = 0;
}
$visits = $_COOKIE['visits'] + 1;
setcookie('visits', $visits, time() + 3600 * 24 * 365);

if ($visits > 1) {
    echo "$visits 번째 방문하셨습니다.";
} else {
    // 첫 방문
    echo '웹사이트에 오신 걸 환영합니다! 둘러보려면 여기를 클릭하세요!';
}
```

첫 조건문은 $_COOKIE['visits'] 변수가 없는지 확인한다. 아직 사용자 브라우저에 visits 쿠 키를 생성하지 않았다면 $_COOKIE['visits']를 0으로 설정한다. 이후 코드는 안전하게 $_ COOKIE['visits']값을 방문 횟수로 활용한다.

다음으로 $_COOKIE['visits']값에 1을 더해 방문 횟수를 늘린다. $visits 변수는 나중에 PHP

템플릿에서 사용한다.

마지막으로 setcookie() 함수로 visits 쿠키에 새 값을 저장한다. 쿠키 유지 기간은 1년으로 설정한다.

[그림 11-1]은 사용자가 사이트에 처음 방문했을 때, [그림 11-2]는 두 번째 방문했을 때 브라우저에 나타나는 메시지다.

그림 11-1 첫 방문

그림 11-2 두 번째 방문

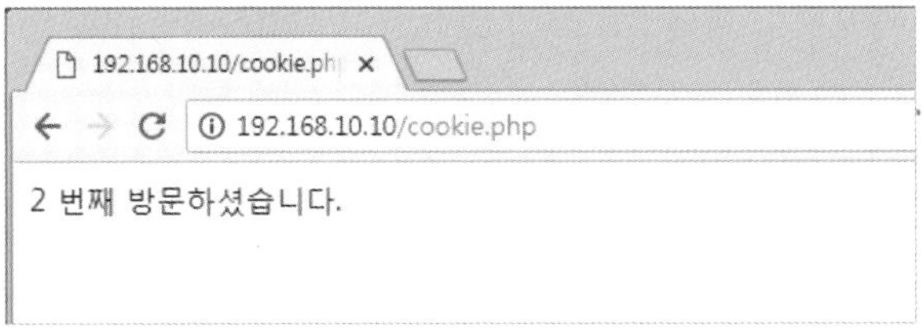

브라우저가 한 사이트에 저장하는 쿠키 수와 크기는 제한적이다. 가령 일부 브라우저는 쿠키 개수가 20개를 넘으면 기존 쿠키를 오래된 순서에 따라 차례로 지운다. 50개까지 저장하고 더는 쿠키를 새로 저장하지 않는 브라우저도 있다. 또한 브라우저는 웹사이트를 통틀어 쿠키 용량을 제한한다. 쿠키를 대량으로 쓰는 일부 사이트 때문에 다른 웹사이트의 쿠키가 삭제될 위험이 있다.

쿠키를 생성하면 웹사이트를 방문할 때마다 모든 쿠키 데이터를 웹 서버로 전송한다. 쿠키에 많은 정보를 저장하면 전체 요청 데이터가 늘어나므로 웹사이트의 응답 속도가 느려진다.

또한 쿠키가 저장된 컴퓨터에 물리적으로 접근하는 사용자는 모두 쿠키 정보를 열람할 수 있다. 쿠키의 보안은 해당 컴퓨터의 보안과 직결된다.

이러한 이유로 쿠키 수와 데이터 크기는 가급적 최소한으로 줄여야 한다.

11.2 PHP 세션

앞 절에서 쿠키에 데이터를 대량으로 저장하기 힘든 이유를 설명했다. 용량이 크고 민감한 데이터는 가급적 쿠키에 담지 말아야 한다. 전자상거래 사이트에서 장바구니 데이터를 쿠키에 저장하면 고객 주문이 늘어남에 따라 브라우저의 제한 용량을 넘길 가능성이 크다.

세션은 쿠키의 기능적 한계를 극복한 기술이다. 쿠키는 방문자의 브라우저가 저장하지만 세션은 웹사이트 서버가 저장하므로 대용량 데이터도 부담없이 맡길 수 있다. 대신 브라우저는 세션 ID만 쿠키로 저장한다. 세션 ID는 영문자와 숫자가 섞인 고유한 문자열이며 브라우저를 닫기 전까지 유지된다. PHP는 페이지를 요청할 때마다 세션 ID와 연결된 세션 데이터를 불러온다.

PHP는 세션 ID 쿠키를 자동으로 사용자 브라우저에 생성한다. 브라우저는 페이지를 요청할 때 세션 ID 쿠키를 서버로 전송하고 PHP는 세션 ID마다 임시 파일을 만들어 지속적으로 추적하며 데이터를 저장한다. 서버에 저장되는 전체 세션 수는 PHP가 자동으로 결정하고 유지한다.

PHP 세션 기능을 사용하려면 먼저 php.ini 파일에서 세션 관련 설정을 점검해야 한다. 2장에서 구축한 홈스테드 가상머신 환경은 이미 모든 세션 설정을 갖췄다. 직접 설정하려면 php.ini 파일을 열어 [Session] 절을 찾는다. session으로 시작하는 설정은 20여 개에 달하지만 대부분 기본값으로 두어도 잘 작동한다. 반드시 확인할 설정은 다음과 같다.

```
session.save_handler = files
session.save_path = "/tmp"
session.use_cookies = 1
```

> **TIP** php.ini 파일 위치
>
> php.ini 설정은 모든 PHP 스크립트에 전역적으로 적용된다. php.ini 파일은 원하는 위치에 자유롭게 저장할 수 있으며 홈스테드 임프루브 가상머신(Homestead Improved box)은 /etc/php/7.1/php.ini에 있다. 저장 위치는 가상 머신 버전이나 웹 서버 설정에 따라 다르다.
>
> 현재 PHP 스크립트에 적용된 php.ini 파일을 찾으려면 다음 구문을 실행한다.
>
> ```
> <?php
> phpinfo();
> ```
>
> 현재 웹사이트에 적용된 PHP 설정이 모두 출력되는데, 그중 상단의 'Loaded Configuration File' 항목에 php.ini 파일 경로가 표시된다.

session.save_path는 세션 추적용 임시 파일이 저장될 경로다. 시스템에 실제로 존재하는 디렉터리를 지정해야 한다. 그렇지 않으면 페이지에 세션을 생성할 때 오류 메시지가 출력된다. 맥OS나 리눅스 시스템은 일반적으로 모든 시스템 계정이 자유롭게 읽고 쓸 수 있는 /tmp 디렉터리가 무난하다. 윈도우는 C:\WINDOWS\TEMP, D:\PHP\SESSIONS 등 원하는 경로를 지정해도 좋다. 세션 파일 경로를 변경하면 웹 서버를 재시작해야 올바로 반영된다.

이제 PHP 세션을 사용할 준비를 마쳤다. 예제를 배우기 전에 대표적인 세션 관리 함수를 살펴보자. 세션 ID를 검색하거나 새로운 세션을 시작하려면 session_start() 함수를 호출한다. 세션 ID와 연결된 기존 데이터가 있으면 $_SESSION 변수로 불러오고, 그렇지 않으면 새로운 세션을 생성한다. session_start() 함수는 세션 ID를 쿠키 형태로 저장하므로 setcookie()와 마찬가지로 페이지 내용을 전송하기 전에 호출해야 한다.

```
session_start();
```

사이트에 접속한 사용자는 모든 페이지에서 세션 변수를 공유한다. 세션 변수는 $_SESSION 배열에 저장되며 원소를 추가하면 세션 변수도 추가된다. 가령 앞으로 배울 예제에서 password 변수를 저장할 텐데, $_SESSION['password'] 원소에 세션값을 저장한다. $_SESSION 변수는 session_start()를 호출해야 생성되며 그전까지 세션 변수를 읽거나 쓸 수 없다.

세션의 내부적인 작동 과정을 이해하면 여러 면으로 도움이 된다. session_start()를 호출하면 PHP는 고유한 ID를 만들어 사용자에게 할당하고 쿠키로 저장한다. 웹 페이지에 처음 접속한 사용자는 1, 다음 사용자는 2 등등, 차례로 고유한 숫자를 부여하는 과정과 비슷하다.

사용자가 페이지를 이동하면 브라우저는 처음 부여했던 사용자 ID를 웹사이트로 다시 전송한다. PHP는 세션을 시작하면서 해당 ID에 저장된 정보를 검색한다. 예를 들어 1번 사용자가 접속하면 1번 ID에 저장된 정보를, 2번 사용자는 2번 정보를 가져온다.

세션은 웹사이트에 방문한 각 사용자의 정보를 이러한 방식으로 추적한다. 실제 세션 ID는 1, 2처럼 간단한 숫자가 아니라 문자와 숫자가 무작위로 나열된 값이어서 추측하기 어렵고 복잡하다. 만일 세션 ID가 단순하다면 해커가 이를 유추하고 쿠키를 변조해 다른 사용자인 척 가장할 위험이 있다.

세션을 시작하면 $_SESSION 배열을 일반 배열처럼 다룰 수 있다. 다음은 세션 변수에 값을 할당하는 코드다.

```
$_SESSION['password'] = 'mypassword';
```

세션 변수를 제거하려면 다음과 같이 unset() 함수를 호출한다.

```
unset($_SESSION['password']);
```

세션을 마치고 모든 세션 변수를 삭제하려면 다음과 같이 세션 변수에 빈 배열을 할당하고
session_destroy() 함수를 호출한다.

```
$_SESSION = [];
session_destroy();
```

자세한 세션 함수 목록과 설명서는 PHP 공식 사이트*에 있다.

기본적인 기능을 배웠으니 간단한 예제를 구현해보자.

11.2.1 방문 카운터

앞서 쿠키를 활용해 페이지 방문 횟수를 추적하고 그에 따른 메시지를 출력했다. 다음은 똑같
은 페이지를 쿠키 대신 세션으로 구현한 코드다.

예제 11-2 Sessions-Count

```
if (!isset($_SESSION['visits'])) {
    $_SESSION['visits'] = 0;
}
$_SESSION['visits'] = $_SESSION['visits'] + 1;

if ($_SESSION['visits'] > 1) {
    echo $_SESSION['visits'] . " 번째 방문하셨습니다.";
} else {
    // 첫 방문
```

....

* http://php.net/manual/kr/ref.session.php

```
        echo '웹사이트에 오신 걸 환영합니다! 둘러보려면 여기를 클릭하세요!';
    }
```

$_COOKIE가 있던 자리에 $_SESSION이 들어가고 전반적으로 코드가 더 간결해졌음을 알
수 있다.

쿠키를 사용할 때는 만료 시점을 결정하고 남은 시간을 계산해야 한다. 세션은 보존 기간을 계
산할 필요가 없는 대신 브라우저를 닫는 즉시 모든 데이터가 사라진다.

11.3 접근 제어

데이터베이스 기반 웹사이트는 장소와 시간에 구애받지 않고 웹 브라우저를 사용해 모든 사용
자와 상호작용한다. 그러나 이러한 웹사이트를 악용하려는 해커도 많다. 제아무리 공들여 만든
웹사이트도 보안을 소홀히 하면 온갖 악성 코드와 불법 자료의 진원지로 전락하곤 한다. 이번
절은 사용자명과 비밀번호를 조합한 인증 절차를 웹사이트에 도입한다. 이는 최소한의 안전 장
치에 해당하며 구현 방식은 크게 두 종류가 있다.

- 웹 서버 설정을 이용해 특정 페이지에 로그인 자격 증명을 요구
- PHP를 이용해 로그인 자격 증명 기능을 구현

웹 서버 설정을 마음대로 제어할 수 있을 때는 첫 번째 방법이 가장 쉽다. 그러나 두 번째 방법
이 훨씬 유연하게 접근 권한을 제어할 수 있다. PHP로 로그인 폼을 만들면 사이트 레이아웃에
직접 탑재할 수 있다. 또한 인증 요건을 손쉽게 변경하고 각 사용자의 정보와 권한을 데이터베
이스로 관리할 수 있다.

이번 절은 사용자명/비밀번호 기반 인증 체계를 유머 세상 사이트에 도입해 민감한 개인 정보
를 보호한다. 또한 정교한 역할 기반 접근 제어 시스템을 구축해 각 사용자의 권한을 개별적으
로 제어한다.

쿠키와 세션은 자격 증명과 접근 제어 시스템을 구현하는 핵심 도구다. PHP 세션으로 사용자
인증 정보를 보관하면 열람 제한 페이지에 접근할 때마다 로그인 정보를 입력할 필요가 없다.

11.3.1 로그인

10장에서 사용자 등록 기능을 웹사이트에 추가하고 비밀번호를 안전하게 저장하는 방법을 배웠다. 다음 단계는 로그인 사용자가 웹사이트에 유머 글을 등록하는 기능이다.

접근 제어 기능은 다양한 PHP 프로젝트와 웹 페이지에 두루 쓰인다. 접근 제어 코드도 데이터베이스 접속 코드와 DatabaseTable 클래스처럼 공용 클래스로 작성하면 나중에 다른 프로젝트와 웹사이트에 재사용할 수 있다.

통상적으로 '로그인'은 사용자가 메일 주소와 비밀번호를 입력하는 과정을 의미한다. 입력한 정보와 일치하는 사용자가 데이터베이스에 있으면 해당 사용자를 로그인시킨다.

그렇다면 '로그인 상태'는 어떻게 구현할까? 다음 두 가지 방법이 있으며 모두 PHP 세션을 활용한다.

1 로그인 상태를 나타내는 플래그를 세션 변수에 저장한다. 예를 들면 $_SESSION['userid'] = $userId 구문으로 로그인 데이터를 저장하고 이후 요청에서 이 변수를 읽어 로그인 사용자 ID를 결정한다.

2 메일 주소와 비밀번호를 세션에 저장하고 이후 요청에서 데이터베이스에 저장된 사용자 정보와 비교한다.

성능을 비교하면 첫 번째 방법이 더 낫다. 로그인 폼을 전송할 때 사용자 인증 정보를 한 번만 확인하기 때문이다. 두 번째 방법은 더 안전하다. 중요한 페이지를 요청할 때마다 데이터베이스에서 사용자 자격 증명을 확인하기 때문이다.

일반적으로 안전성을 성능보다 우선시한다. 로그인한 이후 페이지마다 권한을 검사하면 도중에 사용자를 로그아웃시킬 수 있다. 그렇지 않으면 세션을 시작한 다음부터 항상 로그인 상태가 유지된다. 성능에서 약간 이득을 보는 대신 훨씬 비싼 안전성을 대가로 치러야 한다.

이론적인 구현 원리는 간단하지만 데이터베이스 비밀번호가 평문이 아니라서 실제로는 더 어렵다. 비밀번호는 다음과 같이 해시 문자열로 저장된다.

```
$2y$10$XPtbphrRABcV95GxoeAk.OeI8tPgaypkKicBUhX/YbC9QYSSoowRq
```

비밀번호를 원문으로 복원할 수는 없지만 password_hash()로 생성한 해시 문자열은 password_verify()로 검증할 수 있다.

password_verify() 함수의 두 인수는 일반 문자열과 해시 문자열이다. 첫 문자열의 해시 문자열이 두 번째 해시 문자열과 같으면 true, 다르면 false를 반환한다.

password_verify()로 비밀번호를 확인하려면 사용자가 입력한 비밀번호와 데이터베이스에 저장된 해시 비밀번호가 모두 필요하다. $authorsTable에 할당된 DatabaseTable 클래스를 활용하면 다음과 같이 사용자의 메일 주소에 해당하는 해시 비밀번호를 간단히 찾는다.

```
$author = $authorsTable->find('email', strtolower($_POST['email']));
```

$author에 사용자 정보가 저장되면 password_verify() 함수로 비밀번호를 확인할 수 있다. 코드는 다음과 같다.

```
if (!empty($author) && password_verify($_POST['password'],
    $author[0]['password'])) {
    // 로그인 성공
}
else {
    // 비밀번호가 일치하지 않으면 오류 발생
}
```

find() 메서드는 검색한 모든 레코드를 반환하므로 $author 다음에 [0]을 붙여 첫 번째 항목을 읽는다. if문의 두 조건 중 첫 번째는 데이터베이스에 사용자 정보가 있는지 먼저 확인한다. 두 번째는 사용자가 입력한 비밀번호와 데이터베이스에 저장된 비밀번호가 일치하는지 확인한다.

이 두 조건은 순서가 중요하다. 논리곱 연산자(&&)는 왼쪽에서 오른쪽으로 조건을 검사하며 거짓 조건을 발견하는 순간 검사를 중단한다. $author 배열이 빈 배열일 때 두 조건의 순서를 바꾸면 $author 배열에 없는 password 키 값을 읽으려 시도하고 오류가 발생한다. !empty($author)를 먼저 확인하면 $author 배열에 password 키가 있을 때만 두 번째 조건을 검사한다.

> **NOTE_ 해시**
>
> 다음 조건문은 해시를 올바르게 비교하지 못한다.
>
> ```
> if (password_hash($_POST['password'], PASSWORD_DEFAULT) == $author[0]
> ['password']) { ...
> ```
>
> 같은 문자열을 입력하더라도 password_hash()를 호출할 때마다 다른 해시로 변환된다. password_verify()를 사용해야 정확하게 해시를 비교할 수 있다.

사용자가 메일 주소와 비밀번호를 입력하면 세션 변수를 이용해 '로그인 상태'를 구현할 수 있다.

입력 비밀번호를 password_verify()로 검사하고 기존 비밀번호와 일치하면 세션에 데이터를 저장한다. 세션에 저장할 데이터는 자유롭게 선택한다. 사용자 ID 또는 이메일 주소만 저장해도 상관없다.

그러나 사용자명과 비밀번호를 모두 저장하고 페이지마다 확인하면 훨씬 안전하다. 사용자가 두 컴퓨터에서 동시에 로그인하고 한쪽에서 비밀번호를 변경하면 다른 한쪽을 자동으로 로그아웃시킬 수 있다.

이 기능은 사용자 계정을 안전하게 관리하는 장치다. 실제 사용자가 아니거나 무단으로 계정을 도용한 사용자가 동시에 로그인해도 암호가 변경되는 즉시 모두 로그아웃된다. 세션에 비밀번호를 저장하지 않으면 공격자가 브라우저를 닫기 전까지 지속적으로 사용자 계정에 접근할 수 있다.

세션은 이러한 안전 조치를 구현하기 좋은 도구다. 다음과 같이 메일 주소와 비밀번호를 세션에 저장한다.

```php
$_SESSION['email'] = $_POST['email'];
$_SESSION['password'] = $_POST['password'];
```

각 페이지는 다음과 같이 세션 정보와 데이터베이스 정보를 비교한다.

```php
$author = $authorsTable->find('email', strtolower($_SESSION['email']))[0];
if (!empty($author) && password_verify($_SESSION['password'],
    $author['password'])) {
    // 비밀번호로 보호된 내용 표시
}
else {
    // 오류 메시지를 표시하고 세션을 삭제
    // 사용자 로그아웃
}
```

이제 데이터베이스에 저장된 비밀번호가 바뀌거나 사용자가 정보가 삭제되면 그 순간 로그아웃 기능이 실행된다.

그러나 안전 조치를 취하는 동시에 명백한 보안 취약점이 생겼다. 세션은 서버에 저장되므로 웹 서버 접근 권한을 탈취당하면 로그인 사용자의 비밀번호 평문이 노출된다. 애초에 비밀번호를 데이터베이스에 해시로 저장했던 노력이 수포로 돌아가는 셈이다.

취약점을 보완하려면 앞선 코드를 약간 고쳐 사용자 비밀번호를 평문이 아닌 해시로 세션에 저장해야 한다.

세션에 평문이 아닌 해시 문자열을 저장하면 서버가 해킹당해도 실제 비빌번호가 아닌 해시 문자열만 노출된다.

다음 코드는 평문 비밀번호 대신 해시 비밀번호를 세션에 저장한다.

```
$_SESSION['email'] = $_POST['email'];
$_SESSION['password'] = $author['password'];
```

이메일 주소와 해시 비밀번호를 세션에 저장하면 데이터베이스에 저장된 값과 그대로 비교할 수 있다. 데이터베이스에 저장된 사용자의 이메일 주소나 비밀번호가 바뀌면 사용자는 즉시 로그아웃된다.

다음은 세션 데이터와 데이터베이스를 비교하는 코드다.

```
$author = $authorsTable->find('email', strtolower($_SESSION['email']));
if (!empty($author) && $author[0]['password'] === $_SESSION['password']) {
    // 비밀번호로 보호된 내용 표시
}
else {
    // 오류 메시지를 표시하고 사용자 로그아웃
}
```

이 코드는 세 가지 기능을 수행한다.

1 세션에 저장된 메일 주소로 데이터베이스에서 사용자를 검색한다. 로그인 폼에 입력했던 메일 주소다.

2 데이터베이스에 해당 메일 주소 레코드가 존재하는지 확인한다. 사용자가 입력한 메일 주소가 틀렸을 가능성에 대비한다.

3 데이터베이스에 저장된 비밀번호와 세션에 저장된 비밀번호를 비교한다. 로그인 이후 비밀번호가 변경됐을 때는 현재 사용자를 로그아웃시킨다.

접근 권한이 설정된 모든 페이지에서 이렇게 인증 정보를 검사하므로 코드를 쉽게 재사용하도록 클래스로 옮겨야 한다. 다음 두 메서드가 필요하다.

- 사용자가 입력한 메일 주소와 비밀번호를 검사하고 로그인하는 메서드. 로그인 폼 제출 시 호출
- 현재 사용자 로그인 상태인지, 로그인 후 비밀번호가 변경됐는지 확인하는 메서드. 접근 권한이 설정된 모든 페이지에서 호출

이 클래스는 모든 웹사이트에서 공통적으로 사용하도록 다음과 같이 Hanbit 프레임워크 네임스페이스 안에 둔다.

```php
<?php
namespace Hanbit;

class Authentication
{
    private $users;
    private $usernameColumn;
    private $passwordColumn;

    public function __construct(DatabaseTable $users,
        $usernameColumn, $passwordColumn)
    {
        session_start();
        $this->users = $users;
        $this->usernameColumn = $usernameColumn;
        $this->passwordColumn = $passwordColumn;
    }

    public function login($username, $password)
    {
        $user = $this->users->find($this->usernameColumn,
            strtolower($username));

        if (!empty($user) && password_verify($password,
            $user[0][$this->passwordColumn])) {
            session_regenerate_id();
            $_SESSION['username'] = $username;
            $_SESSION['password'] = $user[0][$this->passwordColumn];
            return true;
        } else {
            return false;
        }
    }

    public function isLoggedIn()
```

```
    {
        if (empty($_SESSION['username'])) {
            return false;
        }

        $user = $this->users->find($this->usernameColumn,
            strtolower($_SESSION['username']));

        if (!empty($user) && $user[0][$this->passwordColumn]
            === $_SESSION['password']) {
            return true;
        } else {
            return false;
        }
    }
}
```

이 코드를 classes/Hanbit/Authentication.php 파일로 저장한다.

클래스로 옮겼을 뿐 세부적인 내용은 앞서 작성했던 코드와 거의 같다. 먼저 생성자를 살펴보자. 이 클래스는 다음 세 변수를 다룬다.

1 사용자 계정 테이블을 처리할 DatabaseTable 인스턴스
2 로그인 사용자명이 저장된 칼럼명
3 로그인 비밀번호가 저장된 칼럼명

이 클래스 코드는 여러 웹사이트에서 공통적으로 사용하므로 최대한 유연하게 작성해야 한다. 유머 글 웹사이트의 로그인 사용자명과 비밀번호 칼럼은 email과 password지만 다른 웹사이트는 그렇지 않다. username, custom_login 등 칼럼명은 사이트마다 다르다. 비밀번호 칼럼도 마찬가지다.

칼럼명을 코드에 직접 쓰지 않고 생성자로 전달하면 클래스의 범용성이 향상된다. 칼럼명이 email, password가 아니라도 모든 웹사이트에서 이 클래스를 사용할 수 있다.

명시적인 칼럼명 대신 클래스 변수를 사용하면 코드는 약간 더 복잡해진다. 데이터베이스에 저장된 비밀번호를 읽을 때 $user[0]['password'] 대신 $user[0][$this->passwordColumn]을 써야 한다.

코드가 약간 복잡해진 댓가로 훨씬 더 큰 유연성을 확보했다. 웹사이트마다 비밀번호 저장 칼

럼명이 달라도 아무 문제 없이 로그인을 처리할 수 있다.

Authentication 클래스를 생성할 때 생성자에서 세션을 시작하므로 session_start()를 직접 호출할 필요가 없다. Authentication 인스턴스를 생성한 페이지는 세션도 함께 제어한다. login(), isLoggedIn() 메서드를 호출하기 전에 이미 세션이 시작된다.

login()과 isLoggedIn()은 참 또는 거짓을 반환하며 사용자 인증 정보, 로그인 여부를 검사할 때 호출한다.

isLoggedIn()은 기존에 생성된 세션 데이터가 있는지 먼저 검사한다. 기존 username 세션 변수가 없으면 거짓을 반환하며 사용자가 로그인하지 않은 상태임을 알 수 있다.

마지막 안전 조치는 세션 ID 변경이다. 로그인 직후 세션 ID를 변경해 세션 유출 사고에 대비한다. 세션 ID가 노출되면 세션 고정^{session fixation} 공격에 악용될 위험이 있다. 해커는 세션 ID만 있으면 타인의 모든 세션 데이터를 훔칠 수 있다.

사용자가 로그인하기 전에 이미 세션 ID가 유출됐을 경우를 대비해, 로그인 후 세션 ID를 교체해야 한다. PHP는 아주 쉽게 세션 ID를 바꿀 수 있다. session_regenerate_id() 함수를 호출하면 해당 사용자에게 임의의 신규 세션 ID가 할당된다.

session_regenerate_id()는 다음과 같이 if문으로 로그인 성공 여부를 판단한 다음 호출한다.

```
if (!empty($author) && password_verify($password, $author[0]['password'])) {
    session_regenerate_id();
    $_SESSION['email'] = $email;
    $_SESSION['password'] = $author['password'];
    return true;
}
```

세션 ID 갱신이 보안을 강화한다는 논리를 발전시키면, 세션 ID를 자주 갱신할수록 더 안전하다는 결론에 도달한다. 실제로 모든 페이지를 불러올 때마다 세션 ID를 변경하면 안전성은 비할 데 없이 향상된다.

그러나 세션 ID를 매번 변경할 수 없는 현실적인 이유가 있다. 요즘 브라우저는 대부분 다중탭 기능을 지원한다. 또한 Ajax 기술을 써서 동적으로 페이지를 호출하는 웹사이트도 많다. 모든 페이지에서 세션 ID를 변경하면 새 탭에서 웹 페이지를 열거나 Ajax 요청이 발생했을 때 기존 페이지가 로그아웃되는 현상이 생긴다.

11.3.2 페이지 보호

완성된 인증 클래스를 실제로 사용해볼 시간이다. 로그인 페이지에 앞서, 페이지 접근 권한 검사 기능을 구현한다. isLoggedIn() 함수는 로그인 사용자가 접근할 때만 참을 반환하므로 조건문과 조합해 페이지 접근 권한을 제어할 수 있다.

현재 유일한 컨트롤러 클래스는 JokeController며 listJokes() 메서드가 목록 페이지를 담당한다. 목록 페이지는 로그인하지 않아도 볼 수 있지만 추가, 수정, 삭제 기능은 로그인 사용자만 이용해야 한다.

로그인 전용 페이지는 먼저 로그인 여부를 검사하고 통과했을 때만 내용을 출력하며 그렇지 않으면 오류 메시지를 출력한다.

Authentication 클래스로 로그인 여부를 검사한다. 컨트롤러 인수에 $authentication 인스턴스를 추가하면 다음과 같이 액션 메서드에서 로그인 검사 메서드를 호출할 수 있다.

```
public function edit() {
    if (!$this->authentication->isLoggedIn()) {
        return ['template' => 'error.html',
            'title' => '이 페이지를 볼 수 있는 권한이 없습니다'];
    }
    else {
        // 폼을 표시
    }
// ...
```

'이 페이지를 보려면 로그인해야 합니다.' 메시지를 표시할 error.html.php 페이지도 만들어야 한다.

이런 식으로 모든 액션 메서드에서 로그인을 검사하면 똑같은 if문이 중복으로 생긴다. 누차 강조하듯 중복 코드가 발견되면 재사용하는 공통 코드로 전환해야 한다.

로그인 상태를 검사하는 if문을 라우터 클래스에 두고 요청 페이지와 오류 페이지로 분기하는 편이 낫다.

먼저 IjdbRoutes.php 파일을 열고 접근 제한 페이지에 다음과 같이 'login' => true를 추가한다. 수정 페이지 경로는 joke/edit, 삭제 링크 경로는 joke/delete다.

```
'joke/edit' => [
    'POST' => [
        'controller' => $jokeController,
        'action' => 'saveEdit'
    ],
    'GET' => [
        'controller' => $jokeController,
        'action' => 'edit'
    ],
    'login' => true
],
'joke/delete' => [
    'POST' => [
        'controller' => $jokeController,
        'action' => 'delete'
    ],
    'login' => true
],
```

다음으로 getAuthentication() 메서드를 추가한다. 이 메서드는 웹사이트에 사용할 Authentication 객체를 반환한다. 라우터에서 생성한 Authentication 객체는 웹사이트 전용 인증 객체다. Authentication 객체를 EntryPoint 클래스 안에서 사용하지만, 웹사이트마다 테이블과 칼럼명이 다르므로 EntryPoint 안에서 생성할 수 없다.

다음과 같이 IjdbRoutes 클래스에서 생성한 Authentication 객체는 유머 세상 웹사이트 전용 객체다.

```
public function getAuthentication() {
    $authorsTable = new \Hanbit\DatabaseTable($pdo, 'author', 'id');
    return new \Hanbit\Authentication($authorsTable, 'email', 'password');
}
```

Authentication 클래스는 author 테이블용 DatabaseTable 인스턴스에 의존한다. $authorsTable 변수 선언 코드는 다른 곳에서 그대로 가져왔다. '복사/붙여넣기' 방식은 성능이나 유지보수 측면에서 비효율적이므로 author 테이블 객체를 클래스에 주입하는 편이 낫다. DatabaseTable 객체 생성 구문을 다음과 같이 생성자로 옮기고 $authorsTable 클래스 변수에 할당하자.

```php
<?php
namespace Ijdb;

class IjdbRoutes implements \Hanbit\Routes
{
    private $authorsTable;
    private $jokesTable;
    private $authentication;

    public function __construct()
    {
        include __DIR__ . '/../../includes/DatabaseConnection.php';
        $this->jokesTable = new \Hanbit\DatabaseTable($pdo,
            'joke', 'id');
        $this->authorsTable = new \Hanbit\DatabaseTable($pdo,
            'author', 'id');
        $this->authentication = new \Hanbit\Authentication(
            $this->authorsTable, 'email', 'password');
    }

    public function getRoutes()
    {
        $jokeController =  new \Ijdb\Controllers\Joke($this->jokesTable,
            $this->authorsTable);
        $authorController = new \Ijdb\Controllers\Register(
            $this->authorsTable);
        $routes = [
            'author/register' => [
                'GET' => [
                    'controller' => $authorController,
                    'action' => 'registrationForm'
                ],
                'POST' => [
                    'controller' => $authorController,
                    'action' => 'registerUser'
                ]
            ],
            'author/success' => [
                'GET' => [
                    'controller' => $authorController,
                    'action' => 'success'
                ]
            ],
```

```
            'joke/edit' => [
                'POST' => [
                    'controller' => $jokeController,
                    'action' => 'saveEdit'
                ],
                'GET' => [
                    'controller' => $jokeController,
                    'action' => 'edit'
                ],
                'login' => true
            ],
            'joke/delete' => [
                'POST' => [
                    'controller' => $jokeController,
                    'action' => 'delete'
                ],
                'login' => true
            ],
            'joke/list' => [
                'GET' => [
                    'controller' => $jokeController,
                    'action' => 'list'
                ]
            ],
            '' => [
                'GET' => [
                    'controller' => $jokeController,
                    'action' => 'home'
                ]
            ]
        ];
        return $routes;
    }

    public function getAuthentication()
    {
        return $this->authentication;
    }
}
```

일관성을 유지하는 차원에서 클래스 변수에 $jokesTable도 추가한다. 컨트롤러에서 필요로
할 경우를 대비해 Authentication 객체도 생성자로 옮기고 getAuthentication() 메서드에
서 반환한다.

11.3.3 인터페이스와 반환 타입

EntryPoint에 인증 기능을 추가하기 전에 Routes 인터페이스에 getAuthentication() 정의를 다음과 같이 추가한다.

```php
<?php
namespace Hanbit;

interface Routes
{
    public function getRoutes();
    public function getAuthentication();
}
```

Routes 인터페이스에 getAuthentication() 메서드를 추가하면 인터페이스를 구현하는 모든 클래스가 해당 메서드를 구현해야 한다. 만일 쇼핑몰 사이트에 ShopRoutes 클래스를 만들면 IjdbRoutes와 마찬가지로 두 메서드를 모두 구현하고 각각 배열과 객체를 반환해야 한다.

Routes 인터페이스는 아직 개선의 여지가 있다. IjdbRoutes 클래스는 Routes 인터페이스의 두 필수 메서드를 구현한다. 그러나 getAuthentication()이 반드시 Authentication 객체를 반환한다고 보장할 수 없다. getAuthentication()이 Authentication 객체를 반환하지 않으면 isLoggedIn() 메서드를 호출할 때 오류가 발생한다.

이러한 사고를 방지하기 위해 반환값에 타입 힌트를 지정한다. 타입 힌트는 부가적인 안전 장치다. 지정한 타입을 반환하지 않으면 오류가 발생한다.

인터페이스를 다음과 같이 고쳐보자.

```php
<?php
namespace Hanbit;

interface Routes
{
    public function getRoutes(): array;
    public function getAuthentication(): \Hanbit\Authentication;
}
```

getAuthentication() 메서드 선언 다음에 : \Hanbit\Authentication을 추가했다. 해당 메

서드가 아무것도 반환하지 않거나 Authentication 객체가 아닌 다른 객체를 반환하면 PHP가 오류를 발생시키고 구체적인 메시지를 표시한다.

getRoutes() 메서드는 배열을 반환하므로 :array로 타입 힌트를 지정했다.

인터페이스가 바뀌면 구현체도 그에 맞게 고쳐야 한다. 다음은 IjdbRoutes 클래스의 두 메서드다.

```php
public function getRoutes(): array {
    $jokeController =
        new \Ijdb\Controllers\Joke($this->jokesTable,
            $this->authorsTable);
    // ...
    return $routes;
}

public function getAuthentication(): \Hanbit\Authentication {
    return $this->authentication;
}
```

이제 Routes 인터페이스는 반환 타입을 아주 명시적으로 표현한다. getRoutes()는 배열을, getAuthentication()은 Authentication 객체를 반환한다. 추후 Hanbit 프레임워크를 사용할 개발자는 Routes 인터페이스 정의를 사용해 자신이 구현할 메서드와 각각의 반환 타입을 명확히 파악할 수 있다.

명시적 인터페이스는 개발자의 지침서다. 마치 개발 문서처럼, 다른 개발자가 따라야 할 지시 사항을 나타낸다. 인터페이스를 충실히 따르는 코드를 작성하면 클래스가 올바르게 작동한다.

PHP 프로그래머는 자신의 코드를 아낌없이 공유한다. 인터페이스는 PHP 코드 생태계를 든든하게 뒷받침하는 기반이다. Hanbit 프레임워크 사용법은 Hanbit 프레임워크 인터페이스 정의가 설명한다. 인터페이스는 아직 구현되지 않은 프로젝트 코드와 프레임워크 코드를 잇는 견고한 다리와 같다.

인터페이스는 프레임워크에 아직 채워지지 않은 나머지 부분을 묘사한다. 이 빈자리에 프로젝트 전용 코드를 채우면 새로운 웹사이트가 완성된다.

11.3.4 Authentication 클래스 활용

사용자 로그인 상태는 EntryPoint.php에서 판단한다. route 배열에 login 키가 있고, 할당된 값이 참이며, 아직 사용자가 로그인하지 않았다면 로그인 페이지로 이동한다. 그렇지 않으면 페이지를 표시한다. 다음은 이 과정을 구현한 if문이다.

예제 11-3 Sessions—LoginCheck

```php
if (isset($routes[$this->route]['login']) && $routes[$this->route]['login'] &&
    !$authentication->isLoggedIn()) {
    header('location: /login/error');
}
else {
    $controller = $routes[$this->route][$this->method]['controller'];
    $action = $routes[$this->route][$this->method]['action'];
    $page = $controller->$action();

    $title = $page['title'];

    if (isset($page['variables'])) {
        $output = $this->loadTemplate($page['template'],
        $page['variables']);
    }
    else {
        $output = $this->loadTemplate($page['template']);
    }

    include __DIR__ . '/../../templates/layout.html.php';
}
```

단순 방문자가 로그인 전용 페이지에 접속하면 오류 페이지만 보이고 컨트롤러의 다른 기능은 수행하지 않아야 한다. 다음 코드를 살펴보자.

```php
if (isset($routes[$this->route]['login']) && $routes[$this->route]['login'] &&
    !$authentication->isLoggedIn()) {
    header('location: /login/error');
}

$controller = $routes[$this->route][$this->method]['controller'];
$action = $routes[$this->route][$this->method]['action'];
```

```
$page = $controller->$action();

// ...
```

else문이 없지만 전체적인 기능은 원하는 대로 잘 작동한다. 로그인하지 않고 joke/delete에 방문하면 로그인 페이지로 이동한다. 그러나 자세히 살펴보면 문제점이 보인다. header() 함수로 페이지를 이동시켜도 if문 이후 코드는 계속 실행된다. joke/delete 페이지의 컨트롤러 메서드가 호출되면 DELETE 쿼리가 데이터베이스로 전송된다.

11.3.5 로그인 오류 메시지

로그인하지 않은 방문자가 유머 글 등록 페이지에 접근하면 /login/error로 이동하고 오류 페이지가 나타난다. 오류 페이지 메시지를 더 구체적으로 나타내보자.

지금쯤이면 웹사이트에 페이지를 추가하는 과정이 익숙할 것이다. 자신 있는 이는 직접 페이지를 추가하고, 그렇지 않으면 지금부터 설명하는 절차를 따르자.

먼저 다음과 같은 내용을 templates/loginerror.html.php 파일로 저장한다.

```
<h2>로그인되지 않았습니다.</h2>
<p>이 페이지를 보려면 로그인해야 합니다. <a href="/login">로그인하려면 클릭하세요</a> 또
는 <a href="/author/register">회원가입하려면 클릭하세요</a></p>
```

Ijdb\Controllers 디렉터리에 다음과 같이 Login.php 컨트롤러를 추가한다.

```php
<?php
namespace Ijdb\Controllers;

class Login
{
    public function error()
    {
        return ['template' => 'loginerror.html.php',
                'title' => '로그인되지 않았습니다.'];
    }
}
```

마지막으로, IjdbRoutes.php에 다음과 같이 경로를 추가하고 컨트롤러 인스턴스를 생성한다.

예제 11-4 Sessions-LoginError

```php
public function getRoutes(): array {
    $jokeController = new \Ijdb\Controllers\Joke($this->jokesTable,
        $this->authorsTable);
    $authorController = new \Ijdb\Controllers\Register
        ($this->authorsTable);

    $loginController = new \Ijdb\Controllers\Login();

    $routes = [
        'author/register' => [
            'GET' => [
                'controller' => $authorController,
                'action' => 'registrationForm'
            ],
            'POST' => [
                'controller' => $authorController,
                'action' => 'registerUser'
            ]
        ],
        // ...
        'login/error' => [
            'GET' => [
                'controller' => $loginController,
                'action' => 'error'
            ]
        ]
    ];
    ...
```

$routes 배열에서 login이 true인 페이지는 로그인하지 않고 방문했을 때 오류 페이지로 이동한다. 경로 정보에 'login' => true를 추가하면 빠르고 쉽게 페이지 접근 권한을 제어할 수 있다. 컨트롤러에서 일일이 로그인 상태를 검사할 필요가 없다.

11.4 로그인 폼

로그인 검사 기능이 마련됐으니 로그인 폼을 만들 차례다. 이제 로그인 기능이 없으면 사용자가 글을 등록하거나 자신이 작성한 글을 수정할 수 없다.

이전 절에서 만든 Login 컨트롤러에 폼 표시 메서드와 폼 처리 메서드를 추가해야 한다.

로그인 폼에서 Authentication 클래스의 login() 메서드를 호출해야 하므로 다음과 같이 생성자 인수로 Authentication 클래스를 전달하고 클래스 변수에 담는다.

```php
<?php
namespace Ijdb\Controllers;

class Login
{
    private $authentication;

    public function __construct(\Hanbit\Authentication $authentication)
    {
        $this->authentication = $authentication;
    }

    public function error()
    {
        return ['template' => 'loginerror.html.php',
                'title' => '로그인되지 않았습니다.'];
    }
}
```

생성자를 추가하면 나머지 두 메서드를 쉽게 만들 수 있다. 폼 표시 메서드는 다음과 같이 간단하다.

```php
public function loginForm() {
    return ['template' => 'login.html.php', 'title' => '로그인'];
}
```

다음은 login.html.php 템플릿이다.

```php
<?php
if (isset($error)):
    echo '<div class="errors">' . $error . '</div>';
endif;
?>
<form method="post" action="">
    <label for="email">이메일</label>
    <input type="text" id="email" name="email">

    <label for="password">비밀번호</label>
    <input type="password" id="password" name="password">

    <input type="submit" name="login" value="로그인">
</form>

<p>계정이 없으신가요? <a href="/author/register">회원가입하려면 클릭하세요</a></p>
```

로그인에 실패했을 때 오류 메시지를 표시하는 PHP 코드가 상단에 추가됐다.

마지막으로 IjdbRoutes.php에 다음과 같이 login 페이지를 추가한다. 또한 Login 컨트롤러 생성자로 $authentication 인스턴스를 전달한다.

```php
public function getRoutes(): array {
    // ...
    $loginController = new \Ijdb\Controllers\Login($this->authentication);
    $routes = [
        // ...
        'login' => [
            'GET' => [
                'controller' => $loginController,
                'action' => 'loginForm'
            ]
        ],
        // ...
    ];
```

http://192.168.10.10/login에 접속하면 메일 주소와 비밀번호 입력란이 나타난다. 모두에게 친숙한 로그인 폼이다. 그러나 폼 처리 메서드가 없어서 아직 작동하지 않는다.

POST 요청을 처리하고 '로그인 성공' 메시지를 표시할 login/success 페이지를 추가해보자.

다음은 IjdbRoutes.php 파일이다.

```php
$routes = [
    // ...
    'login' => [
        'GET' => [
            'controller' => $loginController,
            'action' => 'loginForm'
        ],
        'POST' => [
            'controller' => $loginController,
            'action' => 'processLogin'
        ]
    ],
    'login/success' => [
        'GET' => [
            'controller' => $loginController,
            'action' => 'success'
        ],
        'login' => true
    ]
```

로그인 기능과 로그인 검사 기능은 Authentication 클래스에 구현했다. 다음은 로그인 처리 과정 중 가장 어려운 부분이다. login() 메서드를 호출하고 사용자 입력 데이터를 전달한다. login() 메서드가 참을 반환하면 로그인을 수행하고 '로그인 성공' 메시지 페이지로 이동한다. 그렇지 않으면 오류를 표시한다.

다음은 Login.php에 추가할 두 메서드다.

```php
public function processLogin() {
    if ($this->authentication->login($_POST['email'], $_POST['password'])) {
        header('location: /login/success');
    }
    else {
        return ['template' => 'login.html.php',
            'title' => '로그인',
            'variables' => [
                'error' => '사용자 이름/비밀번호가 유효하지 않습니다.'
            ]
        ];
```

```
        }
    }

    public function success() {
        return ['template' => 'loginsuccess.html.php',
            'title' => '로그인 성공'];
    }
```

다음은 loginsuccess.html.php 파일이다.

```
<h2>로그인 성공</h2>

<p>로그인되었습니다.</p>
```

이 코드는 예제 저장소 Sessions-LoginForm 브랜치에서 볼 수 있다.

자신의 계정으로 로그인 기능을 테스트해보자. http://192.168.10.10/login에 방문해 이메일과 비밀번호를 입력한다. 아직 계정이 없으면 이전 장에서 만든 사용자 등록 폼으로 계정을 생성한다. 정상적으로 로그인하면 유머 글을 추가, 수정, 삭제할 수 있다. 그렇지 않으면 오류 메시지가 출력된다.

TIP 개인 정보 보호

로그인 실패 사유에 따라 각기 다른 메시지를 표시할 수 있다. 예를 들어 기존에 가입된 메일 주소가 없으면 '존재하지 않는 메일 주소', 메일 주소는 있지만 비밀번호가 일치하지 않으면 '비밀번호 불일치'를 표시한다.

구체적인 실패 이유를 알려주면 사용자가 문제를 파악하기 쉽지만 개인 정보가 노출될 위험이 있다. 타인의 메일 주소로 가입하려 시도하고 오류 메시지를 확인하면 해당 이메일이 이미 웹사이트에 가입한 계정인지 알 수 있다.

11.5 로그아웃

로그인 또는 로그아웃 버튼을 사이트 레이아웃에 추가하자. 로그인 상태일 때 '로그아웃' 버튼을, 로그아웃 상태일 때 '로그인' 버튼을 보이게 한다.

메뉴 링크를 layout.html에 추가하는 기초적인 작업이지만, 두 링크 중 하나만 표시하려면 조건문을 활용해야 한다.

layout.html.php는 다음 구문으로 인클루드한다.

```php
include __DIR__ . '/../../templates/layout.html.php';
```

코드 일관성을 유지하기 위해 기존 loadTemplate( ) 함수로 layout.htm.php에 변수를 전달하자. 이번에는 배열이 아닌 일반 변수 $loggedIn에 로그인 상태를 저장한다. include 구문은 다음 코드로 대체한다.

```php
echo $this->loadTemplate('layout.html.php', [
    'loggedIn' => $authentication->isLoggedIn(),
    'output' => $output,
    'title' => $title
]);
```

이제 layout.html.php에서 $loggedIn 변수로 사용자 로그인 상태를 판단할 수 있다.

layout.html.php에 다음과 같이 로그인/로그아웃 링크를 추가하고 로그인 상태를 판단하는 조건문으로 감싼다.

```php
<ul>
    <li><a href="/">Home</a></li>
    <li><a href="/joke/list">유머 글 목록</a></li>
    <li><a href="/joke/edit">유머 글 등록</a></li>

    <?php if ($loggedIn): ?>
    <li><a href="/logout">로그아웃</a></li>
    <?php else: ?>
    <li><a href="/login">로그인</a></li>
    <?php endif; ?>
</ul>
```

마지막으로 로그아웃 페이지와 경로를 생성한다.

다음은 Login.php 파일에 추가할 logout( ) 메서드다.

```
public function logout() {
    unset($_SESSION);
    return ['template' => 'logout.html.php',
        'title' => '로그아웃되었습니다'];
}
```

unset($_SESSION);은 현재 세션에 저장된 모든 데이터를 제거하며 로그인 상태를 로그아웃 상태로 바꾼다.

IjdbRoutes.php에 다음 경로를 추가한다.

```
'logout' => [
    'GET' => [
        'controller' => $loginController,
        'action' => 'logout'
    ]
],
```

다음은 logout.html.php 파일이다.

```
<h2>로그아웃</h2>
<p>로그아웃되었습니다.</p>
```

이 코드는 예제 저장소 Sessions-Logout 브랜치에서 볼 수 있다.

11.5.1 사용자 데이터 연동

사용자 계정 등록과 로그인 기능이 완성됐으므로, 유머 글 데이터와 로그인 사용자 사이에 관계를 설정할 수 있다. 이미 joke 테이블에 authorId 칼럼이 있으니 글을 추가할 때 authorId 값을 저장하면 된다. 다음과 같이 Joke 컨트롤러의 saveEdit()에 코드를 추가한다.

```
public function saveEdit() {
    $joke = $_POST['joke'];
    $joke['jokedate'] = new \DateTime();
    $joke['authorId'] = 1;
```

```
        $this->jokesTable->save($joke);

        header('location: /joke/list');
    }
```

일단 authorId는 1로 고정한다. 로그인 사용자의 ID를 구하려면 Authentication 클래스에
사용자 검색 메서드를 추가해야 한다.

Authentication 클래스에 다음 메서드를 추가한다.

```
public function getUser() {
    if ($this->isLoggedIn()) {
        return $this->users->find($this->usernameColumn,
            strtolower($_SESSION['username']))[0];
    }
    else {
        return false;
    }
}
```

이 함수는 로그인 여부를 확인하고 사용자 정보 레코드를 배열로 반환한다. login()과
isLoggedIn() 메서드에서 사용자 정보를 검색할 때처럼 [0]을 붙여, find() 메서드의 결과
배열 중 첫 번째 레코드를 반환한다.

로그인 사용자의 ID만 반환해도 되지만 나중에 사용자명이나 메일 주소가 필요할 때를 대비해
전체 레코드를 반환한다.

Joke 컨트롤러에서 Authentication 클래스를 사용하도록 설정하자. 다음과 같이 use
Hanbit\Authentication 문을 추가하고 클래스 변수와 생성자 인수 $authorsTable을 함께
추가한다.

```
<?php
namespace Ijdb\Controllers;
use \Hanbit\DatabaseTable;
use \Hanbit\Authentication;

class Joke {
    private $authorsTable;
```

```
    private $jokesTable;

    public function __construct(DatabaseTable $jokesTable,
                                DatabaseTable $authorsTable,
                                Authentication $authentication) {
        $this->jokesTable = $jokesTable;
        $this->authorsTable = $authorsTable;
        $this->authentication = $authentication;
    }
```

다음은 IjdbRoutes의 컨트롤러 클래스 생성 코드다.

```
$jokeController = new \Ijdb\Controllers\Joke($this->jokesTable,
    $this->authorsTable, $this->authentication);
```

JokeController에 authentication 클래스 변수를 추가하면 다음과 같이 유머 글 데이터와 작성자 정보를 손쉽게 연결할 수 있다.

```
public function saveEdit() {
    $author = $this->authentication->getUser();

    $joke = $_POST['joke'];
    $joke['jokedate'] = new \DateTime();
    $joke['authorId'] = $author['id'];

    $this->jokesTable->save($joke);

    header('location: /joke/list');
}
```

이 코드는 예제 저장소 Sessions-AuthorId 브랜치에서 볼 수 있다.

이제 글을 올릴 때마다 작성자 ID가 유머 글 데이터에 저장된다.

현재 로그인한 사용자 정보를 데이터베이스에서 검색하고, 검색된 사용자 ID가 joke 테이블의 authorId 칼럼으로 복사된다.

사용자가 로그인하기 전에 saveEdit()가 호출되면 $author에 false가 할당되므로 save() 메서드가 정상적으로 작동하지 않는다. 그러나 이미 EntryPoint에서 로그인 상태를 검사하고 컨트롤러 메서드를 호출하므로 걱정할 필요 없다.

이제 유머 글을 등록하려면 먼저 로그인해야 한다. 로그인 정보 덕분에 유머 글 작성자 정보가 명확히 등록되며 유머 글 목록에서 작성자 정보를 함께 확인할 수 있다.

이상으로 온전한 기능을 갖춘 로그인 시스템을 완성했다. 로그인 사용자 전용 페이지를 손쉽게 추가할 수 있으며 사이트 방문자는 자유롭게 계정을 등록하고 로그인할 수 있다.

11.5.2 사용자 권한

앞 절에서 완성된 로그인 시스템은 치명적인 문제가 있다. 다른 사람이 작성한 글을 아무나 삭제하거나 수정할 수 있다.

일반적으로 웹사이트 사용자는 자신이 등록한 데이터를 온전히 통제한다. 등록자만이 데이터를 삭제하거나 변경할 수 있다. 페이스북이나 트위터에서 타인의 게시물을 마음대로 고치거나 지울 수 있다면 한바탕 난리가 날 것이다.

다른 사용자의 계정으로 유머 글을 추가하거나 수정할 수 없도록 사용자 권한을 검사해야 한다.

먼저 유머 글 목록에서 수정, 삭제 버튼을 숨기고 글 작성자만 볼 수 있도록 노출시킨다.

글 작성자와 로그인 사용자를 비교하려면 list() 메서드에서 반환하는 $jokes 배열에 작성자 ID를 담아야 한다. 다음은 반환배열에 authorId 원소를 추가한 list() 메서드다.

```php
public function list() {
    $result = $this->jokesTable->findAll();

    $jokes = [];
    foreach ($result as $joke) {
        $author = $this->authorsTable->findById($joke['authorId']);
        $jokes[] = [
            'id' => $joke['id'],
            'joketext' => $joke['joketext'],
            'jokedate' => $joke['jokedate'],
            'name' => $author['name'],
            'email' => $author['email'],
            'authorId' => $author['id']
```

```
        ];
    }
    // ...
```

로그인 사용자 ID는 다음과 같이 템플릿 변수에 전달한다.

```
// ...
$totalJokes = $this->jokesTable->total();

$author = $this->authentication->getUser();

return ['template' => 'jokes.html.php',
    'title' => $title,
    'variables' => [
        'totalJokes' => $totalJokes,
        'jokes' => $jokes,
        'userId' => $author['id'] ?? null
    ]
];
```

로그인하지 않은 사용자가 페이지에 접근하면 사용자 ID를 구할 수 없다. $author['id'] ??
null 구문은 $author['id'] 변숫값이 없으면 null을 선택한다. 로그인 상태가 아니면 템플릿 변
수에 사용자 ID 대신 null이 전달된다.

마지막으로 jokes.html.php에서 수정, 삭제 버튼에 조건문을 입힌다. 유머 글 출력 반복문에
서 if문으로 로그인 사용자와 글 작성자를 비교한다. 일치하면 버튼을 표시하고 그렇지 않으면
건너뛴다.

```
// ...
echo $date->format('jS F Y');
?>)

<?php if ($userId == $joke['authorId']): ?>
    <a href="/joke/edit?id=<?=$joke['id']?>">수정</a>
    <form action="/joke/delete" method="post">
        <input type="hidden" name="id" value="<?=$joke['id']?>">
        <input type="submit" value="삭제">
    </form>
<?php endif; ?>
```

```
        </p>
    </blockquote>
<?php endforeach; ?>
```

이 코드는 예제 저장소 Sessions−CheckUser 브랜치에서 볼 수 있다.

if문을 영리하게 활용한 예다. $userId는 현재 로그인한 사용자 ID다. if문으로 $userId와 글
작성자의 authorId를 비교하고 서로 일치할 때만 수정, 삭제 버튼을 출력한다.

11.5.3 보안

눈에 보이는 기능만 테스트하면 아무 문제가 없다. 다른 사용자가 작성한 글을 고치거나 삭제
할 수 없도록 막았다. 그러나 아직 완전하지 않다. 수정이나 삭제 버튼은 사라졌지만 직접 수정
페이지에 접근하는 통로는 열려 있다.

http://192.168.10.10/joke/edit?id=1에 접근한 다음 URL에서 id 값을 바꿔보자. 자신이
작성한 글이 아니라도 수정 페이지를 볼 수 있다.

타인의 유머 글 수정 페이지에 접근하지 못하도록 막으려면 수정 페이지도 사용자 ID를 검사
해야 한다.

목록 페이지처럼 editjoke.html.php 템플릿에 로그인 사용자 ID를 제공한다. 다음은 반환 배
열에 userId 원소를 추가한 edit() 메서드다.

```php
public function edit() {
    $author = $this->authentication->getUser();

    if (isset($_GET['id'])) {
        $joke = $this->jokesTable->findById($_GET['id']);
    }

    $title = '유머 글 수정';

    return ['template' => 'editjoke.html.php',
        'title' => $title,
        'variables' => [
            'joke' => $joke ?? null,
            'userId' => $author['id'] ?? null
```

```
        ]
    ];
}
```

editjoke.html.php에 다음과 같이 조건문을 추가한다. userId와 글 작성자의 authorId가
일치할 때만 폼을 표시한다.

```
<?php if ($userId == $joke['authorId']): ?>
<form action="" method="post">
    <input type="hidden" name="joke[id]" value="<?=$joke['id'] ?? ''?>">
    <label for="joketext">유머 글을 입력해주세요: </label>
    <textarea id="joketext" name="joke[joketext]" rows="3" cols="40">
<?=$joke['joketext'] ?? ''?></textarea>
    <input type="submit" name="submit" value="저장">
</form>
<?php else: ?>

<p>자신이 작성한 글만 수정할 수 있습니다.</p>

<?php endif; ?>
```

추가로 else 절에 오류 메시지를 작성했다. 자신이 등록하지 않은 글을 수정하려면 수정 폼 대
신 오류 메시지가 출력된다.

이제 사용자는 타인이 등록한 글의 수정 폼을 볼 수 없다. 하지만 축배를 들기는 아직 이르다.
한 가지 안전 조치가 더 남았다.

폼 파일을 정교하게 모방하면 다른 웹사이트로 데이터를 전송할 수 있다. 가령 해커가 다음과
같은 파일을 만들고 웹사이트 서버에 올렸다고 가정하자.

```
<form action="http://192.168.10.10/joke/edit?id=1" method="post">
    <input type="hidden" name="joke[id]" value="1">
    <label for="joketext">유머 글을 입력해주세요: </label>
    <textarea id="joketext" name="joke[joketext]" rows="3" cols="40">
    </textarea>
    <input type="submit" name="submit" value="저장">
</form>
```

이 폼은 실제 로그인 사용자와 관계 없이 누구나 값을 입력하고 제출할 수 있다. 그 결과 1번

ID 글 내용이 폼 입력값으로 바뀐다. 제출된 폼 데이터를 처리하기 전에 사용자 검사 기능을 추가해야 한다.

다음은 데이터베이스에서 저장된 작성자 ID와 현재 로그인 ID를 비교하는 saveEdit() 메서드다.

```php
public function saveEdit() {
    $author = $this->authentication->getUser();

    if (isset($_GET['id'])) {
        $joke = $this->jokesTable->findById($_GET['id']);
        if ($joke['authorId'] != $author['id']) {
            return;
        }
    }

    $joke = $_POST['joke'];
    $joke['jokedate'] = new \DateTime();
    $joke['authorId'] = $author['id'];

    $this->jokesTable->save($joke);

    header('location: /joke/list');
}
```

joke 테이블의 authorId 칼럼값이 로그인 사용자의 ID와 다르면 return 명령어를 실행한다. 메서드를 즉시 종료하며 나머지 코드도 실행하지 않는다.

수정 페이지처럼 삭제 폼도 해커가 변조할 위험이 있다. 임의로 글을 삭제할 수 없도록 delete() 메서드도 똑같이 조치해야 한다.

```php
public function delete() {
    $author = $this->authentication->getUser();

    $joke = $this->jokesTable->findById($_POST['id']);

    if ($joke['authorId'] != $author['id']) {
        return;
    }
```

```
    $this->jokesTable->delete($_POST['id']);

    header('location: /joke/list');
}
```

이 코드는 예제 저장소 Sessions-CheckUser-Secured 브랜치에서 볼 수 있다.

모두 완료했다. 오직 글 작성자만 자신의 글을 수정, 삭제할 수 있도록 웹사이트에 안전 장치를 추가했다.

단순히 링크를 숨기면 안전할 것이라 생각하기 쉽다. URL을 찾지 못하거나 찾더라도 접근할 수 없도록 원천적으로 차단해야 한다.

11.6 마치며

이번 장은 웹 페이지에서 변수를 보존하는 두 가지 도구를 다뤘다. 쿠키는 방문자의 브라우저에 데이터를 저장한다. 기본적으로 쿠키는 브라우저를 종료할 때 삭제되지만 만료 시각을 지정해 한시적으로 보존할 수 있다. 아쉽게도 쿠키는 썩 믿음직스럽지 못하다. 브라우저에 저장된 쿠키의 상태를 서버가 실시간으로 추적할 수 없기 때문이다. 심지어 일부 사용자는 개인 정보 유출을 우려해 고의로 쿠키를 삭제한다.

반면 세션은 쿠키의 한계에서 자유롭다. 데이터 크기를 제한하지 않으며 저장하는 변수 개수도 무제한에 가깝다. 세션은 현대 전자상거래 애플리케이션의 필수 요소다. 거의 모든 쇼핑몰에서 장바구니 데이터를 세션에 저장한다. 또한 세션은 접근 제어 시스템에서 가장 중요한 역할을 담당한다. 이 점은 앞서 실습을 활용해 직접 확인했다.

데이터베이스 기반 웹사이트를 구축할 때 필요한 기본기와 구현 원리를 모두 배웠다. 이제 누구나 어엿한 웹사이트를 만들고 공개적으로 사용자와 상호작용할 수 있다. 필요한 지식을 모두 갖췄으니 이를 바탕으로 시도와 실패를 반복하며 체득하는 일만 남았다. 혹여 이 과정을 건너뛰려 했다면 다시 생각하기 바란다. 꼭 지금 이 순간이 아니라도 최소한 이 책을 모두 마치면 한번쯤 웹사이트를 손수 구축해보자. 어느 정도 자신감이 생기면 새로운 도전 과제가 등장할 것이다. 유머 글에 별점을 매기는 기능을 넣으면 어떨까? 글을 작성하거나 수정할 때 사전 승인 단계를 추가하면 어떨까? 온갖 매력적인 요소를 무궁무진하게 조합할 수 있다. 필요한 것은 오직 여러분의 상상력이다.

앞으로 배울 내용은 사이트 성능 최적화, 코드 경량화와 관련된 기술이다. 또한 복잡한 문제를 쉽게 해결하는 고급 기법도 배운다. 물론 PHP와 MySQL의 멋진 기능을 곁들이는 것도 잊지 않는다.

다음 장은 유머 데이터베이스에서 벗어나 일반적인 MySQL 유지 관리 기법을 자세히 살펴본다. 백업, 사용자 계정 관리, 비밀번호 분실 시 대처 방법 등 실용적인 주제로 가득하다. 특히 백업은 모든 웹 서비스 회사에서 가장 중요하게 여기는 분야다.

## CHAPTER 12

MySQL 관리

콘텐츠 위주 웹사이트는 대부분 관계형 데이터베이스를 중심으로 콘텐츠 구조를 설계한다. MySQL은 대표적인 관계형 데이터베이스 관리 시스템이며 무료인데다 설치도 쉬워 많은 웹 개발자가 선호한다. 1장에서 배운 홈스테드 임프루브 가상 머신은 모든 설정이 완비된 MySQL 데이터베이스를 내장한다. 베이그런트로 가상 머신을 구동하면 MySQL 서버를 즉시 이용할 수 있다.

베이그런트 가상 머신에 탑재된 MySQL 서버는 간단한 실습과 예제에 활용하기 좋다. 1장에서 선보인 기초 실습 과정은 누구나 따라할 수 있다. 그러나 실제 기업 웹사이트의 데이터베이스는 더 높은 안정성과 신뢰도를 요한다. 장차 실무에서 MySQL 서버를 운영하려면 핵심적인 관리 기법들을 먼저 배워야 한다.

가장 먼저 살펴볼 주제는 백업이다. 데이터 백업은 개인적, 업무적 영역을 가리지 않고 항상 최우선 순위에 드는 핵심 과제다. 관리자마다 주력하는 업무가 다르며 백업은 생각날 때 한 번씩 하면 충분하다고 여기는 경우가 많다. '데이터베이스 백업은 어떻게 하나요?'라는 질문에 '관련 파일을 모두 백업합니다'라고 대답하는 이들은 앞으로 나올 내용을 주의 깊게 읽어야 한다. MySQL 서버의 전체 데이터를 단순히 파일로 백업하는 사람이 많다. 이번 장은 파일 백업 방식의 단점을 살펴보고 백업과 복원을 올바르게 수행하는 방법을 설명한다.

다음은 MySQL의 접근 제어 기능을 자세히 살펴본다. 3장에서 배운 사용자 관리 기능은 기초에 불과하다. 세세한 원리를 제대로 이해하지 못하면 나중에 난감한 상황에 처할 가능성이 높다. 추가로 비밀번호를 잊어버렸을 때 적절히 대처하고 다시 권한을 획득하는 방법도 설명한다.

다음 관심사는 성능이다. SELECT 쿼리의 실행 속도를 높이는 방법을 살펴본다. 데이터베이스 인덱스를 올바르게 적용하지 못하는 PHP 개발자가 생각보다 많다. 인덱스를 잘 쓰면 데이터베이스 테이블 로우가 수십 수백만으로 늘어나도 빠른 속도를 유지할 수 있다.

마지막으로 MySQL 데이터베이스의 외래 키 기능을 설명한다. 외래 키는 데이터베이스 구조를 표현하는 기능인 동시에 테이블 데이터 사이에 연관 관계를 맺는 도구다.

이처럼 이번 장은 상당히 다양한 주제를 아우른다. 모두 배우고 나면 MySQL을 한층 더 넓고 깊게 이해할 수 있다. MySQL은 세밀한 설정과 강력한 기능으로 가득찬 종합 데이터베이스 시스템이다. 소규모 웹사이트에 활용하는 수준을 넘어 본격적으로 MySQL을 배우려는 사람은 MySQL을 전문적으로 다루는 책을 별도로 살펴보기 바란다.

12.1 MySQL 데이터베이스 백업

웹 서버와 MySQL 서버는 주 7일 24시간 내내 멈추지 않고 실행된다. 이 점이 Mysql 데이터 베이스 백업의 장애물이다. MySQL 서버는 데이터를 파일에 저장하기 전에 메모리 캐시와 버퍼에 담아 성능 효율을 높이는데, 이로 인해 데이터베이스 파일과 실시간 데이터 사이에 차이가 발생한다. 일반적인 백업은 그저 파일 복사에 지나지 않는다. 장애 시점의 모든 데이터를 온전히 저장하지 못하면 복원 결과도 불완전하다. 이런 면에서 MySQL 데이터 파일은 신뢰할 수 없다.

게다가 웹사이트 데이터베이스는 온종일 새로운 정보를 수신한다. 일반 백업은 특정 시점의 데이터, 즉 데이터베이스 스냅샷을 정기적으로 저장할 뿐이다. 운영 중이던 MySQL 데이터 파일이 손상되거나 삭제되면 마지막 백업 이후 변경된 데이터는 영영 복구할 수 없다. 웹사이트 대부분에서 데이터 유실은 절대 용납할 수 없는 사고다. 특히 쇼핑몰처럼 고객 주문 정보를 관리하는 사이트에서는 더욱 치명적이다.

MySQL 서버는 특정 시점의 서버 상태에 구애받지 않는 실시간 데이터 백업 기능을 자체적으로 지원한다. 다만 이 기능을 이용하려면 다른 데이터와 완전히 분리된 MySQL 데이터 전용 백업 시스템을 별도로 구성해야 한다. 다소 번거롭지만, 뛰어난 백업 시스템이 모두 그렇듯 MySQL 백업도 장애가 발생했을 때 진가를 발휘한다.

12.1.1 MySQL 워크벤치 백업

이 책에서 꾸준히 활용한 MySQL 워크벤치는 데이터베이스 백업 기능도 제공한다. 테이블 작업이나 쿼리 실행처럼 화면을 사용해 편리하게 백업할 수 있다.

서버에 로그인하고 왼쪽 메뉴에서 Data Export 옵션을 클릭한다. 다음과 같은 화면에 서버의 모든 데이터베이스 목록이 나타난다.

그림 12.1 Data Export 메뉴 화면

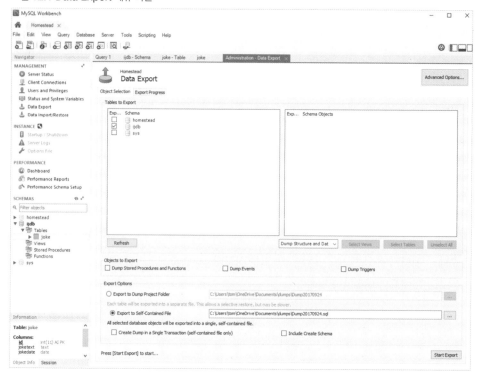

이 화면에서 중요한 선택 조건은 Export to Dump Project Folder와 Export to Self-Contained File이다. 전체 백업을 한 파일에 저장하는 후자가 더 유용하다.

Export to Self-Contained File을 선택하고 백업 파일을 저장할 위치를 고른 뒤 Start Export를 누르면 백업 파일이 생성된다. 나머지 설정은 그대로 두어도 좋다.

백업 파일을 텍스트 편집기로 열면 SELECT TABLE과 INSERT SQL 명령들이 보인다. 이들을 빈 데이터베이스에서 실행하면 현재 데이터베이스 구조가 그대로 재현된다. 결국 MySQL 데이터베이스 백업 파일은 SQL 명령어가 나열된 파일인 셈이다.

백업 파일로 데이터베이스를 복원하려면 먼저 데이터베이스를 비워야 한다. 각 테이블 목록 위에서 마우스 오른쪽 버튼을 클릭하고 Drop Table 메뉴를 선택하면 테이블이 삭제된다. 다음으로 Data Import/Restore 메뉴를 클릭한다. Data Import 화면이 나타나면 Import from Self-Contained file을 선택하고 앞서 받은 백업 파일의 경로를 입력한다.

MySQL 워크벤치는 백업 파일을 생성할 때 먼저 MySQL 서버에 접속한다. MySQL 서버가 실행되는 동안 데이터 파일의 상태는 항상 변한다. 그러나 MySQL 서버에 로그인하고 데이터를 조회하면 해당 시점의 데이터를 정확히 읽을 수 있으므로, MySQL 서버의 데이터 파일을 직접 복사할 때보다 더 확실한 스냅샷 백업을 얻을 수 있다.

12.1.2 mysqlpump 백업

MySQL 워크벤치는 원할 때마다 손쉽게 데이터베이스 백업 파일을 생성할 수 있다. 그러나 가장 효율적인 백업 방식은 자동 백업이다. MySQL 워크벤치는 자동 백업 기능이 없다.

리눅스를 써본 이는 명령 프롬프트에 익숙할 것이다. MySQL 서버 소프트웨어는 수많은 명령 프롬프트 도구를 내장하며 그중 백업 프로그램도 있다. MySQL 워크벤치로 데이터베이스를 백업할 때 내부적으로 실행되는 프로그램은 mysqlpump다. 워크벤치는 사용자에게 편의를 제공할 뿐 실제 작업은 mysqlpump가 담당한다.

mysqlpump는 MySQL 서버에 접속하고 지정한 데이터베이스 내용을 전부 내려받은 다음 SQL 명령으로 출력한다. 이들을 파일로 저장하고 데이터베이스에서 직접 실행하면 백업 데이터가 그대로 복원된다. 결과적으로 MySQL 워크벤치의 백업 기능을 직접 수행한 셈이다.

MySQL을 설치하면 mysqlpump도 함께 설치된다. 홈스테드 임프루브 가상 머신은 이미 MySQL을 내장하므로 따로 mysqlpump를 설치할 필요가 없다.

가상 머신으로 개발 환경을 구축하면 서버 명령과 백업 절차를 배우기 좋다. 홈스테드 임프루브 가상 머신 환경은 실제 웹 서버와 거의 비슷하다. 가상 머신 서버에서 백업을 연습하면 실제 웹 서버에서 그대로 되풀이할 수 있다.

실제 웹 서버와 가상 서버 모두 보안 셸Secure Shell, SSH 프로토콜을 사용해 접근해야 한다. SSH로 로그인하면 원격 컴퓨터의 명령 프롬프트가 나타나며, 이곳에 입력하는 모든 명령은 자신의 PC가 아닌 원격 컴퓨터에서 실행된다.

베이그런트는 SSH 단축 명령어를 제공한다. vagrant ssh를 실행하면 가상 머신 실행 여부를 확인하고 SSH로 연결한다. 단축 명령은 편리하지만, 내부적인 작동 과정을 이해하면 실제 서버를 다룰 때 도움이 된다. 가상 머신 SSH 접속은 아주 쉽다. 윈도우는 Git Bash 명령 프롬프트, 맥OS/리눅스는 터미널에서 다음과 같이 입력한다.

```
ssh vagrant@127.0.0.1 -p 2222
```

이 명령을 처음 실행하면 접속 대상 서버를 신뢰하는지 확인하는 질문이 나온다. yes를 입력하면 비밀번호를 묻고, vagrant를 입력하면 접속된다.

이 ssh 명령은 세 부분으로 나뉜다. vagrant는 사용자명, 127.0.0.1은 서버 주소, -p 2222는 포트 번호다. -p를 생략하면 자동으로 22번을 찾는다. 실제 웹 서버의 SSH 기본 포트는 대부분 22번이므로 -p 2222를 붙일 필요가 없다. 그러나 베이그런트의 SSH 포트는 2222번이므로 -p 조건을 추가해야 한다.

SSH로 서버에 접근하면 mysqlpump 명령으로 데이터베이스를 백업할 수 있다. 다음 명령을 실행하면 해당 서버에서 실행 중인 MySQL 데이터베이스를 백업한다. MySQL 접속 사용자명은 root, 비밀번호는 secret이다. 백업 파일명은 ijdb.sql로 지정한다.

```
mysqlpump -u homestead -psecret ijdb > ijdb.sql
```

이 명령을 자세히 분석하면 다음과 같다.

- mysqlpump는 프로그램명이다.
- -u homestead는 서버 로그인 사용자명을 지정한다. ijdb 등, MySQL 서버에 만들었던 사용자명을 입력하는 부분이다.
- -psecret은 로그인 비밀번호를 secret으로 지정한다. -p와 비밀번호는 붙여 쓴다. 그렇지 않으면 명령 실행 후 비밀번호를 별도로 입력해야 한다. 명령을 실행할 때마다 비밀번호를 입력하므로 더 안전하지만 더 번거롭다. 자동 백업을 구현할 때는 명령줄에 비밀번호를 직접 지정하는 편이 낫다.
- ijdb는 백업할 스키마다.
- 명령어 뒤에 〉 연산자를 붙이면 명령 실행 결과가 파일로 저장된다. 이 연산자와 뒤이은 파일명을 생략하면 전체 데이터베이스 백업 내용이 화면에 직접 출력된다. 명령어가 잘 실행되는지 화면을 사용해 확인할 수 있지만, 백업 결과가 실제로 저장되지 않는다는 점에 유의해야 한다.
- ijdb.sql은 백업 파일명이다. 경로 없이 파일명만 지정하면 명령어를 실행한 디렉터리에 백업 파일이 생성된다. 자동 백업 명령어는 상황에 따라 실행 디렉터리가 다르므로 /var/backups/ijdb.sql처럼 전체 경로를 지정해야 한다.

데이터베이스 복원 작업도 명령어로 직접 실행할 수 있다. MySQL 워크벤치로 백업 SQL 파일을 읽어들이는 대신 다음 명령어를 명령 프롬프트에 입력한다.

```
mysql -u homestead -psecret ijdb < ijdb.sql
```

복원 명령의 각 조건은 mysqlpump 명령과 같지만 〉 연산자 대신 〈 연산자를 사용한다. 이 연산자는 출력 내용을 파일로 저장하는 〉와 반대로 파일 내용을 mysql 프로그램으로 전달한다.

파일 백업은 백업 시점의 데이터를 저장한다. 장애 발생 당시의 데이터를 온전히 복원하도록 실시간 데이터를 백업할 방법은 없을까?

12.1.3 바이너리 로그 증분 백업

앞서 언급했듯이 MySQL 데이터베이스를 쓰는 상황에서 데이터 유실은 절대 용납할 수 없는 사고다. MySQL 워크벤치나 mysqlpump는 백업과 복원 시점의 데이터 차이를 보존하지 못한다. 이러한 간극을 메울 보조 수단이 필요하다.

가장 적절한 해법은 바이너리 로그다. MySQL 서버가 바이너리 로그를 쌓도록 설정하면 서버가 수신하는 모든 SQL 쿼리를 기록한다. 바이너리 로그도 백업 파일처럼 SQL 명령어 집합이다. SELECT문을 제외한 모든 INSERT, UPDATE, DELETE문이 기록된다.

바이너리 로그를 쌓는 가장 중요한 이유는 사고가 발생한 당시의 데이터를 온전히 복원하기 위함이다. 바이너리 로그 복원은 파일 백업을 전제로 한다. MySQL 워크벤치나 mysqlpump로 만든 백업 파일을 먼저 복원하고, 백업 시점 이후에 변경된 데이터를 바이너리 로그로 복구한다.

실수로 쿼리를 잘못 실행했을 때 바이너리 로그를 적절히 활용하면 만회할 수 있다. 예를 들어 DROP TABLE 명령어로 테이블을 지우면 로그에 쿼리가 남는다. 이때 마지막 백업 파일로 데이터베이스를 복구하고, 로그 파일에서 DROP 쿼리를 지운 채 복원 절차를 진행하면 삭제했던 테이블이 되살아난다. 실시간 데이터를 복구할 뿐만 아니라 유실된 데이터도 복구한 셈이다. 물론 이후에는 DROP 실행 권한을 더 꼼꼼히 관리해야 할 것이다.

바이너리 로그 적재는 MySQL 서버 설정으로 제어한다. 윈도우용 MySQL은 my.ini, 맥OS 와 리눅스는 my.cnf 파일에 서버 설정이 저장된다. 이들은 일반적인 텍스트 파일이며 MySQL 서버의 작동 방식을 세밀하게 제어한다. MySQL을 처음 설치하면 설정 파일이 자동으로 생성 되지 않는 경우가 많다. 설정 파일이 없으면 기본 설정이 적용되므로 새로 파일을 만들고 바이 너리 로그 설정을 추가해야 한다.

바이너리 로그 설정은 설정 파일에서 [mysqld] 항목에 속한 log_bin이다. 홈스테드 임프루브 가상 머신은 기본적으로 바이너리 로그를 사용하지 않으므로 직접 설정 파일을 고쳐야 한다. 앞 절에서 설명한 방법대로 SSH를 사용해 가상 머신에 접속하자.

가상 머신에 있는 설정 파일은 자신의 PC에 설치된 텍스트 편집기로 접근할 수 없다. 서브라임 텍스트, 아톰, 메모장 등이 아닌 리눅스 명령줄 편집기로 고쳐야 한다.

가장 단순한 편집기는 나노^{nano}며 설정 파일 경로는 /etc/mysql/mysqld.conf.d/mysqld. cnf다. 드라이브 문자가 없고 경로 구분자도 슬래시라서 윈도우 사용자는 이질감을 느끼겠지 만, 그저 리눅스의 경로 표현 방식이 다를 뿐이니 당황하지 말자.

SSH로 접속해 다음 명령을 실행하면 나노 편집기가 실행되고 설정 파일이 열린다.

```
sudo nano /etc/mysql/mysqld.conf.d/mysqld.cnf
```

명령어 앞에 sudo를 쓰면 관리자 권한으로 명령을 실행한다. MySQL의 설정은 아무나 고칠 수 없도록 제한해야 한다. sudo를 붙이지 않고 명령을 실행하면 파일의 변경 내용을 저장할 수 없다.

나노 편집기로 파일을 열고 원하는 위치로 이동하려면 방향키로 커서를 움직여야 한다. 명령줄 텍스트 편집기를 처음 사용하면 화면에 스크롤바도 없고 마우스 커서도 보이지 않아 당황하기 쉽다. 그러나 두 줄만 찾아 주석을 지우면 끝나므로 너무 걱정할 필요는 없다.

log_bin 설정을 찾아보자. log_bin은 바이너리 로그를 저장할 파일 경로 설정이다. 키보드 로 Ctrl+W를 누르면 '어디^{Where}' 명령이 실행된다. Ctrl+F로 실행하는 '찾기^{Find}' 명령에 익숙한 사람이 많을텐데, 사실 같은 기능이다. Ctrl+W를 누른 후 log_bin을 입력하고 엔터 키를 누 른다.

```
#log_bin = /var/log/mysql/mysql-bin.log
```

log_bin 설정은 바이너리 로그 파일 저장 경로와 파일명을 지정한다. 경로와 파일명은 기본값으로 두어도 좋다. 맨 앞의 #은 PHP의 //처럼 주석을 나타낸다. 백스페이스나 딜리트 키로 #을 제거하면 다음과 같다.

```
log_bin = /var/log/mysql/mysql-bin.log
```

server-id 설정도 주석을 해제해야 한다. Ctrl+W를 다시 사용해 server-id를 찾고 #을 지우면 server-id가 1로 설정된다.

이제 Ctrl+O를 입력해 파일을 저장한다. 숫자 0이 아니라 output을 의미하는 영문자 'o'다. 거의 다 끝났다. Ctrl+X를 입력하면 나노를 종료하고 명령 프롬프트로 돌아간다.

마지막 단계는 MySQL 재구동이다. 바뀐 설정을 적용하려면 다음 명령어로 MySQL 서버를 다시 시작해야 한다.

```
sudo systemctl restart mysql.service
```

여기도 sudo가 중요하게 쓰인다. 서비스 재시작 권한은 관리자만 지닌다.

> **NOTE_ 가상 머신과 웹 서버**
>
> 가상 머신과 실제 웹 서버는 시스템 환경이 거의 같다. 가상 머신에서 바이너리 로그를 설정하고 사용하는 방법을 익히면 나중에 실제 웹 서버에서 그대로 활용할 수 있다.

바이너리 로그 설정을 마쳤다. 이제 서버를 재시작할 때마다 로그 파일이 자동으로 생성되거나 갱신된다.

TIP 로그 저장 위치

> 바이너리 로그 파일은 가급적 MySQL 데이터베이스가 설치된 하드 디스크가 아닌 다른 곳에 저장하는 것이 좋다. MySQL 설치 디스크가 고장났을 때 백업 파일까지 유실되면 애써 백업한 보람이 없다.

바이너리 로그는 앞서 지정한 log_bin 파일 경로로 저장된다. 서버를 재시작하고 로그 파일이 잘 생성됐는지 확인하려면 다음 명령어를 실행한다.

```
ls /var/log/mysql
```

전체 백업 파일과 바이너리 로그가 있으면 아주 간단히 데이터베이스를 복원할 수 있다. 먼저 MySQL 서버를 새로 설치하고, 앞 절에서 설명한 복원 절차에 따라 백업 파일을 먼저 데이터베이스로 복원한다. 전체 백업 이후 바이너리 로그에 기록된 내역은 mysqlbinlog 프로그램으로 데이터베이스에 반영한다.

mysqlbinlog는 MySQL 바이너리 로그 데이터를 일반적인 SQL 명령어로 변환한다. 전체 백업 파일을 복원한 후 추가로 반영할 바이너리 로그 파일이 두 개라 가정하자. 다음 두 명령 중 첫 줄은 mysqlbinlog로 두 로그 파일을 읽고 SQL 텍스트 파일을 생성하는 명령이다. 두 번째 줄은 SQL 텍스트 파일을 MySQL 서버로 전송하는 명령이다. mysqlpump 복원 명령과 형식이 같다.

```
mysqlbinlog binlog.000041 binlog.000042 > binlog.sql
mysql -u root -psecret < binlog.sql
```

12.2 MySQL 권한 제어

ATTENTION_ 홈스테드 임프루브

이번 절에서 배울 MySQL 사용자 권한 설정은 홈스테드 임프루브 가상 머신에 이미 적용되어 있다. 그러나 추후 실제 웹 서버를 다룰 때 요긴하게 쓰일 것이다.

MySQL 서버를 설치하면 mysql 데이터베이스가 기본적으로 생성된다. 4장에서 MySQL 워크벤치로 사용자 계정을 만들고 권한을 부여할 때, 실제 정보는 mysql 데이터베이스에 저장된다. mysql 데이터베이스는 사용자, 비밀번호, 권한 등 중요한 설정을 저장하고 제어한다.

MySQL 접근 제어 시스템의 모든 정보는 공식 문서(https://dev.mysql.com/doc/refman/

5.7/en/privilege-system.html)에 있다.

사용자 접근 권한은 mysql 데이터베이스의 user, db, host, table_priv, columns_priv 테이블로 제어한다. 이들은 MySQL의 핵심 테이블이므로 INSERT, UPDATE, DELETE문 등을 실행하려면 먼저 공식 문서를 숙지해야 한다. 일반 사용자는 MySQL 워크벤치만 있으면 접근 권한을 충분히 관리할 수 있다.

MySQL 접근 제어 시스템을 다루기 전에 꼭 알아야 할 MySQL만의 특징이 있다. 다음 절은 이러한 특징들을 하나씩 설명한다.

12.2.1 호스트명

MySQL 워크벤치에서 사용자를 추가할 때 Host 항목에 입력했던 값은 MySQL 서버의 호스트명이다. 명령 프롬프트나 PHP 스크립트를 사용해 MySQL 서버에 접속할 때 서버 호스트명을 입력하는데, MySQL 서버는 이 호스트명을 해당 사용자의 Host 항목과 비교한다.

MySQL 서버 외부에서 접속하는 사용자는 www.example.com처럼 특정 호스트명을 써야 원격 서버에 접근할 수 있다. 그러나 서버 내부에서 접속하는 사용자는 호스트명과 상관없이 localhost라는 특수한 명칭으로 서버 자신을 가리킬 수 있다. 그렇다면 서버 내부에서 로그인 할 사용자 계정을 MySQL 서버에 추가할 때는 localhost와 www.example.com 중 어떤 값을 Host 항목에 등록해야 할까?

둘 중에 완벽한 정답은 없다. 이론적으로 PDO 클래스나 명령 프롬프트 프로그램으로 접속할 때 쓰는 호스트명은 해당 사용자 계정의 Host 값과 정확히 일치해야 한다. 서버 내부에서 MySQL에 직접 접속하는 사용자는 굳이 서버의 호스트명을 알 필요가 없으며 알려고 들지도 않는 경우가 대부분이다. localhost로 서버를 가리킬 수 있기 때문이다. 그러나 사용자 계정의 Host 항목을 localhost로 설정하면 해당 계정은 접속 호스트명에 www.example.com을 쓸 수 없다. 반대로 www.example.com으로 설정하면 localhost라는 편리한 호스트명을 두고 특정 호스트명을 정확히 지정해야 한다.

결국 서버 내부에서 접속하는 사용자에게 계정을 두 개 부여해야 한다. 두 계정의 사용자명은 같지만 접속 호스트는 다르다. 하나는 시스템의 실제 호스트명인 www.example.com, 다른 하나는 localhost로 설정한다. 물론 각 계정마다 작업 권한도 따로 설정해야 한다. 사용자 계정이 중복으로 생기는 셈이지만, 현실적으로 유일한 해결 방안이다.

와일드카드 문자 %가 포함된 호스트명도 MySQL 관리자의 발목을 잡는다. %.example.com 같은 호스트명은 MySQL 접근 제어 기능이 의도와 다르게 작동하는 주 원인이다. MySQL은 접속한 사용자명이 같을 때 호스트명이 구체적일수록 높은 우선 순위를 부여한다. 이를테면 www.example.com, %.example.com, % 순서로 구체성과 우선 순위가 높다.

MySQL을 새로 설치하면 root와 익명 사용자 계정에 각각 localhost와 실제 서버 호스트명으로 권한이 두 개씩 생성된다. 이때 익명 사용자란 모든 사용자를 의미한다. 즉 모든 사용자는 localhost에서 MySQL 서버에 접근할 수 있다. 사용자 접근 권한을 새로 생성할 때 호스트명에 와일드카드를 설정하면 익명 사용자보다 우선 순위가 낮아진다. 익명 사용자 접근 권한의 호스트명이 더 구체적이기 때문이다.

MySQL 서버가 설치된 시스템 호스트명이 www.example.com이라 가정하자. jess 사용자 계정을 추가했을 때 user 테이블 데이터는 다음과 같다. 로우의 순서는 MySQL 서버가 접근 권한을 검사하는 우선 순위를 따른다.

```
Host                    User      Password
--------------------    --------  ----------------
localhost               root      encrypted value
www.example.com         root      encrypted value
localhost
www.example.com
%.example.com           jess      encrypted value
```

jess 사용자명은 호스트명이 가장 덜 구체적이므로 마지막 순서로 정렬된다. User 칼럼에 값이 없으면 익명 사용자 권한이다. jess 사용자가 www.example.com 호스트명으로 접근하면 MySQL 서버는 접근 권한 우선 순위에 따라 www.example.com에 지정된 익명 사용자 권한을 먼저 배정한다. 이 권한은 비밀번호가 없으므로 jess 사용자명과 비밀번호를 함께 입력하면 접근이 거부된다. 비밀번호를 입력하지 않으면 접근은 되지만 익명 사용자에게 지정된 매우 제한적인 권한이 할당되며 원래 jess 사용자에게 필요한 권한을 획득할 수 없다.

jess 사용자에게 정확한 권한을 할당하려면 익명 사용자 권한을 모두 지우거나 jess 사용자 권한을 추가로 두 개 부여해야 한다. 익명 사용자 권한 삭제 쿼리는 DELETE FROM mysql. user WHERE User=" "다. 추가 권한은 localhost와 호스트명을 정확히 지정해 생성하며, 다음과 같은 우선 순위를 따른다.

```
Host                  User       Password
------------------    --------   -----------------
localhost             root       encrypted value
www.example.com       root       encrypted value
localhost             jess       encrypted value
www.example.com       jess       encrypted value
localhost
www.example.com
%.example.com         jess       encrypted value
```

사용자마다 세 가지 권한을 할당하려면 부담이 너무 크다. 익명 사용자 권한이 필요 없다면 다음과 같이 해당 권한을 제거하기를 권장한다.

```
Host                  User       Password
------------------    --------   -----------------
localhost             root       encrypted value
www.example.com       root       encrypted value
%.example.com         jess       encrypted value
```

12.2.2 비밀번호 분실

자동차 열쇠를 차 안에 두고 내리는 사고가 종종 발생하듯, MySQL을 설치하고 한동안 설정에 몰두하다 비밀번호를 잊어버리는 일이 꽤 많다. 다행히 비밀번호를 복구하는 방법이 있다. 먼저 MySQL 서버 컴퓨터에 관리자 계정 또는 MySQL 설치 계정으로 로그인해야 한다. 그다음은 지금부터 설명하는 절차를 차근차근 따르면 된다.

> **ATTENTION_ 서버 로그인**
>
> MySQL이 설치된 서버에 로그인하는 방법은 자세히 설명하지 않는다. SSH 접근 권한도 이미 있다고 가정한다.

먼저 다음 명령어를 실행해 MySQL 서버를 종료한다.

```
sudo systemctl stop mysql.service
```

서버를 재시작하기 전에 my.cnf 파일에 skip-grant-tables 설정을 추가해야 한다. 설정 파일 수정 방법은 12.1.3절 '바이너리 로그 증분 백업'에서 설명한다.

my.cnf 파일에서 [mysqld]를 찾고 다음과 같이 skip-grant-tables 설정을 추가하여 저장한다.

```
[mysqld]
skip-grant-tables
```

이 설정은 MySQL 서버의 모든 계정에 무제한적인 권한을 부여한다. 물론 굉장히 위험한 설정이므로 필요한 순간에 잠깐만 허용해야 한다.

다음 명령어로 서버를 재시작한다.

```
sudo systemctl start mysql.service
```

MySQL 워크벤치나 명령 프롬프트 도구로 MySQL 서버에 연결하고 다음 쿼리를 실행해 비밀번호를 재설정한다. 'newpassword' 부분에 바꿀 비밀번호를 넣는다.

```
UPDATE mysql.user SET Password=PASSWORD("newpassword")
WHERE User="homestead"
```

접속을 끊은 다음 MySQL 서버를 다시 종료한다. my.cnf에서 skip-grant-tables 설정을 원래대로 제거한 다음 서버를 재시작하면 새로운 비밀번호로 접속할 수 있다.

이상으로 비밀번호 분실, 복구 작업이 끝났다. 차에 두고 내렸던 열쇠를 아무에게도 들키지 않고 감쪽같이 되찾은 셈이다.

12.3 인덱스

프로그래밍 서적은 대부분 책 말미에 색인이 있다. 색인, 즉 인덱스는 특정 내용을 찾기 쉽도록 정리한 주제어 목록이다. 데이터베이스도 인덱스가 있으며 SELECT 쿼리를 요청했을 때 레코드를 더 쉽게 찾도록 돕는다. 예시를 들어 생각해보자.

인터넷 유머 데이터베이스가 점점 인기를 얻고 유머 글이 수천 개 등록됐다. 특정 유머 글을 검색하는 쿼리는 다음과 같다.

```
SELECT joketext FROM joke WHERE id = 1234
```

만약 인덱스가 없다면 MySQL은 id가 1234인 로우를 찾을 때까지 joke 테이블의 모든 행을 하나씩 살펴본다. 게다가 일치하는 로우가 모두 몇 개인지 알 수 없으니 모든 행을 검사해야 한다.

컴퓨터는 단순 반복 작업을 처리할 때 탁월한 능력을 발휘하지만, 웹 개발은 연산 능력만으로 속도가 결정되는 분야가 아니다. 대형 테이블을 조회할 때 WHERE 조건을 무턱대고 조합하면 쿼리 하나에 30초가 넘게 걸리는 불상사가 생기기도 한다.

다행히 유머 글 id 검색 쿼리는 항상 빠르게 실행된다. joke 테이블 id 칼럼에 인덱스가 있기 때문이다. 인덱스를 확인하려면 MySQL 워크벤치에서 joke 테이블을 우클릭하고 Alter table을 선택한다. 테이블 정보가 화면에 나타나고 하단에 Indexes 탭이 보인다. 클릭하면 테이블 인덱스 목록이 다음과 같이 나타난다.

그림 12-2 테이블 인덱스

화면 중앙 왼쪽 영역 보면 PRIMARY 인덱스가 있다.

joke 테이블을 생성할 때 id 칼럼은 다음과 같이 정의했다.

```
CREATE TABLE joke (
    id INT NOT NULL AUTO_INCREMENT PRIMARY KEY,
    joketext TEXT,
    jokedate DATE NOT NULL,
    authorId INT
) DEFAULT CHARACTER SET utf8 ENGINE=InnoDB;
```

MySQL 테이블 생성 쿼리에서 'key'는 '인덱스'를 의미한다. primary key는 PRIMARY라는 이름이 붙은 인덱스며 해당 칼럼의 값이 중복으로 들어가지 못하도록 제어한다.

즉 지금까지 생성한 모든 데이터베이스 테이블은 id 칼럼에 인덱스가 있다. 특정 id 값을 검색하는 WHERE 절은 신속하게 레코드를 찾을 수 있다. 해당 레코드는 단 하나며, 정확한 위치를 인덱스에서 먼저 검색하기 때문이다.

다음과 같이 SELECT 쿼리 앞에 expalin을 붙여 실행하면 MySQL이 SELECT 쿼리를 수행하는 내부 과정을 직접 볼 수 있다.

```
EXPLAIN SELECT joketext FROM joke WHERE id = 1
```

이 쿼리를 MySQL 워크벤치에서 실행하면 다음과 비슷한 화면을 볼 수 있다.

그림 12-3 PRIMARY 인덱스 조회 여부

다음은 특정 사용자가 작성한 모든 글을 가져오는 SELECT 쿼리다.

```
SELECT * FROM joke WHERE authorId = 2
```

EXPLAIN으로 분석하면 다음과 같은 결과가 보인다.

그림 12-4 인덱스 미사용 쿼리

id	select_type	table	partitions	type	possible_keys	key	key_len	ref	rows	filtered	Extra
1	SIMPLE	joke	NULL	ALL	NULL	NULL	NULL	NULL	3	33.33	Using where

MySQL은 이 쿼리에 적용할 인덱스를 찾지 못하며 모든 테이블 로우를 일일이 탐색한다.
authorId 칼럼에 별도 인덱스를 추가하면 쿼리 속도를 높일 수 있다.

MySQL 워크벤치에서 joke 테이블에 마우스 오른쪽 버튼을 클릭하고 Alter Table을 선택한다. 하단에서 Indexes 탭을 클릭한 다음 인덱스 목록에서 PRIMARY 아랫줄을 더블 클릭하면 인덱스 행이 추가된다. 적절한 인덱스명을 입력한 다음 TYPE은 INDEX로 선택한다. 인덱스 명은 자유롭게 정할 수 있지만 보통 칼럼명을 그대로 쓴다. 한 작성자가 여러 글을 쓸 수 있으므로 authorId 칼럼은 UNIQUE 인덱스로 지정하지 않는다.

그림 12-5 authorId 칼럼 인덱스 생성

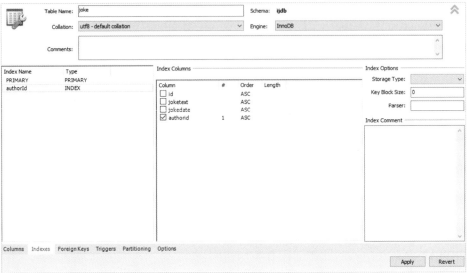

이제 가운데 영역에서 authorId 칼럼 체크박스를 클릭하고 오른쪽 아래 Apply 버튼을 클릭하면 인덱스가 생성된다. EXPLAIN SELECT 쿼리를 다시 실행하면 authorId 인덱스가 잘 적용되는지 확인할 수 있다.

이런 식으로 모든 칼럼마다 인덱스를 추가할 수 있지만 그러지 않는 편이 좋다. 인덱스를 추가하면 디스크 사용량도 늘어나며 INSERT나 UPDATE 쿼리를 실행할 때마다 인덱스 작업 시간이 추가로 걸린다.

일반적으로 인덱스는 웹사이트의 SELECT 쿼리 속도를 높이는 용도로만 쓴다. WHERE, GROUP BY, ORDER BY, JOIN 절에 사용하는 칼럼은 꼭 인덱스를 작성해야 한다.

12.3.1 다중 칼럼 인덱스

id 칼럼이 없는 테이블도 있다. 유머 글과 카테고리의 관계를 표현하는 테이블을 고려해보자. 카테고리 테이블 구조는 다음과 같이 id 칼럼을 가지고 있다.

```
CREATE TABLE `category` (
    `id` INT NOT NULL AUTO_INCREMENT PRIMARY KEY,
    `name` VARCHAR(255),
    PRIMARY KEY (`id`)
) DEFAULT CHARACTER SET utf8 ENGINE=InnoDB;
```

유머 글과 카테고리는 서로 다대다 관계를 맺는다. 하나의 글은 여러 카테고리에 속한다. 가령 'Q: 빈 배열이 집에 못 들어오는 이유는? A: 키가 없어서.'는 프로그래머 유머와 한 줄 유머에 모두 해당한다.

작성자와 유머 글 관계와 달리 카테고리와 유머 글은 joke 테이블에 categoryId 칼럼을 만들어 연결할 수 없다. 작성자는 글마다 한 명뿐이지만 카테고리는 여럿이기 때문이다.

다대다 관계는 조인 테이블^{join table} 또는 정션 테이블^{junction table}로 표현한다. 다음은 jokeId와 categoryId 칼럼이 담긴 joke_category의 로우 목록이다.

```
jokeId ┊ categoryId
1      ┊ 1
1      ┊ 2
2      ┊ 3
3      ┊ 1
```

jokeId와 categoryId 값은 모두 숫자다. '한 줄 유머'의 카테고리 ID가 1이라면 다음 쿼리로 모든 한 줄 유머 글의 jokeId 목록을 구할 수 있다.

```
SELECT jokeId FROM joke_category WHERE categoryId = 1
```

실행 결과는 다음과 같다.

```
jokeId
1
3
```

이렇게 구한 jokeID를 다음과 같이 SELECT 조건에 반복적으로 대입하면 데이터베이스에 저장된 모든 한 줄 유머 글을 얻는다.

```
SELECT * FROM joke WHERE id = 1;
SELECT * FROM joke WHERE id = 3;
```

joke_category 테이블은 명시적인 기본 키가 없다. 자동으로 증가하는 id 칼럼을 억지로 만들 수 있지만 조인 테이블의 필수 요건을 충족시키지 못한다. 조인 테이블은 동일한 id 쌍이 중복으로 들어가면 안 된다. 다음 로우 목록을 살펴보자.

```
jokeId ¦ categoryId
1      ¦ 1
1      ¦ 2
2      ¦ 3
3      ¦ 1
3      ¦ 1
```

1과 3이 저장된 로우가 둘이므로 1번 카테고리를 검색하면 3이 두 번 반환된다. 중복 쌍이 입력되지 않도록 막으려면 다음과 같이 다중 칼럼 기본 키를 설정해야 한다.

```
CREATE TABLE joke_category (
    jokeId INT NOT NULL,
    categoryId INT NOT NULL,
    PRIMARY KEY (jokeId, categoryId)
) DEFAULT CHARACTER SET utf8 ENGINE=InnoDB;
```

이 쿼리는 jokeId와 categoryId 칼럼을 묶어 기본 키로 설정한다. MySQL 워크벤치에서 이 인덱스를 조회하면 [그림 12-6]처럼 보인다. 기본 키는 중복 데이터를 허용하지 않으므로 한 번 등록한 jokeId와 categoryId 쌍을 다시 삽입할 수 없다.

그림 12-6 다중 칼럼 인덱스

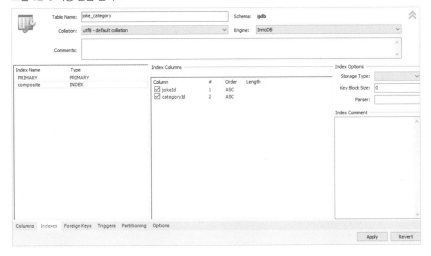

이러한 다중 칼럼 인덱스를 결합 인덱스$^{composite\ index}$라 하며, 인덱스로 지정된 칼럼이 WHERE 조건에 쓰이면 쿼리 속도를 높인다. 다음 쿼리는 3번 글이 4번 카테고리에 포함되는지 검사하 며 인덱스를 조회한다.

```
SELECT * FROM joke_category WHERE jokeid = 3 AND categoryid = 4
```

두 칼럼 중 인덱스 정의에 먼저 나온 칼럼은 단독 인덱스 기능도 수행한다. 다음 쿼리는 1번 글 이 속한 모든 카테고리 아이디를 검색한다. WHERE 조건에 jokeid만 있지만 인덱스 정의에 jokeid 칼럼을 먼저 선언했으므로 jokeid 단독 인덱스를 조회하는 효과를 낸다.

```
SELECT * FROM joke_category WHERE jokeid = 1
```

12.4 외래 키

지금쯤이면 한 테이블에서 다른 테이블 id를 가리키는 칼럼에 익숙할 것이다. 이러한 관계 형 태는 두 테이블을 연결하는 대표적인 방식이다. 예를 들어 joke 테이블의 authorId 칼럼은 author 테이블의 id 칼럼을 가리키며 각 글의 작성자를 나타낸다.

다른 테이블의 특정한 값을 가리키는 칼럼을 데이터베이스 디자인 용어로 외래 키^{foreign key}라고
한다. 다시 말해 authorId 칼럼은 author 테이블의 id 칼럼을 참조하는 외래 키다.

지금까지 만든 테이블의 외래 키 관계는 모두 개념적이었으며 실제로 MySQL에 반영하지 않
았다. 즉 작성자 ID와 authorID는 모두 프로그래머가 직접 연결했다. 실제로 없는 작성자 ID
를 실수로 authorId 칼럼에 입력해도 MySQL은 아무 조치를 취하지 않는다. MySQL 입장에
서 authorId는 그저 숫자를 저장하는 칼럼일 뿐이다.

MySQL은 외래 키 제약 기능을 제공한다. 테이블 사이의 관계를 MySQL에 명시적으로 정의
하고 제약 조건을 걸 수 있다. 외래 키 제약은 테이블을 생성할 때 CREATE TABLE 명령어에
명시한다. 기존 테이블은 ALTER TABLE 명령으로 외래 키 제약을 추가할 수 있다. 다음은 각
각 외래 키 제약을 추가하는 쿼리다.

```
CREATE TABLE joke (
    id INT NOT NULL AUTO_INCREMENT PRIMARY KEY,
    joketext TEXT,
    jokedate DATE NOT NULL,
    authorId INT,
    FOREIGN KEY (authorId) REFERENCES author (id)
) DEFAULT CHARACTER SET utf8 ENGINE=InnoDB
```

```
ALTER TABLE joke
ADD FOREIGN KEY (authorId) REFERENCES author (id)
```

또한 MySQL 워크벤치로 외래 키 제약 조건을 걸 수 있다. 먼저 외래 키 칼럼 authorId에
인덱스를 지정한다. 앞선 두 쿼리를 직접 실행하면 인덱스와 외래 키가 동시에 설정되지만
MySQL 워크벤치를 쓰면 따로 설정해야 한다. authorId 칼럼에 인덱스를 지정한 다음, 화면
하단에서 Foreign Keys 탭을 클릭한다. 외래 키 화면이 나오면 Foreign Key Name 목록을
더블 클릭하고 fk_joke_author를 입력한다. 이 명칭은 MySQL이 관여하지 않으니 사용자가
참조하는 용도로 자유롭게 지정해도 좋다.

다음으로 fk_joke_author 항목에서 오른쪽 referenced table 항목을 클릭하고 author를
선택한다. 그다음 오른쪽 영역에서 authorId 칼럼을 체크하면 Referenced Column에 칼럼
목록이 나오는데, 여기서 id 칼럼을 선택한다.

그림 12-7 MySQL 워크벤치에서 외래 키 설정하기

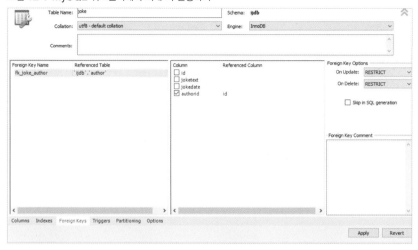

authorId에 외래 키를 설정하면 authorId 칼럼에 값을 입력할 때 MySQL이 외래 키 제약 조건을 검사한다. 입력하려는 authorID가 author 테이블에 존재하지 않는 ID라면 쿼리를 실행하지 않고 오류를 발생시킨다. 또한 author 테이블 레코드를 지울 때, 해당 레코드의 id를 참조하는 joke 테이블 레코드가 있다면 역시 삭제 쿼리를 거부한다.

> **NOTE_ 참조 액션**
>
> 쿼리가 외래 키 제약 조건을 위배할 때 단순히 쿼리를 거부하는 대신 대체 작업을 수행하는데, 이러한 작업을 참조 액션이라 한다. 참조 액션은 외래 키 제약 조건에 추가로 설정하며 MySQL은 지정된 참조 액션에 따라 제약 조건 위배 상황을 해결한다.
>
> MySQL 워크벤치에서 외래 키를 설정할 때 Foreign Key Options 항목의 On Update와 On Delete가 참조 액션 설정이다. 설정값 종류는 CASCADE, SET NULL 등이다. CASCADE로 설정하면 외래 키 원본 레코드가 삭제되거나 갱신됐을 때 외래 키 칼럼도 똑같이 삭제하거나 갱신한다. SET NULL로 설정하면 원본 레코드가 없을 때 외래 키 칼럼값을 NULL로 설정한다.
>
> 참조 액션을 설정하면 사용자가 author나 category 테이블 레코드를 삭제할 때 해당 레코드와 관련된 테이블 데이터를 MySQL이 알아서 처리한다. PHP에서 제약 조건을 검사하고 적절히 처리하기보다 MySQL 워크벤치에서 참조 액션을 설정하는 방식이 훨씬 쉽다. 그러나 참조 액션에 의지하면 웹사이트의 로직이 PHP와 MySQL에 나뉘어 저장된다. 유머 글이나 작성자를 삭제할 때 발생하는 모든 과정을 PHP 컨트롤러에서 관장할 수 없다. 제약 조건에 위배되는 쿼리를 실행하더라도 MySQL에서 문제를 해결하고 PHP로 보고하지 않기 때문이다.

관록 있는 PHP 개발자는 대부분 참조 액션을 선호하지 않으며 외래 키 제약 위배 상황을 PHP에서 통제한다. 심지어 일부 개발자는 외래 키 제약 기능을 아예 사용하지 않는다.

12.5 마치며

이번 장의 분위기는 이전과 사뭇 다르다. 식을 줄 모르던 흥미진진한 코드 대잔치의 열기를 잠시 뒤로 하고 MySQL에 집중했다. 백업과 복구, 접근 제어 시스템, 쿼리 성능 향상, 인덱스, 외래 키 제어 구조 등, 이번 장에서 배운 내용은 MySQL 데이터베이스 서버를 오래도록 견고하게 유지하는 핵심 비법이다. 사이트 방문자와 트래픽이 늘어날수록 데이터베이스 안정성의 가치는 더욱 빛을 발할 것이다.

## CHAPTER 13

관계

지금까지 인터넷 유머 세상 웹사이트를 구축하며 SQL을 여러 방면으로 활용했다. CREATE TABLE, SELECT, UPDATE, INSERT 쿼리 등, 지금쯤 기본적인 SQL은 대부분 외우고 있을 것이다.

5장에서 JOIN 쿼리로 여러 테이블 데이터를 한 번에 가져오는 방법을 배웠다. 특정 사용자가 작성한 모든 글을 검색하거나 특정 카테고리에 속한 모든 글을 검색하는 등, 다양한 상황에 JOIN문을 활용한다.

JOIN문은 여러 테이블에 걸친 관계 데이터를 검색하는 대표적인 방법이다. 그러나 아쉽게도 JOIN문은 객체 지향 프로그래밍에 어울리지 않는다. 일반적으로 객체 지향 프로그래밍의 중첩 객체 구조는 데이터베이스 구조로 표현하기 힘들다. 객체 지향 프로그램은 객체를 계층 구조로 저장하는데, 이러한 기법을 캡슐화라 한다. 작성자 객체는 자신이 작성한 유머 글 목록을 저장하며 카테고리 객체는 해당 카테고리에 속한 유머 글 목록을 저장한다.

특정인이 작성한 모든 글과 작성자 정보를 함께 가져오는 SELECT 쿼리는 다음과 같다.

```sql
SELECT author.name, joke.id, joke.joketext
FROM author
INNER JOIN joke ON joke.authorId = author.id
WHERE authorId = 123
```

이러한 다중 테이블 데이터를 객체 지향 원칙에 맞게 다루려면 특수한 기법을 도입해야 한다. 그러나 일반적인 수준에서 OOP는 다음과 같은 방식으로 유머 글 목록을 가져온다.

```php
// id가 123인 작성자 검색
$author = $authors->findById(123);

// 해당 작성자의 모든 글 가져오기
$jokes = $author->getJokes();

// 해당 작성자의 첫 번째 글 본문 출력
echo $jokes[0]->joketext;
```

SQL은 코드에 직접 작성하지 않는다. 실제로 데이터를 가져오는 작업은 객체 내부에서 이루어진다.

이 코드는 앞선 SQL 쿼리와 똑같은 검색 결과를 도출해야 한다. 그러나 현재 DatabaseTable 클래스는 이런 방식으로 작동하지 않는다. 테이블 사이의 모든 관계를 OOP 클래스 디자인으로 표현하기는 아주 어렵다.

지금까지 코드를 작성할 때 유머 글과 작성자의 관계는 구조가 아닌 절차적인 코드로 구현했다. 가령 작성자와 작성자의 글 목록을 함께 가져오는 코드는 다음과 같다.

```
// id가 123인 작성자 검색
$author = $this->authors->findById(123);

// 해당 작성자의 모든 글 가져오기
$jokesByAuthor = $this->jokes->find('authorId', $authorId);
```

두 테이블을 담당하는 DatabaseTable 인스턴스는 서로 다른 객체며 SELECT 쿼리도 두 번 실행한다.

데이터베이스에 유머 글을 저장하는 과정도 비슷하다.

```
public function saveEdit() {
    $author = $this->authentication->getUser();

    $joke = $_POST['joke'];
    $joke['jokedate'] = new \DateTime();
    $joke['authorId'] = $author['id'];

    $this->jokesTable->save($joke);

    header('location: /joke/list');
}
```

먼저 authentication 클래스로 로그인 사용자 데이터를 읽고 유머 글을 추가할 때 사용자 id 를 추가한다. id 할당 코드는 $joke['authorId'] = $author['id'];다.

유머 글과 작성자를 올바르게 저장하려면 각 데이터가 저장되는 구조를 파악한 다음 코드로 정확히 표현해야 한다.

객체 지향 프로그래밍 원칙에 따르면 구체적인 구현 과정은 가급적 숨겨야 한다. 다음 코드는 객체 지향 원칙에 더 부합한다.

```
public function saveEdit() {
    $author = $this->authentication->getUser();

    $joke = $_POST['joke'];
    $joke['jokedate'] = new \DateTime();

    $author->addJoke($joke);

    header('location: /joke/list');
}
```

바뀐 부분을 자세히 살펴보자. 먼저 $joke['authorId'] = $author['id']; 구문이 사라졌다. 다음으로 $jokesTable 객체가 사라지고 유머 글을 저장할 때 $joke를 $author 객체로 전달한다. $author->addJoke($joke); 코드가 유머 글을 저장한다.

이 코드는 데이터가 내부적으로 어떻게 처리되는지 드러내지 않는다. joke 테이블, authorId 칼럼 등 데이터베이스에서 테이블 관계를 구현하는 요소를 알 수 없다.

객체 지향 프로그래밍은 절차 대신 계층적 구조로 데이터 관계를 구현한다. IjdbRoutes 클래스가 경로 정보를 다차원 배열로 표현하듯 OOP는 객체로 다차원 데이터 구조를 표현한다.

예시에서 $author->addJoke($joke) 메서드를 호출하면 유머 글 데이터가 저장되는데, 저장 위치는 데이터베이스가 아니라 파일일지도 모른다. 데이터 파일 형식은 JSON, XML, 엑셀 등 다양하다. 개발자는 saveEdit() 메서드를 쓸 때 내부적인 데이터 저장 과정을 알 필요가 없다. $author 인스턴스 내부에 데이터가 저장된다는 사실만 알면 그만이다.

객체 지향 프로그래밍 이론은 이러한 특성을 구현 은닉implementation hiding이라 정의한다. 프로그램은 여러 사람이 작성한다. saveEdit()와 addJoke() 메서드를 각기 다른 사람이 작성하는 경우도 있다. saveEdit() 메서드를 작성한 개발자는 실제로 addJoke()가 어떻게 작동하는지 모른다. 데이터를 저장하면 나중에 검색할 수 있다는 사실만 알 뿐이다.

$pdo->query() 메서드를 사용할 때 $pdo와 데이터베이스가 실제로 어떻게 통신하는지 몰라도 아무 문제 없이 코드를 작성할 수 있다. 메서드 인수와 반환 형식만 알면 된다. 다음 코드들을 보는 즉시 각각의 역할을 알 수 있다.

```
$jokes = $author->getJokes();
```

```
echo $joke->getAuthor()->name;
```

```
$joke = $_POST['joke'];
$joke['jokedate'] = new \DateTime();

$author->addJoke($joke);
```

두 번째 예시는 작성자명을 출력한다. $joke 인스턴스에 getAuthor() 메서드가 있다는 사실만 알 뿐 내부적인 작동 과정은 모른다. 작성자명을 클래스 코드에 직접 썼든 데이터베이스에서 가져오든 알 바 아니다.

실제 저장 매체가 바뀌어도 이 코드는 바뀌지 않는다. 가령 저장 위치가 데이터베이스였다가 파일로 바뀌면 getJokes(), getAuthor() 메서드는 새로 만들어야 한다. 그러나 이들을 호출하는 코드는 고칠 필요가 없다.

만일 saveEdit()에서 INSERT 쿼리를 직접 실행하고 데이터베이스 필드를 구체적으로 명시했다면, 데이터 저장 방식이 변경됐을 때 메서드를 완전히 새로 만들어야 한다. saveEdit() 외에 직접 쿼리를 실행하는 다른 메서드도 마찬가지다.

구체적인 구현 코드와 느슨한 호출 코드로 로직을 나누는 기법을 프로그래밍 용어로 관심사 분리라 한다. 유머 글 저장 기능과 데이터베이스 레코드 저장 기능은 관심사가 다르다. 둘을 분리하면 코드 유연성이 향상된다. 유머 글을 저장할 때는 구체적인 저장 로직을 작성하지 않고 addJoke() 메서드만 호출한다. 저장 방식이 바뀌어 addJoke()를 완전히 새로 만들더라도 호출 코드는 바꿀 필요가 없다.

관심사에 따라 코드를 분리하면 테스트 주도 개발test-driven development, TDD 방법론을 도입하기 쉽다. TDD 원칙을 충실히 따르면 실제 데이터베이스가 없어도 saveEdit() 메서드를 테스트할 수 있다. 테스트용 DatabaseTable 클래스를 별도로 만들고 원래 클래스 대신 사용한다. 구체적인 데이터베이스 처리 코드는 DatabaseTable 클래스에 모두 있으므로 나머지 코드는 영향을 받지 않는다.

TDD는 이 책에서 자세히 다루지 않는다. 그러나 코드를 작성할 때 관심사 분리를 최대한 고려하면 나중에 TDD와 자동 테스트 기법을 적용하기 편하다.

TDD를 처음 배울 때는 TDD의 장점을 쉽게 체감하기 어렵다. 처음부터 테스트를 고려하지 않고 코드를 작성하는 중급 개발자도 많다. 그러나 관심사 분리를 고려하고 올바르게 적용하면 코드의 수준과 개발자의 실력이 한층 향상된다. 가급적 개발자 경력 초기부터 습관을 들이는 편이 좋다.

TDD에 관심이 있는 독자는 「Re-Introducing PHPUnit – Getting Started with TDD in PHP」*를 참고하면 좋다. PHP의 TDD 적용 방법을 입문자가 이해하기 쉽도록 설명한다.

13.1 객체 관계 매퍼

지금까지 만들고 다듬었던 DatabaseTable 클래스는 객체 관계 매퍼object relational mapper, ORM 라이브러리다. 오픈 소스로 개발되는 ORM 라이브러리도 많은데 독트린**, 프로펠***, 리드빈PHP**** 등이 대표적이다. ORM 라이브러리는 객체 지향 인터페이스를 사용해 관계형 데이터베이스를 제어하는 역할을 맡는다. DatabaseTable의 근본적인 역할도 ORM 라이브러리와 같다. 실제 SQL 쿼리와 객체 지향 PHP 코드 사이의 간극을 잇는 가교 역할을 한다.

일반적으로 ORM은 객체를 활용한다. 다음은 DatabaseTable 클래스로 유머 글 작성자를 찾고 이름을 출력하는 코드다.

```
$author = $authors->findById(123);

echo $author['name'];
```

$author 변수는 연관 배열이며 각 키는 테이블 칼럼명과 같다. 배열 안에 함수를 담을 수 없으므로***** $author에 addJoke() 메서드를 구현하고 인스턴스처럼 쓰지 못한다.

$author->addJoke($joke)처럼 $author로 메서드를 호출하려면 $author 변수가 배열이

----

* https://www.sitepoint.com/re-introducing-phpunit-getting-started-tdd-php/

** Doctrine, https://www.doctrine-project.org

*** Propel, http://propelorm.org

**** ReadBeanPHP, https://redbeanphp.com/index.php

***** 저자주_ 배열은 클로저라는 특수한 함수를 담을 수 있는데, OOP 방식에 비해 명백한 한계가 있어 굳이 설명하지 않는다.

아니라 객체를 담아야 한다. 우선 작성자를 나타내는 클래스를 만들고 $author에 할당한다. 다음은 작성자 정보를 담을 Author 클래스며 각 속성은 author 테이블 칼럼과 일치한다.

```
namespace Ijdb\Entity;

class Author {
    public $id;
    public $name;
    public $email;
    public $password;
}
```

Author 클래스는 유머 세상 웹사이트 전용 클래스이므로 Ijdb 네임스페이스에 둔다.

이처럼 데이터베이스 테이블 레코드에 직접 대응하는 클래스를 일반적으로 엔티티[Entity] 클래스라 하므로 하위 네임스페이스도 Entity로 지정한다. 앞으로 데이터베이스 테이블마다 엔티티 클래스를 만들 것이다. Author 클래스는 Ijdb/Entity 디렉터리에 Author.php로 저장한다.

각 칼럼에 대응하는 클래스 변수를 반드시 선언할 필요는 없다. 앞으로 작성할 코드는 클래스 변수를 미리 선언하지 않아도 잘 작동한다. 그러나 변수를 미리 선언하면 코드를 봤을 때 객체 구조를 쉽게 파악할 수 있다.

테이블에 칼럼을 추가하면 엔티티 클래스도 그에 해당하는 변수를 추가해야 한다. 시중의 ORM 라이브러리는 대부분 테이블이나 클래스 변경 사항을 자동으로 반영하는 도구를 제공한다. 간단한 명령어를 실행해 테이블 스키마를 엔티티 클래스로 변환하거나 클래스 객체 구조를 테이블에 반영할 수 있다.

ORM 라이브러리의 엔티티 클래스 변환 기능은 여기서 설명하지 않는다. 직접 구현하려면 최소한 두 가지 도구를 익혀야 한다. 테이블 칼럼 목록을 추출하는 DESCRIPBE 쿼리, 클래스 속성 목록을 추출하는 PHP 리플렉션[reflection] 라이브러리다.

13.1.1 Public 속성

지금까지 클래스 변수를 생성할 때 가시성을 private으로 설정했다. private 변수는 오직 클래스 내부 메서드에서만 접근할 수 있다. 클래스 변수를 추가, 삭제, 변경해도 클래스 외부 코드에 문제가 발생하지 않도록 예방하는 효과를 낸다.

또한 private 변수는 클래스의 기능이 망가지지 않도록 보호한다. DatabaseTable 클래스에서 pdo 변수를 public으로 설정하면 다음 코드를 아무 제약 없이 실행할 수 있다.

```
$this->jokesTable->pdo = 1234;
```

이 코드를 실행하면 다음과 같이 DatabaseTable 클래스 메서드를 호출한 코드는 모두 문제를 일으킨다.

```
$this->jokesTable->findById('1243');
```

findById() 메서드에서 \$this->pdo->query()를 호출할 때 pdo 변수에 PDO 인스턴스가 아닌 값이 담겨 있어서 오류가 발생한다.

일반적으로 클래스 변수 가시성을 지정할 때 가장 우선적으로 private을 선택한다. 그러나 엔티티 클래스 변수는 public으로 지정해야 한다.

엔티티 클래스의 기본 기능은 데이터 조회다. 작성자명을 읽을 수 없는 작성자 엔티티 클래스는 쓸모가 없다.

public 속성이 문제를 해결하는 경우는 거의 없다. 그러나 클래스가 데이터 구조를 나타내거나 배열의 역할을 대체하는 경우, public 속성이 비로소 제 구실을 한다.

13.1.2 엔티티 클래스 메서드

배열 대신 클래스에 작성자 데이터를 저장하면 다음과 같이 클래스 메서드를 활용할 수 있다.

```
// id가 1234인 작성자 검색
$author = $this->authorsTable->findById('1234');

// 해당 작성자의 모든 유머 글 검색
$author->getJokes();

// $author가 작성한 새 유머 글 등록
$author->addJoke($joke);
```

getJokes() 메서드의 작동 방식을 예상해보자. $author 클래스에 작성자 id가 클래스 변수로 설정됐다면 getJokes() 메서드 내용은 다음과 비슷할 것이다.

```php
public function getJokes() {
    return $this->jokesTable->find('authorId', $this->id);
}
```

이렇게 find() 메서드를 쓰려면 $author 클래스에 DatabaseTabls 인스턴스가 jokesTable 클래스 변수로 저장되어야 한다. Author 클래스에 getJokes() 메서드를 추가하고 다음과 같이 생성자 인수에 jokesTable 인스턴스를 추가하자.

```php
<?php
namespace Ijdb\Entity;

class Author
{
    public $id;
    public $name;
    public $email;
    public $password;
    private $jokesTable;

    public function __construct(\Hanbit\DatabaseTable $jokesTable)
    {
        $this->jokesTable = $jokesTable;
    }

    public function getJokes()
    {
        return $this->jokesTable->find('authorId', $this->id);
    }
}
```

DatabaseTable 클래스는 배열 대신 Author 클래스 인스턴스를 반환해야 한다. Author 클래스는 다음과 같이 사용될 것이다.

```php
$jokesTable = new \Hanbit\DatabaseTable($pdo, 'joke', 'id');

$author = new \Ijdb\Entity\Author($jokesTable);
```

```
$author->id = 123;

$jokes = $author->getJokes();
```

이 코드는 ID가 123인 작성자의 모든 유머 글을 검색한다. 먼저 Author 인스턴스에 id 속성을 설정한 다음 getJokes() 메서드를 호출해 작성자의 모든 유머 글 데이터를 가져온다.

다음은 addJoke() 메서드다. 유머 글을 인수로 전달받아 authorId 속성을 설정한 다음 데이터베이스에 저장한다.

```
public function addJoke($joke) {
    $joke['authorId'] = $this->id;
    $this->jokesTable->save($joke);
}
```

이 메서드는 Joke 컨트롤러 saveEdit() 메서드에서 사용한다. 유머 글을 저장할 때 다음과 같이 $author->addJoke($joke)를 호출한다.

```
public function saveEdit() {
    $author = $this->authentication->getUser();

    $authorObject = new \Ijdb\Entity\Author($this->jokesTable);

    $authorObject->id = $author['id'];
    $authorObject->name = $author['name'];
    $authorObject->email = $author['email'];
    $authorObject->password = $author['password'];

    $joke = $_POST['joke'];
    $joke['jokedate'] = new \DateTime();

    $authorObject->addJoke($joke);

    header('location: /joke/list');
}
```

이 코드는 예제 코드 저장소 브랜치 Relationships-Author에 있다.

13.1.3 DatabaseTable 클래스와 엔티티 클래스

getUser() 메서드는 데이터를 배열로 반환하므로 $author 배열 데이터를 Author 클래스 인 스턴스의 각 속성으로 복사했다.

$author와 $authorObject는 모두 같은 작성자를 나타내지만 한쪽은 배열, 다른 한쪽은 객체 라는 점이 다르다.

saveEdit() 메서드는 단순히 배열 데이터를 객체로 복사하는 코드가 많은데, 명백히 비효율적 이다. saveEdit() 메서드 밖에서 Author 객체를 생성하고 getUser()에서 반환하면 다음과 같이 코드가 단순해진다.

```php
public function saveEdit() {
    $authorObject = $this->authentication->getUser();

    $joke = $_POST['joke'];
    $joke['jokedate'] = new \DateTime();

    $authorObject->addJoke($joke);

    header('location: /joke/list');
}
```

Authentication 클래스의 getUser() 메서드는 아직 배열을 반환한다. 내부에서 DatabaseTable 클래스의 findById() 메서드 호출 결과를 그대로 반환하는데, findById() 메서드는 현재 다음과 같다.

```php
public function findById($pdo, $table, $primaryKey, $value) {
    $query = 'SELECT * FROM ' . $table . ' WHERE ' . $primaryKey . ' =
    :primaryKey';

    $parameters = [
        'primaryKey' => $value
    ];

    $query = $this->query($query, $parameters);

    return $query->fetch();
}
```

return $query->fetch(); 코드가 사용자 데이터를 배열로 가져와 반환한다. 다행히 fetch() 대신 fetchObject() 메서드를 호출하면 데이터를 손쉽게 객체로 가져올 수 있다. fetchObject() 메서드에 Author 클래스를 지정하면 결과 데이터가 Author 인스턴스로 반환된다. PDO는 단순 배열 대신 Author 클래스 인스턴스를 생성하고 각 칼럼 데이터를 해당 클래스 속성에 할당한다.

return $query->fetch();를 다음과 같이 바꾸면 작성자 정보가 담긴 Author 객체를 반환한다. fetchObject() 메서드의 원리를 설명하는 예시이므로 아직 실제로 작동하지는 않는다.

```
return $query->fetchObject('Author', [$jokesTable]);
```

이 코드에서 메서드 인수는 둘이다.

1 인스턴스를 생성할 클래스명
2 객체를 생성할 때 생성자에 제공할 인수 배열. [$jokesTable]은 원소가 하나인 배열이다. Author 클래스는 생성자 인수가 하나라서 인수 배열 원소도 하나다. 생성자 인수는 클래스마다 개수가 다르므로 이렇게 배열 형태로 전달해야 한다.

PDO 라이브러리에서 배열 대신 Author 클래스 인스턴스를 생성하므로 new Author() 코드로 직접 생성할 필요가 없다.

```
$pdo->query('SELECT * FROM `author` WHERE id = 123');

$author = $query->fetchObject('Author', [$jokesTable]);
```

Author 클래스의 생성자 인수는 $jokesTable 클래스 인스턴스며 fetchObject()를 호출할 때 반드시 두 번째 인수 배열에 담아 전달해야 한다. DatabaseTable은 범용 클래스지만 $jokesTable 인스턴스는 유머 세상 전용 객체이므로 DatabaseTable 클래스에서 $jokesTable 인스턴스를 직접 생성하면 안 된다. findById() 메서드는 authorsTable, jokesTable 인스턴스 등 여러 테이블 객체가 공용으로 쓴다.

테이블이 다르면 테이블 엔티티도 다르며, 엔티티가 다르면 생성자 인수도 다를 것이다.

따라서 Author 클래스명과 생성자 인수를 코드에 명시적으로 작성하는 대신 변수를 활용해야 한다. 다음과 같이 DatabaseTable 클래스 생성자에 $classname과 $constructorArgs 인수를 추가한다. 각 인수는 클래스명과 해당 클래스의 인수를 나타낸다.

```
class DatabaseTable {
    private $pdo;
    private $table;
    private $primaryKey;
    private $className;
    private $constructorArgs;

    public function __construct(\PDO $pdo, string $table, string $primaryKey,
        string $className = '\stdClass', array $constructorArgs = []) {
        $this->pdo = $pdo;
        $this->table = $table;
        $this->primaryKey = $primaryKey;
        $this->className = $className;
        $this->constructorArgs = $constructorArgs;
    }
```

추가한 인수의 기본값을 살펴보자. stdClass는 PHP 내장 클래스며 알맹이가 없는 빈 클래스다. 간단한 데이터를 저장하는 용도로 쓴다.

클래스명 인수를 생략하면 기본적으로 stdClass가 지정된다. 테이블마다 일일이 엔티티 클래스를 만들 필요 없이, 추가로 메서드를 구현할 엔티티 클래스만 만들면 된다.

이제 findById() 메서드에서 fetchObject() 메서드를 호출할 때 클래스명과 인수를 코드에 직접 쓰지 않고 다음과 같이 클래스 변수로 대체한다.

```
public function findById($value) {
    $query = 'SELECT * FROM `' . $this->table . '` WHERE `' . $this->primaryKey
    . '` = :value';

    $parameters = [
        'value' => $value
    ];

    $query = $this->query($query, $parameters);

    return $query->fetchObject($this->className, $this->constructorArgs);
}
```

DatabaseTable의 find()와 findAll() 메서드는 PDO의 fetchAll() 메서드를 사용한다. fetchAll() 메서드도 findById()처럼 배열 대신 객체를 반환할 수 있다. 다음과 같이 첫 번째 인수에 \PDO::FETCH_CLASS, 두 번째 인수에 클래스명, 세 번째 인수에 생성자 인수를 전달한다.

```
return $result->fetchAll(\PDO::FETCH_CLASS, $this->className,
    $this->constructorArgs);
```

DatabaseTable 클래스를 변경했으므로 $authorsTable 인스턴스를 생성할 때 클래스명과 인수를 추가로 전달해야 한다. IjdbRoutes 클래스를 다음과 같이 고친다.

```
$this->jokesTable = new \Hanbit\DatabaseTable($pdo, 'joke', 'id');
$this->authorsTable = new \Hanbit\DatabaseTable($pdo, 'author', 'id',
    '\Ijdb\Entity\Author', [$this->jokesTable]);
```

이제 $authorsTable 인스턴스로 레코드를 검색할 때 다음과 같이 코드를 작성한다.

```
$author = $authorsTable->findById(123);
```

$author 변수는 Author 클래스 인스턴스를 담는다. addJoke() 등 모든 Author 클래스 메서드를 $author로 직접 호출할 수 있다.

authorsTable뿐만 아니라 DatabaseTable 클래스 인스턴스를 사용한 모든 코드가 영향을 받는다. 유머 글을 검색해도 배열 대신 인스턴스가 반환된다. 그러나 유머 글 엔티티 클래스가 아직 없으므로 stdClass 인스턴스가 반환될 것이다.

여기까지 하고 브라우저에서 유머 글 목록 페이지를 열면 다음과 같은 오류 메시지가 보인다.

```
Fatal error: uncaught Error: cannot use object of type stdClass as array in /
home/vagrant/Code/Project/classes/Ijdb/Controllers/Joke.php on line 21
```

이 오류는 나중에 바로잡고, 먼저 saveEdit()를 살펴보자. 현재 saveEdit() 메서드는 다음과 같이 모든 작성자 정보를 일일이 클래스 속성으로 복사한다.

```
public function saveEdit() {
    $author = $this->authentication->getUser();

    $authorObject = new \Ijdb\Entity\Author($this->jokesTable);

    $authorObject->id = $author['id'];
    $authorObject->name = $author['name'];
    $authorObject->email = $author['email'];
    $authorObject->password = $author['password'];

    $joke = $_POST['joke'];
    $joke['jokedate'] = new \DateTime();

    $authorObject->addJoke($joke);

    header('location: /joke/list');
}
```

이제 다음과 같이 고칠 수 있다.

```
public function saveEdit() {
    $author = $this->authentication->getUser();

    $joke = $_POST['joke'];
    $joke['jokedate'] = new \DateTime();

    $author->addJoke($joke);

    header('location: /joke/list');
}
```

getUser()는 Author 인스턴스를 반환하며 이미 모든 정보가 클래스 속성에 담긴다. 직접 $authorObject 인스턴스를 생성하고 각 속성을 일일이 할당할 필요 없이 즉시 인스턴스를 사용할 수 있다.

다음으로 Authentication 클래스에서 배열을 사용한 부분을 객체로 고쳐야 한다. isLoggedIn() 메서드에 다음과 같은 코드가 있다.

```
if (!empty($user) && $user[0][$this->passwordColumn] === $_SESSION['password'])
{
```

다음과 같이 고친다.

```
$passwordColumn = $this->passwordColumn;

if (!empty($user) && $user[0]->$passwordColumn === $_SESSION['password']) {
```

이 부분은 약간 복잡해 보인다. 바뀐 부분을 자세히 살펴보자.

$user[0] 변수는 이제 배열 대신 Author 클래스 인스턴스를 담는다. Author 클래스의 password 속성은 다음과 같이 읽는다.

```
$user[0]->password
```

Authentication 클래스는 비밀번호 칼럼명을 클래스 변수에 담는다. 칼럼명은 웹사이트마다 다르며 password는 Author 엔티티의 패스워드 칼럼명이다.

비밀번호 칼럼이 항상 password라면 모든 $user['password']를 $user->password로 바꿔도 상관없다. 그러나 공용 클래스에서 비밀번호 칼럼명은 passwordColumn 변수에 담고 실제 칼럼명 대신 사용한다. $user가 배열일 때 $user[$this->passwordColumn]으로 비밀번호 값을 읽듯 $user->$this->passwordColumn으로 비밀번호 클래스 속성을 읽어야 한다.

배열 키에 변수를 쓰듯 객체 속성도 변수로 접근할 수 있다. 다음은 그 예시다.

```
$columnName = 'password';

// 배열에서 'password' 키값 읽기
$password = $array[$columnName];

// 객체에서 'password' 속성값 읽기
$password = $object->$columnName;
```

$user[0]->$this->passwordColumn은 얼핏 보면 잘 작동할 것 같지만 실은 그렇지 않다. PHP는 왼쪽에서 오른쪽으로 코드를 읽고 $this를 만났을 때 객체가 아닌 변수명으로 판단한다. 실제로 $this는 변수명이 아닌 객체를 담고 있으므로 $user[0]->$this까지 읽었을 때

오류가 발생한다. $passwordColumn 변수에 비밀번호 칼럼명을 먼저 저장하고 $user[0]->
$passwordColumn으로 접근하면 잘 작동한다.

TIP 중괄호

다음과 같이 $this->passwordColumn을 중괄호로 묶으면 PHP가 괄호 안을 먼저 해석한다. 비밀번호 칼럼
명을 먼저 읽고 $user[0]에서 해당 속성명을 찾으므로 원하는 결과를 얻을 수 있다.

```
$user[0]->{$this->passwordColumn};
```

같은 방법으로 login() 메서드도 고쳐야 한다. 다음은 login() 메서드다.

```php
public function login($username, $password) {
    $user = $this->users->find($this->usernameColumn, strtolower($username));

    if (!empty($user) && password_verify($password,
        $user[0][$this->passwordColumn])) {
        session_regenerate_id();
        $_SESSION['username'] = $username;
        $_SESSION['password'] = $user[0][$this->passwordColumn];
        return true;
    }
    else {
        return false;
    }
}
```

다음과 같이 고친다.

```php
public function login($username, $password) {
    $user = $this->users->find($this->usernameColumn, strtolower($username));

    if (!empty($user) && password_verify($password,
        $user[0]->{$this->passwordColumn})) {
        session_regenerate_id();
        $_SESSION['username'] = $username;
        $_SESSION['password'] = $user[0]->{$this->passwordColumn};
        return true;
    }
    else {
        return false;
```

```
    }
}
```

전체 코드는 예제 저장소 브랜치 Relationships-DatabaseTableEntity에 있다.

웹사이트에 로그인하고 유머 글을 추가하면 saveEdit() 메서드가 실행된 다음 목록 페이지로 이동한다. 목록 페이지는 아직 오류가 발생하지만 MySQL 워크벤치에서 joke 테이블을 확인하면 유머 글이 잘 추가되고 saveEdit() 메서드가 잘 작동했음을 알 수 있다.

13.1.4 Joke 엔티티 객체

이제 유머 목록 페이지를 바로잡을 차례다. 컨트롤러의 다음 코드 때문에 오류가 발생한다.

```
$author = $this->authorsTable->findById($joke['authorId']);
$jokes[] = [
    'id' => $joke['id'],
    'joketext' => $joke['joketext'],
    'jokedate' => $joke['jokedate'],
    'name' => $author['name'],
    'email' => $author['email']
];
```

$author와 $joke는 더 이상 배열이 아니므로 배열 원소를 읽으려 하면 오류가 발생한다. 배열 문법을 다음과 같이 객체 문법으로 변경하면 간단히 오류를 고칠 수 있다.

```
$author = $this->authorsTable->findById($joke->authorId);

$jokes[] = [
    'id' => $joke->id,
    'joketext' => $joke->joketext,
    'jokedate' => $joke->jokedate,
    'name' => $author->name,
    'email' => $author->email
];
```

또한 return 배열에 들어간 $author 변수도 다음과 같이 객체 문법으로 고쳐야 한다.

```
return ['template' => 'jokes.html.php',
    'title' => $title,
    'variables' => [
        'totalJokes' => $totalJokes,
        'jokes' => $jokes,
        'userId' => $author->id ?? null
    ]
];
```

delete() 메서드에서 authorId를 읽는 부분도 다음과 같이 고친다.

```
if ($joke->authorId != $author->id)
```

전체 코드는 예제 저장소 Relationships-Objects 브랜치에서 볼 수 있다.

오류는 해결했지만 객체 지향 원칙에 입각해 더 좋은 구조로 개선할 수 있다. 현재 author, joke 테이블 데이터는 $author, $jokes 배열에 저장되며 칼럼명은 배열 키와 같다.

$jokes 배열 생성 코드는 다음과 같다.

```
public function list() {
    $result = $this->jokesTable->findAll();

    $jokes = [];
    foreach ($result as $joke) {
        $author = $this->authorsTable->findById($joke->authorId);

        $jokes[] = [
            'id' => $joke->id,
            'joketext' => $joke->joketext,
            'jokedate' => $joke->jokedate,
            'name' => $author->name,
            'email' => $author->email
        ];
    }
}
```

$jokes 배열은 템플릿에서 유머 글과 작성자 정보를 출력할 때 쓴다.

출력 과정은 다음과 같다.

- 데이터베이스에서 모든 유머 글을 검색한다.
- 각 유머 글을 반복문에서 차례대로 읽는다.
  - 작성자를 검색한다.
  - 글과 작성자 정보가 모두 저장된 새 배열을 생성한다.
- 배열을 템플릿으로 전달한다.

OOP를 도입하면 이 긴 절차가 상당히 압축된다.

특정 작성자의 모든 글은 $author->getJokes()로 가져온다. 이 관계를 역으로 응용하면 다음과 같이 작성자명을 읽을 수 있다.

```
echo $joke->getAuthor()->name;
```

이 코드는 특정 유머 글의 작성자 정보에 접근하며, 템플릿에서 직접 실행할 수 있다.

$this->jokesTable->findAll();을 실행하면 유머 글 객체 배열이 반환된다. 각 유머 글 객체에서 getAuthor() 메서드를 지원하면 유머 글과 작성자 데이터를 굳이 한 배열로 통합할 필요가 없다.

먼저 Joke 엔티티 클래스를 다음과 같이 만들고 Ijdb/Entity/Joke.php로 저장한다.

```php
<?php
namespace Ijdb\Entity;

class Joke
{
    public $id;
    public $authorId;
    public $jokedate;
    public $joketext;
    private $authorsTable;

    public function __construct(\Hanbit\DatabaseTable $authorsTable)
    {
        $this->authorsTable = $authorsTable;
    }
```

```
    public function getAuthor()
    {
        return $this->authorsTable->findById($this->authorId);
    }
}
```

Joke 클래스와 Author 클래스는 작동 원리가 같다. 다만 Joke 클래스는 author 테이블이 담긴 DatabaseTable 클래스 인스턴스를 생성자로 전달한다.

getAuthor() 메서드는 현재 유머 글의 작성자를 반환한다. 만일 $this->authorId가 5면 ID가 5인 작성자를 Author 객체로 반환한다.

13.1.5 Joke 엔티티 클래스

Joke 클래스를 사용하려면 IjdbRoutes 클래스에서 jokesTable 인스턴스를 생성할 때 authorsTable 인스턴스를 생성자 인수로 전달해야 한다. 실제로 코드에 적용하면 다음과 같다.

```
$this->jokesTable = new \Hanbit\DatabaseTable($pdo, 'joke', 'id',
    '\Ijdb\Entity\Joke', [$this->authorsTable]);

$this->authorsTable = new \Hanbit\DatabaseTable($pdo, 'author', 'id',
    '\Ijdb\Entity\Author', [$this->jokesTable]);
```

이 코드는 jokesTable 인스턴스와 authorsTable 인스턴스를 각각 서로의 생성자로 전달한다.

아무 문제가 없는 것 같지만 사실 그렇지 않다. 코드를 자세히 살펴보자.

authorsTable 인스턴스 생성자를 생성하려면 jokesTable 인스턴스가 필요하고 jokesTable 생성자는 authorsTable 인스턴스가 필요하다. 순환 논리의 오류에 빠진 셈이다. 둘 중 한 인스턴스를 만들려면 다른 인스턴스를 먼저 만들어야 하므로, 결과적으로 두 인스턴스 모두 만들 수 없다.

이 코드를 실행하면 PDO 라이브러리 예외가 발생하며 'Cannot call constructor(생성자를 호출할 수 없습니다)'라는 모호한 오류 메시지가 출력된다. 앞서 설명한 모순이 일으킨 오류다.

순환 의존 구조는 객체 지향 프로그램을 만들다가 종종 마주치는 난제다. 다행히 PHP는 참조 변수라는 기술로 이를 쉽게 해결한다.

13.1.6 참조 변수

참조 변수는 일반 변수와 다르며 윈도우의 바로가기나 맥OS, 리눅스의 심링크^{symlink}와 다소 비슷하다. 바로가기는 실제 데이터가 아니며 단순히 다른 파일을 가리키는 특수한 파일이다. 바로가기를 열면 바로가기가 가리키는 파일이 열린다.

참조 변수의 원리도 비슷하다. 변수에 특정 값을 담는 대신 다른 변수를 가리키는 참조 정보를 담는다. 참조 정보가 담긴 변수를 읽으면 참조 대상 변수가 읽힌다.

참조 변수를 생성하려면 다음과 같이 변수명 앞에 앰퍼샌드 문자 &를 붙인다.

```
$originalVariable = 1;
$reference = &$originalVariable;
$originalVariable = 2;
echo $reference;
```

이 코드를 그대로 실행하면 2가 출력되며 &를 빼면 1이 출력된다. $reference 변수는 $originalVariable 변수를 참조하며 $reference를 읽을 때마다 해당 시점의 $originalVariable 변숫값을 읽는다.

참조 변수는 매우 중요한 기능이며 앞 절에서 설명한 순환 오류의 해결책이다. 다음과 같이 실제 authorsTable 및 jokesTable 인스턴스 대신, 앞으로 인스턴스가 담길 클래스 변수를 참조 변수로 전달한다. 해당 인스턴스를 코드에서 사용할 때는 이미 인스턴스가 생성됐으므로 오류가 발생하지 않는다.

```
$this->jokesTable = new \Hanbit\DatabaseTable($pdo, 'joke', 'id',
    '\Ijdb\Entity\Joke', [&$this->authorsTable]);

$this->authorsTable = new \Hanbit\DatabaseTable($pdo, 'author', 'id',
    '\Ijdb\Entity\Author', [&$this->jokesTable]);
```

DatabaseTable 클래스는 Author, Joke 엔티티 인스턴스를 생성하고 authorsTable과

jokesTable 클래스 변수에 할당한다. 각각을 사용하는 순간 참조 정보를 사용해 해당 인스턴스에 접근한다.

13.1.7 List 컨트롤러 정리

다음은 컨트롤러에서 실행하는 코드다.

```
$joke = $this->jokesTable->findById(123);
echo $joke->getAuthor()->name;
```

유머 글 데이터를 담은 $joke 변수는 객체다. 템플릿에 유머 글 변수를 전달하면 객체를 사용해 작성자 정보에 접근한다.

이제 다음 코드는 필요 없다.

```
$jokes = [];
foreach ($result as $joke) {
    $author = $this->authorsTable->findById($joke->authorId);

    $jokes[] = [
        'id' => $joke->id,
        'joketext' => $joke->joketext,
        'jokedate' => $joke->jokedate,
        'name' => $author->name,
        'email' => $author->email
    ];
}
```

이 코드는 유머 글 변수가 배열일 때 제 구실을 한다. 유머 글마다 작성자 정보를 읽고 통합 배열로 합친다.

하지만 객체를 사용하면 이 코드는 그저 쓸모없는 중복 코드로 전락한다. 다음 부분만 적절히 고치면 전부 지워도 아무 문제 없다.

```
$result = $this->jokesTable->findAll();
```

다음과 같이 $result를 $jokes로 바꾼다.

```
$jokes = $this->jokesTable->findAll();
```

DatabaseTable 클래스는 기존 배열에 담았던 데이터를 그대로 Joke 객체에 담아 반환한다. Joke 클래스는 getAuthor( ) 메서드를 사용해 직접 작성자 정보를 얻는다.

Joke 객체를 jokes.html.php 템플릿으로 전달하면 컨트롤러에서 작성자 정보를 읽을 필요 없이 템플릿에서 직접 접근할 수 있다. 배열 대신 객체를 사용하도록 다음과 같이 템플릿을 수정하자.

예제 13-1 Relationships-JokeObject

```
<p><?=$totalJokes?>개 유머 글이 있습니다.</p>

<?php foreach ($jokes as $joke): ?>
<blockquote>
    <p>
    <?=htmlspecialchars($joke->joketext, ENT_QUOTES, 'UTF-8')?>

    (작성자: <a href="mailto:<?=htmlspecialchars($joke->getAuthor()->email, ENT_
QUOTES, 'UTF-8'); ?>">

    <?=htmlspecialchars($joke->getAuthor()->name, ENT_QUOTES, 'UTF-8'); ?></a>
작성일:

<?php
$date = new DateTime($joke->jokedate);

echo $date->format('jS F Y');
?>)

<?php if ($userId == $joke->authorId):
    ?>
    <a href="/joke/edit?id=<?=$joke->id?>">수정
    </a>
    <form action="/joke/delete" method="post">
        <input type="hidden" name="id" value="<?=$joke->id?>">
        <input type="submit" value="삭제">
    </form>
```

```php
<?php endif; ?>
    </p>
</blockquote>
<?php endforeach; ?>
```

배열을 객체로 교체하는 작업은 아주 간단하다. 예를 들어 $joke['joketext']는 $joke->joketext로 고친다.

작성자 정보를 출력하는 부분은 약간 복잡하다. 작성자 이메일은 작성자 인스턴스를 사용해 구한다. 기존에 $joke['email']로 출력했던 부분을 $joke->getAuthor()->email로 고친다.

이제 템플릿에서 작성자 정보가 잘 출력된다. 템플릿에서 출력할 정보는 컨트롤러를 작성할 때 미리 예측하고 템플릿 변수에 담아야 한다.

컨트롤러는 유머 글 목록 배열만 템플릿으로 전달하며 템플릿은 유머 글 객체에서 유머 글과 작성자 데이터를 직접 얻는다. 추후 joke 테이블에 카테고리 칼럼을 추가해도 컨트롤러를 고치지 않고 템플릿에서 즉시 출력할 수 있다.

13.1.8 정리

DatabaseTable 클래스 작동 방식이 바뀌어 유머 글 수정 페이지에 오류가 발생한다. editjoke.html.php 템플릿도 배열 대신 유머 글 객체에 접근해야 한다. 다음과 같이 배열 문법을 객체 문법으로 고친다.

예제 13-2 Relationships—EditJoke

```php
<?php if (empty($joke->id) || $userId == $joke->authorId):?>
<form action="" method="post">
    <input type="hidden" name="joke[id]" value="<?=$joke->id ?? ''?>">
    <label for="joketext">유머 글을 입력해주세요:</label>
    <textarea id="joketext" name="joke[joketext]" rows="3"
    cols="40"><?=$joke->joketext ?? ''?></textarea>
    <input type="submit" name="submit" value="저장">
</form>
<?php else:
?>
```

```
<p>자신이 작성한 글만 수정할 수 있습니다.</p>

<?php endif; ?>
```

모든 면에서 객체 지향 원리에 충실한 웹사이트가 완성됐다. 엔티티마다 전용 클래스를 만들고 필요한 메서드를 자유롭게 추가할 수 있다.

13.2 캐싱

Joke 엔티티 클래스의 기능을 자세히 관찰하면 성능 면에서 개선할 부분이 보인다. getAuthor() 메서드를 살펴보자.

```
public function getAuthor() {
    return $this->authorsTable->findById($this->authorId);
}
```

기능은 아무 문제가 없지만 작동 과정이 비효율적이다. getAuthor() 메서드를 호출할 때마다 데이터베이스에 똑같은 쿼리를 전송하고 똑같은 결과 데이터를 받는다. 다음 코드는 데이터베이스에 쿼리를 세 번 전송한다.

```
echo $joke->getAuthor()->name;
echo $joke->getAuthor()->email;
echo $joke->getAuthor()->password;
```

SQL 질의는 변수 조회보다 훨씬 느리다. 데이터베이스에 쿼리를 전송할 때마다 페이지 속도가 조금씩 느려진다. 쿼리 한 개의 영향력은 미미하지만 반복적으로 실행하면 어느 순간부터 눈에 띄게 느려진다.

쿼리 실행 횟수를 줄이려면 다음과 같이 Author 객체를 한 번만 가져와 변수에 담고 해당 변수로 값을 조회해야 한다.

```
$author = $joke->getAuthor();
echo $author->name;
```

```
echo $author->email;
echo $author->password;
```

getAuthor()를 한 번만 호출하므로 쿼리도 세 번이 아닌 한 번만 호출한다. 세련된 방법은 아니지만 어쨌든 문제는 해결된다. 그러나 이 방법이 일관적으로 효과를 발휘하려면 getAuthor()를 처음 호출하고 변수에 저장한 위치를 항상 기억해야 한다. 대형 웹사이트처럼 페이지가 많으면 일일이 기억하기 쉽지 않다.

이러한 상황에서 쓰기 좋은 기법이 투명 캐싱transparent caching이다. 캐싱은 데이터를 저장했다가 나중에 빠르게 접근하는 기능으로, 겉으로 봤을 때 내부적으로 캐싱 과정을 알 필요가 없어 투명 캐싱이라 한다.

캐싱을 구현하려면 먼저 작성자 엔티티를 담을 클래스 속성 $author를 추가한다.

```
class Joke {
    // ...
    public $joketext;
    private $authorsTable;
    private $author;
    // ...
```

다음으로 getAuthor() 메서드에 캐싱 로직을 추가한다.

- 클래스 변수 author에 값이 있는지 확인한다.
- 없으면 데이터베이스에서 작성자 데이터를 가져와 저장한다.
- author 변수를 반환한다.

```
public function getAuthor() {
    if (empty($this->author)) {
        $this->author = $this->authorsTable->findById($this->authorId);
    }

    return $this->author;
}
```

전체 코드는 예제 저장소 브랜치 Relationships-Cached에서 볼 수 있다.

간단한 if문으로 author 클래스 변수를 먼저 확인하고, 값이 없으면 getAuthor() 메서드로 데이터베이스에서 작성자 정보를 가져와 클래스 변수에 저장한다. findById() 메서드는 getAuthor() 메서드를 처음 실행할 때만 호출한다.

이제 다음 코드를 모두 실행해도 데이터베이스 쿼리는 한 번만 전송한다.

```
echo $joke->getAuthor()->name;
echo $joke->getAuthor()->email;
echo $joke->getAuthor()->password;
```

잠재적 문제 요소를 클래스 내부에서 처리했다. 클래스 외부에서 메서드를 자유롭게 사용해도 엔티티 클래스 인스턴스마다 쿼리는 한 번씩만 실행된다.

13.3 카테고리

지금까지 테이블 사이에 관계를 수립하고 클래스로 나타내는 여러 방법을 배웠다. 이번 절에서는 새로운 관계 구조를 배운다.

아직 유머 세상 웹사이트는 글이 별로 없다. 하지만 앞으로 많은 사람들이 웹사이트에 가입하고 글을 올리기 시작하면 목록 페이지가 순식간에 늘어날 것이다.

유머 글 목록이 한 눈에 들어오지 않을 정도로 늘어날 경우 특정 카테고리에 속하는 글만 추려서 보는 기능이 있으면 편리하다. 예를 들어 개발자 유머, 한 줄 유머, Q&A 유머 등이다.

유형에 따라 글을 분류하려면 유머 글과 유머 카테고리 데이터 사이에 관계를 수립해야 한다. 카테고리를 나열할 category 테이블을 생성하고 joke 테이블에 categoryId 칼럼을 추가하면 유머 글과 카테고리를 연결할 수 있다.

그러나 유머 글 한 편은 여러 카테고리에 속한다.

카테고리 관계를 구현하기 전에 카테고리를 추가하는 폼 페이지를 먼저 추가하자. 마지막으로 웹사이트에 페이지를 추가한 지 꽤 오래다. 그간 코드 구조가 많이 바뀌었으니 페이지 추가 과정을 다시 한 번 자세히 설명할 것이다.

먼저 카테고리를 저장할 테이블을 다음 쿼리로 생성한다.

```
CREATE TABLE `ijdb_sample`.`category` (
    `id` INT NOT NULL AUTO_INCREMENT,
    `name` VARCHAR(255) NULL,
    PRIMARY KEY (`id`));
```

SQL 쿼리를 직접 실행하거나 MySQL 워크벤치를 써서 category 테이블을 생성하고 id와 name 칼럼을 추가한다. id는 기본 키며 AUTO_INCREMENT로 설정하고 name 칼럼 타입은 VARCHAR다.

다음 코드로 Category 컨트롤러를 만들고 Ijdb/Controllers/Category.php에 저장한다. 이 컨트롤러는 category 테이블과 상호작용하므로 DatabaseTable 클래스를 생성자 인수에 추가한다.

```php
<?php
namespace Ijdb\Controllers;

class Category
{
    private $categoriesTable;

    public function __construct(\Hanbit\DatabaseTable $categoriesTable)
    {
        $this->categoriesTable = $categoriesTable;
    }
}
```

유머 글 컨트롤러처럼 액션 메서드를 추가한다. list()는 카테고리 목록, delete()는 카테고리 삭제, edit()는 추가/수정 폼, saveEdit()는 저장 메서드다.

폼 저장 템플릿을 추가한다. editcategory.html.php 템플릿을 만들고 다음 내용을 넣는다.

```php
<form action="" method="post">
    <input type="hidden" name="category[id]" value="<?=$category->id ?? ''?>">
    <label for="categoryname">카테고리명:</label>
    <input type="text" id="categoryname" name="category[name]"
        value="<?=$category->name ?? ''?>" />
    <input type="submit" name="submit" value="저장">
</form>
```

전체 코드는 예제 저장소 브랜치 Relationships-AddCategory에 있다.

editjoke.html.php처럼 editcategory.html.php도 수정과 삭제 공용 템플릿이다. 수정 폼은 $category 변수를 전달받아 입력란을 미리 채운다.

Category 컨트롤러에 다음과 같이 edit() 메서드를 추가한다.

```php
public function edit() {
    if (isset($_GET['id'])) {
        $category = $this->categoriesTable->findById($_GET['id']);
    }

    $title = '카테고리 수정';
    return ['template' => 'editcategory.html.php',
        'title' => $title,
        'variables' => [
            'category' => $category ?? null
        ]
    ];
}
```

다음은 IjdbRoutes다. 먼저 category 테이블에 연결된 DatabaseTable 클래스 인스턴스를 생성해야 한다. authorsTable과 jokesTable처럼 생성자에서 인스턴스를 만들어 클래스 변수에 저장한다.

```php
class IjdbRoutes implements \Hanbit\Routes {
    private $authorsTable;
    private $jokesTable;
    private $categoriesTable;
    private $authentication;

    public function __construct() {
        include __DIR__ . '/../../includes/DatabaseConnection.php';
        $this->jokesTable = new \Hanbit\DatabaseTable($pdo, 'joke',
            'id', '\Ijdb\Entity\Joke', [&$this->authorsTable]);

        $this->authorsTable = new \Hanbit\DatabaseTable($pdo, 'author',
            'id', '\Ijdb\Entity\Author', [&$this->jokesTable]);

        $this->categoriesTable = new \Hanbit\DatabaseTable($pdo, 'category','id');
        // ...
```

category 테이블 전용 엔티티 클래스는 없다. 엔티티 테이블에 별도 기능을 추가할 필요가 없으므로 기본값인 stdClass 클래스를 사용한다.

다음과 같이 라우터에서 category 컨트롤러 인스턴스를 생성하고 카테고리 수정 페이지 경로를 추가한다. URL은 /category/edit다.

예제 13-3 Relationships–AddCategory2

```
$authorController = new \Ijdb\Controllers\Register($this->authorsTable);
$loginController = new \Ijdb\Controllers\Login($this->authentication);
$categoryController = new \Ijdb\Controllers\Category($this->categoriesTable);

$routes = [
// ...
'category/edit' => [
    'POST' => [
        'controller' => $categoryController,
        'action' => 'saveEdit'
    ],
    'GET' => [
        'controller' => $categoryController,
        'action' => 'edit'
    ],
    'login' => true
],
// ...
```

http://192.168.10.10/category/edit에 접속해 폼이 잘 출력되는지 확인한다. POST 액션 경로에 saveEdit() 액션을 지정했으므로 다음과 saveEdit() 메서드를 추가하면 폼 전송 후 데이터베이스에 카테고리가 추가된다.

예제 13-4 Relationships–AddCategory–Save

```
public function saveEdit() {
    $category = $_POST['category'];

    $this->categoriesTable->save($category);

    header('location: /category/list');
}
```

폼 필드에 값을 입력하고 제출하면 목록 페이지로 이동하며 오류 메시지가 나타난다. 목록 페이지는 아직 없지만 MySQL 워크벤치에서 category 테이블을 조회하면 폼이 잘 작동했는지 확인할 수 있다.

추가한 카테고리는 http://192.168.10.10/category/edit?id=1에 접속해 수정할 수 있다.

잠시 한 걸음 물러나 지금까지 구축한 프레임워크와 클래스의 위력을 되새겨보자. 단지 코드 몇 줄과 파일 몇 개로 순식간에 폼을 만들었다. 데이터 입력, 레코드 검색, 수정 기능이 모두 완벽히 작동한다. INSERT와 UPDATE 쿼리를 일일이 전송했던 4장에 비하면 장족의 발전이다. 프레임워크가 없었다면 훨씬 오랜 시간과 많은 코드를 들여야 했을 것이다.

13.3.1 목록 페이지

코드를 약간만 더하면 목록 페이지도 순식간에 완성된다. 먼저 다음과 같이 categories.html. php 템플릿을 추가한다. 이 템플릿은 카테고리를 차례로 출력하며 각 항목에 수정/삭제 버튼을 표시한다.

```
<h2>카테고리</h2>

<a href="/category/edit">카테고리 추가</a>

<?php foreach ($categories as $category): ?>
<blockquote>
    <p>
    <?=htmlspecialchars($category->name, ENT_QUOTES, 'UTF-8')?>

    <a href="/category/edit?id=<?=$category->id?>">수정</a>
    <form action="/category/delete" method="post">
        <input type="hidden" name="id" value="<?=$category->id?>">
        <input type="submit" value="삭제">
    </form>
    </p>
</blockquote>

<?php endforeach; ?>
```

다음은 Category 컨트롤러에 추가할 list() 메서드다.

```php
public function list() {
    $categories = $this->categoriesTable->findAll();

    $title = '카테고리 목록';

    return ['template' => 'categories.html.php',
        'title' => $title,
        'variables' => [
        'categories' => $categories
        ]
    ];
}
```

마지막으로 IjdbRoutes에 다음과 같이 목록 페이지 경로를 추가한다.

```php
'category/list' => [
    'GET' => [
        'controller' => $categoryController,
        'action' => 'list'
    ],
    'login' => true
],
```

전체 코드는 예제 저장소 브랜치 Relationships-ListCategories에서 볼 수 있다.

카테고리 수정 페이지는 앞 절에서 추가했다. 삭제 기능만 추가하면 전체 카테고리 관리 페이지가 완성된다. 다음은 삭제 링크 경로와 액션 메서드다.

```php
'category/delete' => [
    'POST' => [
        'controller' => $categoryController,
        'action' => 'delete'
    ],
    'login' => true
],
```

```
public function delete() {
    $this->categoriesTable->delete($_POST['id']);

    header('location: /category/list');
}
```

전체 코드는 예제 저장소 브랜치 Relationships-DeleteCategory에 있다.

13.4 카테고리 관계 구조

웹사이트에 카테고리 등록 기능을 추가했으니 이제 카테고리와 유머 글을 연결할 수 있다.

joke 테이블에 categoryId 칼럼을 추가하고 유머 글 등록 페이지에 〈select〉 태그를 추가해 카테고리를 선택하는 방식이 가장 쉽다.

그러나 유머 글 한 편은 여러 카테고리에 속하므로 이러한 방식으로 구현하면 유연성이 떨어진 다. categoryId 칼럼을 joke 테이블에 추가하기보다 조인 테이블을 별도로 구성해 글과 카테 고리 관계를 맺는 편이 낫다. 조인 테이블의 칼럼은 jokeId와 categoryId다.

MySQL 워크벤치에서 다음 쿼리를 실행해 joke_category 테이블을 만든다.

```
CREATE TABLE `ijdb_sample`.`joke_category` (
    `jokeId` INT NOT NULL,
    `categoryId` INT NOT NULL,
    PRIMARY KEY (`jokeId`, `categoryId`));
```

jokeId와 categoryId 칼럼을 함께 기본 키로 지정한다. 특정 유머 글과 카테고리 쌍은 한 번 만 저장되며 중복 저장 시 오류가 발생한다.

시험 삼아 데이터베이스에 카테고리를 몇 개 추가해보자. http://192.168.10.10/category/ edit에 접속해 '프로그래밍'과 '한 줄', 'Q&A' 유머 카테고리를 추가한다.

다음은 테스트용 유머 글과 소속 카테고리다.

- 프로그래머 남편이 우유를 10개 사왔다. 우유 사면서 계란 있으면 10개 사오라고 했을 뿐인데. ('프로그래밍')

- 세상에는 10종류의 사람이 있다. 이진수를 이해하는 사람과 이해 못하는 사람. ('한 줄')

- !false는 '앳 거짓'이라는 뜻이 아냐. 그냥 '참'이라고! ('한 줄')

다음은 여러 카테고리에 동시에 해당하는 유머들이다.

Q : 빈 배열이 집에 못 들어오는 이유는?

A : 키가 없어서. ('프로그래머', 'Q&A')

Q : 전구 하나를 갈려면 몇 명의 프로그래머가 필요한가?

A : 필요 없음. 그건 하드웨어 문제니까. ('프로그래머', 'Q&A')

눈으로 훑어볼 시간에 그냥 실행해라. CPU는 뇌세포보다 빠르다. 그리고 그 동안 쉴 수 있다. ('프로그래머', '한 줄')

Q : 왜 프로그래머들은 할로윈과 크리스마스를 혼동할까?

A : 'Oct 31 ═ Dec 25'니까. ('프로그래머', 'Q&A')

카테고리 선택 기능을 추가하고 등록 기능을 테스트할 때 유용하게 쓰기 바란다.

〈select〉 선택 상자는 항목 중 하나만 선택할 수 있다. 여러 카테고리를 선택하려면 체크박스를 활용해야 한다.

카테고리 목록은 editjoke.html.php 템플릿에서 출력하므로 Joke 컨트롤러에서 카테고리 정보를 전달해야 한다. 다음과 같이 Joke 컨트롤러의 생성자 인수와 클래스 변수에 $categoriesTable을 추가한다.

```php
class Joke {
    private $authorsTable;
    private $jokesTable;
    private $categoriesTable;
    private $authentication;

    public function __construct(DatabaseTable $jokesTable,
        DatabaseTable $authorsTable, DatabaseTable $categoriesTable,
        Authentication $authentication)
    {
        $this->jokesTable = $jokesTable;
        $this->authorsTable = $authorsTable;
        $this->categoriesTable = $categoriesTable;
        $this->authentication = $authentication;
    }
    // ...
```

categoriesTable은 DatabaseTable 인스턴스며 다음과 같이 IjdbRoutes에서 생성하고
Joke 컨트롤러로 전달해야 한다.

```
$jokeController = new \Ijdb\Controllers\Joke($this->jokesTable,
$this->authorsTable, $this->categoriesTable, $this->authentication);
```

edit() 메서드는 다음과 같이 템플릿으로 카테고리 목록을 전달한다.

```php
public function edit() {
    $author = $this->authentication->getUser();
    $categories = $this->categoriesTable->findAll();

    if (isset($_GET['id'])) {
        $joke = $this->jokesTable->findById($_GET['id']);
    }

    $title = '유머 글 수정';

    return ['template' => 'editjoke.html.php',
        'title' => $title,
        'variables' => [
            'joke' => $joke ?? null,
            'userId' => $author->id ?? null,
            'categories' => $categories
        ]
    ];
}
```

editjoke.html.php 템플릿은 다음과 같이 카테고리 목록을 읽고 체크박스를 출력한다.

```html
<form action="" method="post">
    <input type="hidden" name="joke[id]" value="<?=$joke->id ?? ''?>">
    <label for="joketext">유머 글을 입력해주세요:</label>
    <textarea id="joketext" name="joke[joketext]" rows="3" cols="40">
```

```
        <?=$joke->joketext ?? ''?></textarea>

    <p>유머 카테고리 선택:</p>
    <?php foreach ($categories as $category): ?>

    <input type="checkbox" name="category[]" value="<?=$category->id?>" />
    <label><?=$category->name?></label>

    <?php endforeach; ?>

    <input type="submit" name="submit" value="저장">
  </form>
```

등록/수정 페이지 템플릿은 자주 봐서 익숙할 테니 추가한 내용만 간단히 확인하자.

```
    <?php foreach ($categories as $category): ?>
```

카테고리를 차례로 읽는다.

```
    <input type="checkbox" name="category[]" value="<?=$category->id?>" />
```

카테고리 체크박스를 생성한다. value 속성값에 $category->id를 지정한다

```
    name="category[]"
```

name 속성에 category[]를 지정하면 체크한 카테고리 ID가 폼을 전송할 때 배열로 전달된다. 예를 들어 1과 3을 체크하면 $_POST['category'] 변수에 ['1', '3'] 배열이 저장된다.

이 상태로 페이지에 접속하면 화면이 약간 어색한데, 다음 CSS를 jokes.css에 추가하면 보기 좋게 바뀐다.

```
    form p {clear: both;}
    input[type="checkbox"] {float: left; clear: left; width: auto; margin-right:
    10px;}
    input[type="checkbox"] + label {clear: right;}
```

전체 코드는 예제 저장소 브랜치 Relationships-JokeCategory에 있다.

유머 글을 추가할 때 카테고리를 다중 선택하고 폼을 제출하면 saveEdit() 메서드에서 유머 글 카테고리를 저장해야 한다.

선택한 카테고리 ID가 $_POST 변수에 배열로 저장된다는 점이 중요하다. 각 카테고리 ID는 유머 글 ID와 쌍을 이루어 joke_category 테이블 레코드로 저장된다.

joke_category 테이블에 레코드를 추가하려면 DatabaseTable 인스턴스가 필요하다. IjdbRoutes 클래스에 다음과 같이 $jokeCategoriesTable 변수를 추가하고 인스턴스를 생성한다.

```php
// ...
private $jokeCategoriesTable;
    public function __construct() {
        include __DIR__ . '/../../includes/DatabaseConnection.php';

        $this->jokesTable = new \Hanbit\DatabaseTable($pdo, 'joke',
            'id', '\Ijdb\Entity\Joke', [&$this->authorsTable]);
        $this->authorsTable = new \Hanbit\DatabaseTable($pdo, 'author',
            'id', '\Ijdb\Entity\Author', [&$this->jokesTable]);
        $this->categoriesTable = new \Hanbit\DatabaseTable($pdo, 'category',
            'id');

        $this->jokeCategoriesTable = new \Hanbit\DatabaseTable($pdo,
            'joke_category', 'categoryId');
        // ...
```

Joke 컨트롤러에서 jokeCategoriesTable 인스턴스로 데이터를 직접 추가해도 되지만 객체 지향 프로그래밍에 어울리는 방식은 아니다. $author->addJoke()로 유머 글을 등록하듯, 유머 글 등록 후 다음과 같이 카테고리를 추가할 것이다.

```php
$joke->addCategory($categoryId);
```

$joke는 Joke 엔티티 인스턴스며 addCategory() 메서드는 saveEdit() 메서드에서 호출해야 한다. 다음과 같이 카테고리 저장 코드를 추가한다.

```php
public function saveEdit() {
    $author = $this->authentication->getUser();
```

```
    $joke = $_POST['joke'];
    $joke['jokedate'] = new \DateTime();

    $jokeEntity = $author->addJoke($joke);

    foreach ($_POST['category'] as $categoryId) {
        $jokeEntity->addCategory($categoryId);
    }

    header('location: /joke/list');
}
```

가장 중요한 코드는 $jokeEntity = $author−〉addJoke($joke);다.

addJoke() 메서드는 현재 값을 반환하지 않는다. 유머 글을 추가한 다음 해당 글의 Joke 엔티티 인스턴스를 반환해야 $jokeEntity 변수에서 addCategory() 메서드를 호출할 수 있다.

유머 글은 jokesTable 인스턴스로 가져올 수 있다. 쉽게 생각하면 다음과 같은 과정을 거쳐 addJoke()에서 유머 글 엔티티를 반환할 수 있다.

- $_POST에서 유머 글 데이터를 가져온다.
- Author 엔티티 클래스의 addJoke() 메서드에 전달하고 글을 등록한다.
- findById() 메서드로 데이터베이스에 SELECT 쿼리를 전달해 방금 등록된 유머 글을 검색한다.

코드로 쓰면 다음과 같다.

```
public function addJoke($joke) {
    $joke['authorId'] = $this->id;

    // 데이터베이스에 유머 글 저장
    $this->jokesTable->save($joke);

    // 객체로 새 유머 글 가져오기
    return $this->jokesTable->findById($id);
}
```

이 코드는 두 가지 문제점이 있다.

1 새로 등록한 유머 글의 ID를 모른다.

2 데이터베이스에 쿼리를 두 번 실행하므로 성능이 저하된다. 먼저 INSERT 쿼리로 유머 데이터를 전송한 다음 SELECT 쿼리를 실행해 방금 등록한 데이터를 다시 가져온다. 글 데이터는 $joke 변수에 이미 있으므로 데이터베이스에서 다시 가져올 필요가 없다.

Joke 엔티티 인스턴스는 addJoke() 메서드가 아니라 DatabaseTable 클래스에서 생성하는 편이 여러모로 효율적이다. 레코드 추가는 DatabaseTable 클래스의 save() 메서드가 담당한다. save() 메서드에서 엔티티를 생성하면 어느 테이블이든 레코드를 추가할 때마다 해당 레코드를 담은 엔티티를 반환할 수 있다.

save() 메서드에서 엔티티를 반환하면 addJoke() 메서드 코드는 다음과 같이 작성해야 한다.

```php
public function addJoke($joke) {

    $joke['authorId'] = $this->id;

    return $this->jokesTable->save($joke);
}
```

addJoke() 메서드는 DatabaseTable 클래스에서 save() 메서드가 반환한 결과를 그대로 반환한다.

다음은 현재 DatabaseTable 클래스의 save() 메서드다.

```php
public function save($record) {
    try {
        if ($record[$this->primaryKey] == '') {
            $record[$this->primaryKey] = null;
        }

        $this->insert($record);
    }
    catch (\PDOException $e) {
        $this->update($record);
    }
}
```

save() 메서드는 insert() 또는 update() 메서드를 호출한다. 추가/수정 기능을 수행한 다음 적절한 엔티티 클래스 인스턴스를 생성하고 반환해야 한다. 유머 글은 Joke 클래스, 작성자는 Author 클래스다.

다음은 엔티티 인스턴스 생성 코드다.

```
$entity = new $this->className(...$this->constructorArgs);
```

처음보는 연산자도 있고 변수도 많아 꽤 복잡해 보인다. 중요한 역할을 하는 코드니만큼 어떻게 동작하는지 정확히 이해해야 한다.

Joke 클래스를 예로 들어 생각해보자. Joke 엔티티 클래스 인스턴스는 다음과 같이 생성한다.

```
$joke = new \Ijdb\Entity\Joke($authorsTable);
```

Joke의 전체 클래스명은 \Ijdb\Entity\Joke며 $this->className 변수에 저장된다. 따라서 이 코드를 다음과 같이 바꿀 수 있다.

```
$joke = new $this->className($authorsTable);
```

위의 두 코드는 똑같이 작동한다.

그러나 엔티티 클래스는 생성자 인수의 종류와 개수가 서로 다르다. 예를 들어 Author 엔티티 클래스는 $jokesTable 인스턴스를 배열에 담아 생성자로 전달받고, $this->constructorArgs 변수에 담는다.

... 연산자는 언패킹unpacking 연산자 또는 스플랫splat 연산자라 하며 여러 인수를 배열로 묶어 전달한다.

예제 코드를 살펴보자.

```
$array = [1, 2];

someFunction(...$array);
```

앞의 코드는 다음 코드와 똑같다.

```
someFunction(1, 2);
```

언패킹 연산자는 다음과 같이 엔티티 클래스 인수에 응용할 수 있다.

```
$entity = new $this->className(...$this->constructorArgs);
```

이 코드는 다음 코드와 똑같은 결과를 낸다.

```
$entity = new $this->className($this->constructorArgs[0],
    $this->constructorArgs[1]);
```

$entity 변수에 엔티티 객체가 저장되며 객체 유형은 $this->className에 따라 다르다. $jokesTable 인스턴스에서 실행하면 Joke 엔티티 인스턴스가 $entity에 저장된다.

이 코드를 다음과 같이 save() 메서드에 배치한다.

```
public function save($record) {
    $entity = new $this->className(...$this->constructorArgs);

    try {
        if ($record[$this->primaryKey] == '') {
            $record[$this->primaryKey] = null;
        }
        $this->insert($record);
    }
    catch (\PDOException $e) {
        $this->update($record);
    }

    return $entity;
}
```

save() 메서드에서 먼저 빈 엔티티 클래스를 만들고 insert()나 update()를 정상적으로 호출한 다음 엔티티 클래스에 데이터를 할당해야 한다. 다음과 같이 foreach문을 추가한다.

```
public function save($record) {
    $entity = new $this->className(...$this->constructorArgs);
    try {
        if ($record[$this->primaryKey] == '') {
            $record[$this->primaryKey] = null;
        }
```

```
            $this->insert($record);
        }
        catch (\PDOException $e) {
            $this->update($record);
        }

        foreach ($record as $key => $value) {
            if (!empty($value)) {
                $entity->$key = $value;
            }
        }

        return $entity;
    }
```

foreach문에서 가장 중요한 코드는 $entity->$key = $value;다. foreach는 각 칼럼명과
값을 차례대로 $key와 $value에 할당한다. 가령 $key가 joketext라면 $value는 유머 글 본
문 내용이 담긴다. 객체 접근 연산자(->) 다음에 $key를 써서 각 칼럼별 속성을 가리키고 값
을 할당한다.

경우에 따라 엔티티 속성 중 일부가 먼저 할당될 때도 있다. if (!empty($value))는 이미 엔
티티에 설정된 값이 null로 바뀌지 않도록 보호한다.

```
$record = ['joketext' => 'Q: 빈 배열이 집에 못 들어오는 이유는? A: 키가 없어서.',
'authorId' => 1,
'jokedate' => '2018-06-22'];

foreach ($record as $key => $value) {
    if (!empty($value)) {
        $joke->$key = $value;
    }
}
```

이 코드는 다음과 똑같은 역할을 한다.

```
$joke->joketext = 'Q: 빈 배열이 집에 못 들어오는 이유는? A: 키가 없어서.';

$joke->authorId = 1;

$joke->jokedate = '2018-06-22';
```

일반적으로 PHP에서 배열을 객체로 변환할 때 foreach문으로 각 원소를 객체 속성에 할당한다.

요약하면 save() 메서드로 전달한 배열을 foreach문에서 엔티티 객체 속성으로 할당한 다음 엔티티를 반환한다.

$record 변수에 모든 칼럼과 값이 저장되므로 update() 메서드를 실행할 때도 온전한 엔티티 객체를 반환한다.

레코드를 새로 등록할 때 폼 데이터 배열은 기본 키가 없다. 유머 글 등록 폼은 id를 제외한 joketext, jokedate, authorId 칼럼값을 save() 메서드로 전달한다. ID는 데이터베이스가 레코드를 추가할 때 발급하므로 미리 전달할 수 없다.

기본 키 ID는 MySQL 데이터베이스가 자동으로 생성하며 INSERT 쿼리를 실행한 후에 확인한다.

PDO 라이브러리는 신규 ID를 아주 간단히 조회하는 메서드를 제공한다. 데이터베이스에 INSERT 쿼리를 전송하고 lastInsertId() 메서드를 호출하면 마지막으로 추가한 레코드의 ID를 반환한다.

다음은 DatabaseTable 클래스의 insert() 메서드다. INSERT 쿼리를 수행한 다음 마지막으로 추가한한 레코드의 ID를 반환한다.

```php
private function insert($fields) {
    $query = 'INSERT INTO `' . $this->table . '` (';

    foreach ($fields as $key => $value) {
        $query .= '`' . $key . '`,';
    }

    $query = rtrim($query, ',');

    $query .= ') VALUES (';

    foreach ($fields as $key => $value) {
        $query .= ':' . $key . ',';
    }
```

```
    $query = rtrim($query, ',');

    $query .= ')';

    $fields = $this->processDates($fields);

    $this->query($query, $fields);

    return $this->pdo->lastInsertId();
}
```

save() 메서드는 반환된 ID를 이용해 다음과 같이 엔티티 객체의 기본 키를 설정한다.

```
public function save($record) {
    $entity = new $this->className(...$this->constructorArgs);

    try {
        if ($record[$this->primaryKey] == '') {
            $record[$this->primaryKey] = null;
        }

        $insertId = $this->insert($record);

        $entity->{$this->primaryKey} = $insertId;

    }
    catch (\PDOException $e) {
        $this->update($record);
    }

    foreach ($record as $key => $value) {
        $entity->$key = $value;
    }

    return $entity;
}
```

$this->primaKey를 엔티티 속성명으로 활용하기 위해 $entity->{$this->primaryKey}처럼 중괄호를 썼다. 이는 다음 코드와 같은 역할을 한다.

```
$insertId = $this->insert($record);

$primaryKey = $this->primaryKey;

$entity->$primaryKey = $insertId;
```

save() 메서드가 완성됐다. save() 메서드를 호출할 때마다 해당 레코드 데이터가 담긴 엔티티 인스턴스가 반환된다.

13.4.1 카테고리 할당

이번 절은 유머 글에 카테고리를 할당하는 기능을 추가한다. 다음과 같이 Joke 컨트롤러의 saveEdit() 메서드에서 유머 글 인스턴스를 사용해 카테고리를 할당한다.

```php
public function saveEdit() {
    $author = $this->authentication->getUser();

    $joke = $_POST['joke'];
    $joke['jokedate'] = new \DateTime();

    $jokeEntity = $author->addJoke($joke);

    foreach ($_POST['category'] as $categoryId) {
        $jokeEntity->addCategory($categoryId);
    }

    header('location: /joke/list');
}
```

$author->addJoke($joke);는 유머 글을 새로 등록하며 해당 글이 담긴 Joke 엔티티를 반환한다. Joke 엔티티 객체에서 $jokeEntity->addCategory($categoryId);를 호출하면 신규 유머 글에 카테고리가 할당된다.

물론 addCategory() 메서드는 Joke 엔티티 클래스에 새로 추가해야 한다.

addCategory() 메서드는 joke_category 테이블에 레코드를 추가하므로 DatabaseTable 인스턴스를 다뤄야 한다. 다음과 같이 Joke 클래스 생성자 인수에 jokeCategoriesTable 인수와 클래스 변수를 추가한다.

```php
<?php
namespace Ijdb\Entity;

class Joke {
    public $id;
    public $authorId;
    public $jokedate;
    public $joketext;
    private $authorsTable;
    private $author;
    private $jokeCategoriesTable;

    public function __construct(\Hanbit\DatabaseTable $authorsTable,
        \Hanbit\DatabaseTable $jokeCategoriesTable) {
        $this->authorsTable = $authorsTable;
        $this->jokeCategoriesTable = $jokeCategoriesTable;
    }
    // ...
```

또한 IjdbRoutes에서 $jokesTable 인스턴스를 생성할 때 다음과 같이 생성자 인수를 추가한다.

```php
$this->jokesTable = new \Hanbit\DatabaseTable(
    $pdo,'joke', 'id', '\Ijdb\Entity\Joke',
    [&$this->authorsTable, &$this->jokeCategoriesTable]);
```

마지막 배열 인수에 &$this->jokeCategoriesTable을 추가한다. jokesTable 인스턴스 내부에서 \Ijdb\Entity\Joke 인스턴스를 생성할 때마다 authorsTable과 jokeCategoriesTable 인스턴스가 생성자 인수로 전달된다.

Joke 엔티티 클래스에 다음과 같이 addCategory() 메서드를 추가한다.

```php
public function addCategory($categoryId) {
    $jokeCat = ['jokeId' => $this->id,
        'categoryId' => $categoryId];

    $this->jokeCategoriesTable->save($jokeCat);
}
```

전체 코드는 예제 저장소 Relationships-AssignCategory 브랜치에서 볼 수 있다.

addCategory() 메서드는 아주 간단하다. 첫 줄은 레코드 데이터가 담긴 배열을 선언한다. jokeId 키에 Joke 엔티티의 유머 글 ID를, categoryId 키에 메서드 인수 $categoryId를 할당한다.

이제 유머 글을 등록할 때 글이 속한 카테고리도 함께 저장된다.

시험 삼아 유머 글을 등록하고, 해당 글과 카테고리가 joke_category 테이블에 잘 추가되는지 MySQL 워크벤치에서 확인한다.

13.5 카테고리별 목록

카테고리 저장 기능을 구현했으니 이제 카테고리별 목록 페이지를 구현할 차례다.

먼저 유머 글 목록 페이지에 카테고리 선택지를 추가하자.

첫 단계는 아주 간단하다. 유머 목록 페이지에 카테고리별 링크를 출력한다. 다음 두 부분만 고치면 끝난다.

1 list() 메서드에서 다음과 같이 카테고리 목록을 템플릿으로 전달한다.

```php
public function list() {
    $jokes = $this->jokesTable->findAll();

    $title = '유머 글 목록';

    $totalJokes = $this->jokesTable->total();

    $author = $this->authentication->getUser();

    return ['template' => 'jokes.html.php',
        'title' => $title,
        'variables' => [
            'totalJokes' => $totalJokes,
            'jokes' => $jokes,
            'userId' => $author->id ?? null,
            'categories' => $this->categoriesTable->findAll()
        ]
```

```
    ];
}
```

2 jokes.html.php 템플릿에서 다음과 같이 반복문으로 카테고리별 목록 링크를 출력한다.

```
<ul class="categories">
    <?php foreach ($categories as $category): ?>
    <li><a href="/joke/list?category=<?=$category->id?>">
    <?=$category->name?></a><li>
    <?php endforeach; ?>
</ul>
```

화면을 더 보기 좋게 꾸미려면 다음과 같이 카테고리 목록과 글 목록을 div 태그로 감싼다.

```
<div class="jokelist">

<ul class="categories">
    <?php foreach ($categories as $category): ?>
    <li><a href="/joke/list?category=<?=$category->id?>"><?=$category->name?></
a><li>
    <?php endforeach; ?>
</ul>

<div class="jokes">
    <p><?=$totalJokes?>개 유머 글이 있습니다.</p>
<?php foreach ($jokes as $joke): ?>
    // ...
<?php endforeach; ?>

</div>
```

추가로 다음 CSS를 적용한다.

```
.jokelist {display: table;}
.categories {
    display: table-cell; width: 20%;
    background-color: #333; padding: 1em; list-style-type: none;
}
.categories a {color: white; text-decoration: none;}
.categories li {margin-bottom: 1em;}
.jokelist .jokes {display: table-cell; padding: 1em;}
```

전체 코드는 예제 저장소 브랜치 Relationships-CategoryList에서 볼 수 있다.

카테고리 목록 표시 작업은 끝났지만 아직 카테고리별 목록 링크는 제대로 작동하지 않는다. 각 링크는 $_GET 배열에 category를 추가하고 카테고리 ID를 지정한다. 1번 카테고리 링크를 클릭하면 /jokes/list?category=1 링크로 이동한다.

다음에 할 일은 자명하다. $_GET 배열에 category 변수가 있을 때 해당 카테고리에 해당하는 유머 글만 검색하도록 코드를 고쳐야 한다.

만약 joke 테이블에 categoryId 칼럼을 추가해 유머 글과 카테고리의 관계를 표현했다면 카테고리별 유머 글은 쉽게 검색할 수 있다. 다음과 같이 list() 액션 메서드에서 $jokes 변수 할당 코드를 약간만 고치면 된다.

```php
if (isset($_GET['category'])) {
    $jokes = $this->jokesTable->find('category', $_GET['category']);
}
else {
    $jokes = $this->jokesTable->findAll();
}
```

그러나 유머 글과 카테고리는 다대다 관계라서 이렇게 쉽게 검색할 수 없다. 다음은 jokeCategoriesTable을 컨트롤러에 전달해 검색하는 방법이다.

```php
if (isset($_GET['category'])) {
    $jokeCategories = $this->jokeCategoriesTable->find('categoryId',
        $_GET['categoryId']);

    $jokes = [];

    foreach ($jokeCategories as $jokeCategory) {
        $jokes[] = $this->jokesTable->
        findById($jokeCategory->jokeId);
    }
}
else {
    $jokes = $this->jokesTable->findAll();
}
```

이 예제는 joke_category 테이블에서 특정 카테고리 id에 해당하는 모든 categoryId와 jokeId 쌍을 검색한다.

검색한 레코드를 반복문에 담아 차례로 읽는다. 각 레코드의 jokeId를 joke 테이블에서 검색한 다음 $jokes 배열에 유머 글 정보를 차례로 담는다.

실제로 이렇게 구현하려면 Joke 컨트롤러에 jokeCategoriesTable 클래스 변수와 생성자 인수를 추가해야 한다. 또한 IjdbRoutes에서 Joke 컨트롤러 인스턴스를 생성할 때 jokeCategoriesTable 인스턴스를 전달해야 한다.

그러나 훨씬 나은 방법이 있으므로 이 방식은 채택하지 않는다. 코드는 작동 결과만큼 실행 위치도 중요하다. 앞선 코드는 잘 작동하며 상당히 단순하다. 그러나 위치를 바꾸면 다음과 같이 훨씬 효과적인 코드로 변신한다.

```
$category = $this->categoriesTable->findById($_GET['category']);

$jokes = $category->getJokes();
```

이 코드는 list() 메서드가 아니라 프로그램 내 어디서든 유머 목록을 검색할 수 있다.

이미 $joke->getAuthor() 메서드를 비슷하게 구현한 적이 있다. 원칙적으로 둘은 같은 방식으로 작동한다.

$category 변수는 카테고리 데이터를 담은 Category 엔티티 인스턴스다. Category 엔티티 클래스는 새로 만들어야 한다. 다음은 jokesTable, jokeCategoriesTable 인스턴스를 생성자 인수로 받고 getJokes() 메서드를 구현한 Category 엔티티 클래스다.

```php
<?php
namespace Ijdb\Entity;

use Hanbit\DatabaseTable;

class Category
{
    public $id;
    public $name;
    private $jokesTable;
    private $jokeCategoriesTable;
```

```
    public function __construct(DatabaseTable $jokesTable, DatabaseTable
$jokeCategoriesTable)
    {
        $this->jokesTable = $jokesTable;
        $this->jokeCategoriesTable = $jokeCategoriesTable;
    }

    public function getJokes()
    {
        $jokeCategories = $this->jokeCategoriesTable->find('categoryId',
            $this->id);
        $jokes = [];

        foreach ($jokeCategories as $jokeCategory) {
            $joke = $this->jokesTable->findById($jokeCategory->jokeId);

            if ($joke) {
                $jokes[] = $joke;
            }
        }

        return $jokes;
    }
}
```

이 코드를 classes/Ijdb/Entity/Category.php 파일에 저장한다. getJokes() 메서드 코드는 앞서 보였던 코드와 거의 비슷하며, $_GET['category'] 대신 $this->id를 사용하고 $jokes 배열을 반환한다는 점이 다르다. if ($joke) 조건문은 간단한 안전 조치다. 데이터베이스에서 유머 글이 검색됐을 때만 $jokes 배열에 데이터를 추가하도록 제한한다.

IjdbRoutes에서 categoriesTable 인스턴스를 생성할 때 다음과 같이 Category 엔티티 클래스명과 두 생성자 인수를 전달한다.

```
$this->categoriesTable = new \Hanbit\DatabaseTable($pdo, 'category', 'id',
 '\Ijdb\Entity\Category', [&$this->jokesTable, &$this->jokeCategoriesTable]);
```

마지막으로 list() 액션 메서드에서 유머 글을 검색할 때 다음과 같이 getJokes() 메서드를 호출한다.

```
if (isset($_GET['category'])) {
    $category = $this->categoriesTable->findById($_GET['category']);
    $jokes = $category->getJokes();
}
else {
    $jokes = $this->jokesTable->findAll();
}
```

전체 코드는 예제 저장소 Relationships-CategoryList2 브랜치에서 볼 수 있다.

특정 카테고리를 검색해 $category에 담고 $category->getJokes()를 호출하면 해당 카테고리에 속한 유머 글을 모두 검색할 수 있다.

앞서 만든 카테고리별 목록 링크를 클릭하면 해당 카테고리에 속한 유머 글만 목록 페이지에 나타날 것이다.

13.6 카테고리 해제

카테고리와 관련한 기능을 대부분 구현했지만 유머 글 수정 페이지는 아직 제대로 작동하지 않는다. 해결할 문제는 크게 둘이다.

첫 번째 문제는 화면에 바로 보인다. 유머 글을 저장할 때 선택했던 카테고리가 수정 페이지에서 제대로 표시되지 않는다.

기존 카테고리를 표시하려면 체크박스 출력 코드를 고쳐야 한다. 다음은 기존 코드다.

```
<p>유머 카테고리 선택:</p>
<?php foreach ($categories as $category): ?>
    <input type="checkbox" name="category[]" value="<?=$category->id?>" />
    <label><?=$category->name?></label>
<?php endforeach; ?>
```

input 태그에 다음과 같이 checked 속성을 추가하면 체크박스가 선택된 상태로 출력된다.

```
<input type="checkbox" checked name="category[]" value="<?=$category->id?>" />
```

반복문 안에 if문을 추가하고 검사 결과에 따라 checked를 추가해야 한다. 출력문은 간단하지만 소속 카테고리를 판단하는 조건문은 약간 어렵다.

이 문제도 객체 지향 원칙에 입각해 접근한다. joke 엔티티에 hasCategory() 메서드를 추가하고 다음과 같이 조건문에서 호출할 것이다.

```
if ($joke->hasCategory($category->id))
```

다음은 hasCategory() 메서드다.

```php
public function hasCategory($categoryId) {
    $jokeCategories = $this->jokeCategoriesTable->find('jokeId', $this->id);

    foreach ($jokeCategories as $jokeCategory) {
        if ($jokeCategory->categoryId == $categoryId) {
            return true;
        }
    }
}
```

특정 유머 글이 소속된 모든 카테고리를 찾은 다음 반복문을 실행해 $categoryId와 하나씩 비교한다.

editjoke.html.php 템플릿은 다음과 같이 소속 카테고리를 검사한다.

```php
<p>유머 카테고리 선택:</p>
<?php foreach ($categories as $category): ?>

<?php if ($joke && $joke->hasCategory($category->id)): ?>
    <input type="checkbox" checked name="category[]" value="<?=$category->id?>" />
<?php else: ?>
    <input type="checkbox" name="category[]" value="<?=$category->id?>" />
<?php endif; ?>

<label><?=$category->name?></label>
<?php endforeach; ?>
```

수정 페이지에 들어가면 유머 글을 등록할 때 체크했던 카테고리가 그대로 다시 나타난다. 첫 번째 과제를 해결했다.

두 번째 문제는 눈에 잘 띄지 않는다. 유머 글을 수정할 때 카테고리를 변경하지 않으면 아무 문제가 없다. 그러나 이미 선택했던 카테고리를 해제하고 저장하면 제대로 반영되지 않는다.

시험 삼아 수정 페이지에서 모든 카테고리를 선택 해제하고 저장해보자. 수정 페이지를 다시 열면 기존에 선택했던 카테고리가 그대로 다시 선택된다.

이러한 현상은 체크박스를 사용할 때 흔히 발생하는 문제다. 체크박스를 선택했을 때 joke_ category 테이블에 레코드를 추가하는 로직은 있지만, 해당 체크박스가 해제됐을 때 레코드를 제거하는 로직이 없다.

수정 폼을 제출했을 때 카테고리를 해제하는 과정은 다음과 같다.

- 모든 카테고리를 검색하고 반복문으로 하나씩 읽는다.
- 해당 카테고리가 선택됐는지 확인한다.
- 선택되지 않았고 기존 레코드가 있다면 삭제한다.

그러나 모든 카테고리를 반복문으로 일일이 검사하려면 코드를 꽤 길게 작성해야 한다.

훨씬 간단한 방법이 있다. 수정할 유머 글의 기존 카테고리를 일단 모두 지우고, 글을 등록할 때처럼 체크박스를 검사한 다음 선택된 카테고리를 다시 등록한다. 결과적으로 수정 페이지에서 선택한 카테고리로 갱신된다.

굉장히 비효율적인 방법임에 틀림없다. 유머 글을 수정할 때 기존 카테고리를 바꾸지 않더라도 항상 카테고리 레코드를 삭제하고 다시 추가한다. 그러나 로직은 가장 단순하다.

DatabaseTable 클래스의 delete() 메서드는 기본 키를 이용해 레코드를 삭제한다. 그러나 joke_category 테이블은 기본 키가 jokeId, categoryId 쌍이므로 delete() 메서드를 쓸 수 없다.

다음과 같이 find 메서드와 비슷하게 deleteWhere() 메서드를 구현한다.

```php
public function deleteWhere($column, $value) {
    $query = 'DELETE FROM ' . $this->table . ' WHERE ' . $column . ' = :value';

    $parameters = [
        'value' => $value
```

```
    ];

    $query = $this->query($query, $parameters);
}
```

SELECT 쿼리 대신 DELETE 쿼리를 전송하는 점을 빼면 find 메서드와 똑같다. 예를 들어 $jokesTable->deleteWhere('authorId', 7)은 authorId가 7인 작성자의 모든 유머 글을 삭제한다.

다음으로 Joke 엔티티 클래스에 다음과 같이 clearCategories() 메서드를 추가한다. 이 메서드는 특정 유머 글의 카테고리 정보를 모두 제거한다.

```
public function clearCategories() {
    $this->jokeCategoriesTable->deleteWhere('jokeId', $this->id);
}
```

$joke->clearCategories()를 호출하면 joke_category 테이블에서 $joke 유머 글에 해당하는 레코드가 모두 삭제된다. 다음과 같이 Joke 컨트롤러의 saveEdit() 메서드에 clearCategories() 호출 코드를 추가한다.

```
public function saveEdit() {
    $author = $this->authentication->getUser();

    $joke = $_POST['joke'];
    $joke['jokedate'] = new \DateTime();

    $jokeEntity = $author->addJoke($joke);

    $jokeEntity->clearCategories();

    foreach ($_POST['category'] as $categoryId) {
        $jokeEntity->addCategory($categoryId);
    }

    header('location: /joke/list');
}
```

전체 코드는 예제 저장소 브랜치 Relationships-ChangeCategories에 있다.

유머 글 수정 페이지에 들어가 일부 카테고리를 해제하고 저장한 다음 수정 페이지에 다시 들어가보자. 카테고리 변경 사항이 잘 저장될 것이다.

13.7 사용자 권한

사용자 등록, 유머 글 등록, 수정, 삭제, 카테고리별 조회 기능을 추가했다. 유머 글에 관련된 모든 기능이 완비된 셈이다.

이제 사용자 권한으로 눈을 돌려보자. 만일 다른 작성자가 올린 글을 삭제하거나 유머 글 본문 오타를 수정하려면 어떻게 해야 할까?

지금은 불가능하다. 유머 글을 수정할 때 작성자 정보를 확인하고 본인이 작성한 글이 아니면 페이지에 접근할 수 없다.

또한 누구나 새 카테고리를 추가할 수 있다. 카테고리 정보는 사용자보다 웹사이트 관리자만 추가하도록 제한하는 편이 낫다.

사용자의 역할과 권한은 모든 웹사이트 운영자가 관심을 기울이는 주제다. 일반적으로 계정마다 접근 권한을 따로 부여하고 기능적 제한을 둔다.

유머 세상 웹사이트의 사용자 계정은 최소한 다음과 같은 접근 등급으로 나뉜다.

1 일반 사용자 : 유머 글을 등록하고 자신의 글을 수정, 삭제할 수 있음
2 관리자 : 일반 사용자의 권한을 모두 보유함. 카테고리를 등록, 수정, 삭제하고 모든 사용자의 글을 수정, 삭제할 수 있음. 또한 다른 사용자의 권한을 지정할 수 있음

유머 세상 사이트는 작성자가 곧 사용자다. 사용자 권한은 간단히 author 테이블에 칼럼을 추가하고 등급을 나타내는 값으로 저장할 수 있다. 가령 일반 사용자는 1, 관리자는 2다. 다음은 로그인 사용자가 웹 페이지에 접근했을 때 사용자 권한을 확인하는 코드다.

```
$author = $this->authentication->getUser();
if ($author->accessLevel == 2) {
    // 관리자
}
```

```
else {
    // 관리자가 아님
}
```

코드만 봐도 쉽게 이해할 수 있다. 권한 검사 메서드를 별도로 만들고 if ($author-)
isAdmin())처럼 조건문에서 활용하는 방법도 있다.

이러한 방식은 사용자가 적거나 관리자가 한 명인 소규모 웹사이트에 잘 어울린다.

규모가 큰 웹사이트는 사용자 권한 등급도 다양해야 한다. 가령 관리자 권한 없이 카테고리 추
가 권한이 있는 등급도 필요하다. 카테고리 관리자가 전체 관리자를 겸하면 실제 관리자의 권
한을 박탈하고 사이트를 마음대로 운영해버릴 위험이 있다.

각 기능마다 별도로 접근 권한을 부여하면 권한 등급을 더 유연하게 나눌 수 있다. 예를 들어
카테고리를 수정하는 기능만 따로 권한을 부여하면 관리자 권한과 겹치지 않는다.

유머 세상 웹사이트에서 고려할 권한들은 다음과 같다.

- 다른 사용자의 유머 글 수정
- 다른 사용자의 유머 글 삭제
- 카테고리 추가
- 카테고리 수정
- 카테고리 삭제
- 사용자 권한 수정

접근 권한 구조를 데이터베이스에 구현하기 전에 코드에서 권한을 확인하는 방법부터 고민해
보자.

Author 엔티티 클래스에 hasPermission() 메서드를 추가한다. 이 메서드는 인수를 한 개 전
달받고 로그인 사용자의 권한을 검사한 다음 참 또는 거짓을 반환한다.

각 권한에 번호를 지정하면 다음 코드로 사용자의 접근 권한을 판단한다.

```
if ($author->hasPermission(1))
```

2는 글 삭제, 3은 카테고리 추가 등, 기능에 따라 권한을 부여한다.

대략적인 틀은 마련했지만 실제 코드가 하는 역할은 한 눈에 들어오지 않는다. $author->hasPermission(6) 코드를 봤을 때 6의 의미는 코드만 봐서 알 수 없다.

각 권한값을 상수에 저장하면 코드를 읽고 이해하기 쉽다. 상수는 변수처럼 값을 저장하지만 한번 지정하면 바꿀 수 없다. 일반적으로 상수는 프로그램을 시작할 때 일괄적으로 정의한다.

객체 지향 프로그래밍에서 상수는 다음과 같이 클래스에 정의한다.

```php
<?php
    namespace Ijdb\Entity;

    class Author {
        const EDIT_JOKES = 1;
        const DELETE_JOKES = 2;
        const LIST_CATEGORIES = 3;
        const EDIT_CATEGORIES = 4;
        const REMOVE_CATEGORIES = 5;
        const EDIT_USER_ACCESS = 6;
```

NOTE_ 상수명

통상적으로 상수명은 대문자로 작성하며 언더스코어로 단어를 잇는다. 소문자도 무방하지만 모든 프로그래밍 언어에서 보편적으로 대문자를 쓴다.

접근 권한은 작성자마다 다르므로 Author 엔티티 클래스에 상수를 정의한다.

또한 hasPermission() 메서드를 다음과 같이 정의한다.

```php
<?php
namespace Ijdb\Entity;

class Author {
    const EDIT_JOKES = 1;
    const DELETE_JOKES = 2;
    const LIST_CATEGORIES = 3;
    const EDIT_CATEGORIES = 4;
    const REMOVE_CATEGORIES = 5;
    const EDIT_USER_ACCESS = 6;
    // ...
```

```
public function hasPermission($permission) {
    // ...
}
```

메서드 코드 본문을 작성하기 전에 호출 방법을 먼저 살펴보자. 다음은 권한 검사 조건문이다.

```
$author = $this->authentication->getUser();

if ($author->hasPermission(\Ijdb\Entity\Author::LIST_CATEGORIES)) {
    // ...
}
```

상수는 네임스페이스, 클래스 이름, ::, 상수명을 차례로 붙여 나타낸다. :: 연산자는 클래스 상수, 정적 속성 등에 접근할 때 쓴다.

상수는 인스턴스가 아니라 클래스 소속이므로 인스턴스를 만들어 접근할 필요가 없다. 인스턴스를 만들어도 클래스 상숫값은 항상 같다.

권한 검사는 두 단계에 걸쳐 구현한다. 첫 번째는 페이지 접근 단계다. 로그인 상태 검사처럼 라우터에서 권한을 검사하고 적절하게 접근을 차단한다.

페이지 접근 권한은 EntryPoint에서 확인하지만 웹사이트마다 검사 방식이 다르므로 IjdbRoutes 클래스에 검사 메서드를 구현한다.

```
public function checkPermission($permission): bool {
    $user = $this->authentication->getUser();

    if ($user && $user->hasPermission($permission)) {
        return true;
    } else {
        return false;
    }
}
```

checkPermission() 메서드는 현재 로그인 사용자를 확인하고 특정 권한이 있는지 검사한다.

이 메서드는 모든 웹사이트가 구현해야 하므로 Routes 인터페이스에 다음과 같이 checkPermission() 메서드를 추가한다.

```php
<?php
namespace Hanbit;

interface Routes
{
    public function getRoutes(): array;
    public function getAuthentication(): \Hanbit\Authentication;
    public function checkPermission($permission): bool;
}
```

checkPermission() 메서드는 EntryPoint 클래스에서 호출한다. 접근 권한은 페이지마다 다르므로 권한 정보를 나타내는 permissions 항목을 $routes 배열에 추가해야 한다. 다음은 카테고리 관련 페이지에 권한 정보를 추가한 배열이다. 권한을 나타내는 배열 키는 permissions다.

```php
'category/edit' => [
    'POST' => [
        'controller' => $categoryController,
        'action' => 'saveEdit'
    ],
    'GET' => [
        'controller' => $categoryController,
        'action' => 'edit'
    ],
    'login' => true,
    'permissions' => \Ijdb\Entity\Author::EDIT_CATEGORIES
],
'category/delete' => [
    'POST' => [
        'controller' => $categoryController,
        'action' => 'delete'
    ],
    'login' => true,
    'permissions' => \Ijdb\Entity\Author::REMOVE_CATEGORIES
],
'category/list' => [
    'GET' => [
        'controller' => $categoryController,
        'action' => 'list'
    ],
    'login' => true,
    'permissions' => \Ijdb\Entity\Author::LIST_CATEGORIES
],
```

배열에 permissions 항목을 추가하고 권한 상수를 지정했다. EntryPoint에 추가한 cheeckPermission() 메서드에서 이 정보를 활용해 로그인 사용자의 접근 허용 여부를 결정해야 한다.

다음 작업은 아주 간단하다. /category/edit 페이지에 접속했을 때 EntryPoint 클래스는 해당 경로의 permissions 값을 읽는다. 이 값을 checkPermission() 메서드에 전달해 호출하면 로그인 사용자의 경로 접근 권한을 검사할 수 있다.

권한 검사 코드와 로그인 검사 코드는 다음과 같이 거의 비슷하다.

```php
if (isset($routes[$this->route]['login']) && !$authentication->isLoggedIn()) {
    header('location: /login/error');
}
else if (isset($routes[$this->route]['permissions']) &&
    !$this->routes->checkPermission($routes[$this->route]['permissions'])) {
    header('location: /login/error');
}
else {
    // ...
```

먼저 로그인 여부를 검사하고 이어서 권한을 검사한다. 경로 배열에 permissions 키가 있으면 checkPermission() 메서드로 값을 전달한다. 권한은 \Ijdb\Entity\Author::REMOVE_CATEGORIES 같은 상수로 나타낸다. checkPermission() 메서드는 전달받은 권한을 사용자의 권한과 비교하고 참 또는 거짓을 반환한다.

Author 엔티티의 hasPermission() 메서드는 아직 아무것도 반환하지 않으므로 권한 검사를 통과하지 못한다. 시험 삼아 http://192.168.10.10/category/list에 접속해보자.

카테고리 목록 페이지에 접속하면 '로그인 하지 않았습니다'가 나타난다. 로그인 오류 페이지와 권한 오류 페이지가 같으므로 두 경우 모두 같은 화면이 보인다. 권한 오류 페이지 경로 정보와 템플릿을 별도로 추가하면 더 정확한 오류 메시지를 표시할 수 있다. 지금쯤이면 능숙하게 페이지를 추가할 수 있을 테니 구체적인 과정은 생략한다.

전체 코드는 저장소 브랜치 Relationships-PermissionsCheck에 있다.

13.8 권한 관리 폼

hasPermission() 메서드는 잠시 미루고 사용자 권한 설정 페이지부터 추가하자.

추가할 페이지는 둘이다. 하나는 사용자 목록 페이지, 다른 하나는 선택한 사용자의 권한을 체크박스로 표시하는 폼 페이지다.

다음 경로들을 추가한다.

```
'author/permissions' => [
    'GET' => [
        'controller' => $authorController,
        'action' => 'permissions'
    ],
    'POST' => [
        'controller' => $authorController,
        'action' => 'savePermissions'
    ],
    'login' => true
],
'author/list' => [
    'GET' => [
        'controller' => $authorController,
        'action' => 'list'
    ],
    'login' => true
],
```

이 두 페이지의 접근 권한은 나중에 지정하고 일단 로그인 여부만 확인한다. 일단 권한 설정 폼 페이지를 만들고 기능을 구현해야 사용자에게 접근 권한을 부여할 수 있기 때문이다.

사용자 계정과 관련된 기능이므로 컨트롤러를 새로 추가하지 않고 기존 Register 컨트롤러를 활용한다.

13.8.1 사용자 목록

사용자 목록을 출력할 액션 메서드를 Register 컨트롤러에 추가한다. 다음 list() 메서드는 등록된 사용자 목록을 가져와 템플릿으로 전달한다.

```php
public function list() {
    $authors = $this->authorsTable->findAll();

    return ['template' => 'authorlist.html.php',
        'title' => '사용자 목록',
        'variables' => [
            'authors' => $authors
        ]
    ];
}
```

다음은 authorlist.html.php 템플릿이다.

```php
<h2>사용자 목록</h2>

<table>
    <thead>
        <th>이름</th>
        <th>이메일</th>
        <th>수정</th>
    </thead>

    <tbody>
        <?php foreach ($authors as $author): ?>
        <tr>
            <td><?=$author->name;?></td>
            <td><?=$author->email;?></td>
            <td><a href="/author/permissions?id=<?=$author->id;?>">권한 수정</a>
</td>
        </tr>
        <?php endforeach; ?>
    </tbody>
</table>
```

http://192.168.10.10/author/list에 접속하면 전체 작성자 목록과 권한 수정 페이지 링크가 보인다.

권한 수정 페이지 링크는 /author/permissions이며 작성자 ID를 GET 변수로 전달한다.

13.8.2 권한 설정 페이지

권한 설정 페이지는 아주 간단하다. 모든 권한을 각각 체크박스로 표시하며 사용자에게 허용된 권한은 미리 체크한다.

템플릿 코드는 다음과 같다.

```
<input type="checkbox" value="1" <?php if ($author->hasPermission(EDIT_JOKES))
{
    echo 'checked';
} ?> 글 수정
<input type="checkbox" value="2" <?php if ($author->hasPermission(DELETE_JOKES)) {
    echo 'checked';
} ?> 글 삭제
<input type="checkbox" value="3" <?php if ($author->hasPermission(LIST_CATEGORIES)) {
    echo 'checked';
} ?> 카테고리 추가
// 기타 등등
```

원하는 대로 구현했지만 다소 비효율적인 면이 있다. 우선 권한 정보가 Author 엔티티 클래스 상수와 템플릿에 따로 나열된다. 또한 각 권한마다 체크박스 HTML과 PHP 코드를 일일이 작성해야 한다.

비슷하게 반복되는 코드는 항상 더 간단히 줄일 방도가 있다.

리플렉션은 특정 클래스의 변수, 메서드, 상수 정보를 읽는 도구다.

상수 목록을 템플릿 변수에 담아 전달하면 템플릿 코드에 상수명을 직접 명시할 필요가 없다.

다음 코드는 Author 엔티티 클래스의 모든 정보 중 상수 목록을 추출한다.

```
$reflected = new \ReflectionClass('\Ijdb\Entity\Author');

$constants = $reflected->getConstants();
```

$constants는 Author 클래스에 정의된 모든 상수명을 담은 배열이다. var_dump() 함수로 $constants 변수 내용을 출력하면 다음과 같이 상수명과 값이 담긴 연관 배열이 보인다.

```
array (size=6)
    'EDIT_JOKES' => int 1
    'DELETE_JOKES' => int 2
    'LIST_CATEGORIES' => int 3
    'EDIT_CATEGORIES' => int 4
    'REMOVE_CATEGORIES' => int 5
    'EDIT_USER_ACCESS' => int 6
```

> **NOTE_ 리플렉션**
>
> 리플렉션은 무궁무진한 방식으로 응용할 수 있다. 자세한 기능을 파악하려면 PHP 공식 문서*를 참고하자.

리플렉션으로 추출한 상수 목록을 템플릿에 전달하면 권한 체크박스를 반복문으로 출력할 수 있다.

Register 컨트롤러의 permissions() 메서드에서 다음과 같이 persmissions 항목을 반환 배열에 추가한다.

```php
public function permissions() {
    $author = $this->authorsTable->findById($_GET['id']);

    $reflected = new \ReflectionClass('\Ijdb\Entity\Author');
    $constants = $reflected->getConstants();

    return ['template' => 'permissions.html.php',
        'title' => '권한 수정',
        'variables' => [
            'author' => $author,
            'permissions' => $constants
        ]
    ];
}
```

다음은 permissions.html.php 템플릿이다.

----

* http://php.net/manual/en/book.reflection.php

```
<h2> <?=$author->name?>권한 수정</h2>

<form action="" method="post">
    <?php foreach ($permissions as $name => $value): ?>
        <div>
        <input name="permissions[]" type="checkbox" value="<?=$value?>"
        <?php if ($author->hasPermission($value)): echo 'checked'; endif; ?> />
        <label><?=$name?></label>
        </div>
    <?php endforeach; ?>

    <input type="submit" value="저장" />
</form>
```

카테고리 목록처럼 반복문으로 체크박스 목록을 구현한다. 사용자를 골라 권한 수정 페이지에 들어가면 Author 클래스에 정의된 상수가 체크박스 목록으로 출력된다.

permissions() 메서드 덕분에 권한 선택 기능을 훨씬 쉽게 개발할 수 있다. 웹사이트 사용 권한을 추가할 때 Author 엔티티 클래스에 상수를 추가하면 템플릿을 고치지 않아도 자동으로 체크박스 목록이 추가된다.

전체 코드는 예제 저장소 브랜치 Relationships-EditPermissions에 있다.

13.8.3 권한 데이터 구조

다음은 사용자 권한을 저장할 차례다. 사용자의 권한을 데이터베이스에 저장하는 방식은 매우 다양하다.

카테고리와 유머 글 관계처럼 사용자와 권한도 다대다 관계다. user_permission 테이블을 만들고 authorId와 permission 칼럼을 추가한다. 각 사용자와 권한을 쌍으로 묶어 레코드로 저장한다. 가령 사용자 ID가 4, 권한이 EDIT_JOKES, LIST_CATEGORIES, REMOVE_CATEGORIES 등이면 다음과 같은 레코드로 저장한다.

```
authorId ¦ permission
  4      ¦ 1
  4      ¦ 3
  4      ¦ 5
```

다대다 관계를 조인 테이블로 구현하는 방법은 이미 배웠다. user_permission을 제어하는 DatabaseTable 인스턴스를 생성하고 savePermissions() 메서드를 작성한다. 권한 체크박스 선택 여부에 따라 user_permission 테이블에 레코드를 추가한다. 마지막으로 Author 엔티티 클래스에 다음과 같이 hasPermission() 메서드를 구현하면 끝난다.

```php
public function hasPermission($permission) {
    $permissions = $this->userPermissionsTable->find('authorId', $this->id);

    foreach ($permissions as $permission) {
        if ($permission->permission == $permission) {
            return true;
        }
    }
}
```

그러나 사용자 권한은 이와 다른 방식으로 구현할 것이다.

13.8.4 대안

author 테이블에 다음과 같이 권한마다 칼럼이 따로 있다고 가정하자.

```sql
CREATE TABLE `author` (
    `id` INT(11) NOT NULL AUTO_INCREMENT,
    `name` VARCHAR(255) DEFAULT NULL,
    `email` VARCHAR(255) DEFAULT NULL,
    `password` VARCHAR(255) DEFAULT NULL,
    `editJoke` TINYINT(1) NOT NULL DEFAULT 0,
    `deleteJokes` TINYINT(1) NOT NULL DEFAULT 0,
    `addCatgories` TINYINT(1) NOT NULL DEFAULT 0,
    `removeCategories` TINYINT(1) NOT NULL DEFAULT 0,
    `editUserAccess` TINYINT(1) NOT NULL DEFAULT 0,
    PRIMARY KEY (`id`)
) ENGINE=InnoDB CHARSET=utf8;
```

각 권한 칼럼의 타입은 TINYINT(1)이다. 칼럼값은 1 또는 0이며 기본값은 0이다.

권한을 지정하려면 author 테이블 레코드를 수정해야 한다. 4번 사용자에게 EDIT_JOKES,

LIST_CATEGORIES, REMOVE_CATEGORIES 권한을 허용하려면 다음 UPDATE 쿼리를 실행한다.

```
UPDATE `author` SET `editJokes` = 1, `listCategories` = 1,
    `removeCategories` = 1 WHERE `id` = 4
```

권한 체크박스의 input 필드명에 해당 권한의 칼럼명을 지정하면 다른 폼 필드와 함께 한번에 데이터베이스에 반영된다.

앞 절에서 설명한 방식보다 훨씬 간단하다. 사용자에게 권한이 있는지 확인하려면 다음 조건문을 쓴다.

```
// 유머 글 수정 권한 검사
if ($author->editJokes == 1)
```

칼럼명이 다르면 권한 종류도 다르다.

```
// 유머 글 삭제 권한 검사
if ($author->removeCategories == 1)
```

조인 테이블을 쓸 때는 사용자 권한 레코드를 모두 읽고 반복문으로 각 권한을 확인한다. 그러나 이 코드는 권한 정보를 사용자 데이터에서 직접 읽는다. 훨씬 편리하고 쉽다.

다만 권한 유형을 추가할 때마다 테이블에 칼럼을 추가해야 한다는 단점이 있다.

그러나 이 방식의 장점은 단점을 상쇄하고 남는다. 권한 검사에 들이는 코드양이 현저히 줄고 데이터베이스 쿼리 호출 수도 적다.

각 권한은 데이터베이스에 1 또는 0으로 저장된다.

MySQL 워크벤치에서 사용자 레코드를 검색하면 0 1 0 0 1 0 0처럼 칼럼값이 나열될 것이다.

13.8.5 이진 데이터

0과 1이 나열된 값은 일종의 이진수, 즉 바이너리binary다. 데이터베이스 칼럼에 저장된 숫자도 실제로는 이진 데이터로 저장된다.

INT 타입 칼럼에 6을 저장하면 하드 디스크는 이진수 0110을 저장한다. 숫자뿐만 아니라 컴퓨터는 모든 데이터를 이진 데이터로 저장한다.

이진수를 한 자리씩 나누면 앞 절에서 보인 권한 테이블의 레코드 구조와 비슷하게 보인다. 각 자리의 1 또는 0은 칼럼값에 해당하며 각 칼럼의 위치는 특정한 배수를 나타낸다.

가령 십진수 2395에서 3은 오른쪽에서 세 번째 칼럼에 있으며 300을 나타낸다.

각 자릿수를 이용해 실제 값을 계산하는 식은 다음과 같다.

```
2 x 1000 +
3 x 100 +
9 x 10 +
5 x 1
```

누구나 십진수를 보는 순간 본능적으로 자릿수와 실제 값을 계산한다. 너무나 익숙한 나머지 특별히 계산을 한다고 의식하지 못할 뿐이다. 이진수 계산 방식도 비슷하다. 각 자릿수의 종류가 2개며, 10대신 2의 거듭제곱을 곱한다는 점만 다르다.

이진수와 십진수 모두 오른쪽에서 왼쪽으로 자리수를 추가한다. 두 수를 더할 때도 맨 오른쪽 자리부터 서로 더하고 왼쪽으로 한 자리씩 진행한다. 가령 27에 300을 더하면 맨 왼쪽에 3이 추가된다. 이진수도 마찬가지다. 왼쪽 자릿수의 실제 값이 오른쪽보다 크다.

이진수 0110에서 오른쪽 세 번째 자리는 4, 두 번째 자리는 2를 나타낸다.

십진수의 각 자릿수로 실제 값을 계산할 때처럼, 이진수 0110도 각 자리가 나타내는 배수와 자릿수를 곱해 모두 더한다. 각 자리의 배수는 오른쪽에서 왼쪽으로 갈수록 증가한다. 십진수는 왼쪽으로 갈 때마다 10을 곱하며 이진수는 2를 곱한다.

이진수 0110은 다음 계산 과정을 거쳐 실제 값을 구한다.

```
0 x 8 +
1 x 4 +
1 x 2 +
0 x 1
```

모두 더하면 6이다. 이진수의 각 자리는 비트라 부르며 자릿수에 따라 '비었다' 또는 '찼다'고 표현한다. 가령 0110 에서 8비트는 비었고 4비트 자리는 찼다.

다음 이진수를 각각 십진수로 변환해보자*.

- 1000
- 0010
- 1010

13.8.6 비트 연산자

사용자 권한 저장 구조를 설명하다가 갑자기 이진수 이야기를 꺼낸 데는 이유가 있다.

엄밀한 의미에서 이진수는 권한 구조와 관계가 없다. if문이나 체크박스도 마찬가지다. 그러나 이 도구들을 조합하면 효과적으로 권한을 제어할 수 있다.

PHP를 비롯해 거의 모든 프로그래밍 언어는 정수의 각 비트를 간편하게 다루는 도구를 제공한다.

비트 단위 권한

권한마다 따로 칼럼을 만들고 1 또는 0을 저장하는 대신 한 칼럼에 모든 권한을 이진수로 통합해 저장할 수 있다.

통합 칼럼명은 permission이며 각 권한과 이진 비트는 다음과 같다.

EDIT_USER_ACCESS	REMOVE_CATEGORIES	EDIT_CATEGORIES	
32	16	8	
LIST_CATEGORIES	DELETE_JOKES	EDIT_JOKES	
4	2	1	

이진수 000001은 정수 1이며 EDIT_JOKES 권한을 나타낸다. EDIT_JOKES 권한이 있는 사용자는 이진수에서 왼쪽 첫 자리에 1이 할당된다.

모든 권한이 있는 사용자의 permission 값은 111111이다. 이진 데이터 011111은 EDIT_

---

* 저자주_ 2. 정답은 8(1x8), 2(1x2), 10(1x2 + 1x8)이다.

USER_ACCESS를 제외한 모든 권한을 의미한다.

각 칼럼에 1 또는 0을 저장하는 방식과 원리가 같으며 모든 칼럼값을 모아 한 값으로 저장한다는 점만 다르다. 비트당 한 칼럼을 사용하는 대신 모든 비트를 각각의 자리에 합쳐 정수로 저장한다.

저장된 이진수를 십진수 정수로 변환해보자. 000001은 1, 111111은 63, 011111은 31이다. 이 정수를 데이터베이스 칼럼 하나에 저장한다.

permission 칼럼값이 63인 사용자는 모든 권한을 소유한다.

13.8.7 권한 검사

각 권한을 추출하는 과정은 약간 더 어렵다. 특정 사용자에게 EDIT_CATEGORIES 권한이 있는지 알려면 해당 권한의 비트가 찼는지 확인해야 한다 . EDIT_CATEGORIES의 비트는 8이다. 사용자가 권한값이 13일 때 8비트가 찼는지 비었는지 알기 쉽지 않다.

권한마다 칼럼이 따로 있으면 쿼리로 특정 권한을 확인할 수 있다. SELECT * FROM author WHERE id = 4 AND editCategories = 1은 4번 사용자가 EDIT_CATEGORIES 권한이 있는지 검사한다.

PHP, MySQL을 비롯해 프로그래밍 언어 대부분은 비트 연산자를 제공하며 정수를 이진수로 환산했을 때 특정 비트가 찼는지 검사할 수 있다. permissions 칼럼에 모든 권한 정보를 저장하면 다음 쿼리로 특정 권한을 검사한다.

```
SELECT * FROM author WHERE id = 4 AND 8 & permissions
```

AND 8 & permissions 부분이 묘수다. 비트 연산자 &는 AND 연산을 수행하며 양쪽 수의 각 비트를 비교하고 모두 1일 때 결과 비트를 1로 설정한다. 8 & permissions 연산 결과는 permissions 칼럼값의 8 비트가 찼는지 알려준다.

PHP도 & 연산자를 똑같이 제공한다. 숫자 6은 이진수 0110이며 4비트와 2비트 자릿수가 1이다.

& 연산자는 왼쪽 정수에서 오른쪽 비트가 찼는지 검사한다. 조건문에 쓰면 다음과 같다.

```
if (6 & 2) {
}
```

이 조건문은 '6을 이진수로 환산했을 때 2비트가 찼는지' 검사한다. 결과는 참이다. 0110의 1 비트는 비었으므로 다음과 같이 & 연산자 오른쪽에 1을 대입하면 거짓으로 판단한다.

```
if (6 & 1) {
}
```

PHP는 내부적으로 비트 연산자를 광범위하게 활용한다. PHP의 error_reporting 설정에 E_WARNING | E_NOTICE를 지정하면 경고나 알림 메시지가 발생했을 때 출력한다. E_WARNING과 E_NOTICE는 PHP 상수며 각기 다른 비트를 나타낸다. PHP는 오류가 발생 했을 때 메시지 출력 여부를 error_reporting 설정에 따라 결정한다.

E_NOTICE 오류 상황이 발생했을 때, PHP는 내부적으로 다음 조건문을 거쳐 오류 메시지를 출력한다.

```
if (E_NOTICE & ini_get('error_reporting')) {
    display_notice($notice);
}
```

사용자 권한도 비트 연산자로 판단할 수 있다. author 테이블에 permissions 칼럼이 있을 때 사용자에게 EDIT_CATEGORIES 권한이 있는지 확인하려면 다음과 같은 조건문을 쓴다.

```
if ($author->permissions & 8) {

}
```

코드만 보고 이 조건문의 정확한 의미를 알기 어렵다. 다음 상수를 비트 대신 쓰면 코드 가독성 이 향상된다.

```
const EDIT_JOKES = 1;
const DELETE_JOKES = 2;
const LIST_CATEGORIES = 4;
```

```
const EDIT_CATEGORIES = 8;
const REMOVE_CATEGORIES = 16;
const EDIT_USER_ACCESS = 32;
```

상수를 활용한 권한 확인 조건문은 다음과 같다.

```
// 사용자에게 EDIT_CATEGORIES 권한이 있는가?
if ($author->permissions & EDIT_CATEGORIES) {
}

// 사용자에게 DELETE_JOKES 권한이 있는가?
if ($author->permissions & DELETE_JOKES) {
}
```

비트 연산자의 역할과 정확한 작동 원리를 이해하지 못해도 상관 없다. 또한 각 상수의 실제 값을 몰라도 코드만 보고 허용 권한을 파악할 수 있다.

13.8.8 권한 데이터 저장

이진 권한 구조를 웹사이트에 적용해보자. author 테이블에 permissions 칼럼을 추가하고 타입을 INT(64)로 설정한다. 저장하는 권한 종류는 최대 64개다.

Author 엔티티 클래스 상수의 각 값을 앞 절에서 보인 값으로 변경한다.

권한 수정 폼 페이지는 고칠 부분이 없다. savePermissions() 메서드를 구현하면 폼 제출 후 데이터베이스에 이진 권한값이 저장된다.

폼 처리 과정을 예상해보자. 만약 EDIT_JOKES와 REMOVE_CATEGORIES 권한을 선택했다면 $_POST['permissions']에 1과 16이 배열로 저장된다.

1과 16을 비트로 삼아 이진 권한 구조로 표현해보자. 생각보다 어렵지 않다.

1비트와 16비트를 조합하면 010001이다. 앞서 배운 바이너리 계산법에 따라 십진수로 변환하면 17과 같다.

결과적으로 각 권한값을 모두 더하면 이진 권한 구조를 나타냄을 알 수 있다.

EDIT_JOKES, DELETE_JOKES, LIST_CATEGORIES, EDIT_USER_ACCESS 항목을
체크하고 폼을 제출하면 $_POST['permissions']에 [1, 2, 4, 32] 배열이 저장된다.

이들을 조합해 이진법으로 나타내면 100111이며, 십진수로 계산하면 39다. 1 + 2 + 4 + 32
와 같다.

최종적으로 데이터베이스에 저장할 값은 $_POST['permissions'] 배열 원소의 총합이다.

PHP의 array_sum() 함수를 쓰면 모든 배열 원소의 합을 정확히 한번에 계산한다.

다음은 Register 컨트롤러에 추가할 savePermissions() 메서드다.

```php
public function savePermissions() {
    $author = [
        'id' => $_GET['id'],
        'permissions' => array_sum($_POST['permissions'] ?? [])
    ];

    $this->authorsTable->save($author);

    header('location: /author/list');
}
```

'permissions' => array_sum($_POST['permissions'] ?? [])는 모든 권한값의 합을 구하
고 permissions 키값에 할당한다. 아무 권한도 선택하지 않으면 $_POST에 permissions 키
가 없다. 이때 ?? 연산자가 빈 배열을 자동으로 할당한다.

모두 끝났다. savePermissions() 메서드는 선택한 체크박스 값을 모두 합산하고 사용자 권
한을 이진 구조로 표현한다.

13.8.9 조인 테이블과 비트 연산자

카테고리와 유머 글 관계는 조인 테이블로 구현한다. 유머 글 등록 폼을 제출할 때마다 조인 테
이블에 저장된 카테고리 정보를 모두 지우고 새로 입력한다. 사용자 권한은 permissions 칼
럼 한 곳에 저장되므로 지우고 새로 입력할 필요가 없다. 아무 권한도 선택하지 않고 저장하면
array_sum()이 0을 반환하고 permissions 칼럼값을 0으로 갱신한다.

마지막으로 손볼 곳은 Author 엔티티 클래스의 hasPermission() 메서드다. $permission 클래스 변수를 추가하고 다음 코드로 사용자 권한을 검사한다.

예제 13-5 Relationships–BinaryPermissions

```
public function hasPermission($permission) {
    return $this->permissions & $permission;
}
```

조인 테이블과 비교하면 확연한 장점이 있는데, 우선 성능이다. 사용자 권한을 조회할 때 데이터베이스 쿼리를 별도로 실행할 필요가 없다. 두 번째는 코드량이다. 폼 저장, 권한 확인 코드가 아주 간단하다.

권한 설정 과정을 잘 이해하려면 비트 연산자를 숙지해야 한다. PHP는 비트 연산자를 광범위하게 활용한다. error_reporting 등 php.ini의 여러 설정에 비트 연산자가 쓰이며 PDO 같은 라이브러리도 비트 연산자를 다양하게 활용한다. 이진수로 표현하는 권한 종류는 CPU의 처리 능력에 따라 64개로 제한된다. 권한 종류가 더 늘어나면 jokePermissions, adminPermissions처럼 권한들을 일정한 기준으로 나누어 저장해야 한다.

조인 테이블과 이진 구조 중 원하는 방식을 선택하기 바란다. 조인 테이블은 데이터베이스 구조로 다대다 관계를 명확히 구현하는 대신 쿼리 효율이 다소 낮으며, 이진 구조는 성능이 우수하고 코드가 적은 대신 비트 연산자를 확실히 이해해야 한다.

13.8.10 마무리

마무리 단계에 이르렀다. 정리할 부분이 몇 곳 있는데, 먼저 경로 정보에 접근 권한을 설정해야 한다.

경로 접근 권한을 설정하는 즉시 접근 제한 기능이 작동하므로, 먼저 자신의 계정에 EDIT_USER_ACCESS 권한이 있는지 꼭 확인해야 한다.

LIST_CATEGORIES, EDIT_CATEGORIES, REMOVE_CATEGORIES 권한은 이미 설정했다.

시험 삼아 자신의 LIST_CATEGORIES 권한을 해제하고 http://192.168.10.10/category/
list에 접속해 접근 제어 기능이 잘 작동하는지 확인하자.

다음 차례는 EDIT_USER_ACCESS 권한이다. IjdbRoutes의 $routes 배열에서 author/
permissions, author/list 경로를 찾아 다음과 같이 EDIT_USER_ACCESS 권한을 설정한다.

```
$routes = [
    // ...
    'author/permissions' => [
        'GET' => [
            'controller' => $authorController,
            'action' => 'permissions'
        ],
        'POST' => [
            'controller' => $authorController,
            'action' => 'savePermissions'
        ],
        'login' => true,
        'permissions' => \Ijdb\Entity\Author::EDIT_USER_ACCESS
    ],
    'author/list' => [
        'GET' => [
            'controller' => $authorController,
            'action' => 'list'
        ],
        'login' => true,
        'permissions' => \Ijdb\Entity\Author::EDIT_USER_ACCESS
    ],
```

이제 EDIT_USER_ACCESS 권한이 없는 사용자는 다른 사용자의 권한을 변경할 수 없다.

13.8.11 수정/삭제 권한

남은 권한은 EDIT_JOKES와 DELETE_JOKES며, 각각 타인의 유머 글을 수정하거나 삭제
할 권한을 나타낸다.

이들은 경로 접근 단계에서 검사하는 권한이 아니므로 $routes 배열에 설정하지 않는다. 수정
페이지 링크와 삭제 버튼은 템플릿 안에 있고 컨트롤러에서 권한을 검사해야 한다.

사용자에게 EDIT_JOKES 권한이 있으면 수정 링크를, DELETE_JOKES 권한이 있으면 삭제 버튼을 노출시킨다.

현재 jokes.html.php에서 수정 페이지 링크와 삭제 버튼은 다음과 같이 출력한다.

```php
<?php if ($userId == $joke->authorId) {?>
    <a href="/joke/edit?id=<?=$joke->id?>">수정</a>
    <form action="/joke/delete" method="post">
        <input type="hidden" name="id" value="<?=$joke->id?>">
        <input type="submit" value="삭제">
    </form>
<?php } ?>
```

수정과 삭제는 별개 권한이므로 삭제 버튼과 수정 링크를 각각 if문으로 감싸야 한다.

$userId만 있으면 권한을 검사할 수 없다. Joke 컨트롤러 list() 메서드에서 다음과 같이 $userId 대신 $author 객체를 전달해야 한다. $author 객체로 사용자 ID와 권한 정보를 읽을 수 있다.

```php
return ['template' => 'jokes.html.php',
    'title' => $title,
    'variables' => [
        'totalJokes' => $totalJokes,
        'jokes' => $jokes,
        'user' => $author, // 기존 코드 : 'userId' => $author->id
        'categories' => $this->categoriesTable->findAll()
    ]
];
```

기존 템플릿은 로그인 사용자가 작성했던 글만 수정 링크와 삭제 버튼을 출력했다. 다음과 같이 템플릿 코드를 고치면 로그인 사용자의 수정, 삭제 권한에 따라 항상 수정 링크나 삭제 버튼을 출력한다.

```php
<?php if ($user): ?>
    <?php if ($user->id == $joke->authorId ||
        $user->hasPermission(\Ijdb\Entity\Author::EDIT_JOKES)): ?>
        <a href="/joke/edit?id=<?=$joke->id?>">수정</a>
    <?php endif; ?>
```

```php
<?php if ($user->id == $joke->authorId ||
    $user->hasPermission(\Ijdb\Entity\Author::DELETE_JOKES)):
?>
<form action="/joke/delete" method="post">
    <input type="hidden" name="id" value="<?=$joke->id?>">
    <input type="submit" value="삭제">
</form>
<?php endif; ?>
<?php endif; ?>
```

if문이 3개나 있어서 약간 복잡하다. 새로 추가한 if ($user)는 로그인 상태를 검사한다. 로그인하지 않고 페이지에 접근하면 $user 변수가 없어 오류가 발생할 가능성이 있다.

나머지 두 if문은 페이지에 접근한 사용자가 해당 글의 작성자인지, 수정이나 삭제 권한이 있는지 검사하고 통과하면 링크와 버튼을 출력한다.

EDIT_JOKES 권한을 가진 사용자가 목록 페이지에 접근하면 jokes.html.php 템플릿에서 수정 링크를 출력한다. 막상 해당 링크를 클릭해 수정 페이지에 접근하면 '자신이 작성한 글만 수정할 수 있습니다.'라는 오류 메시지가 나타난다. 삭제 버튼도 마찬가지다. Joke 컨트롤러의 delete() 메서드와 editjoke.html.php 템플릿은 현재 해당 글 작성자만 접근할 수 있다.

delete() 메서드에 다음과 같이 권한 검사 조건을 추가한다.

```php
public function delete() {
    $author = $this->authentication->getUser();
    $joke = $this->jokesTable->findById($_POST['id']);

    if ($joke->authorId != $author->id &&
        !$author->hasPermission(\Ijdb\Entity\Author::DELETE_JOKES)) {
        return;
    }

    $this->jokesTable->delete($_POST['id']);

    header('location: /joke/list');
}
```

또한 list() 메서드처럼 edit() 메서드에서 템플릿으로 author 객체를 전달해야 한다.

다음은 controllers/joke.php 파일의 edit() 메서드가 반환하는 배열이다.

```php
return ['template' => 'editjoke.html.php',
    'title' => $title,
    'variables' => [
        'joke' => $joke ?? null,
        'user' => $author,
        'categories' => $categories
    ]
];
```

다음은 현재 editjoke.html.php 템플릿의 접근 제한 조건이다.

```php
<?php if (empty($joke->id) || $userId == $joke->authorId): ?>
```

다음과 같이 권한 검사를 추가한다.

```php
<?php if (empty($joke->id) || $user->id == $joke->authorId ||
    $user->hasPermission(\Ijdb\Entity\Author::EDIT_JOKES)): ?>
```

이상으로 사용자 권한과 관련된 모든 기능을 구현했다.

13.9 마치며

이번 장에서는 객체 지향 관점으로 문제를 바라보는 방법에 대해 배웠다. 데이터 관계를 코드로 구현하지 않고 OOP 원칙에 입각해 객체 구조로 표현했다.

다대다 관계를 구현하는 대표적 도구인 조인 테이블과 비트 연산자도 배웠다.

사용자 권한과 접근 제어 기능을 웹사이트에 추가하고, 한 걸음 더 나아가 각 사용자에게 권한을 부여하는 관리자 페이지까지 구현했다.

이로써 어디에 내놓아도 부족하지 않은 어엿한 웹사이트가 완성됐다. 실제 웹사이트에 필요한 기본적인 기능을 모두 구현했고 완벽히 작동한다. 남은 내용은 모두 소소한 부연 설명일 뿐, 더 이상 가르칠 것이 없다.

다음 장은 DatabaseTable 클래스를 약간 다듬어, 검색 결과를 정렬하고 한정하는 기능을 추가한다. 웹사이트를 구축할 때 필요한 모든 지식과 도구는 이미 여러분의 손 안에 있음을 명심하자.

## CHAPTER 14

콘텐츠 서식과 정규표현식

고지가 눈앞에 있다. 유머 글, 카테고리, 작성자를 데이터베이스에 저장하고 서로의 관계가 잘 맞물리도록 설계했다. 방문자는 사이트에 저장된 유머 글을 마음껏 열람할 수 있다. 데이터베이스에 관한 지식이 없어도 유머 글 데이터를 자유롭게 관리하도록 카테고리와 사용자 권한 설정 페이지도 추가했다.

유머 세상 사이트는 사이트 관리자가 고생스럽게 HTML을 일일이 추가할 필요가 없다. 각 유머 글을 HTML 파일로 저장하면 파일이 늘어날수록 점점 관리하기 힘들어질 것이다. 유머 세상 사이트의 HTML은 유머 글 데이터를 전혀 담고 있지 않다. 사이트 디자인을 바꾸려면 PHP 템플릿의 HTML만 바꾸면 된다. 특히 푸터처럼 공통적으로 쓰는 파일을 수정하면 즉시 전체 페이지에 반영된다. 단, 유머 글 출력 형태를 제어하려면 콘텐츠 서식 제어 기능을 추가해야 한다.

사용자가 콘텐츠를 등록하는 웹사이트는 대부분 콘텐츠 서식 도구를 제공한다. 단락 나누기는 아주 간단한 기능에 속한다. 좀 더 친절한 사이트는 본문 텍스트 굵기 조절, 밑줄 추가, 하이퍼링크 등록 기능도 제공한다.

현재 유머 세상 사이트는 htmlspecialchars() 함수를 이용해 유머 글 본문에서 HTML 서식을 모두 제거한다.

다음과 같이 본문 내용을 데이터베이스 원본 그대로 출력하면 관리자가 유머 글 본문에 HTML 코드를 추가해 서식을 입힐 수 있다.

```php
<?php echo $joke->joketext; ?>
```

유머 글 본문이 페이지에 삽입되는 순간 HTML 태그가 효력을 발휘하며 관리자가 적용한 서식이 그대로 브라우저에 표현된다.

그러나 이는 적절한 해결책이 아니다. 사용자가 데이터베이스에 등록한 콘텐츠는 신뢰할 수 없는 데이터다. 아무 제약 없이 그대로 출력하면 콘텐츠 내부에 포함된 HTML 코드가 사이트를 망가뜨릴 위험이 있다.

특히 기술적으로 무지한 사용자를 상대하는 시스템은 더욱 신중하게 콘텐츠를 다뤄야 한다. 사용자가 등록한 낡고 위험한 코드를 방치하기 시작하면 공들여 만든 웹사이트도 서서히 무너진다. 그저 실수로 입력한 짝 잃은 태그 하나가 전체 사이트 레이아웃을 간단히 깨뜨려버린다.

이번 장은 이제껏 보지 못한 새로운 PHP 함수들을 선보이며, 사이트 콘텐츠에서 문자 패턴을 검색하고 교체하는 방법을 설명한다. 사용자는 마크업 언어로 콘텐츠 서식을 꾸미고 웹사이트는 이를 HTML 서식으로 변환해 출력한다. 이번 장에서 구현할 콘텐츠 관리 시스템은 HTML 지식이 없어도 웹 브라우저만 있으면 누구나 이용할 수 있다.

14.1 정규표현식

자체 마크업 언어를 서식용 태그로 쓰려면 유머 글 본문에서 서식 태그를 검색하고 그에 알맞은 HTML 태그로 교체해야 한다. 이 과정에 가장 중요한 역할을 하는 PHP 확장 기능은 정규표현식이다.

정규표현식은 텍스트 콘텐츠에서 검색할 내용을 패턴으로 묘사한다. 짧은 코드 조각이라고 생각하면 쉽다. 앞으로 유머 글 본문에서 서식 태그를 검색하고 교체할 때 정규표현식을 활용할 것이다. 정규표현식은 다양한 프로그래밍 언어와 개발 환경에서 두루 쓰이며 특히 PHP처럼 웹 개발에 특화된 언어에서 자주 활용한다.

정규표현식이 각광받는 이유는 순전히 기능 때문이지 쉬워서가 아니다. 쉽긴 커녕 어려워도 너무 어렵다. 정규표현식을 전혀 모르는 사람이 정규표현식 구문을 보면 그저 키보드를 아무렇게나 마구 누른 결과물처럼 보일 것이다.

다음은 비교적 간단한 축에 드는 정규표현식이다. 유효한 이메일 주소를 나타낸다.

```
/^[\w\.\-]+@([\w\-]+\.)+[a-z]+$/i
```

어안이 벙벙할 것이다. 이번 장을 다 배우면 이 정규표현식의 의미를 이해하게 된다.

정규표현식이 구사하는 언어는 마치 마법의 주문과 비슷하다. 배우기 어렵지만 일단 통달하면 주문을 걸듯 자연스럽게 코드로 작성할 수 있다. 아주 간단한 예시부터 살펴보자.

다음은 텍스트에서 PHP를 검색하는 정규표현식이다.

```
/PHP/
```

아주 간단하다. 검색할 문자열을 쓰고 구분자 한쌍으로 둘러싼다. 정규표현식 구분자는 보통 슬래시(/)를 가장 많이 쓴다. 해시(#)를 즐겨 쓰는 사람도 많다. 알파벳, 숫자, 역슬래시(\)를 제외한 모든 문자를 구분자로 사용할 수 있다. 이번 장은 정규표현식 구분자로 항상 슬래시를 사용한다.

TIP 구분자 이스케이핑

> 정규표현식 구분자가 슬래시일 때 검색 문자열에 슬래시가 있으면 바로 앞에 역슬래시(\)를 붙여 이스케이프해야 한다. 그렇지 않으면 검색 문자열이 끝났음을 알리는 종료 구분자로 해석된다.
>
> 다른 구분자도 마찬가지다. 해시 문자를 구분자로 사용하면 정규표현식 안의 모든 해시 문자 앞에 역슬래시를 붙여 이스케이프해야 한다.

PHP에서 정규표현식을 활용하려면 정규표현식 함수를 익혀야 한다. preg_match()는 가장 기본적인 함수며, 정규표현식이 특정 문자열과 일치하는지 검사한다.

다음 코드를 살펴보자.

```php
<?php
$text = 'PHP 최고!';

if (preg_match('/PHP/', $text)) {
    echo '$text는 "PHP"를 포함한다.';
} else {
    echo '$text는 "PHP"를 포함하지 않는다.';
}
```

이 예제는 조건문에서 정규표현식을 검사한다. $text에 PHP 문자열이 있으므로 preg_match()는 참을 반환하며 다음과 같은 메시지를 출력한다.

그림 14-1 문자열 검색 정규표현식

$text는 "PHP"를 포함한다.

NOTE_ 작은 따옴표

작은 따옴표로 감싼 문자열은 변수명을 값으로 치환하지 않으므로 '$text'가 그대로 출력된다.

기본적으로 정규표현식은 대소문자를 구별한다. 정규표현식의 소문자는 문자열의 소문자와 일치하며, 대문자는 대문자와 일치한다. 대소문자를 구별하지 않고 검색하려면 패턴 변경자를 써야 한다.

패턴 변경자는 특수한 역할이 부여된 알파벳 글자며, 마지막 구분자 다음에 붙인다. 대소문자를 무시하도록 지정하는 패턴 변경자는 i다. /PHP/는 'PHP'를 포함한 문자열만 일치하며 /PHP/i는 'PHP', 'php', 'pHp' 등과 모두 일치한다.

다음 예시를 보자.

```php
<?php
$text = 'Php란 무엇인가?';

if (preg_match('/PHP/i', $text)) {
    echo '$text는 "PHP"를 포함한다.';
} else {
    echo '$text는 "PHP"를 포함하지 않는다.';
}
```

'PHP'가 아니라 'Php'도 정규표현식 검사를 통과하며 다음과 같은 메시지가 출력된다.

그림 14.2 대소문자 무시

$text는 "PHP"를 포함한다.

정규표현식은 독립적인 소형 프로그래밍 언어에 가깝다. 각양각색의 문자들이 정규표현식 안에서 저마다 고유한 기능을 수행한다. 각 문자들을 조합해 패턴을 구성하면 텍스트의 형식을 아주 자세히 묘사할 수 있다. preg_match() 같은 PHP 함수는 전체 문자열에서 정규표현식 패턴과 일치하는 문자열을 검색한다. 조금 더 복잡한 예시를 살펴보자.

```
/^PH.*/
```

캐럿 문자(^)를 정규표현식 제일 앞에 쓰면 해당 패턴과 검색 문자열을 첫 글자부터 비교한다. 이 정규표현식은 PH로 시작하는 문자열과 일치한다.

마침표(.)는 '모든 단일 문자'를 나타낸다. /PH./는 PHP, PHA, PHx 등 PH로 시작하는 모든

3글자 문자열과 일치한다.

애스터리스크(*)는 '앞 문자가 없거나 한 번 이상 반복됨'을 의미한다. P*는 PHP와 일치하지 않으며 PPPPPPP와 일치한다.

애스터리스크는 마침표와 조합해서 쓸 때가 많다. .*는 아무 문자도 없거나, 임의의 문자가 한 번 이상 반복될 때 일치한다.

/^PH.*/ 패턴은 'PH', 'PHP', 'PHX', 'PHP: Hypertext Preprocessor', 'PH'와 모두 일치한다. 간단히 말하면 'PH'로 시작하는 모든 문자열과 일치한다.

드물지만, 정규표현식으로 한글을 검사할 때가 있다. 영문과 똑같이 /가나다/는 '가나다' 문자열과 일치한다. [가-힣]은 한글 한 글자와 일치한다. 자음, 모음까지 포함하려면 [ㄱ-ㅣ가-힣]으로 표현한다. 예를 들어 /^한[ㄱ-ㅣ가-힣]*/은 '한빛', '한국', '한줄기빛' 등 '한'으로 시작하는 모든 한글 문자열과 일치한다. 정규표현식에 한글을 쓸 때는 PHP 파일과 문자열 인코딩이 일치하는지 항상 확인해야 한다. 웹프로그램에서 한글을 처리할 때 권장하는 표준 인코딩은 UTF-8이다.

정규표현식 문법은 아주 복잡하며 외우기도 힘들다. 조금이라도 수월하게 사용하려면 참고 자료를 항상 가까이 두어야 한다. 정규표현식은 복잡도와 확장 가능성을 갖춘 소형 언어다. 이 책에서 정규표현식의 모든 문법을 일일이 설명할 수는 없다. PHP 공식 문서*에서 정규표현식 문법을 찾고 regex101.com에서 시각적으로 테스트하면 효과적으로 정규표현식을 구사할 수 있다.

14.2 정규표현식 일치 문자열 교체

이번 장의 목표는 HTML을 잘 모르는 사용자도 유머 글을 쉽게 꾸밀 수 있도록 서식 기능을 추가하는 것이다. 예를 들어 사용자가 유머 글에서 특정 단어를 애스터리스크로 감싸면 해당 단어를 HTML 태그로 강조한다. '옛날 *옛날*에…'는 '옛날 〈em〉옛날〈/em〉에…'로 변환된다.

preg_match() 함수는 특정 문자열에서 정규표현식 문법과 일치하는 텍스트가 있는지 검사

---

* http://php.net/manual/kr/reference.pcre.pattern.syntax.php

한다. 그러나 서식 기능을 구현하려면 단순히 정규표현식 검사에 그치지 않고 검색 문자열을 HTML 태그로 교체해야 한다. preg_replace() 함수가 바로 이러한 역할을 한다.

preg_replace()는 preg_match() 함수처럼 문자열과 정규표현식을 비교한 뒤 정규표현식과 일치하는 모든 부분을 특정 문자열로 교체한다. 교체할 문자열은 추가 인수로 전달한다.

다음은 preg_replace() 함수 호출 예시다.

```
$newString = preg_replace($regExp, $replaceWith, $oldString);
```

$regExp는 정규표현식, $oldString은 검사할 문자열이다. $replaceWith는 $oldString에서 정규표현식과 일치하는 부분을 대체할 문자열이다. 함수 실행 결과는 문자열로 반환되며 $newString에 저장된다.

이제 유머 글 서식 도구를 구현할 준비가 모두 끝났다.

14.2.1 텍스트 강조

preg_replace() 함수는 템플릿 파일 안에서 자유롭게 사용할 수 있다. 그러나 서식 도구는 여러 웹사이트에 두루 유용한 기능이므로 다음과 같이 Hanbit 네임스페이스에 클래스를 만들어 구현하는 편이 낫다.

```php
namespace Hanbit;

class Markdown {
    private $string;

    public function __construct($markDown) {
        $this->string = $markDown;
    }

    public function toHtml() {
        // $this->string을 HTML로 변환
        return $html;
    }
}
```

이번 장에서 구현할 서식 기능은 마크다운^{Markdown} 문법을 기준으로 구현한다. 마크다운은 존 그루버^{John Gruber}가 2004년에 제작한 일반 텍스트 서식 언어며, 다음과 같은 특징이 있다.

- 마크다운은 웹에서 작성한 텍스트를 HTML로 변환하는 도구다.
- 마크다운 구문은 평범한 텍스트다. 읽고 쓰기 쉽고 XHTML이나 HTML 구조로 간편하게 변환할 수 있다. 제 작자 홈페이지*에서 모든 문법을 자세히 설명한다.

마크다운 문법을 HTML로 변환하는 기능은 Markdown 클래스에 구현한다.

먼저 원본 텍스트에서 모든 HTML 태그를 일반 텍스트로 변환한다. htmlentities() 함수를 거치면 브라우저가 인식하는 모든 HTML 문자(〈, 〉, &, ")가 일반 문자열로 변환된다. 오직 마크다운 서식만 허용하며 HTML 코드는 제 기능을 하지 못하도록 막아야 한다**.

먼저 텍스트 굵기, 기울기를 표현하는 서식부터 구현해보자.

마크다운에서 텍스트를 강조하려면 애스터리스크(*)나 언더스코어(_)로 감싼다. 이를 HTML로 변환하려면 해당 문자를 〈em〉 태그 쌍으로 교체해야 한다***.

애스터리스크와 언더스코어를 검색할 정규표현식이 각각 필요하다.

다음은 언더스코어 쌍을 검색하는 정규표현식이다.

```
/_[^_]+_/
```

이 정규표현식을 분석하면 다음과 같다.

- / : 정규표현식을 시작하는 구분자다. 통상적으로 슬래시를 쓴다.
- _ : 언더스코어 문자 한 개와 일치한다. 정규표현식에서 언더스코어는 특별한 의미가 없으므로 그대로 써도 된 다.
- [^_] : 대괄호는 문자 집합을 담고 그중 일치하는 문자를 검색한다. 대괄호 안에서 캐럿(^) 문자는 논리 연산 자 NOT과 같은 역할을 한다. 결과적으로 [^_]는 언더스코어가 아닌 모든 문자열과 일치한다.

----

* https://daringfireball.net/projects/markdown/
** 저자주_ 원래 마크다운은 HTML 태그도 포함시켜 작성할 수 있으며, 실제로 브라우저가 HTML을 해석하고 적용하도록 허용한다. 마크 다운으로 표현하기 복잡한 서식을 HTML로 구현하도록 유연성을 가미한 규칙이다. 여기서 만들 Markdown 클래스는 HTML을 원천적 으로 차단하기에, 마크다운 서식을 구현한다기보다 모사한다고 표현하는 편이 정확할 것이다.
*** 저자주_ 굵은 글씨나 기울어진 글씨를 적용할 때 〈b〉, 〈i〉 태그를 사용하는 사람도 있다. 그러나 HTML 표준에 의하면 〈strong〉과 〈em〉 태그를 사용해야 서식의 의미를 더 명확히 표현할 수 있다. 반대로 말하면, 강조하려는 의도 없이 단순히 글씨의 외형을 꾸미고 싶을 때는 〈b〉, 〈i〉 태그를 사용해도 무방하다.

- **+** : 더하기 문자는 바로 앞 문자가 하나 이상 있음을 나타낸다. [^_]+는 언더스코어가 아닌 문자가 하나 이상 있을 때 일치한다.
- **_** : 두 번째 언더스코어는 기울임 텍스트가 끝났음을 나타낸다.
- **/** : 정규표현식이 끝났음을 선언하는 구분자다.

/_[^_]+_/ 정규표현식을 말로 풀어서 쓰면 다음과 같다. '언더스코어를 찾고, 언더스코어가 아닌 문자를 계속 읽다가 다시 언더스코어가 나오면 멈춘다'.

이제 이 정규표현식을 preg_replace()에 전달하고 다음과 같이 〈em〉태그 쌍으로 교체해야 한다. 하지만 아직 문제가 있다.

```
$text = preg_replace('/_[^_]+_/', '<em>강조할 텍스트</em>', $text);
```

preg_replace()의 두 번째 인수는 교체용 텍스트다. 하지만 〈em〉 태그와 〈/em〉 태그 사이에 들어가는 텍스트를 미리 알 수 없다. 정규표현식과 일치하는 텍스트의 일부이기 때문이다.

다행히 preg_replace() 함수는 해결책을 마련해 놓았다. 정규표현식 중 일부분을 괄호로 묶으면 교체용 텍스트에서 $n으로 해당 부분을 정확히 가리킬 수 있다. 이때 n은 해당 괄호가 나타난 순서에 따라 1부터 차례로 숫자가 배정된다. 다음 예시를 살펴보자.

```
$text = 'banana';
$text = preg_replace('/(.*)(nana)/', '$2$1', $text);
echo $text; // 출력 결과 'nanaba'
```

$1은 정규표현식에서 첫 번째로 묶은 괄호 (.*)와 일치하는 텍스트로 교체된다. (.*)는 줄바꿈 문자가 아닌 모든 문자를 기준으로, 해당 문자가 없거나 여러 번 반복될 때 일치한다. 예시에서 (.*)는 ba와 일치하며 교체 문자열에서 $1에 할당된다. 두 번째 괄호는 (nana)며 $2에 할당된다. 교체 문자열이 '$2$1'이므로 결과적으로 'nanaba'로 변환된다.

이 기법을 언더스코어 검색 정규표현식에 적용할 수 있다. 강조할 텍스트를 추출하기 위해 다음과 같이 괄호를 추가한다.

```
/_([^_]+)_/
```

괄호는 정규표현식 작동 과정에 아무 영향을 미치지 않으며 단지 문자들을 하나의 집합으로 묶는다. 괄호로 묶은 문자 집합은 다음과 같이 교체용 문자열에서 재사용한다.

```
$text = preg_replace('/_([^_]+)_/', '<em>$1</em>', $text);
```

애스터리스크 교체 정규표현식은 언더스코어용 정규표현식과 거의 똑같다. 다만 애스터리스크 문자는 정규표현식에서 특별한 의미가 있으므로 다음과 같이 이스케이프해야 한다.

```
$text = preg_replace('/\*([^\*]+)\*/', '<em>$1</em>', $text);
```

마크다운 서식은 〈strong〉 태그에 해당하는 문법도 있다. __, ** 처럼 언더스코어나 애스터리스크를 이중으로 쓰면 〈strong〉 태그처럼 텍스트를 굵게 강조한다. 다음은 이중 언더스코어를 찾는 정규표현식이다.

```
/__(.+?)__/s
```

앞, 뒤의 이중 언더스코어는 설명할 필요가 없다. 그러나 괄호 안의 정규표현식을 이해하려면 새로운 개념을 익혀야 한다.

단일 언더스코어 정규표현식에서 [^_]+ 부분은 언더스코어가 아닌 문자가 한 번 이상 나올 때 일치한다. 강조할 텍스트 양쪽을 언더스코어 한 개로 감쌀 때는 이 정규표현식이 잘 작동한다. 그러나 '__굵게_표시할_텍스트__'처럼 언더스코어 두 개로 강조한 텍스트는 중간에 언더스코어가 한 개씩 들어가는 경우가 있으므로, '언더스코어가 아닌 문자' 조건으로 강조 텍스트 전체를 추출할 수 없다. 따라서 앞서와 다른 방식으로 접근해야 한다.

쉽게 떠오르는 해결책은 .+다. 임의의 문자가 한 번 이상 나타날 때 일치하는 정규표현식이다**.**

```
/__(.+)__/s
```

그러나 이 정규표현식은 원하는 대로 작동하지 않는데, +는 가능한 많은 문자와 일치하기 때문이다. 이러한 특성을 탐욕적^{greedy}이라 표현한다. 다음 텍스트 서식을 예로 들어보자.

---

* 저자주_ 정규표현식 끝에 패턴 변경자 s를 추가하면 마침표 문자가 개행 문자를 제외하지 않는다.

__똑-똑__ 우리 집에 왜 왔니? __꽃 찾으러 왔단다!__

앞선 정규표현식으로 이 텍스트를 검사하면 '똑—똑__ 우리 집에 왜 왔니? __꽃 찾으러 왔단다!'가 강조 텍스트로 추출된다. 첫 이중 언더스코어와 마지막 이중 언더스코어 사이의 모든 문자다. 중간에 포함된 이중 언더스코어들은 욕심 많은 +가 전부 먹어치웠다.

+ 다음에 물음표를 추가하면 비탐욕적non-greedy 상태로 전환된다. .+?는 가급적 적은 문자를 일치시키고 나머지 정규표현식 검사를 수행한다. 다음 정규표현식을 검사하면 이중 언더스코어로 강조한 텍스트를 각각 올바로 추출한다.

```
/__(.+?)__/s
```

같은 기법으로 이중 애스터리스크 서식도 검색한다. 다음은 이중 애스터리스크를 ⟨strong⟩으로 교체하는 코드다.

```
$text = preg_replace('/__(.+?)__/s', '<strong>$1</strong>', $text);
$text = preg_replace('/\*\*(.+?)\*\*/s', '<strong>$1</strong>', $text);
```

이중 애스터리스크를 ⟨strong⟩으로 변환하기 전에 단일 애스터리스크를 먼저 변환하면 안 된다. toHtml() 메서드는 다음과 같이 굵기 강조 서식을 먼저 변환하고 다음으로 기울임 강조 서식을 변환한다.

```php
namespace Hanbit;

class Markdown {
    private $string;

    public function __construct($markDown) {
        $this->string = $markDown;
    }

    public function toHtml() {
        // $this->string를 HTML로 변환
        $text = htmlspecialchars($this->string, ENT_QUOTES, 'UTF-8');

        // strong (굵게)
```

```php
        $text = preg_replace('/__(.+?)__/s', '<strong>$1</strong>', $text);
        $text = preg_replace('/\*\*(.+?)\*\*/s', '<strong>$1</strong>', $text);

        // em (기울임)
        $text = preg_replace('/_([^_]+)_/', '<em>$1</em>', $text);
        $text = preg_replace('/\*([^\*]+)\*/', '<em>$1</em>', $text);

        return $text;
    }
}
```

14.2.2 문단

단락 서식도 강조 서식과 비슷하게 구현하려면 사용자가 문단 시작과 끝에 단락 서식을 넣어야 한다. PHP는 정규표현식으로 단락 서식을 추출하고 알맞은 HTML로 변환한다. 그러나 단락 서식은 훨씬 직관적인 방식으로 변환할 수 있다. 사용자가 폼 필드에 콘텐츠를 입력할 때 엔터 키로 줄을 바꾸면 〈br /〉 태그로 변환하고, 엔터 키를 두 번 눌러 줄을 떨어뜨리면 〈p〉〈/p〉 로 감싸 단락을 표현한다.

정규표현식에서 \n은 줄 바꿈 문자를 나타낸다. 이러한 특수 문자를 화이트 스페이스라 하는 데, 캐리지 리턴(\r)과 탭 문자(\t)도 자주 쓰인다.

사용자가 엔터 키를 누를 때 입력되는 화이트 스페이스는 운영 체제에 따라 다르다. 일반적으로 윈도우는 엔터 키를 누를 때 캐리지 리턴과 개행 문자를 붙여 \r\n을 입력한다. 반면 과거에 맥OS는 캐리지 리턴 문자만 입력했다. 최근 맥OS와 리눅스는 개행 문자 하나로 줄바꿈을 표시한다*****.

브라우저가 전송하는 줄바꿈 문자도 운영 체제에 따라 다르다. 다양한 줄 바꿈 문자를 일괄적으로 처리하려면 먼저 다음 구문을 실행해 모두 \n으로 변환해야 한다.

```php
    // 윈도우 개행 문자(\r\n)를 유닉스 형식(\n)으로 변환
    $text = preg_replace('/\r\n/', "\n", $text);
```

....

* 저자주_ 소프트웨어도 각기 다른 줄 바꿈 문자를 쓴다. 다른 프로그램에서 멀쩡하게 보였던 파일 내용이 메모장에서 모두 한 줄로 나와 난감했던 경험이 한 번쯤 있을 것이다. 일반적으로 프로그래머가 사용하는 고급 텍스트 편집기는 텍스트 파일을 저장할 때 줄 바꿈 유형을 지정할 수 있다.

```
// 매킨토시 개행 문자(\r)를 유닉스 형식(\n)으로 변환
$text = preg_replace('/\r/', "\n", $text);
```

NOTE_ 정규표현식과 큰따옴표

지금까지 살펴본 정규표현식은 모두 작은따옴표로 감쌌다. 문자열 안에 변수가 있을 때 큰따옴표를 쓰면 편리하다. PHP는 큰따옴표 안의 변수명을 자동으로 변숫값으로 교체한다. 그러나 정규표현식 문자열을 큰따옴표로 감싸면 골치 아픈 일이 생긴다.

큰따옴표 문자 안에서 특수한 역할을 하는 문자는 대부분 정규표현식 문법에서 똑같은 의미로 해석된다. "\n"은 개행 문자를 출력하며, /\n/ 정규표현식은 개행 문자와 일치한다. 이 정규표현식을 작은따옴표로 묶어 '/\n/'로 표시하면 아무 문제가 없다. 작은따옴표 문자열에서 \n은 특별한 의미가 없는 보통 문자열이다.

이 정규표현식을 큰따옴표로 묶으면 역슬래시를 특수한 문자로 인식하고 \n을 개행 문자로 변환한다. 정규표현식이 개행 문자를 제대로 검색하려면 "/\\n/"처럼 역슬래시 앞에 추가 역슬래시를 붙여야 한다. 이중 역슬래시는 큰따옴표 안에서 보통의 역슬래시 문자로 취급되므로 /\n/ 정규표현식을 올바로 표현할 수 있다.

정규표현식에 역슬래시가 난무하면 감당하기 힘들 정도로 복잡해진다. 정규표현식은 가급적 작은따옴표로 감싸야 읽고 쓰기 쉽다. 그러나 preg_replace() 함수의 교체 문자열 인수는 큰 따옴표로 감싸도 상관없다. 특정 문자열을 검색하고 줄바꿈 문자로 교체할 때는 \n을 큰따옴표로 감싸 교체 문자열로 전달해야 한다.

다음 코드는 본문 텍스트에 줄바꿈 문자가 연속으로 두 번 나오면 단락, 한 번 나오면 줄바꿈 태그로 변환한다.

```
// 문단 나누기
$text = '<p>' . preg_replace('/\n\n/', '</p><p>', $text) . '</p>';

// 줄 바꿈
$text = preg_replace('/\n/', '<br>', $text);
```

이중 줄바꿈 문자를 〈p〉〈/p〉로 바꾸고 검색 텍스트 앞뒤에 〈p〉와 〈/p〉 태그를 각각 붙인다. 단락 내용이 반드시 〈p〉와 〈/p〉 태그 안에 들어가도록 보장하는 기법이다.

줄바꿈과 단락 서식은 별도의 서식 문법을 도입하지 않고 사용자가 입력한 줄바꿈 문자를 재활용한다. 사용자가 입력한 단락 구조를 그대로 HTML 서식에 적용하는 묘수를 발휘했다.

앞선 구문은 정규표현식을 사용하지 않고 더 간단하게 작성할 수 있다. str_replace() 함수는

preg_replace()와 사용 방법이 아주 비슷하며 정규표현식 대신 문자열을 검색한다는 점만 다르다. 다음은 str_replace() 호출 예시다.

```php
$newString = str_replace($searchFor, $replaceWith, $oldString);
```

줄바꿈 서식 코드는 다음과 같다.

```php
// 윈도우 개행 문자(\r\n)를 유닉스 형식(\n)으로 변환
$text = str_replace("\r\n", "\n", $text);
// 매킨토시 개행 문자(\r)를 유닉스 형식(\n)으로 변환
$text = str_replace("\r", "\n", $text);

// 문단 나누기
$text = '<p>' . str_replace("\n\n", '</p><p>', $text) . '</p>';
// 줄 바꿈
$text = str_replace("\n", '<br>', $text);
```

str_replace()는 복잡한 정규표현식을 쓸 필요가 없어 preg_replace()보다 더 효율적이다. 가능하면 preg_replace() 대신 str_replace()를 쓰는 편이 좋다. 대소문자를 무시하고 검색하려면 str_ireplace()를 사용한다.

14.2.3 하이퍼링크

유머 글을 작성할 때 하이퍼링크 서식이 과연 필요할지 의심하는 사람이 있을 텐데, 사실 하이퍼링크 서식은 거의 모든 웹사이트에서 지원하며 유머 사이트도 예외가 아니다.

마크다운의 하이퍼링크 서식은 다음과 같다*.

```
[링크 텍스트](링크 URL)
```

아주 간단하다. 대괄호 안에 링크 텍스트를 넣고 괄호 안에 링크 URL을 추가한다.

지금까지 배운 지식을 잘 활용하면 이 서식을 HTML 링크로 바꿀 수 있다. 도전 정신이 투철한

---

* 저자주_ 마크다운의 고급 링크 문법을 응용하면 각주 영역에 링크 URL을 삽입할 수 있지만, 이번 장은 단순 링크 서식만 구현한다.

사람은 지금 책을 덮고 스스로 구현해보기 바란다.

우선 본문에서 링크 서식을 추출해야 한다. 다음은 마크다운 링크 서식 검색 정규표현식이다.

```
/\[(([^\]]+)]\((.+)\)/i
```

난해하기 짝이 없다. 어렵기로 소문난 정규표현식의 명성에 걸맞은 구문이다.

차근차근 작동 과정을 분석해보자. 참고로 regex101.com에 접속해 정규표현식을 입력하면 정규표현식 각 요소를 구분해 보여준다. 테스트 문자열을 입력하면 정규표현식 일치 여부와 세부 정보를 확인할 수 있다.

각 요소를 분석하면 다음과 같다.

- / : 여느 정규표현식처럼 시작 구분자 슬래시로 시작한다.
- \[: 여는 대괄호와 일치한다. 대괄호는 정규표현식에서 특별한 문자로 취급되므로 역슬래시를 붙여 문자 그대로 해석하도록 지시한다.
- ([^\]]+) : 링크 텍스트를 검색할 정규표현식을 괄호로 둘러싼다. 검색한 링크 텍스트는 대체 문자열에서 $1에 할당된다. 링크 텍스트는 대괄호 사이에 있으므로 닫는 대괄호(])가 나오기 전까지 모든 문자를 검색해야 한다. [^\]]+는 닫는 대괄호가 아닌 모든 문자와 일치한다.
-]\(: 닫는 대괄호와 이어서 나오는 여는 괄호와 일치한다. 대괄호 이전은 링크 텍스트, 여는 괄호 다음은 링크 URL이다. 괄호는 검색 문자열을 묶는 역할을 하므로 역슬래시로 이스케이프해야 한다. 여는 대괄호를 이미 이스케이프 했으므로 닫는 대괄호는 이스케이프하지 않아도 좋다. 이스케이프하지 않은 시작 대괄호 짝이 없으므로 일반 문자로 인식한다.
- (.+) : URL은 거의 모든 문자를 포함하므로 .+로 임의의 문자를 한 개 이상 검색하고 괄호로 묶는다. 검색한 링크 URL은 대체 문자열에서 $2로 불러온다.
- \) : 다음 닫는 괄호와 일치한다. 여는 괄호처럼 닫는 괄호도 이스케이프한다.
- /i : 종료 구분자와 패턴 변경자 i다. i는 대소문자를 무시하도록 지시한다.

URL이 거의 모든 문자를 포함하므로 마침표로 검색했지만, 실제로 사용하는 문자를 정확히 정규표현식으로 표현하면 다음과 같다.

```
[-a-z0-9._~:\/?#@!$&\'()*+,;=%]
```

각 정규표현식을 모두 조합해 서식 변환 코드를 작성하면 다음과 같다.

```
$text = preg_replace(
    '/\[(([^\]]+)]\(((-a-z0-9._~:\/?#@!$&\'()*+,;=%]+)\))/i',
    '<a href="$2">$1</a>', $text);
```

추출한 링크 텍스트와 URL은 각각 $1, $2에 저장되며, 교체 텍스트에서 해당 문자열로 변환 된다.

정규표현식을 작은따옴표로 감쌌으므로 정규표현식 내부에 작은따옴표를 쓸 때 역슬래시로 이 스케이프해야 한다.

14.3 서식 변환 클래스

다음은 Markdown 클래스 전체 코드다.

```php
<?php
namespace Hanbit;

class Markdown
{
    private $string;

    public function __construct($markDown)
    {
        $this->string = $markDown;
    }

    public function toHtml()
    {
        // $this->string을 HTML로 변환
        $text = htmlspecialchars($this->string, ENT_QUOTES, 'UTF-8');

        // strong (굵게)
        $text = preg_replace('/__(.+?)__/s', '<strong>$1</strong>', $text);
        $text = preg_replace('/\*\*(.+?)\*\*/s', '<strong>$1</strong>', $text);

        // em (기울임)
        $text = preg_replace('/_([^_]+)_/', '<em>$1</em>', $text);
```

```php
        $text = preg_replace('/\*([^\*]+)\*/', '<em>$1</em>', $text);

        // 윈도우 개행 문자(\r\n)를 유닉스 형식(\n)으로 변환
        $text = str_replace("\r\n", "\n", $text);

        // 매킨토시 개행 문자(\r)를 유닉스 형식(\n)으로 변환
        $text = str_replace("\r", "\n", $text);

        // 문단 나누기
        $text = '<p>' . str_replace("\n\n", '</p><p>', $text) . '</p>';

        // 줄 바꿈
        $text = str_replace("\n", '<br>', $text);

        // [링크 텍스트](링크 URL)
        $text = preg_replace(
            '/\[(([^\]]+))]\((([-a-z0-9._~:\/?#@!$&\'()*+,;=%]+)\))/i',
            '<a href="$2">$1</a>',
            $text);

        return $text;
    }
}
```

Markdown 클래스는 유머 글 출력 템플릿에서 쓴다. 다음은 jokes.html.php 템플릿이다.

```php
<div class="jokelist">

<ul class="categories">
    <?php foreach ($categories as $category): ?>
    <li><a href="/joke/list?category=<?=$category->id?>">
    <?=$category->name?></a><li>
    <?php endforeach; ?>
</ul>

<div class="jokes">
    <p><?=$totalJokes?>개 유머 글이 있습니다.</p>
    <?php foreach ($jokes as $joke): ?>
    <blockquote>
    <p>
        <?=htmlspecialchars($joke->joketext, ENT_QUOTES, 'UTF-8')?>
        (작성자: <a href="mailto:<?=
        htmlspecialchars($joke->getAuthor()->email, ENT_QUOTES,
```

```
        'UTF-8');?>"><?=
    htmlspecialchars($joke->getAuthor()->name, ENT_QUOTES,
        'UTF-8');?></a> 작성일:
    <?php
        $date = new DateTime($joke->jokedate);
        echo $date->format('jS F Y');
    ?>)

    <?php if ($user): ?>
        <?php if ($user->id == $joke->authorId ||
            $user->hasPermission(\Ijdb\Entity\Author::EDIT_JOKES)): ?>
            <a href="/joke/edit?id=<?=$joke->id?>">수정</a>
        <?php endif; ?>
        <?php if ($user->id == $joke->authorId ||
            $user->hasPermission(\Ijdb\Entity\Author::DELETE_JOKES)): ?>

        <form action="/joke/delete" method="post">
            <input type="hidden" name="id" value="<?=$joke->id?>">
            <input type="submit" value="삭제">
        </form>
        <?php endif; ?>
    <?php endif; ?>
    </p>
    </blockquote>
    <?php endforeach; ?>

</div>
```

템플릿 코드 중 유머 글 본문을 출력하는 코드는 다음과 같다.

```
<?=htmlspecialchars($joke->joketext, ENT_QUOTES, 'UTF-8')?>
```

마크다운 서식을 적용하면 기본적으로 유머 글을 〈p〉 태그로 감싼다. 템플릿의 〈p〉 태그는 필요 없으니 다음과 같이 제거한다.

```
<div class="jokelist">

<ul class="categories">
    <?php foreach($categories as $category): ?>
    <li><a href="/joke/list?category=<?=$category->id?>"><?=$category->name?>
</a><li>
```

```
    <?php endforeach; ?>
</ul>

<div class="jokes">

<p><?=$totalJokes?>개 유머 글이 있습니다.</p>

<?php foreach($jokes as $joke): ?>
    <blockquote>
    <!-- 여는 태그 <p> 제거 -->
    <?=htmlspecialchars($joke->joketext, ENT_QUOTES, 'UTF-8')?>
    <!--- ... -->
    <?php endif; ?>

    <!-- 닫는 태그 </p> 제거 -->
    </blockquote>
<?php endforeach; ?>
</div>
```

유머 글 본문 출력 코드는 다음과 같이 고친다.

```
<?php
$markdown = new \Hanbit\Markdown($joke->joketext);
echo $markdown->toHtml();
?>
```

Markdown 클래스를 생성할 때 유머 글 본문을 생성자 인수로 전달하고, toHtml() 메서드를 호출해 HTML 서식을 적용한 다음 출력한다.

코드가 두 줄로 늘어나 약간 산만한 느낌을 준다. 다음과 같이 짧은 문법으로 고치면 훨씬 보기 좋다.

```
<?=(new \Hanbit\Markdown($joke->joketext))->toHtml()?>
```

전체 코드는 예제 저장소 Formatting-Markdown 브랜치에 있다.

실제로 유머 글에 서식 문법을 넣고 저장한 다음 HTML로 잘 변환되는지 확인하자.

마크다운은 대표적인 텍스트 서식 문법으로 자리매김한 지 오래다. 마크다운 서식을 다양한 형태로 전환하는 오픈 소스 코드가 이미 많이 있다.

정규표현식 활용 능력을 키우면 웹 개발자 실무에 큰 도움이 된다. 하지만 마크다운 서식은 굳이 모든 기능을 직접 구현할 필요가 없다. 오픈 소스를 활용하면 마크다운 서식을 손쉽게 웹사이트에 추가할 수 있다.

파스다운*과 cebe/markdown**은 널리 알려진 마크다운 라이브러리다.

14.4 정렬, 제한, 오프셋

지금까지 PHP 코드를 작성하느라 많은 시간을 보냈다. 특히 DatabaseTable 클래스를 만들며 SQL도 함께 배웠다.

이번 절은 PHP 고수로 등극하기 전에 마지막으로 꼭 알아야 할 MySQL 기능을 선보인다.

14.4.1 정렬

MySQL에서 레코드를 검색할 때 반환 순서를 지정할 수 있다. 현재 유머 글 목록 페이지는 등록한 순서로 유머 글을 나열한다. 최근 등록한 순서로 목록을 출력하면 사용자가 더 편리하게 유머 글을 열람할 수 있다.

SELECT 쿼리에 ORDER BY 절을 추가하고 기준 칼럼을 지정하면 검색 결과가 그에 맞게 정렬된다.

SELECT * FROM joke ORDER BY jokedate는 등록일자를 기준으로 유머 글을 정렬한다. ASC는 오름차순, DESC는 내림차순을 나타낸다.

```
SELECT * FROM `joke` ORDER BY `jokedate` DESC
```

---

* ParseDown. https://github.com/erusev/parsedown
** https://github.com/cebe/markdown

이 쿼리는 모든 유머 글을 조회하고 등록일자 내림차순으로 정렬한다.

유머 글 목록을 정렬해보자. 모든 SQL 쿼리는 DatabaseTable 클래스에서 생성하므로 ORDER BY 절도 같은 위치에서 추가한다.

현재 findAll() 메서드는 다음과 같다.

```
public function findAll() {
    $result = $this->query('SELECT * FROM ' . $this->table);

    return $result->fetchAll(\PDO::FETCH_CLASS, $this->className,
        $this->constructorArgs);
}
```

ORDER BY 절에 들어갈 쿼리를 인수로 추가하고 다음과 같이 기존 쿼리에 덧붙인다.

```
public function findAll($orderBy = null) {
    $query = 'SELECT * FROM ' . $this->table;

    if ($orderBy != null) {
        $query .= ' ORDER BY ' . $orderBy;
    }

    $result = $this->query($query);

    return $result->fetchAll(\PDO::FETCH_CLASS, $this->className,
        $this->constructorArgs);
}
```

INSERT와 UPDATE 쿼리에 함수 인수를 추가하듯, SELECT 쿼리의 ORDER BY 절도 인수로 전달받아 추가한다. $orderBy 인수에 값을 전달하면 기존 쿼리에 ORDER BY 절을 추가한다. 인수에 기본값을 지정하면 기존 호출 코드는 고칠 필요가 없다. 정렬 기능을 쓸 곳에서 $orderBy 인수만 추가하면 잘 작동한다.

유머 글 목록을 등록일자 내림차순으로 정렬하려면 Joke 컨트롤러를 고쳐야 한다. list() 메서드에서 findAll() 메서드를 호출할 때 다음과 같이 인수를 추가한다.

```
public function list() {
```

```
    if (isset($_GET['category'])) {
        $category = $this->categoriesTable->findById($_GET['category']);
        $jokes = $category->getJokes();
}
else {
    $jokes = $this->jokesTable->findAll('jokedate DESC');
}
// ...
```

이제 유머 글 목록은 최신순으로 정렬된다. 하지만 카테고리별 목록은 아직 오래된 순서로 나열된다.

find() 메서드도 다음과 같이 인수를 추가하고 ORDER BY 절을 추가할 수 있다.

```
public function find($column, $value, $orderBy = null) {
    $query = 'SELECT * FROM ' . $this->table . ' WHERE ' . $column
    . ' = :value';

    $parameters = [
        'value' => $value
    ];

    if ($orderBy != null) {
        $query .= ' ORDER BY ' . $orderBy;
    }

    $query = $this->query($query, $parameters);

    return $query->fetchAll(\PDO::FETCH_CLASS, $this->className,
        $this->constructorArgs);
}
```

나름 의미 있는 기능이지만 카테고리별 목록을 정렬할 때는 도움이 되지 않는다. 카테고리별 유머 글 목록은 다음과 같이 Category 엔터티 클래스에서 검색한다.

```
public function getJokes() {
    $jokeCategories = $this->jokeCategoriesTable->find('categoryId',
        $this->id);

    $jokes = [];
```

```
    foreach ($jokeCategories as $jokeCategory) {
        $joke = $this->jokesTable->findById($jokeCategory->jokeId);

        if ($joke) {
            $jokes[] = $joke;
        }
    }

    return $jokes;
}
```

이때 find() 메서드는 joke_category 테이블의 DatabaseTable 인스턴스에 속한다. joke_category 테이블은 날짜 칼럼이 없기 때문에 find() 메서드에서 jokeId를 정렬할 수 없다.

날짜 칼럼을 추가하거나 JOIN문으로 joke 테이블을 결합하면 등록일자를 기준으로 joke_category 테이블 레코드를 정렬할 수 있다. 그러나 이러한 방법은 OOP 원칙에 맞추어 구현된 DatabaseTable 클래스와 어울리지 않는다. 카테고리별 목록 정렬은 약간 다른 방식으로 접근해야 한다.

데이터베이스에서 목록을 직접 정렬할 수 없으니 PHP에서 usort() 함수로 정렬한다. usort()는 인수가 둘인데 첫 번째는 정렬할 배열, 두 번째는 비교 함수명이다. PHP 공식 사이트에서 제공하는 예시는 다음과 같다.

```php
<?php
function cmp($a, $b)
{
    if ($a == $b) {
        return 0;
    }

    return ($a < $b) ? -1 : 1;
}

$a = [3, 2, 5, 6, 1];
usort($a, "cmp");

foreach ($a as $key => $value) {
    echo "$key: $value\n";
}
```

이 코드를 실행하면 다음과 같이 출력된다.

```
0: 1
1: 2
2: 3
3: 5
4: 6
```

배열의 원소가 작은 값부터 큰 값으로 정렬됐다. usort()는 내부적으로 cmp() 함수를 호출하며 배열의 두 원소를 인수로 전달한다. cmp() 함수는 두 인수 중 앞선 인수가 크면 -1을, 나중 인수가 크면 1을 반환한다. 다음 반환 구문이 중요하다.

```
return ($a < $b) ? -1 : 1;
```

아주 이상한 구문이다. 어떤 역할을 하는지 알지만 이러한 표현식은 처음 보았을 것이다. 이 코드는 3항 연산자를 활용했으며 다음 if문과 똑같은 일을 한다.

```
if ($a < $b) {
    return -1;
} else {
    return 1;
}
```

비교 함수의 두 인수는 객체여도 상관없다. 다음과 같이 Category 클래스에 비교 함수 sortJokes()를 작성한다.

```
public function getJokes() {
    $jokeCategories = $this->jokeCategoriesTable->find('categoryId',
        $this->id);

    $jokes = [];

    foreach ($jokeCategories as $jokeCategory) {
        $joke = $this->jokesTable->findById($jokeCategory->jokeId);

        if ($joke) {
            $jokes[] = $joke;
```

```
        }
    }

    usort($jokes, [$this, 'sortJokes']);

    return $jokes;
}

private function sortJokes($a, $b) {
    $aDate = new \DateTime($a->jokedate);
    $bDate = new \DateTime($b->jokedate);

    if ($aDate->getTimestamp() == $bDate->getTimestamp()) {
        return 0;
    }

    return $aDate->getTimestamp() > $bDate->getTimestamp() ? -1 : 1;
}
```

전체 코드는 예제 코드 저장소 브랜치 Formatting-Usort에 있다.

설명할 부분이 많으므로 한 줄씩 살펴보자. usort($jokes, [$this, 'sortJokes']);에서 $jokes
는 정렬 대상 배열이다. 두 번째 인수는 비교 함수명이다. 단순 함수가 아닌 클래스 메서드를
비교 함수로 지정하려면 객체와 메서드명을 배열로 묶어 전달한다. 예시에서 객체는 $this, 메
서드명은 sortJokes다.

sortJokes() 메서드에 전달된 $a와 $b는 Joke 엔티티 객체다. 먼저 각 객체의 jokedate 변
수를 \DataTime 인스턴스로 변환한다. DateTime 클래스의 getTimestamp() 메서드는
1970년 1월 1일부터 지정한 시점까지 흐른 시간을 초로 환산한 유닉스 타임스탬프를 반환한
다. 타임스탬프를 이용해 두 날짜를 정수로 비교한다.

if문은 두 등록일자의 타임스탬프를 비교하고, 같으면 0을 반환한다. 두 비교 대상의 우선 순위
가 똑같을 때 0을 반환하면 순서가 그대로 유지된다.

타임스탬프가 다르면 1 또는 -1을 반환한다. 앞선 예시에서 $a 〈 $b 조건을 검사했지만
sortJokes()는 반대로 $aDate-〉getTimestamp() 〉 $bDate-〉getTimestamp()를 검
사한다. 내림차순으로 정렬하기 위해 비교 방향을 바꿨다.

usort() 함수로 글을 정렬하면 ORDER BY로 데이터베이스에서 정렬할 때보다 성능 면에서

약간 불리하다. 그러나 정렬할 글이 적어도 수천 개를 넘지 않는 이상, 속도 차이는 천분의 일초 단위에 그칠 것이다.

14.4.2 LIMIT와 OFFSET

레코드 정렬 방법을 배웠으니 확장성을 고려할 차례다. 아직 데이터베이스에 저장된 유머 글은 많아야 열 편 남짓일 것이다. 웹사이트를 오픈하고 몇 달이 지나 본격적으로 인기를 끌기 시작하면 어떤 일이 벌어질까? 방문자가 지속적으로 늘어나고 하루에 유머 글이 수백 편씩 등록될 것이다.

유머 글이 수백 수천으로 늘어나면 목록 페이지를 출력하는 시간도 기약없이 늘어난다. 시간도 시간이거니와, 한 페이지에 글이 수천 개 있으면 보는 사람도 지치기 마련이다.

일반적으로 목록이 지나치게 늘어나면 페이지당 항목 수를 제한해 사용자의 부담을 줄인다. 예를 들면 한 페이지에 유머 글을 열 개씩만 출력해 페이지를 나누고 각 페이지는 링크를 클릭해 이동한다.

먼저 테스트용 유머 글을 여럿 등록하자. 10개씩 페이지를 나누고 테스트하려면 적어도 20개 남짓 등록해야 한다. 테스트하는 동안만 페이지당 글 수를 2개 정도로 유지하는 방법도 있다.

> **TIP** 테스트용 유머 글
>
> 딱히 생각나는 유머가 없어도 너무 걱정할 필요 없다. 그저 테스트용 데이터만 추가하면 된다. '유머 1', '유머 2', '유머 3' 등, 아무 의미 없는 글도 괜찮다.

먼저 유머 글을 열 개만 가져오자. SQL을 사용하면 의외로 굉장히 간단하게 해결된다. 모든 SELECT 쿼리에 다음과 같이 LIMIT 절을 추가하면 지정한 수만큼 레코드 개수를 제한한다.

```
SELECT * FROM `joke` ORDER BY `jokedate` DESC LIMIT 10
```

$orderBy 변수를 추가했을 때와 마찬가지로 검색 메서드에 $limit 인수를 추가한다. 다음은 DatabaseTable 클래스의 findAll()과 find() 메서드다.

```php
public function find($column, $value, $orderBy = null, $limit = null) {
    $query = 'SELECT * FROM ' . $this->table . ' WHERE ' . $column . ' =
:value';

    $parameters = [
        'value' => $value
    ];

    if ($orderBy != null) {
        $query .= ' ORDER BY ' . $orderBy;
    }

    if ($limit != null) {
        $query .= ' LIMIT ' . $limit;
    }

    $query = $this->query($query, $parameters);

    return $query->fetchAll(\PDO::FETCH_CLASS, $this->className,
        $this->constructorArgs);
}

public function findAll($orderBy = null, $limit = null) {
    $query = 'SELECT * FROM ' . $this->table;

    if ($orderBy != null) {
        $query .= ' ORDER BY ' . $orderBy;
    }

    if ($limit != null) {
        $query .= ' LIMIT ' . $limit;
    }

    $result = $this->query($query);

    return $result->fetchAll(\PDO::FETCH_CLASS, $this->className,
        $this->constructorArgs);
}
```

다음으로 Joke 컨트롤러 클래스에서 findAll() 메서드를 호출할 때 다음과 같이 $limit 인수에 10을 전달한다.

```php
$jokes = $this->jokesTable->findAll('jokedate DESC', 10);
```

Category 엔티티 클래스도 다음과 같이 $limit 인수를 추가한다.

```
$jokeCategories = $this->jokeCategoriesTable->find('categoryId',
    $this->id, null, 10);
```

$orderBy 인수에 null을 전달한 부분에 주의하자. $orderBy 인수는 생략할 수 있지만 뒤에 $limit 인수까지 전달하려면 앞선 인수를 모두 채워야 한다.

이제 유머 목록 페이지에 글이 10개만 출력된다. 나머지 글을 볼 방법만 찾으면 된다.

서로 다른 페이지는 $_GET 변수로 구별한다. /joke/list?page=1이나 /joke/list?page=2 처럼 page 변수에 페이지 번호를 전달하고 해당 페이지를 출력한다. 1페이지는 1~10번 유머, 2페이지는 11~20번 유머 글이 보여야 한다.

$_GET 배열에서 page 변수를 읽으려면 링크 URL에 page 변수를 추가해야 한다. 다음과 같이 템플릿에서 페이지 링크를 출력한다. 각 페이지 번호는 for문을 사용해 매긴다.

```
for ($i = 1; $i <= 10; $i++) {
    echo '<a href="/joke/list?page=' . $i . '">' . $i . '</a>';
}
```

반복문으로 페이지 링크를 출력하려면 전체 페이지가 몇 개인지 알아야 한다. 페이지당 유머 글 열 개를 표시할 경우, 전체 유머 글 수를 10으로 나눈 뒤 올림하면 전체 페이지 수를 구할 수 있다.

전체 유머 글이 21개일 때 21/10은 2.1이며 올림하면 3이다. 즉 21개 유머 글을 페이지당 10 개씩 나누려면 총 3페이지가 필요하다. PHP의 ceil() 함수를 활용하면 올림값을 구할 수 있다.

jokes.html.php 템플릿에서 $totalJokes 변수를 활용하면 다음과 같이 화면 맨 밑에 페이지 링크 목록을 표시할 수 있다.

```
// ...
<?php endif; ?>
</blockquote>
<?php endforeach; ?>

페이지 선택:
```

```php
<?php
// 페이지수 계산
$numPages = ceil($totalJokes/10);

// 각 페이지 링크 표시
for ($i = 1; $i <= $numPages; $i++):
?>
    <a href="/joke/list?page=<?=$i?>"><?=$i?></a>

<?php endfor; ?>
</div>
```

각 링크를 클릭하면 목록 페이지에 $_GET 변수로 page 변수가 전달된다. 각 페이지의 목록은 이제 page 변수를 이용해 검색해야 한다.

OFFSET 절과 LIMIT 절을 다음과 같이 조합하면 원하는 유머 글 집합을 정확히 얻을 수 있다.

```
SELECT * FROM `joke` ORDER BY `jokedate` LIMIT 10 OFFSET 10
```

이 쿼리는 전체 유머 글 중 10번 인덱스부터 10개 글을 검색하고 반환한다.

이제 페이지 번호를 오프셋으로 변환해야 한다. 1페이지의 오프셋은 0, 2페이지는 10, 3페이지는 20이다. $offset = ($_GET['page']−1)*10을 실행하면 간단히 오프셋 번호를 구할 수 있다.

LIMIT처럼 OFFSET도 findAll()과 find() 메서드에 선택적 인수로 추가한다.

```php
public function findAll($orderBy = null, $limit = null, $offset = null) {
    $query = 'SELECT * FROM ' . $this->table;

    if ($orderBy != null) {
        $query .= ' ORDER BY ' . $orderBy;
    }

    if ($limit != null) {
        $query .= ' LIMIT ' . $limit;
    }

    if ($offset != null) {
```

```
            $query .= ' OFFSET ' . $offset;
    }

    $result = $this->query($query);

    return $result->fetchAll(\PDO::FETCH_CLASS, $this->className,
        $this->constructorArgs);
}

public function find($column, $value, $orderBy = null, $limit = null, $offset =
null) {
    $query = 'SELECT * FROM ' . $this->table . ' WHERE ' . $column . ' =
:value';

    $parameters = [
        'value' => $value
    ];

    if ($orderBy != null) {
        $query .= ' ORDER BY ' . $orderBy;
    }

    if ($limit != null) {
        $query .= ' LIMIT ' . $limit;
    }

    if ($offset != null) {
        $query .= ' OFFSET ' . $offset;
    }

    $query = $this->query($query, $parameters);

    return $query->fetchAll(\PDO::FETCH_CLASS, $this->className, $this-
>constructorArgs);
}
```

Joke 컨트롤러의 list() 메서드에서 $offset값을 전달한다.

```
$page = $_GET['page'] ?? 1;

$offset = ($page-1)*10;

if (isset($_GET['category'])) {
```

```
        $category = $this->categoriesTable->findById($_GET['category']);
        $jokes = $category->getJokes();
    }
    else {
        $jokes = $this->jokesTable->findAll('jokedate DESC', 10, $offset);
    }

    $title = '유머 글 목록';

    $totalJokes = $this->jokesTable->total();

    $author = $this->authentication->getUser();

    return ['template' => 'jokes.html.php',
        'title' => $title,
        'variables' => [
            'totalJokes' => $totalJokes,
            'jokes' => $jokes,
            'user' => $author,
            'categories' => $this->categoriesTable->findAll()
            ]
        ];
    }
```

이제 페이지 번호 링크를 클릭하면 각 페이지에 해당하는 유머 글이 열 개씩 출력된다.

카테고리별 목록도 페이지 나누기 기능을 적용해야 한다. 그전에 먼저 페이지 링크를 사용자가 보기 편한 형식으로 고쳐보자.

다음과 같이 현재 페이지 번호를 템플릿으로 전달한다.

```
    return ['template' => 'jokes.html.php',
        'title' => $title,
        'variables' => [
            'totalJokes' => $totalJokes,
            'jokes' => $jokes,
            'user' => $author,
            'categories' => $this->categoriesTable->findAll(),
            'currentPage' => $page
        ]
    ];
```

전체 링크 중 현재 페이지 링크에 다음과 같이 CSS 클래스를 추가한다.

```php
페이지 선택:

<?php

$numPages = ceil($totalJokes/10);

for ($i = 1; $i <= $numPages; $i++):
    if ($i == $currentPage):
?>

    <a class="currentpage" href="/joke/list?page=<?=$i?>"><?=$i?></a>
<?php else: ?>
    <a href="/joke/list?page=<?=$i?>"><?=$i?></a>
<?php endif; ?>
<?php endfor; ?>

</div>
```

반복문으로 페이지 링크를 출력하다가 현재 페이지를 만나면 currentpage 클래스를 링크 class에 추가한다. 클래스 CSS는 jokes.css 파일에 추가한다. 색상 변경, 글꼴 강조, 밑줄 표시 등, 현재 페이지 번호를 눈에 잘 띄게 꾸밀 수 있다. 다음은 현재 페이지 번호를 대괄호로 감싸는 CSS다.

```css
.currentpage:before {
    content: "[";
}
.currentpage:after {
    content: "]";
}
```

전체 코드는 예제 코드 저장소 Formatting-Pagination 브랜치에서 볼 수 있다.

14.4.3 카테고리별 목록

아직 카테고리별 목록은 페이지 나누기 기능을 추가할 수 없다. 카테고리별 목록을 페이지 단위로 검색하려면 올바른 오프셋값을 먼저 구해야 한다.

Category 엔티티의 getJokes() 메서드에 다음과 같이 $offset 인수를 추가하고 find() 호출 코드로 전달한다. 페이지당 유머 글 수도 $limit 인수로 추가한다. 글 개수를 코드에 구체적으로 작성하기보다 인수로 전달하면 유연성이 향상된다.

```php
public function getJokes($limit = null, $offset = null) {
    $jokeCategories = $this->jokeCategoriesTable->find('categoryId', $this->id,
null, $limit, $offset);

    $jokes = [];

    foreach ($jokeCategories as $jokeCategory) {
        $joke = $this->jokesTable->findById($jokeCategory->jokeId);

        if ($joke) {
            $jokes[] = $joke;
        }
    }

    usort($jokes, [$this, 'sortJokes']);

    return $jokes;
}
```

다음으로 list() 메서드에서 getJokes()를 호출할 때 다음과 같이 $limit와 $offset 인수를 전달한다.

```php
if (isset($_GET['category'])) {
    $category = $this->categoriesTable->findById($_GET['category']);

    $jokes = $category->getJokes(10, $offset);
}
```

여기까지 적용하면 카테고리별 목록 페이지가 반쯤 완성된다. URL에 page 변수를 수동으로 추가하고 접속하면 유머 글이 10개 출력된다. 예를 들면 http://192.168.10.10/joke/list?category=1&page=1이다. 그러나 이 페이지는 아직 불완전하다.

아직 두 가지 문제점이 남아 있다.

1 페이지 링크에 카테고리 변수가 없다.

2 페이지 링크 개수는 전체 유머 글 수를 기준으로 산정하며 카테고리별 글 수와 관련이 없다.

첫 번째 문제부터 바로잡자. 링크 URL에 카테고리 변수를 추가하기 위해 다음과 같이 list()
메서드에서 템플릿으로 카테고리를 정보를 전달한다.

```php
return ['template' => 'jokes.html.php',
    'title' => $title,
    'variables' => [
        'totalJokes' => $totalJokes,
        'jokes' => $jokes,
        'user' => $author,
        'categories' => $this->categoriesTable->findAll(),
        'currentPage' => $page,
        'category' => $_GET['category'] ?? null
    ]
];
```

템플릿에서 링크를 출력할 때 다음과 같이 카테고리 변수를 추가한다.

```php
페이지 선택:

<?php

$numPages = ceil($totalJokes/10);

for ($i = 1; $i <= $numPages; $i++):
    if ($i == $currentPage):
?>
    <a class="currentpage" href="/joke/list?page=<?=$i?><?=!empty($categoryId)
? '&category=' . $categoryId : '' ?>">
    <?=$i?></a>
<?php else: ?>
    <a href="/joke/list?page=<?=$i?><?=!empty($categoryId) ? '&category=' .
$categoryId : '' ?>">
    <?=$i?></a>
<?php endif; ?>
<?php endfor; ?>

</div>
```

여기도 축약형 if문을 사용했다. $categoryId값이 있을 때만 링크에 &category=$category Id를 추가한다.

첫 번째 문제는 가볍게 해결했다. 하지만 페이지 링크 개수는 여전히 전체 유머 글 수를 기준으로 구한다.

DatabaseTable 클래스의 total() 메서드는 전체 테이블 레코드 수를 반환한다. 일부 레코드의 개수를 세려면 WHERE 절을 추가해야 한다. find() 메서드처럼 total() 메서드에 $field와 $value 인수를 추가한다.

```php
public function total($field = null, $value = null) {
    $sql = 'SELECT COUNT(*) FROM `' . $this->table . '`';
    $parameters = [];

    if (!empty($field)) {
        $sql .= ' WHERE `' . $field . '` = :value';
        $parameters = ['value' => $value];
    }

    $query = $this->query($sql, $parameters);

    $row = $query->fetch();

    return $row[0];
}
```

이제 total() 메서드는 특정 필드명과 값에 따라 레코드 수를 구한다. echo $this->jokesTable->total('authorId', 4);는 id가 4인 작성자의 전체 유머 글 수를 출력한다.

joke 테이블은 categoryId 칼럼이 없으므로 카테고리별 유머 글 수를 구하려면 jokesTable 객체가 아닌 jokeCategoryTable 객체를 이용해야 한다. $this->jokeCategoriesTable->total('categoryId', 2);를 호출하면 카테고리 id가 2인 유머 글 수가 반환된다.

카테고리별 전체 글 개수를 구하는 전용 메서드를 만들자. Category 엔티티 클래스에 다음과 같이 getNumJokes() 메서드를 추가하고 list() 메서드에서 $totalJokes = $category->getNumJokes(); 코드로 카테고리별 전체 글 개수를 구한다.

```php
    public function getNumJokes() {
        return $this->jokeCategoriesTable->total('categoryId', $this->id);
    }
```

다음은 Joke 컨트롤러의 list() 메서드다.

```php
    public function list() {
        $page = $_GET['page'] ?? 1;
        $offset = ($page-1)*10;

        if (isset($_GET['category'])) {
            $category = $this->categoriesTable->findById($_GET['category']);
            $jokes = $category->getJokes(10, $offset);
            $totalJokes = $category->getNumJokes();
        }
        else {
            $jokes = $this->jokesTable->findAll('jokedate DESC', 10, $offset);
            $totalJokes = $this->jokesTable->total();
        }

        $title = '유머 글 목록';
        // ...
```

이 코드는 예제 코드 저장소 브랜치 Final-Website에서 확인할 수 있다.

원래 $totalJokes 변수에 유머 글 개수를 할당하던 코드는 else문 안으로 옮겼다. 카테고리별 페이지에 접속했을 때 카테고리 유머 개수를, 전체 목록 페이지에 접속했을 때 전체 유머 글 개수를 $totalJokes에 할당한다.

14.5 마치며

PHP 수련 과정의 마지막 단계가 끝났다.

이번 장에서는 기초적인 정규표현식 지식과 LIMIT, OFFSET 쿼리, 페이지 나누기 기능을 선보였다. 모두 다음 번 웹사이트를 개발할 때 요긴하게 쓰일 것이다.

이제 여러분은 실제 웹사이트를 구축할 때 필요한 자질을 모두 갖추었다. 코드가 흐르는 방식대로 사고하고, 프로젝트 코드와 공통 코드의 관심사를 분리할 수 있다. PHP 프레임워크의 개념과 내부 구조도 이해한다. 지금 심포니^{Symfony}, 젠드^{Zend}, 라라벨^{Laravel} 같은 유명 프레임워크를 다뤄도 큰 어려움이 없을 것이다. 코드는 서로 달라도 기본적인 개념과 구조는 여기서 배운 내용에서 크게 벗어나지 않는다.

14.5.1 다음 단계

이 책에서 다룬 내용 외에도 자신의 프로젝트와 실무에 활용할 만한 기술이 수두룩하게 많다. 특히 신입 PHP 개발자는 앞으로 더욱 많은 지식을 쌓아야 한다.

다음 단계로 나아가기 전에 여기서 배운 내용을 바탕으로 여러 웹사이트를 만들어보기 바란다. 아무리 기초적인 지식도 단번에 이해하기는 힘들다. 실습을 사용해 다양한 문제를 직접 겪고 극복하는 과정이 필요하다. 모든 지식과 기술을 온전히 자기 것으로 만들려면 적당히 시행착오를 거쳐야 한다.

이 책을 마친 다음 우선적으로 집중할 주제를 꼽으면 다음과 같다.

1 **컴포저*** : 컴포저는 패키지 관리 도구다. 최근 PHP 프로젝트는 대부분 컴포저 패키지로 제작한다. 다른 개발자의 코드를 자신의 프로젝트에 쓰려면 반드시 컴포저 사용법을 배워야 한다.

2 **프레임워크** : 프레임워크는 다른 개발자들의 모범적인 코드가 담긴 교과서와 같다. 가급적 자주 참고하고 직접 써보자. 2018년 현재 초심자에게 추천하기 좋은 프레임워크는 라라벨과 심포니다. 몇 년 뒤면 상황이 바뀔지도 모른다.

3 **PHPUnit**** : 테스트 주도 개발 방법론은 이미 주요한 PHP 개발 기법으로 자리잡았다. TDD를 제대로 경험하면 그 매력에서 벗어나기 힘들다. 프로그램의 모든 요소가 TDD를 사용해 정돈되고 간결해진다. 웹사이트를 가동하고, 폼을 채우고, 데이터베이스에 레코드를 추가하지 않아도 테스트 스크립트를 실행해 모든 기능을 점검할 수 있다.

4 **깃***** : 깃은 현대 소프트웨어 개발자에게 가장 필수적인 도구다. 이미 수많은 개발자가 깃허브(GitHub) 사이트를 사용해 서로의 코드를 공유하고 협업한다. 깃허브를 이용하려면 먼저 깃 사용법을 숙지해야 한다. 깃의 가장 기본적인 기능인 형상 관리만 잘 이용해도 막대한 이점을 누릴 수 있다. 코드를 변경할 때 기존 내용을 옮겨두거나 장문의 주석을 남길 필요가 없다. 모든 변경 사항은 깃이 기록하고 추적한다.

----

* Composer. https://www.sitepoint.com/re-introducing-composer/

** https://www.sitepoint.com/re-introducing-phpunit-getting-started-tdd-php/

*** Git. https://www.sitepoint.com/git-for-beginners/

이제 더 이상 덧붙일 내용이 없다. 모던 PHP 웹사이트의 근간을 이루는 기술을 올바르게 이해하고 필수적인 도구를 손에 넣었다. PHP의 정수를 한데 모아 견고한 이론적 기반을 마련했다. 현업 개발자도 인정할만큼 기초를 탄탄하게 다졌다. 스스로를 믿고 자신 있게 다음 단계로 나아가기 바란다.

무엇보다 백문이 불여 일코딩임을 늘 명심하자.

APPENDIX

부록

A 예제 코드 저장소

이 책의 모든 예제 코드는 깃허브 저장소에 있다.

- https://github.com/wizardbear/hanbit-phpmysql

각 예제는 브랜치로 분류한다. '예제 2-1 PHP-RandomNumber'에서 예제 번호 다음 제목이 브랜치명이다. CMS-EntryPoint-Framework처럼 본문 내용에 브랜치명을 직접 명시한 곳도 있다.

예제 코드 사용법은 두 가지다.

특정 예제의 파일 코드를 웹에서 직접 열람할 수 있다. 깃허브 페이지의 Branch 메뉴에서 특정 브랜치를 선택하면 해당 예제의 디렉터리와 파일들이 보인다. 확인하고자 하는 파일을 찾아 클릭하면 본문 코드가 나타난다.

자신의 웹 서버에서 직접 예제 코드를 실행하려면 Project 디렉터리에 예제 코드를 작성해야 한다. 이때 코드를 일일이 복사/붙여넣기하지 않고 예제 저장소에서 직접 내려받으면 빠르고 간편하게 예제를 실행할 수 있다.

예제 코드를 내려받아 실행하려면 다음 단계를 따른다.

1 Project 디렉터리를 비운다.

2 1장에서 설치한 Git Bash 프롬프트를 실행한다. vagrant up 명령을 실행했던 디렉터리로 이동해 다음 명령을 실행한다.

```
git clone https://github.com/wizardbear/hanbit-phpmysql Project
```

3 http://192.168.10.10/samples/에 접속하면 예제 브랜치 목록이 보인다.

원하는 브랜치명을 클릭하면 Project 디렉터리에 해당 예제 코드 파일이 모두 생성된다. http://192.168.10.10/에 접속하면 예제 코드 실행 결과를 즉시 확인할 수 있다.

A.1 주의 사항

브랜치 전환

http://192.168.10.10/samples/에서 브랜치를 새로 선택하면 Project에 있던 파일과 디렉터리가 모두 교체된다. 기존 작업 파일이 모두 사라져도 걱정할 필요 없다. 보이지 않는 곳에 모두 저장된다.

예제 브랜치를 전환할 때마다 신규 브랜치가 생성되며 기존 변경 사항이 모두 백업된다. 깃 저장소를 처음 내려받았을 때 기본 브랜치는 master다. 이 상태로 samples 페이지에 접속해 다른 브랜치로 전환하면 그간 Project에 새로 추가했거나 고쳤던 파일은 새로운 브랜치로 이동한다. 신규 브랜치명은 현재 브랜치명 뒤에 날짜와 시간이 붙는다. 예를 들면 Master_2018-10-01-17.16.52와 비슷하다. http://192.168.10.10/samples/에 다시 접속하면 신규 브랜치가 보인다. 나중에 언제든지 다시 전환할 수 있다.

샘플 데이터베이스

모든 예제 코드는 ijdb_sample 데이터베이스를 기준으로 작동한다. 이 데이터베이스는 예제 브랜치를 전환할 때마다 삭제되고 다시 생성된다. 브랜치를 전환하는 순간 ijdb_sample 데이터베이스의 변경 사항은 모두 유실되며 복원할 수 없다. 예제 브랜치를 전환할 때 기존 데이터를 유지하려면 ijdb 같은 데이터베이스를 별도로 만들어 사용해야 한다.

B 리눅스 트러블슈팅

리눅스는 소프트웨어를 아주 쉽게 설치할 수 있지만 자세한 설정은 직접 해야 할 경우가 많다. 리눅스에서 가상 머신을 실행한 뒤 IP로 접속할 수 없을 때는 가상 머신의 호스트 IP 설정을 먼저 확인해야 한다. 기본값이 지정되지 않는 경우가 많으니 루트 권한으로 다음 명령을 실행해 IP를 할당한다.

```
sudo ip link set vboxnet0 up
sudo ip addr add 192.168.10.1/24 dev vboxnet0
```

일부 리눅스 배포판은 버추얼박스로 가상 머신을 실행할 때 커널 관련 오류가 발생한다. Kernel driver not installed 오류가 대표적이다. 이럴 때는 다음 명령어를 실행해 버추얼박스 커널 모듈을 수동으로 불러올 수 있다.

```
sudo modprobe vboxdrv
sudo modprobe vboxnetadp
sudo modprobe vboxnetflt
```

이 명령들은 리눅스 호스트 컴퓨터를 부팅할 때마다 직접 실행해야 한다. 부팅 시 자동으로 명령을 실행하는 방법은 해당 리눅스 배포판의 설명서를 참고하기 바란다.

INDEX

INDEX

INDEX